CS 比较译丛 44

比 较 出 思 想

利益共同体

行为经济学家对市场的辩护

Robert Sugden
[英]罗伯特·萨格登◎著
王铁成 苏英亮◎译

THE COMMUNITY OF
ADVANTAGE
A Behavioural Economist's
Defence of the Market

中信出版集团|北京

图书在版编目（CIP）数据

利益共同体：行为经济学家对市场的辩护 /（英）罗伯特·萨格登著；王铁成，苏英亮译 . -- 北京：中信出版社，2024.10. --ISBN 978-7-5217-6706-3

Ⅰ . F069.9

中国国家版本馆 CIP 数据核字第 2024AX2812 号

The Community of Advantage by Robert Sugden
Copyright © Robert Sugden 2018
The Community of Advantage was originally published in English in 2018. This translation is published by arrangement with Oxford University Press. CITIC Press is solely responsible for this translation from the original work and Oxford University Press shall have no liability for any errors, omissions or inaccuracies or ambiguities in such translation or for any losses caused by reliance thereon.
Simplified Chinese translation copyright © 2024 by CITIC Press Corporation
ALL RIGHTS RESERVED
本书仅限中国大陆地区发行销售

利益共同体：行为经济学家对市场的辩护
著者：[英]罗伯特·萨格登
译者：王铁成　苏英亮
出版发行：中信出版集团股份有限公司
（北京市朝阳区东三环北路 27 号嘉铭中心　邮编　100020）
承印者：　嘉业印刷（天津）有限公司

开本：787mm×1092mm　1/16　印张：28.5　字数：395 千字
版次：2024 年 10 月第 1 版　印次：2024 年 10 月第 1 次印刷
书号：ISBN 978-7-5217-6706-3　京权图字：01-2020-4983
定价：118.00 元

版权所有·侵权必究
如有印刷、装订问题，本公司负责调换。
服务热线：400-600-8099
投稿邮箱：author@citicpub.com

目 录

"比较译丛"序 …………………………………………… Ⅲ

序言 ……………………………………………………… Ⅴ

第1章　自由主义传统和行为经济学面临的挑战 ………… 1

第2章　本然观点 …………………………………………… 24

第3章　契约主义观点 ……………………………………… 41

第4章　内在理性主体 ……………………………………… 76

第5章　机会 ………………………………………………… 119

第6章　看不见的手 ………………………………………… 155

第7章　规制 ………………………………………………… 201

第8章　心理稳定性 ………………………………………… 247

第 9 章　内在动机、善意和互惠 ………………………… 291

第 10 章　合作意图 ……………………………………… 330

第 11 章　互惠互利原则 ………………………………… 364

注释 ………………………………………………………… 401

资料来源 …………………………………………………… 421

参考文献 …………………………………………………… 424

"比较译丛"序

2002年，我为中信出版社刚刚成立的《比较》编辑室推荐了当时在国际经济学界产生了广泛影响的几本著作，其中包括《枪炮、病菌与钢铁》、《从资本家手中拯救资本主义》、《再造市场》（有一版中文书名为《市场演进的故事》）。其时，通过20世纪90年代的改革，中国经济的改革开放取得了阶段性成果，突出标志是初步建立了市场经济体制的基本框架和加入世贸组织。当时我推荐这些著作的一个目的是，通过比较分析世界上不同国家的经济体制转型和经济发展经验，启发我们在新的阶段，多角度、全方位地思考中国的体制转型和经济发展机制。由此便开启了"比较译丛"的翻译和出版。从那时起至今，"比较译丛"引介了数十种译著，内容涵盖经济学前沿理论、转轨经济、比较制度分析、经济史、经济增长和发展等诸多方面。

时至2015年，中国已经成为世界第二大经济体，跻身中等收入国家行列，并开始向高收入国家转型。中国经济的增速虽有所放缓，但依然保持在中高速的水平上。与此同时，曾经引领世界经济发展的欧美等发达经济体，却陷入了由次贷危机引爆的全球金融危机，至今仍未走出衰退的阴影。这种对比自然地引发出有关制度比较和发展模式比较的讨论。在这种形势下，我认为更有必要以开放的心态，更多、更深入地学习各国的发展经验和教训，从中汲取智慧，这对思考中国的深层次问题极具价值。正如美国著名政治学家和社会学家李普塞特（Seymour Martin Lipset）说过的一句名言："只懂得一个国家的人，他实际上什么国家都不懂。"（Those who only know one country know no country.）这是因为只有越过自己的国家，才能知道什么是真正的共同规律，什么是真正的特殊情况。如果没有比较分析的视野，既不利于深刻地认识中国，也不利于明智地认识世界。

相比于人们眼中的既得利益，人的思想观念更应受到重视。就像技术创新可以放宽资源约束一样，思想观念的创新可以放宽政策选择面临的政治约束。无论是我们国家在20世纪八九十年代的改革，还是过去和当下世界其他国家的一些重大变革，都表明"重要的改变并不是权力和利益结构的变化，而是当权者将新的思想观念付诸实施。改革不是发生在既得利益者受挫的时候，而是发生在他们运用不同策略追求利益的时候，或者他们的利益被重新界定的时候"*。可以说，利益和思想观念是改革的一体两面。囿于利益而不敢在思想观念上有所突破，改革就不可能破冰前行。正是在这个意义上，当今中国仍然处于一个需要思想创新、观念突破的时代。而比较分析可以激发好奇心、开拓新视野、启发独立思考、加深对世界的理解，因此是催生思想观念创新的重要机制。衷心希望"比较译丛"能够成为这个过程中的一部分。

2015年7月5日

---

* Dani Rodrik, "When Ideas Trump Interests: Preferences, Worldviews, and Policy Innovations," NBER Working Paper 19631, 2003.

序言

要解释我撰写本书的目的，我们必须回到2000年。

2000年，"行为经济学"这一名称刚刚出现，彼时我已经是这个领域中的内行了。格雷厄姆·卢姆斯（Graham Loomes）和我在这个领域（我们更愿意称之为"实验经济学"）一起工作了将近二十年，越来越多志趣相投的经济学家和心理学家也加入了这个研究领域。我们自己的非正式研究小组的成员还包括克里斯·斯塔梅尔（Chris Starmer）、朱迪丝·梅塔（Judith Mehta）、罗宾·丘比特（Robin Cubitt）和阿利斯泰尔·芒罗（Alistair Munro），大家已经对关于个人理性选择的公认假设展开了多次实验。我们发现了一系列所谓的"异常"现象，即人们的决策行为规律与标准的经济理论不一致。为此，我们构建并验证了基于心理学的新理论，这些理论在某种程度上可以解释上述"异常"现象。我们还花大量时间分析了"异常"现象导致某些研究出现的问题，这些研究旨在获取个人对非市场销售物品（例如环境质量和公共医疗保健）的价值评估信息。我认为那时我们已经相当确信——至少我本人确信——标准理论的失败并不是孤立的现象。如果决策者有足够的激励和经验，则错误就会消失（某些主流经济学家至今仍持这种观点），但标准理论的失败并非源自这类错误。相反，这些"异常"现象证明了作为正常人类决策基础的心理过程与理性选择模型的吻合度并不是很高。我们发现，一个典型的行为主体在给定选项之间做出选择时，通常会受到那些从理性选择的角度看似乎无关紧要的因素的影响，但这种影响是可以预测的，并且从心理学的角度也是可以理解的。我看不出有理由假设——事实上，没有任何可靠的方式来理解如下观点：具有理性选择理论中假设的那些属性的"真实"偏好，存在于真实心智过程（actual mental processing）的心理中。

在我看来，行为经济学面临的最突出的挑战就是找到一种进行规范分析的方法。例如，市场应该受到多大程度的监管，公共品是否应该由政府提供，如果由政府提供，应该提供何种质量的何种公共品。直到2000年，行为经济学才开始针对上述问题给出自己的答案。按照惯例，规范经济学假设个人对所有备选选项都具有明确且理性的偏好，且以满足这些偏好作为其标准。这一标准通常被认为体现了如下原则：经济学家提出的建议不应该是家长主义式的，而是应该由每个人自行判断对他或她来说重要的事情。但是，如果个人缺乏明确定义的偏好，那么该如何使用该标准呢？正如我观察到的，行为经济学面临的挑战是发展出一种规范经济学的形式，这种形式不依赖于有关偏好的不切实际的假设，同时又尊重个人对自身生活的选择权。

我对上述问题的思考受到了早期在经济学其他领域的工作经历的影响。早在20世纪70年代，许多经济学家和哲学家就开始致力于讨论如何在社会选择理论的正式框架内呈现个人自由价值这一问题。阿马蒂亚·森（Amartya Sen）证明了如下定理：尊重个人自由的"受保护领域"（protected spheres）不可能与接受非常弱的偏好满足原则——如果每个人都喜欢一种状态而不是另一种状态,则第一种状态优于第二种状态——相结合。更令人担忧的是,事实证明,如果森提出的呈现自由的方法是正确的,则无法保证对个人自由的尊重!这些结果围绕着如下可能性展开,即人们具有"多管闲事"的偏好,也就是说不仅关心自己的事,还关心他人的私事。对上述结果最常见的反应之一是准确定义"多管闲事"这一偏好,然后找到某种"净化"偏好的方法,以消除这种在规范意义上不可接受的偏好属性。在我发表的第一篇给经济学界同行留下深刻印象的论文中,我提出上述定义偏好的方法是一种错误的尝试,这种方法从一个独裁的社会计划者的角度来看待社会,并赋予该社会计划者决定如何利用有关个人偏好信息的权力,在此基础上提出有关个人自由的理念。如果不考虑偏好,并根据每个人的选择机会来定义他的"受保护领域",那么整个问题就会迎刃而解。每个人如何利用自己的选择机会取决于其自身,与自由的定义无关。

在整个20世纪80年代和90年代,我不仅将自己视为一名从心理学中汲取思想观点和研究方法的实验经济学家,而且还将自己视为一名哲学经济学家(philosophical economist),在大卫·休谟(David Hume)、亚当·斯密(Adam Smith)和约翰·斯图亚特·穆勒(John Stuart Mill)的自由主义传统下开展研究工作。我认为上述两方面的工作从来没有处于紧张状态。相反,我开始认识到,休谟对人类理性的怀疑和他对人类真实心理的洞察力,预言了行为经济学的重要观点。在2000年左右,当我开始尝试寻找一种与行为经济学研究成果兼容的规范经济学形式时,我遵循了回应森的定理时采用的同样的宽泛策略,即用机会标准(criterion of opportunity）代替了传统福利经济学的偏好满足标准。对机会的定义独立于人们的偏好，我希望借此能够解决由理性选择理论的假设缺陷而导致的问题。通过将个人机会赋予规范价值，而不考虑如何利用这些机会，我认为这是在维护自由经济学的非家长主义式传统。这项研究计划的第一项成果便是2004年发表在《美国经济评论》上的论文《机会标准》。这篇论文展示了如何用机会这一概念来重新表述福利经济学的某些经典理论成果。

事实证明，我不是唯一一个试图调和规范经济学和行为经济学的人。2003年，有两篇发表在《芝加哥大学法律评论》和《宾夕法尼亚大学法律评论》上的重要论文，提出了一种调和规范经济学和行为经济学的方法，与我的方法大不相同。这两篇论文的作者中都有一位著名的法律学者，其中一位是卡斯·桑斯坦（Cass Sunstein），另一位是塞缪尔·伊撒科罗夫（Samuel Issacharoff）。其他作者都是美国行为经济学领域的知名学者，包括桑斯坦的合作者理查德·塞勒（Richard Thaler）和伊撒科罗夫的合作者科林·凯莫勒（Colin Camerer）、乔治·罗温斯坦（George Loewenstein）、泰德·奥多纳休（Ted O'Donaghue）和马修·拉宾（Matthew Rabin）。这两篇论文的标题意味深长，而且非常相似，分别是《自由意志式家长主义不是矛盾修辞法》和《保守派的监管：行为经济学和非对称的家长主义案例》。其含义很明确：行为经济学研究成果为家长主义式的经济干预活动提供了理由，同时这些理由可以经受住传统的反家长主义观点的驳斥。这两篇论文堪称行为福利经济学的"宣言"。

根据上述两篇"宣言"，行为经济学不仅表明人们的选择往往与理性选择理论不一致，而且这些不一致是由人们不愿意犯的错误造成的。幸运的是（据称），行为经济学还表明，在不需要对选择自由施加过度约束的情况下，人们可以被"助推"（nudged）以避免做出这些错误选择。这两篇论文都隐含地区分了两种偏好：个体在实际选择中显示出的偏好，以及在没有犯错的情况下个体行动的潜在偏好（latent preferences）。尽管对潜在偏好的定义和识别方式只有粗略的描述，但论文中隐含的假设是这些偏好与理性选择理论的公理是一致的。满足潜在偏好被视为一种规范标准。这两篇论文，以及塞勒和桑斯坦在后续著作《助推》（Nudge）中对这一思想的普及，具有极大的影响。广义的行为福利经济学，由凯莫勒等人以及桑斯坦和塞勒于2003年提出，已经成为行为经济学家在分析规范问题时使用的标准方法。这种方法已得到世界各地政策制定者的认可，并已成为媒体讨论的重要话题。

我不得不说的一点是，行为经济学家乐于将违反理性选择理论的行为解释为决策错误的证据，这让我感到不解。在20世纪80年代和90年代的开拓时代，上述做法正是主流经济学家对"异常"现象的典型解释，而行为经济学家则与之意见相左。正如部分行为经济学家指出的那样，上述观点就好像在说，决策者因未能按照标准理论预测的方式行事而被认为有过错，而不是因未能做出正确预测将问题归咎于理论本身。相比之下，对于行为经济学家接纳家长主义，我没有那么惊讶，但仍然感到失望。让我越来越感到不安的是，在公共讨论（public discourse）中，行为福利经济学思想正在激发一种对经济自由原则的敌对情感，而这些原则在过去两个半世纪的时间中一直是经济学自由主义传统的核心。

在本书中我将证明如下方法的可行性：在承认人们的行为经常与理性选择理论公理不符的条件下，经济学家仍然可以对规范问题进行分析。2004年发表的《机会标准》一文是一系列论文（部分论文是与其他学者合作完成的）中的第一篇，在这篇文章中，我提出了一种协调规范经济学和行为经济学的一致性方法，并分析了这种方法的不同之处。经济学学科自19世纪后期开始接受理性选择理论，而我提出的方法与主流经济学家采用的方法大相径庭。在某些方面，我比其他行为福利经济学的拥护者偏离主流道路更远。但我相信，那是因为我更加重视心理证据。虽然如此，但我提出的方法保留了被行为福利经济学抛弃的自由主义传统的核心特征。这一方法的指导思想体现在约翰·斯图亚特·穆勒将市场称为"利益共同体"（community of advantage）的这一说法中，即经济生活是或者应该是一种互利合作的理念。

重复一遍，我曾相信这一系列论文中的各种论点构成了对规范经济学的一种一致的思考方式。但是，当我们试图把非正式思考时看起来相互一致的观点写下来时，这些观点并不是那么一致，无论是用简单的语言，还是用正式的数学语言来表达。本书的写作目的之一就是让我自己确信这些观点构成了一个一致的整体，或者有必要以一种新的方式呈现这些观点，使之成为一个整体。

本书融汇了如下四种主要观点。第2章和第3章介绍了第一种观点，涉及一个经济学家很少明确提出的问题：规范经济学的研究对象是谁？我对这个问题的回答深受詹姆斯·布坎南（James Buchanan）思想的影响，全书也是如此。布坎南是最早支持我批评森的自由分析的经济学家之一。布坎南的思想让我了解到如何使这种批评与"契约主义"（contractarian）观念下的规范经济学相吻合，即公民被视为可以达成互惠互利协议的潜在主体，而且是相关分析的对象。我并不认为规范经济学的研究对象必须是公民，但我解释了为什么契约主义视角具有研究价值，以及为什么我选择从这个视角展开研究。

第 4 章介绍了第二种观点，即批判行为福利经济学中隐含假定的有关潜在偏好的概念。这一章的大部分内容改编自我与杰拉尔多·因凡特（Gerardo Infante）和吉扬·勒库特（Guilhem Lecouteux）共同撰写的论文。这一章的核心观点是，没有充分的理由假设：在没有决策错误的情况下，个人的选择行为能够揭示满足理性选择理论标准公理的"真实"偏好。

第 5—8 章围绕第三种观点展开，提出了一种不基于偏好概念的规范经济学形式。第 5 章介绍了一种符合公民期望的规范标准，经济学家根据这一规范标准提出公共政策建议。我提出的原则是，从每个公民的角度看，机会多总比机会少更为可取。我认为每个公民都可以赞同这一原则，而无须以自己具备理性一致的偏好为前提。第 6 章基于我与本·麦奎林（Ben McQuillin）合作的研究成果，提出了一个基于机会的标准。粗略地讲，该标准指的是所有个体都应该尽可能地获得任何自愿交易的机会。这一章的分析表明，在不考虑偏好的情况下定义的竞争市场均衡状态可以满足上述标准。第 7 章探讨了哪些形式的市场监管可以扩展互惠互利交易的机会，其中引用了我与朱迪丝·梅塔共同撰写的一篇论文中的有关内容。第 8 章从契约主义的角度思考分配问题。我认为，市场机制可以增加机会的属性与障碍赛规则中的那种公平并不相容。从这个意义上说，市场不可能是公平的。但是，如果市场规则要被每个人接受，那么每个人都必须对能够分享由市场创造的收益有持续的预期。

第9—11章阐述的最后一种观点与市场关系的道德价值有关。第9章包括我与路易吉诺·布鲁尼（Luigino Bruni）合作撰写的一篇论文中的一部分内容，这一章批判性地分析了市场关系是基于自利动机和工具性动机这一普遍观点。根据这一观点，市场关系并不具有道德含义，同时市场的范围也受到道德的限制，即如果允许市场超出这些限制，那么其他社会生活领域中的美德可能受到损害。在大多数情况下，行为经济学家不会涉足美德伦理学（virtue ethics）问题，但自利偏好与社会导向型偏好之间的对比、外在动机与内在动机之间的对比，已经成为行为经济学的重要研究议题。第10章基于我在"团队推理"（team reasoning）方面的研究成果，以及我与安德烈亚·伊索尼（Andrea Isoni）正在开展的研究工作。这一章分析了个体如何以既不自利也不利他的互惠互利意图为导向采取行动。我认为这种意图可以成为许多自愿互动场合下的合作基础，例如在一般的民间社会中，特别是在市场中。作为一位契约主义者，在最后一章中我向我的同胞提出了建议，并引导他们认识到生活在一个崇尚互惠互利道德的社会中的益处。

正如我已经说明的，本书中的部分重要内容源自我与路易吉诺·布鲁尼、杰拉尔多·因凡特、安德烈亚·伊索尼、吉扬·勒库特、本·麦奎林和朱迪丝·梅塔等人的合作。每位合作者对本书中的部分内容都负有文责，但不应该假定他们中的每一位都支持我提出的所有观点。在不断研磨本书观点的过程中，我与其他学者的讨论使我受益匪浅。以这种方式帮助过我的人（无论他们是否同意我的结论）包括：Michael Bacharach、Nicholas Bardsley、

Jane Beattie、Sergio Beraldo、Ken Binmore、Geoffrey Brennan、Nick Chater、Robin Cubitt、David Gauthier、Natalie Gold、Francesco Guala、Benedetto Gui、Shaun Hargreaves Heap、Daniel Hausman、Daniel Kahneman、Hartmut Kliemt、Richard Layard、Julian Le Grand、George Loewenstein、Graham Loomes、Bruce Lyons、Alistair Munro、Adam Oliver、Mozaffar Qizilbash、Daniel Read、Christian Schubert、Alessandra Smerilli、Chris Starmer、Cass Sunstein、Joshua Teng、Richard Thaler、Christine Tiefensee、Peter Wakker、Mengjie Wang、Jiwei Zheng 以及数位匿名审稿人（部分审稿人可能包括在上述名单中）。我还要感谢牛津大学出版社的编辑凯蒂·毕晓普（Katie Bishop）和我的文字编辑吉姆·艾伦（Kim Allen）。

  本书得到了经济和社会研究委员会（Economic and Social Research Council）的支持。首先得到了教授奖金（Professorial Fellowship）（2006—2008，奖励编号 RES 051270146）的支持，然后得到了综合行为科学网络的支持（2013—2017，奖励编号 ES/K002201/1）。随后，本书的研究工作又得到了"欧盟地平线2020"研究和创新计划下的欧洲研究委员会（European Research Council）的支持（始于2016年，拨款协议编号670103）。经济和社会研究委员会的奖金支持了两次关于协调规范经济学和行为经济学问题的国际会议，分别是2008年（主要由本·麦奎林组织）和2016年（主要由杰拉尔多·因凡特组织）在东英吉利大学举行的两次会议。在这两次国际会议中热烈而开放的讨论，对本书观点的形成大有裨益。在我撰写本书的数年时间里，我的妻子克莉斯汀不断地鼓励、支持我，并从一名睿智的局外人的视角提出了对经济学和哲学的看法。

第 1 章
自由主义传统和行为经济学面临的挑战

本书的书名取自约翰·斯图亚特·穆勒所著的《政治经济学原理》中的一段话。穆勒的这本书于 1848 年首次出版，在 1873 年穆勒去世之前经过多次修订，是整个 19 世纪下半叶以英文写作的权威经济学著作。维多利亚时代在国际和平和自由贸易方面取得了持续的进步，穆勒以这个时代特有的（也可能是错位的）信心来写作这本书，并将他所处时代的开明观点与过去的重商主义观点进行了比较。或许带着一丝势利的眼光，穆勒将重商主义称为"服务于销售阶级的政治经济学"，认为重商主义将国家之间的经济关系视为竞价销售商品的竞争对手之间的关系。这种过时的思维方式"否定了几个世纪以来所有商业国家属于一个利益共同体的意识，即商业国家可以从彼此的繁荣中获得收益"（Mill，1871/1909，第三卷，第 25 章，第 1 节）。穆勒告诉他的读者，市场是一个利益共同体。在本书的开篇，我将基于自己的理解解释穆勒提出的利益共同体的含义，同时通过这种间接方式向读者解释我将"利益共同体"作为本书书名的含义。

1. 穆勒和利益共同体

穆勒告诉我们，如果深入思考深藏于企业竞争活动表象之下的内容，那么我们就会理解，竞争市场本质上是一种互惠互利的关系网络。穆勒将这种关系网络称为"共同体"，他的本意绝不仅仅是指市场机制的整体作用在于促进市场参与者的私人利益。穆勒关于重商主义的另一段话有助于解释他的想法：

> 商业首先使各国认识到，应当以善意来看待彼此的财富和繁荣。过去的爱国者……希望本国以外的一切国家软弱、贫穷以及治理不善；现在他们则认为，其他国家的财富和进步就是自己国家财富和进步的直接源泉。（Mill, 1871/1909, 第二卷，第17章，第5节）

穆勒此处表达的观点是，通过参与互惠互利关系，人们开始将彼此视为合作伙伴而不是竞争对手，并且这种看法有利于形成更普遍的社会团结和善意。

穆勒在另一本著作《功利主义》（*Utilitarianism*, Mill, 1861）中更明确地阐述了这一观点。穆勒想让读者明白，人们有理由认为，对一个社会而言，功利主义不仅是政府行为的原则，而且是个人道德的原则。穆勒解释说，这并不是希望每个人在做出日常决策之前都要参考最大幸福原则（the Greatest Happiness Principle），而只是希望人们的道德情感能够引导其行动，这些行动（实际上，但不一定是有意的）有利于改进社会总体福祉。即便如此，他也必须解释，鉴于有关人类心理学的事实，正确的道德情感如何在功利主义社会中得以持续存在。他的回答是,人类对"社会情感"(social feelings)具有某种先天倾向,而社会情感的发展水平取决于社会结构。社会生活是由自愿合作构成的,每个人只有通过首先帮助他人得到他们想要的东西,才能得到他自己想要的东西。在这样的社会中,人们了解了考虑彼此利益的必要性。通过建立互惠互利的关系,人们在自身利益和他人利益之间形成了积极的心理联系。因此,这种关系是"人类社会情感的土壤"。穆勒认为,纵观漫长的人类经济史,人类正在摆脱"野蛮独立的状态",越来越依赖于互利合作行为,这证明了他对功利主义道德的乐观态度是正确的(Mill, 1861/1972, 第3章)。鉴于穆勒在《政治经济学原理》中提出的关于国际贸易的观点,对他而言,市场显然是不断发展的合作网络的重要组成部分,可以维系人类的社会情感。

　　穆勒不仅是他那个时代最伟大的经济学家和哲学家之一,也是当时主要的女权主义思想家之一。在《妇女的屈从地位》(The Subjection of Women, Mill, 1869/1988)一书中,他经常以市场做类比来解释他认为的两性之间的适当关系。通过将自由劳动和奴隶制进行对比,穆勒谴责维多利亚时代中期英国已婚妇女所处的法律地位,理由是这使妻子成为丈夫的"真正的奴隶"。与此相反,他将商业伙伴关系视为婚姻契约应有的模式。虽然穆勒并没有说自我牺牲在婚姻中没有任何作用,但他认为这是类似伙伴关系的契约的优点,有利于"减少夸大的自我克制,而这种克制是当前人为塑造的女性人格的典范"。按照穆勒的说法,婚姻生活应该是"一种德行的锻炼,每个人都需要这些美德",人类应该"在家庭中遵守与人类社会一般宪法相适应的道德规则"(Mill, 1869/1988, 第

32—52页）。换句话说，互惠互利的合作一直（或应该）延伸到各个领域，从国际贸易、民间社会组织到夫妻关系。

穆勒提出的"利益"（advantage）这一概念有如下含义：对每个人而言，究竟什么是"利益"，只有他或她自己才是最终的裁判。在《论自由》（*On Liberty*，Mill，1859/1972）一书中，穆勒热情捍卫个人自由、反对家长主义作风，并主张以下原则：

> 在文明社会中，在违背其意愿的情况下对任何成员正当行使权力的唯一目的是防止他对他人造成伤害……不能因为对某人施以强制地对他更好，或者让他更幸福，或依他人之见这样做更明智或更正确，就自认为强迫他做某事或禁止他做某事是正当的。（Mill，1859/1972，第73页）

穆勒并没有声称人们总是能做出最大限度地提升其真正幸福的决策，而是认为个人不需要因为只影响其自身福利的决策而对其他人负责。必须指出，穆勒关于人类福祉的观点是高尚且理智的人文主义者的想法。在此我需要补充一句，穆勒的部分观点看似建立在不稳定的基础之上，例如他提出的一个似乎得到了验证的著名观点：对于了解问题两方面情况的人而言，做一个不满足的人比做一头满足的猪要好（Mill，1861/1972，第9页）。但穆勒很谨慎，没有用自己对幸福的判断来为家长主义作风辩护。例如，穆勒似乎接受了一个著名的"审慎真理"（prudential truth），即虽然醉酒和赌博"有损幸福"和"阻碍进步"，但他坚持认为每个人都有选择过度饮酒和赌博的权利（Mill，1859/1972，第137—138页）。由于市场将上述形式的消费提供给那些愿意消费的人，我认为我们必须假定穆勒将上述交易也视为利益共同体的一部分。

在我看来，穆勒提出的利益共同体概念囊括了自由经济思想传统的三个核心组成部分。第一，在秩序井然的社会中，合作共赢是社会生活的准则。第二，竞争市场是一个互惠互利交易活动的网络。对每个独立的市场交易活动而言，交易各方之间的互惠互利为其提供了交易的动力。从市场交易的整体趋势看，一般的市场参与者都可以从交易中实现互惠互利的结果。因此，竞争市场是一系列个体互利共赢的制度安排。由于这些制度安排展现了互惠的特点，并倾向于创造出互惠互利结果，因此具有道德价值。第三，竞争市场制度的非家长主义原则，即在合作关系中只能由每个人自身判断哪些是属于他的利益。

自18世纪大卫·休谟和亚当·斯密做出开创性贡献以来，上述自由主义传统一直是经济学的重要组成部分。此后这一传统的核心思想随着理论更为严谨而不断发展，同时也引来了很多批判。随着新事实和新理论的不断涌现，对自由主义观点的挑战与日俱增，而针对这些挑战的回应也层出不穷。本书就是上述过程中的一个贡献，是面对来自行为经济学的新挑战时努力保持自由主义传统的一种尝试。

2. 新古典福利经济学

要了解为什么行为经济学的研究进展可能会给自由主义传统带来挑战，我们需要了解规范经济学是如何从19世纪晚期发展起来的。我之所以选择穆勒作为这一传统的代表，是因为他被当代经济学家称为古典经济学的最后一位集大成者。从19世纪70年代开始，经济学发生了重大转变，这一转变通常被称为边际革命。从那时起，至少到20世纪后期，经济学理论发展的主线就是现在所谓的新古典经济学（neoclassical economics）。自由主义传统思想的表达方式也发生了相应转变。我将在本书中分析行为经济学研究结果给新古典规范经济学带来的严重问题，但这些问题对自由主义传统本身来说并不是致命的。在整合行为经济学研究成果与自由主义传统的过程中，我采取的策略是避免进行具有边际革命特征的理论分析。

读过穆勒著作的经济学家常常被《政治经济学原理》第三卷开头的轻率言论逗笑。第三卷的主题是"交换"，第1章是"价值论"。在第1章的第1节中，穆勒指出："令人高兴的是，价值规律中没有任何东西需要现在或未来的学者来澄清，关于价值规律的理论是完整的。"（Mill, 1871/1909，第436页）在传统的经济思想史中，边际革命的关键成就构成了价值理论的一个重要进步，这一关键成就是证明了对任何两种商品和任何追求效用最大化的消费者来说，两种商品的边际效用之比等于其价格之比。在最后一次对《政治经济学原理》一书进行实质性修订的版本中，穆勒引述了威廉姆·斯坦利·杰文斯（William Stanley Jevons, 1871/1970）、卡尔·门格尔（Carl Menger, 1871/1950）和莱昂·瓦尔拉斯（Léon Walras, 1874/1954）三人对上述结果的经典表述。从这一结果来看，穆勒针对零售需求的分析是一种初级分析。他说，只有假设消费者以最低价格购买商品，才有可能推导出需求"定律"，但他甚至认为这一假设也是不可信的。以最便宜的价格购买和以最贵的价格出售，这是可靠的商业规律，这些关于价格的经济规律适用于批发市场，但并不适用于对零售市场交易的分析。富裕的消费者往往由于过分懒惰或粗心大意而不去寻找低价商品，或者"只管付钱，不问问题"；较为贫穷的消费者缺乏搜索低价商品所需的知识、时间或判断力，或者受到各种形式的强迫（Mill，1871/1909，第440—441页）。从以上论述可以看出，穆勒从未设想过消费者可能在预算约束下实现效用最大化。

但穆勒应该想到这一点吗？这当然取决于消费者是否真的以这种方式做出决策。有趣的是，穆勒认为影响消费者选择的许多因素，也就是新古典理论假设之外的许多因素，也曾是现代行为经济学家的研究对象。

整个经济学界都需要一段时间才能理解和接受边际革命的本质。但在其影响趋于稳定之后，人们就如何开展规范经济学研究达成了普遍共识。在当今新古典经济理论的标准形式中，均假设每个人对所有经济结果都有明确的偏好。这些偏好被假设为稳定的（即在短时间内不易发生急剧变化，并且不受显著的随机变化的影响），与情景无关（用经济理论术语来说，相同的决策问题不受"框架"变化的影响），且内在一致（满足通常的一致性特征，例如偏好的完整性和传递性）。在大多数但不是所有情景中，偏好也被假定为非利他的。也就是说，个体的偏好并不考虑经济活动中其他参与主体的利益，而这些利益正是理论致力于解释的。例如，一个企业家经营自己的企业以赚取尽可能多的利润，然后将大部分利润捐给他最认可的慈善机构，从其商业活动的角度来看，这种行为是非利他行为。假设每个人总是在可选集合中选择他最偏好的选项，经济行为由此得到解释。

在新古典福利经济学中，关键的规范标准是个人偏好能否得到满足。也就是说，如果经济制度和政策导致的结果在个人偏好排序中排名靠前，则这些制度和政策就被认为是好的。当新古典经济学家使用"成本"、"收益"、"支付意愿"或"经济效率"等概念时，通常用偏好满足来解释。因此，如果某个个体更倾向于获得某种结果而非没有获得该结果，则公共政策的这一结果就使该个体受益；该个体愿意为获得该结果而放弃的最大货币额是衡量该收益的标准。相反，如果一个人宁愿没有获得该结果，那么政策的结果就是给他带来了成本；为了忍受该结果，他愿意接受的最小货币额就是衡量该成本的标准。如果政策的总收益超过总成本，或者等价地，政策提高了经济效率，原则上等于说可以将政策与一组货币转移支付结合起来，使得一些人更喜欢这种组合而不是维持现状，同时没有人具有相反的偏好。福利经济学家常说，当使用偏好满足作为评估公共政策的规范标准时，他们将每个人都视为自身福利的最佳裁判。就此意义而言，新古典福利经济学可以宣称自己支持的是自由主义传统中的非家长主义。

新古典福利经济学对竞争市场的总体看法体现在其两个基本定理中。第一基本定理指出，竞争市场的每个均衡状态都是有效率的（或者是帕累托最优的）。也就是说，当实现竞争均衡时，没有其他的资源分配方案能够提高某些个体的偏好满足度，同时又不降低其他主体的偏好满足度。第二基本定理指出，在关于经济结构的适当背景假设下，给定某些初始产权分配状态，每个有效率的结果都是竞争均衡。[1]

自福利经济学定理广为人知以来，这两个基本定理在多大程度上以及在何种意义上与现实世界中的竞争市场相符，一直是一个有争议的问题。如果将理论模型中的竞争均衡视为真实市场运行的程式化表示，则这些定理可以被解释为亚当·斯密（Adam Smith，1776/1976，第456页）"看不见的手"隐喻的严格理论表述。在"看不见的手"引导下，市场参与者得以促进"社会"利益，但这种结果并不是源于其主观意图。也可以用更抽象的术语来解读这些定理，即在特定条件下，市场机制如何有效地满足个人偏好。从这个意义上说，福利经济学基本定理支持通过个人选择而不是集体选择，以及通过类似市场的机制而不是深思熟虑的计划来进行资源配置这一假定。

我认为上述假定是自由主义传统的一部分，并构成了许多应用经济学的研究基础，包括与市场监管有关的研究工作。例如，研究竞争政策的经济学家时常对企业寻求和利用市场势力这一趋势保持警惕。在设计相应规制措施以应对这种趋势时，经济学家通常将竞争市场视为规范基准。面对公共品和外部性问题时，经济学家普遍倾向于以创建新市场（如碳交易市场）而不是直接控制的方式来解决这些问题。成本收益分析通常被解释为"市场模拟"（market simulation），也就是说，在现实市场失灵的情况下，尝试模拟竞争市场的效率特征。对所有上述研究工作而言，其基础都是以偏好满足作为规范标准的有关理论。

新古典福利经济学的整座大厦都建立在如下假设之上，即个人根据稳定、独立于情景和内在一致的偏好行事，或简而言之，偏好是完整的（integrated）。之所以使用"完整"这一词语，是因为借此我能判断，一个人的行为即使与新古典理论相悖，他仍可能按照他的偏好行事，也就是说，在他做出选择的每一个时刻，他都会选择他所偏好的。在不同的时刻、不同的情景下或面临不同的替代选项时，如果他做出的选择不能被合理地解释为单一偏好系统的组成部分，就会出现与理论相悖的情况。[②]行为经济学的研究成果对个体根据完整偏好（integrated preference）采取行动这一假设提出了质疑。

3. 来自行为经济学的挑战

从20世纪70年代后期开始，现在被称为行为经济学的研究出现了爆炸式增长，行为经济学将起源于认知心理学的思想和研究方法应用于经济学。[③]这方面的成果汗牛充栋，并已广为人知，因此本书不再全面梳理行为经济学的研究成果。[④]相反，我将简要介绍四个行为经济学实验，这些实验体现了行为经济学的研究特点，并且对过去关于偏好的标准假设的实证有效性提出了质疑。

损失厌恶（loss aversion）。在丹尼尔·卡尼曼、杰克·克内奇和理查德·塞勒（Daniel Kahneman、Jack Knetsch and Richard Thaler，1990，第1338—1339页）报告的一项实验中，学生受试者要对咖啡杯进行估价。受试者被随机分配到不同的实验组中。在其中的一个实验组中，每个受试者都被要求在一系列金额的货币和杯子之间做出选择。在另一个实验组中，每个受试者首先可以免费获得一个杯子，然后询问受试者是否会选择以不同价格（与第一组相同的金额）将杯子卖回给实验者。请注意，如果我们根据受试者可以从实验中拿走什么来定义，那么受试者面临的问题完全相同，唯一的区别是前者在杯子和金钱之间做出选择，后者是出售杯子。然而，实验结果表明，第二组对杯子估值的中值（7.12美元）是第一组估值中值（3.12美元）的两倍多。这种效应可以用以下假设来解释：同等金额的损失比同等金额的收益对人们的心理影响更大。在第一组中，受试者正在考虑是否获得一个杯子，而在第二组中，受试者正在考虑是否卖掉一个杯子。很难争辩说，一个人在得到一个咖啡杯和被告知可以选择获得一个咖啡杯之间的区别，是他对这个杯子的估值有两倍多差异的一个恰当理由，并且在这个意义上说，这一结果似乎是不理性的。但是请注意，这种说法并不意味着7.12美元就是非理性的高估值，或者3.12美元就是非理性的低估值。实验只是表明人们对两个独立决策问题的反应具有明显的不一致性，但在这两种情况下都没有发现具体的错误。

注意力。丹尼尔·里德和芭芭拉·冯·莱文（Daniel Read and Barbara van Leeuwen，1998）报告了一项田野实验。在该实验中，在一周后的指定时间将提供免费小吃，受试者要在这些小吃之间进行选择。受试者可以选择健康食品（例如苹果），也可以选择不健康食品（例如火星巧克力棒）。实验分为四组，由一天中的两个不同时间来定义——"午饭后时间"和"下午晚些时候"——在这两个时间点做出选择并且（独立地）供应小吃。背景假设是大多数受试者在"下午晚些时候"会更饿。里德和冯·莱文发现，在保持供应时间不变的情况下，如果受试者在下午晚些时候做出选择，他们更有可能选择不健康的小吃。从广义上讲，这一结果背后的心理机制很容易理解。一个人感觉越饿，就越关注旨在满足饥饿感的提示，并且越能生动地想象在其他情况下的饥饿感。因此，无论何时食用，火星巧克力棒的饱腹特性在下午晚些时候会更明显地被感知到。鉴于对小吃的熟悉程度以及饥饿和饱腹感每日变化的可预测性，做出如下判断是让人难以置信的,即一天中做出决定的时间差异可以解释在七天后选择吃什么的差异。从这个意义上说,上述实验揭示的依赖情景的偏好似乎是不理性的,但这并不能回答如下问题:在任何给定情况下,究竟是选择苹果更理性,还是选择火星巧克力棒更理性。如前文所述,实验揭示的是两种选择之间的不一致性,而不是具体的错误。

阿莱悖论(The Allais Paradox)。这个悖论也被称为"相同结果效应"(common consequence effect),是由莫里斯·阿莱(Maurice Allais,1953)首次提出的。此后丹尼尔·卡尼曼和阿莫斯·特沃斯基(Daniel Kahneman and Amos Tversky,1979)在一篇极为重要的行为经济学论文中展示了阿莱悖论的实验证据。这里我要分析的一个例子来自伦纳德·萨维奇(Leonard Savage,1954,第101—103页)讨论的阿莱悖论效应的一篇文献。他认为阿莱悖论与预期效用理论的公理明显不一致,这一公理正是由萨维奇本人提出的。在这个实验中,受试者面临两种不同的情况,在每种情况下都有两种赌博方式可以选择。在第一种情况下,如果选择赌博1,受试者以概率1获得50万美元;如果选择赌博2,受试者以概率10/100获得250万美元,以概率89/100获得50万美元,以概率1/100获得0美元。在第二种情况下,受试者如果选择赌博3,以11/100的概率获得50万美元,以89/100的概率获得0美元;如果选择赌博4,以10/100的概率获得250万美元,以90/100的概率获得0美元。实验结果表明,许多人在第一种情况下严格偏好赌博1,在第二种情况下严格偏好赌博4,这是相同结果效应的一个例子。直观地看,这种偏好组合看起来完全是理性的(实际上,当阿莱自己首先回答这些问题时,其展现出来的偏好也是如此)。正如萨维奇所说,处于第一种情况的人"虽然保持现状(收益为0)的风险很小,而获得的巨额财富完全可以补偿这部分风险,但仍然认为没有机会赢得巨额财富";在第二种情况中,"两种赌博获胜的机会几乎相同,因此奖金高得多的赌博似乎更为可取"。然而,根据预期效用理论公理,在第一种情况中更偏好赌博1的人,在第二种情况中应该更偏好赌博3;在第一种情况中更偏好赌博2的人,在第二种情况中应该更偏好赌博4(接受这种观点的读者可以跳过下一段)。

要了解为什么可以将相同结果效应解释为偏好不一致,请考虑(正如萨维奇在说服自己相信他提出的公理的有效性时所做的那样)这样一场赌博,以10/11的概率获得250万美元,以1/11的概率获得0美元(赌博5)。现在假设随机事件E将以11/100的概率发生。如果E发生,受试者要么选择赌博1(即确定获得50万美元),要么选择赌博5;如果E没有发生,受试者将收到金额为x的货币。在知道E是否发生之前,受试者必须在两种赌博中选择一种。当然,有些人可能会争论说,受试者选择哪种赌博应该独立于x,因为如果E发生,那么获得x美元将是不可能的。但是,在受试者做出此决定时可以获知,选择赌博1为受试者提供了以11/100的概率获得50万美元,以及以89/100的概率获得x美元的机会;选择赌博5为受试者提供了以1/100的概率获得0美元,以10/100的概率获得250万美元,以及以89/100的概率获得x美元的机会(以89/100的概率获得x美元的机会是两个选项中的"相同结果")。如果x=50万美元,那么受试者实际上就是在赌博1和赌博2之间做出选择,就像第一种情况一样。

第1章 自由主义传统和行为经济学面临的挑战

如果 x = 0，受试者实际上就是在赌博 3 和赌博 4 之间做出选择，像第二种情况一样。

请注意，上述分析并没有告诉受试者在两种情况下应该选择哪种赌博。预期效用理论并不能回答这个问题，该理论只能断言，相比赌博 2 受试者更偏好赌博 1，相比赌博 3 更偏好赌博 4，这两种情况是不一致的。

上述三个实验结果具有共同结构。每个实验都体现了如下情况：可以预测一个人的选择受到某种因素的影响，这些因素通过众所周知的心理机制发挥作用，但似乎与这个人的幸福、兴趣或目标没有任何相关性。决策环境的某些变化会导致个人偏好的变化，但如果相应的偏好变化是符合个人自身利益的选择，并且此人试图为这种变化寻求合理解释，则这种解释很难经得起理性推敲。[5]然而，尽管我们知道人们在不同决策背景下显现的偏好不一致，但这些选择中的哪一个（如果有的话）是正确的，甚至如何定义"正确性"（correctness），也并非那么简单。正如我将在第 4 章中解释的那样，大量行为经济学研究成果都展现了这一共同结构，同时也对新古典福利经济学提出了挑战。

最后一个实验源于行为经济学另一个分支的研究成果，同时也被视为对新古典经济学的另一个挑战。

信任。"信任博弈"（Trust Game）首次由乔伊斯·伯格等人（Joyce Berg、John Dickhaut and Kevin McCabe，1995）以实验形式进行了分析。但其历史可以追溯至更远：托马斯·霍布斯所著的《利维坦》（Thomas Hobbes，1651/1962，第 14—15 页）以及休谟所著的《人性论》（Hume，1739—1740/1978，第 520—521 页）都讨论过不同形式的信任博弈。在伯格等人的实验中，两个参与者（A 和 B）分处于不同的房间，不知道彼此的身份。每位参与者将获得 10 张 1 美元的纸币作为"出场费"。A 将一定数量的美元（0~10 美元）放入一个信封中交给 B，将剩下的美元留给自己。而实验者将补充一部分美元以使 B 获得的美元数量为信封中的 3 倍。然后 B 将他收到的任意数量的美元放入另一个信封中，并将该信封返回给 A，把剩下的钱留给自己。博弈只进行一次，并且实验被设置成没有人（包括实验者）知道其他人的选择是什么。这个博弈之所以能够引起理性选择专家的研究兴趣，是因为这个博弈为两个参与者提供了互利的机会，但是如果参与者是理性且自利的，并且如果每个参与者都知道对方也是如此，那么就不会出现货币的转移（对 B 而言，不给 A 任何数量的美元而保留所有美元是理性的；了解到这一点，A 也会理性地保留所有美元）。对这种博弈的传统讨论（包括霍布斯和休谟的论述）认为上述互利机会难以转化为现实，除非将该博弈嵌入某种更宏大的结构中，个人在其中可以建立声誉，或者在重复博弈的过程中可以涌现惯例（conventions）——伯格等人的实验旨在排除这种可能性。事实上，A 平均送出 5.16 美元，B 在收到 3 倍于 A 送出的金额后，平均返回给 A 的金额为 4.66 美元。通过将剩余的 10.82 美元收入囊中，B 总体获得的金额略高于 A。

从这些实验中可以得出哪些一般性推论？如果人们认为新古典理论做出的假设是，个体决策可以揭示稳定且独立于情景的偏好，那么损失厌恶和注意力两项实验的结果就与新古典理论相悖。如果认为新古典理论包含对不确定前景的偏好与预期效用公理相一致的假设，那么阿莱悖论实验的结果也将否定新古典理论。如果假设偏好是非利他的，信任博弈的实验结果则进一步否定了新古典理论。

许多行为经济学家（在某些情况下，我不得不说，也包括我在内）乐见新古典理论的上述失败。行为经济学家喜欢将他们的方法与"传统的"或"教科书式的"经济学方法进行比较，并认为传统经济学建立在对任何稍有常识的人来说显而易见的荒谬假设之上。举一个可能异常有趣的关于这种修辞策略的典型例子，这个例子来自理查德·塞勒和卡斯·桑斯坦（Richard Thaler and Cass Sunstein, 2008）那本颇具影响力的《助推》一书的序言。在本书第 4 章中我将更详细地讨论《助推》一书的论点。在宣称要捍卫"自由意志式家长主义"之后，塞勒和桑斯坦说：

> 那些拒绝家长主义的人经常会说，人类做了一件了不起的工作，即做出决策，即使不是那么了不起，也肯定比其他人做的决策更好（特别是那些在政府工作的人）。不管他们是否学习过经济学，但许多人似乎至少含蓄地接受了经济人的概念，即我们每个人都在不断地进行正确的思考和选择，符合经济学教科书对人类的描绘。
>
> 如果你阅读经济学教科书，就会发现经济人可以像爱因斯坦一样思考，大脑中存储着和 IBM 深蓝电脑一样多的内容，并运用圣雄甘地一样的意志力，经济学教科书中的经济人就是这样的。然而，现实中我们了解的人类并非如此。如果没有计算器，人们会发现难以进行复杂的除法计算，有时候会忘记配偶的生日，在新年的时候宿醉。这些现实中的人

不是经济人，而是智人（homo sapiens）。（Thaler and Sunstein，2008，第6—7页）

将经济人和智人（塞勒和桑斯坦更喜欢称之为 Econs 和 Humans）进行对比，是《助推》一书的主题之一。请注意，塞勒和桑斯坦的讽刺针对的是拒绝家长主义的经济学家。其前提是传统经济学家反对家长主义。之所以反对家长主义，是因为他们相信，个人在日常经济生活中的行为是以新古典理论强调的那种抽象理性为基础的。塞勒和桑斯坦引导读者认识到自己了解的人并非如此，并得出了长期以来经济学家反对家长主义是没有根据的这一结论。得出这个结论后，读者就不太可能相信应该根据偏好满足度来评估经济制度和政策的说法。如果正如塞勒和桑斯坦所认为的那样，个人经常"做出非常糟糕的决策"（Thaler and Sunstein，2008，第5页），那么，声称竞争市场可以有效地满足由这些决策揭示的偏好，这一理论的价值是什么呢？塞勒和桑斯坦将行为经济学的研究成果视为对新古典福利经济学和自由经济学传统的挑战。

同样，个体如果采取有悖于自身利益的行为，也被解释为对传统经济学的挑战。例如，伯格等人（Joyce Berg et al.，1995，第122页）进行了一项与信任有关的实验，并声称"经济学中的一个基本假设是个人按照自己的利益行事"，他们进行的实验表明上述假设是错误的。卡尼曼、克内奇和塞勒（Daniel Kahneman, Jack Knetsch and Richard Thaler，1986）进行了另一项揭示非自利行为的著名实验（"独裁者博弈"的第一个版本），他们的研究结果明显带有意识形态色彩，并声称在大多数经济分析中都存在着关于"不公平"的假设：

> 经济主体被假定为守法的，但不是"公平的"——如果公平意味着一些合法的获利机会没有得到利用。这种关于不公平的假设意味着经济学拒绝用道德术语解释经济行为，这在该学科的历史中有着很深的渊源。伴随着现代经济学出现的一个核心观点便是，市场上自利行为人的自由行动可以很好地服务于公共利益。（Kahneman et al.，1986）

这段论述似乎表明，行为经济学的研究成果揭示了经济学自由主义传统中存在的一个根本缺陷。这种传统将个体在经济生活中对自身利益的追求视为一种常规行为，甚至为此喝彩，这也是引发我们思考的一点。但是，与经济模型中的理性主体不同，真正的人类在一定的激励下可以实施道德行为，并且（例如信任博弈中的情形）道德行为可以促进共同利益。

4. 调和规范经济学和行为经济学

毫无疑问，行为经济学的研究成果给规范经济学带来了严峻的挑战。规范经济学将偏好满足作为其分析标准，并假设个人对经济结果具有完整偏好。而行为经济学的研究成果表明，这种假设经常不成立。因此，问题在于调和规范经济学和行为经济学，即在经济学中找到一种规范分析方法，该方法能够与人类偏好的不稳定性和情景依赖性（context-dependence）兼容。

经济学家、哲学家、心理学家和法学家都尝试解决上述调和问题。对于如何最优地解决规范经济学和行为经济学的调和问题，似乎正在形成广泛共识。达成共识的方案虽然保留了许多新古典福利经济学的特征，但被舍弃的正是最有助于调和新古典福利经济学与自由传统的那些特征。从中立观察者的角度看，与大多数新古典福利经济学分析类似，该方案的前提是假设规范分析与对个体福利的评估有关。为了解决上述调和问题，我们需要放弃如下假设：个人选择能够可靠地揭示个人对自身福利的判断。相反，我们需要做出的假设是：个人具有"真实的"、"隐藏的"或者"潜在的"偏好，这些偏好被充分整合，进而用作规范标准，但个人并不总是按照这些偏好行事。偏离这些偏好的实际选择被归为"异常"，并归因于个人的错误。因此，福利经济学的任务之一便是重构个人在没有犯错的情况下会显示的偏好。在本书中，我批评了这一共识，并提出了另一种解决方案。

本书第 4 章批评了上述共识，质疑将人类决策模型化为真实偏好与心理诱致型错误之间的相互作用这一做法的有效性。我认为上述方法缺乏足够的心理学基础。据说，拉普拉斯曾对拿破仑说，有关太阳系的理论不需要以假设造物主的行为作为前提。*

---

* 皮埃尔-西蒙·拉普拉斯（Pierre-Simon Laplace，1749—1827）是法国大革命时期最多产的数学家之一。牛顿在 1687 年出版的《自然哲学的数学原理》中指出，尽管他提出的基本力学定律和万有引力定律可以部分解释太阳系中行星的运动，但仍有一组"无法解决"的复杂方程存在。他推断，"上帝的干预"是保持太阳系稳定的必要条件。在将近一个世纪的时间里，科学界都接受了牛顿的观点，直到拉普拉斯在其著作《天体力学》中，提出了计算行星及其卫星运动的框架，有效地揭示了不受神干预的太阳系的稳定性。当拿破仑问他，为什么他的发现中没有提到上帝时，拉普拉斯回答道："我不需要那个假设。"——译者注

同样，对人类选择行为背后的心智过程所做的心理学解释也不需要基于真实偏好和错误等概念。如果这一点是正确的，那么科学研究可以重构个人真实偏好的想法便是海市蜃楼。规范经济学必须让自身与真实的人类心理相适应。

我提出的另一种解决方法受启发于詹姆斯·布坎南的工作，他是20世纪下半叶一位思想深邃并坚定捍卫自由主义经济学传统的学者。布坎南在一篇短文《经济学家应该做什么?》中阐述了他对自由传统的理解（Buchanan，1964）。在这篇文章中，布坎南挑战了由莱昂内尔·罗宾斯（Lionel Robbins，1935）提出的广为人知的经济学定义：研究稀缺资源如何在不同的目标之间配置。对布坎南而言，上述定义引出了如下观点：规范经济学的目的是向一个理性的社会计划者提供一种工具，它是可用于实现某种加总指标的社会福利最大化的工具。布坎南捍卫的则是一种不同的经济学概念，其核心关注点不是理性选择（无论是社会计划者还是普通个人），而是自愿交换：

> "市场"或市场组织不是完成任何事情的手段。相反，它是个人以多种身份参与的自愿交换过程的制度体现。这就是市场的全部。（Buchanan，1964，第219页）

布坎南的规范研究方法是契约主义式的。在契约主义看来，不能基于仁慈的社会计划者的视角来评价社会安排。相反，应该基于社会个体成员的多种观点来评价社会安排，这些个体是某项协议或者"社会契约"的潜在当事人。在评价某项社会制度时，契约主义者并不关心社会总福利是否实现了最大化。相反，契约主义者关心的是在其他人都遵守制度规则的条件下，接受该制度规则是否符合每个人的利益。这也是本书提倡的方法。第 2 章和第 3 章将对这一方法进行解释和辩护。

在某些形式的契约主义理论中，作为社会契约当事人的个人被模型化为具有完整偏好的理性主体。制定出这些个体同意的契约条款，就成为在不确定条件下理性选择理论或理性讨价还价理论的内在要求。⑥但是，如果要调和规范经济学与行为经济学，并不能利用上述契约主义理论来解决问题。当个人被视为某项协议的潜在当事人时，本书允许他拥有与普通人一样的依赖于情景的不稳定偏好。我不会假设这些人只是在犯错误，并且可以在其想象的真实自我的深处以某种方式展现出完整偏好。真正的挑战在于为那些不了解自身偏好的个体构建起值得信赖的经济制度。

在进一步讨论之前，我要指出的一点是，本书对规范经济学的介绍要远远少于新古典福利经济学的内容。这是因为，新古典福利经济学假定个人根据完整偏好采取行动，因此与规范经济学相比能够在更大程度上解释人类行为。但是，如果我对行为经济学研究成果的理解是正确的，如果我对行为福利经济学的批评是合理的，那么本书试图解决的问题就不是由我造成的，而是真实世界的自然后果。如果人们的偏好往往是不稳定的，并且依赖于情景是一个事实，那么构建一种自由式的规范经济学，而不仅仅是强加给社会计划者关于什么是对人们有益的观念，将不是一件容易的事。我只能说我已经尽了最大努力来开始这项研究工作。

最关键的是确定一个个人利益的标准，可以在此标准的基础上提出契约主义建议。第5章和第6章提出的建议源于如下想法，即拥有更多而不是更少的机会符合每个人的利益。我认为每个人都能识别出这种利益，无论他的选择是否能够揭示完整偏好。我提出了如下原则，即每个群体的成员都应该有集体性机会来完成任何他们愿意参与的交易。在第6—8章中，我分析了上述原则的经济意义，表明这一原则能够支撑自由主义经济学传统中的许多重要结论。具体而言，这一原则可以支持福利经济学基本定理中关于市场的一般假设、支持某些类型的市场监管活动以及某些类型的公共品供给程序。这一原则并不要求市场在符合平等主义者期望的意义上才是公平的，但如果要向所有人介绍这一原则的含义（鉴于契约主义方法，必须如此），那么每个人都可以从所有人的自愿交易中受益，这一预期必须是持续存在的，而这可能需要就再分配政策做出集体决策。

上述所有内容的指导思想是，秩序良好的经济是一种制度框架，允许个体在追求共同利益的过程中相互合作。如果人们以这种方式理解市场经济，那么市场机制只有依赖自利动机才能运行这一观点也就失去了根据。当然，正如亚当·斯密（Adam Smith，1776/1976，第26—27页）在《国富论》中指出的那样，我们并不依赖店主的仁慈来为我们提供所需的商品。但是仁慈——愿意牺牲自己的利益来给予他人利益——并不是自利之外的唯一选择。在第9章和第10章中，我解释了个人如何在互惠互利的实践中发挥自身的作用。这种意图可以使人们回馈他人以信任，即使这样做有悖于自身利益，也可以构成日常市场行为的基础。

正如上文指出的，契约主义者认可的制度满足如下特征：当其他人接受特定的制度规则时，接受该制度规则符合每个人的利益。由于道德准则是一种社会制度，道德准则可以成为契约主义者的建议目标。在最后一章中，我提出了一个契约主义建议，即支持互惠互利的道德原则。当人们坚持这一原则时，市场经济才能真正成为穆勒意义上的利益共同体。

第 2 章
本然观点

本书是一部规范经济学著作。作为经济学的一个分支,规范经济学研究的问题是,判断某些经济特征的好或坏、对或错、公平或不公平、公正或不公正。"福利经济学"、"幸福经济学"或"经济正义理论"等,是规范经济学家对自身研究工作的各种称谓。但是,这些标签都未能准确描述本书的分析内容。本书采用的分析方法在经济学家和哲学家中实属少见。第 3 章将对这一分析方法进行解释和辩护,本章则重点分析主流观点。通过强调这一分析方法的某些特点,我希望读者能够思考其他方法是否有某些优点。

1. 中立无偏的旁观者

在过去一个世纪的大部分时间里,规范经济学一直沿袭了新古典福利经济学的重要传统。[①]福利经济学直接继承了 19 世纪许多古典和新古典经济学家信奉的功利主义哲学。福利经济学旨在从中立无偏的角度评判社会的不同状态,并试图回答如下问题:"考虑到所有因素,什么是对社会有益的?"福利经济学的立场是,社会利益是由构成该社会的个体利益或福利组成的。因此,福利经济学必须在考虑所有因素的基础上评估什么是对每个人有益的,然后将这些评估加总。如何对个体福利的评估结果进行加总,一直是福利经济学的核心理论问题之一,目前还没有被普遍接受的解决方案,但这一问题与当前的讨论是直接相关的。不过,自边际革命以来,人们在个体利益的评估标准上已经达成了基本共识。该标准就是偏好满足标准:如果某个人更喜欢一种状态而不是另一种状态,则认为前者对他来说比后者更好。

正如我在第1章中解释的那样,传统共识受到了来自实验经济学和行为经济学近期研究成果的挑战。通常情况下,偏好满足标准假设每个人对不同社会状态都有完整偏好,并且这些偏好会在个人选择中体现出来,而福利经济学则需要评估不同的社会状态。通过将个人视为对其利益的最佳评判员,并用其偏好解释这些判断的具体表现,福利经济学为偏好满足标准提供了有理有据的支持。[2] 但该假设已受到部分证据的质疑,这些证据表明,个体在面临决策问题时,往往并没有在面临的特定问题出现之前就已经存在明确的偏好;相反,为处理特定问题须具备的任何偏好都是在思考过程中构建起来的。看似与个人福利无关的问题的特征可能会影响这种"构建的"偏好。

鉴于福利经济学的基本逻辑,对上述问题的自然反应是采用其他个人福利评估标准来补充偏好满足标准,这种方法适用于个人缺乏良好偏好(well-formed preference)的情形。为了尽可能忠于新古典福利经济学的精神,人们可能会尝试以某种方法来推断或重构个体关于什么对他自身有益的基本判断,而这些判断则是基于看似相关度最高的证据做出的。笼统地讲,这是大多数行为经济学家偏好的方法。在不同的情形中,这一方法被称为自由意志式家长主义（Sunstein and Thaler, 2003a, 2003b; Thaler and Sunstein, 2008）、不对称家长主义（Camerer et al., 2003; Loewenstein and Ubel, 2008）和行为福利经济学（Bernheim and Rangel, 2007, 2009）。

第 4 章将更为详细地讨论上述规范经济学的内容。就目前的分析而言，重要的是福利经济学观察社会的视角，无论是新古典福利经济学，还是行为福利经济学。因为福利经济学家习惯于将自己想象成持有这种观点的人，所以往往不会注意到这一点的特别之处。

究竟有何特别之处？首先要注意的一点是，这种观点是概括性的，它是单一观察者的观点，不是被评估的社会中的任何个人的观点。该观察者以某种方式处于社会之外，并对社会的整体利益做出判断。这是一种传统上的上帝视角，俯视其创造之物。用托马斯·内格尔（Thomas Nagel, 1986）的话来说，这是一种"本然观点"（view from nowhere）。内格尔认为，这正是我们进行道德推理时应该采取的观点。具体而言，当一个人进行道德思考时，他会以某种方式超越普通自我（ordinary self），并采取一种仅仅将普通自我视为他人中的一员的观点。但我无法抗拒借用内格尔的说法，并以怀疑的语调表达出来。"本然观点"确实是一种特别的观点。

在形成对社会整体利益的判断时，持"本然观点"的人需要分别对每位社会成员的利益做出判断。这些关于个人福利的判断也是一种"本然观点"吗？还是社会成员各自的观点？就新古典福利经济学而言，最好的答案——最能反映经济学家实际做法的答案——是两种情况同时存在。在新古典经济学的标准模型中,每个人都具有与情景无关的明确偏好,这些偏好表现在他的选择中,并且可以将这些偏好解释为个人做出的关于什么是对自身有利的判断。观察者将基于上述偏好评判社会整体利益。在此过程中,观察者通过形成对个体利益的总体判断而隐含地支持这些偏好。然而,在行为福利经济学中,观察者通常需要做的不仅仅是支持个人给定的偏好。如果一个人的显示性偏好随着与个体福利没有必然联系的情景特征的变化而变化,那么观察者就需要利用自己掌握的信息来形成对该个体福利的判断。

因此,福利经济学家的观点是一个从外部观察社会的旁观者观点。鉴于采取这种观点的目的是摆脱个体私人利益和偏见的影响,因此,想象中的观察者必须确保不偏不倚地评估个体的偏好和利益,这一点至关重要。由于观察者的目的是评估福利,所以必须假定观察者对每个人的福利都感兴趣。故而福利经济学家必须假定存在一个中立无偏的仁慈的旁观者。[3]

2. 仁慈的独裁者

假设我们认可了"本然观点"的意义,并进一步假设我们找到一种考虑了所有因素的评估社会利益的方法,就如一个中立无偏的仁慈的旁观者那样。然后呢?这种评估结果应该由谁来加以利用,出于什么目的来利用?

功利主义道德哲学家给出了一种可能的答案,即每个人都应该以最大化社会整体利益(或者更好的情形,最大化全世界的整体利益)为目标。不得不说,这种观点对我的吸引力非常有限。

我的内在道德感是履行特定的义务和承诺,而这些义务和承诺源于我与世界上的其他人形成的特定关系。因此,我没有无条件的义务像重视自己、家人、朋友和同事的利益一样,去同等地重视任何其他人的利益,我也不希望与我无关的其他人对我负有这种义务。但这也许暴露了我的道德局限。就本章的分析目的而言,我们没必要按照这种思路展开。本章的问题是福利经济学家如何评估社会利益。福利经济学,正如人们通常理解的那样,与个人的道德义务无关。

福利经济学的传统分析对象被称为"政策制定者"、"政府"或"社会计划者"。外行可能会惊讶于社会计划者这一术语仍然在经济学世界中占有一席之地,但事实的确如此。在对这一基本思想的另一种表述中,应用经济学家通常用分析得出的"政策含义"来结束其论文,这些"政策含义"是对政策制定者应该采取何种行动的建议。其隐含的假设是,政策制定者是或应该是出于对社会整体利益的关注而受到激励,正如一个中立无偏的仁慈的旁观者那样。

这种对规范经济学目的的理解已经以各种形式延续到行为福利经济学领域。因此,在首次提出自由意志式家长主义时,卡斯·桑斯坦和理查德·塞勒将自己的研究对象设想为"计划者",这个计划者被定义为"必须为他人设计计划的任何主体,从人力资源主管到官僚,到国王"(Sunstein and Thaler, 2003a, 第1190页)。但此后,也许是认识到"社会计划"这一术语的负面含义,他们将研究对象重新命名为"选择设计师"(choice architect),但其工作性质保持不变(Thaler and Sunstein, 2008)。塞勒和桑斯坦重点分析了"选择设计师"在设计以何种形式将决策问题呈现给个人的过程中发挥的作用。倘若如行为经济学证据表明的那样，个人的选择对决策形式的变化非常敏感，那么桑斯坦和塞勒提到的"选择设计师"就有能力影响个人的选择。

餐厅经理要决定以何种方式展示不同类型的食品，因为她知道不同的展示方式会导致顾客做出不同的选择。以此为例，桑斯坦和塞勒（2003a，第1164页）将传统福利经济学解读为向餐厅经理提出如下建议：应该"给予消费者在经理看来消费者自己会选择的服务"（注意这里对"给予"概念的使用，稍后我会再次分析这一概念）。但是这个建议对餐厅经理没有帮助，因为消费者"自己"选择什么只能根据决策形式来定义，因此，关键问题是确定究竟应该采取哪种形式。桑斯坦和塞勒得出的结论是，餐厅经理应该选择"在考虑所有因素后，她认为能够让消费者获得最大收益"的形式，但约束条件是选择自由不受限制。在这种约束条件下，桑斯坦和塞勒提出的建议可以确保只要消费者的偏好独立于决策形式，他们就能够获得其偏好的结果。因此，只要存在传统福利经济学假设的良好偏好，自由意志式家长主义就与传统福利经济学一致；如果不存在这样的偏好，自由意志式家长主义就会改变对于相关个体福利的判断。

道格拉斯·伯恩海姆和安东尼奥·兰热尔（Douglas Bernheim and Antonio Rangel，2007，2009）的行为福利经济学研究遵循类似的逻辑。伯恩海姆和兰热尔明确使用了"社会计划者"这一概念。他们将"标准福利分析"解释为"指导社会计划者尊重个体为自身做出的选择"。这一规范性原则被描述为"延伸了自由意志主义者（libertarian）对选择自由的尊重，这一原则认为给予一个人自愿选择的东西，而不是他人为其选择的东西，对这个人来说更好"（Bernheim and Rangel，2007，第464页）。重申一遍，个人的选择自由可以用社会计划者给予他们的东西来表示。像桑斯坦和塞勒一样，伯恩海姆和兰热尔认为行为经济学的研究成果揭示了一个人自己会选择什么这一概念的模糊性。如果一个人的行为表现出"选择逆转"（choice reversal），也就是说，如果她在某些情况下会选择 x 而不是 y，但在其他情况下会选择 y 而不是 x，那么她的选择"无法为社会计划者提供明确的指引"（Bernheim and Rangel，2007，第465页）。因此，在这种情况下需要一些标准"对相互冲突的选择数据进行判别"（2007，第469页），伯恩海姆和兰热尔的行为福利经济学研究的目标之一就是提供这样的标准。

在另一项行为福利经济学研究成果中，尤瓦尔·萨伦特和阿里尔·鲁宾斯坦（Yuval Salant and Ariel Rubinstein，2008）提出了一个类似于伯恩海姆和兰热尔的理论分析框架。在这个框架中，一个个体的决策问题由一组可供选择的对象和一个将选择对象呈现给个体的"框架"（frame）构成。萨伦特和鲁宾斯坦假想了一个社会计划者，该计划者选择这个框架的目的是确保个人的选择与她（假设的）对选择对象的"潜在偏好"是一致的（Salant and Rubinstein，2008，第1294页）。

因此，福利经济学，无论是其传统形式还是行为经济学形式，针对的都是想象中的政策制定者。因此，必须假设决策者能够发现福利经济学的某些用处。但是能有什么用处呢？

正如詹姆斯·布坎南经常说的，福利经济学隐含的建议对象是一个温和的专制主义者（Buchanan，1986，第23页；1987）。[④] 如果想象中的政策制定者有动机按照福利经济学提出的政策含义采取行动，则她必须是公正和仁慈的。在其公共角色中，政策制定者必须将中立无偏的社会利益作为其唯一的目标。她必须忽视自己的私人职业利益，以及（如果她是一位民选政治家）其所属政党的利益。但仅仅是中立无偏的仁慈是不够的。如果政策制定者想要具备使社会整体利益最大化的施政能力，我们还必须假定她拥有开明君主的权力。我们必须假定，她不会受到类似国家领导人和公务员在现实民主国家中必须面对的混乱约束的制约。在识别出最优政策之后，她不必与那些持不同意见的内阁其他成员或政党成员进行谈判。她不必将政策提交给可能否决该政策的议会或国会。她只是下达执行该政策的命令，然后继续处理下一个公共问题。

政策制定者是不受约束的主体，这一假设还具有更深层次的意义。回想一下，对于桑斯坦和塞勒以及伯恩海姆和兰热尔来说，尊重个人偏好的理念体现为政策制定者给予个人的东西是其偏好的东西。这不是一个完全没有意义的比喻。作为福利经济学建议对象的社会计划者不受某些个体偏好的约束，就像在选举中负责计票的公职人员不会受到选民选票的约束一样。她可以选择考虑这些偏好，同时福利经济学会为她提供如何行动的建议，但她是否按照相关建议采取行动，则取决于她自己。因此，个人能否获得他们偏好的东西，取决于社会计划者如何使用她的自由裁量权。如果人们确实获得了他们偏好的东西，那是社会计划者决策的结果，她要对此负责。从这个意义上说，是社会计划者在决定个人应该得到什么：他们不是自己决定应该拥有什么。

除此之外，还存在很多与现实不符的内容。即使假想中的政策制定者是中立且仁慈的，并且拥有开明君主的权力，她仍然有可能不想按照福利经济学家的建议行事。以桑斯坦和塞勒提到的自助餐厅为例。在这个例子中，桑斯坦和塞勒扮演着福利经济学家的角色，就食品的展示方式提出建议，餐厅经理是其建议的目标主体。正如桑斯坦和塞勒所说，问题在于，在考虑到所有因素的前提下，选择能够使餐厅顾客福利最大化的展示方式。在评估人们的福利时，桑斯坦和塞勒似乎想使用哲学家所谓的"知情欲望"（informed desire）标准，也就是说，他们想假设人们拥有"完全信息、无限认知能力和不缺乏意志力"（我将在第4章中对此进行详细说明），以此为基础评估人们的福利（Sunstein and Thaler, 2003a, 第1162页）。这意味着桑斯坦和塞勒采取了政策制定者可能不会认同的哲学立场（政策制定者可能认同一种不同的中立仁慈的概念，例如幸福最大化）。要根据"完全信息"确定一个人会选择什么，必须科学评判从现有证据中得出的最佳推论。在自助餐厅问题中，必须判断饮食变化如何影响健康和预期寿命。在这个问题上，不同的科学家会做出不同的判断。一位相信某一种饮食理论的福利经济学家可能会发现自己正在为一位相信另一种饮食理论的餐厅经理提供建议。

当福利经济学家提到"政策含义"时，他们通常会利用自己对富有争议的规范问题和科学问题做出的最佳判断。尽管福利经济学家认为其建议针对的是政策制定者，但他们并没有思考上述最佳判断是否与政策制定者的判断一致。这里隐含的思想是，如果福利经济学家利用自己的最佳判断，他有权假定政策制定者会接受这些最佳判断。因此，想象中的政策制定者不仅仅是一个中立仁慈的独裁者，而且在富有争议的规范问题和科学问题上，她认同为自己提供建议的福利经济学家的观点。但如果是这样，政策顾问和政策制定者在概念上的区别就消失了。我们不妨说，福利经济学家是将自己想象成仁慈的独裁者。政策含义体现的内容是：如果我是一位中立仁慈的独裁者，我会这样做。

当然，福利经济学家并非真正相信其著作能够被中立仁慈的独裁者所阅读，也不相信独裁者能够像他们一样思考所有的有争议问题，并且急于获得来自福利经济学家的建议。此外，福利经济学家通常也不会将仁慈的独裁视为一种理想的政治制度，现实中的集体选择程序也不是这种制度的完美近似。中立仁慈的独裁者也并不打算真正接受福利经济学家提出的建议。

假设我以福利经济学家的身份受政府部门委托撰写报告，就某些经济政策提供建议。报告推荐了一些行动方案，比如强制测量生活用水的供给，对我而言这项行动具有经济上的合理性，但由于在我看来是错误的原因，许多人反对此行动方案。该部门负责人告诉我，她同意我的分析，但认为我的提议太不受欢迎，因而无法实施。换句话说，如果她是一个中立仁慈的独裁者，她会按照我的建议行事，但事实并非如此。这并不会导致我的建议错误或者无用：一方面，我们认为从传统福利经济学的角度看问题是有益的，另一方面，我们也认识到这不是民主制度下政客唯一认可的视角。请读者注意，我并不是建议她完全不顾其所受的政治约束。从字面上看，我并不是建议她实施我"推荐"的政策，我只是告诉她，如果我是一个中立仁慈的独裁者，那么我会按照这一建议采取行动。

因此，将中立仁慈的独裁者作为福利经济学的建议对象这一观点并不是对任何真实个体或机构的权力所做的假设。中立仁慈的独裁者只是一个将思想组织起来的框架，是一种修辞手法。用经济学的语言来说，中立仁慈的独裁者是一个模型。就当前的分析而言，这就是我想阐明的全部内容。认识到中立仁慈的独裁者本质上是一个模型就足够了，而所有的模型都是不现实的。为了理解本书后续章节中的论点，读者必须跳出传统模型，并认识到传统模型不是思考规范经济学的唯一方式。我将提出一个替代模型，其中包含一个与中立仁慈的独裁者不同的建议对象（或者多个建议对象）。我希望读者同时考虑这两种模型，并不会批评我采用的方法，因为这一方法并没有为传统模型中假设的中立仁慈的独裁者提供正确建议。毫无疑问，我提出的方法难以实现上述目标，因为建议对象根本就不是中立仁慈的独裁者。

3. 公共推理

规范分析的建议对象应该是假想中的社会计划者，这一想法对经济学而言可能显得有些古怪，但规范经济学应该基于"本然观点"的这一想法并非如此。实际上，最直接地发展了这一思想并以《本然观点》作为书名的学者，是政治和道德哲学家内格尔（Nagel, 1986）。当哲学家讨论规范经济学中的问题时，他们通常不会谈及社会计划者或者政策含义。然而，一般而言，他们对这些问题的看法是一种本然观点。我认为，这导致哲学家倾向于认同行为福利经济学所特有的那些论点。

为了说明如何将本然观点用于哲学论证，我将重点分析最有影响力的新古典福利经济学的批评者之一阿马蒂亚·森的研究工作。作为分析的起点，我将首先介绍森（Sen, 1999, 第54—58页）用以广泛分析自由和正义的一则寓言故事。在森讲述的这则故事里，一个女人想雇用一名工人在她的花园里工作。有三名申请人目前都处于失业状态，每个人都会以同样的报酬做同样的工作。作为"一个善于思考的人"，雇主"想知道谁是合适的人选"。森设想雇主会思考如下问题：在选择申请人时，她如何才能做到最好？她应该选择最贫穷的申请人蒂尼（从而尽她所能减少贫困）吗？或者她应该选择比香农，这个申请人会从这项工作中获得最多的幸福（从而尽其所能增加幸福）？或者她应该选择罗吉尼，对他来说，获得这份工作将对其"生活质量和身体健康"产生最大的影响？讲述这个故事的目的是为规范经济学提出三种十分可靠的"评估方法"，每种方法都有不同的"信息基础"。森认为每一种方法都有其优点，并试图找到一个规范框架，它可以涵盖三种不同方法的信息基础。

显然，森关于规范分析的观点要比传统福利经济学有关规范分析的观点宽泛得多，他认为后者的信息基础非常有限。不过，福利经济学关于规范分析的观点仍然属于本然观点。森讲述的这则故事涉及在三个穷人之间分配重要资源的不同方式，实际上这是规范经济学核心问题的缩影。值得注意的是，森是基于第四个人的视角提出了上述问题，这第四个人基于一种中立的立场"反思式地"提出哪种方案最好的问题，这里的最好不是基于雇主的个人观点，而是从某种公正的意义上来说的。

因此（森告诉我们），当雇主想到蒂尼时，她会问自己："还有什么比帮助最贫穷的人更重要的呢？"同样，当她想到比香农时，她告诉自己："当然，消除不快乐必须是第一要务。"有人可能会问：对谁重要？是谁的第一要务？我认为，对于森来说，这些问题都是多余的。他不是在谈论什么对何人来说特别重要。他在谈论什么才是重要的。这是一种本然观点，即某些中立无偏的旁观者持有的观点。

将森假想中的旁观者冠以中立仁慈可能是错误的，因为这可能表明旁观者采取了古典功利主义的评估方法，而森仅将功利主义视为可行的评估方法之一。但我们必须假定旁观者以同情的心态或道德的方式应对其关注的社会问题，但同时他并不是该社会中的成员。旁观者关切的是社会状态应该是好的而不是坏的。从其中立的观点看，旁观者承认，在考虑所有因素的基础上，收入平等、幸福、生活质量和自由都有助于提高社会福利。旁观者的问题是，中立无偏地评估这些不同形式的"善"的相对重要性。

那么，对社会整体的善做出中立无偏的评估有什么意义呢？应该由谁，又是出于什么目的来利用这一评估结果呢？

与新古典经济学家和行为福利经济学家不同，森的分析中并不包括假想的社会计划者。他将个人视为公民（citizens），参与有关社会公共利益的讨论，或者，正如他常说的，参与公共推理（public reasoning）。在民主社会中，这种讨论可能会影响甚至决定集体选择，但森希望能够在任何社会中推进公共推理，无论是民主社会还是非民主社会。事实上，对森来说，尤其重要的一点是，他的规范性分析可以用来诊断世界上任何地方存在的不公正现象，因此也可以用来"抗击压迫，或抗议系统性的医疗疏忽（medical neglect），或批判酷刑，或拒绝默默忍受长期饥饿"（Sen，2009，第 xi—xii 页）。在森的批判名单上列举的一些所谓的不公正（例如，美国的医疗保健供给不足，印度的持续饥饿）

出现在开放和民主的社会中，但是当不公正现象出现在专制政权之下的时候，森提出的公共讨论可能属于一种反对的形式，而不是一种决策过程。

对于森（2009，第39—46页）而言，公共推理涉及对"伦理客观性要求"（demands of ethical objectivity）的讨论。这意味着伦理中可以存在客观性，这种客观性对公民提出了"要求"，在某种意义上公民必须满足这些要求。但这是什么意思呢？

从最自然的角度看，伦理客观性要求有伦理对象，而这些对象是什么则属于一项事实。但森并没有以这种方式来使用客观性的概念（我认为他没有这样做是明智的，但我不想偏离到元伦理学的讨论之中）。借鉴亚当·斯密（Adam Smith，1759/1976）、约翰·罗尔斯（John Rawls，1993）、尤尔根·哈贝马斯（Jurgen Habermas，1995）和希拉里·帕特南（Hillary Putnam，2004）的观点，森将客观性定位于公共推理之中。我的意思是，对森来说，公共推理不应被理解为尝试探寻独立存在的伦理客观事实。相反，伦理命题具有客观性，是因为这些命题得到了恰当的公共推理的证明。森认为，在斯密、罗尔斯和哈贝马斯的著作中，"客观性与能否经受来自不同群体的知情审查（informed scrutiny）有着直接或间接的联系"。同样，森在谈到他自己对正义的分析时说："我从不同角度将理性审查（reasoned scrutiny）置于伦理和政治信念的客观性要求的核心地位"。（Sen，2009，第45页）有人可能会问，理性审查与非理性审查二者有何区别？森并没有明确说明他提出的推理标准，但他十分清楚，这些标准必须包括中立性："用于分析正义要求的理智思考将包含一些基本的中立要求，这也是正义理念和非正义理念不可分割的组成部分。"

(Sen，2009，第42页)

因此，对森来说，规范经济分析有助于公共推理过程，在这一过程中，公民试图就如何中立无偏地评估社会利益达成一致。森提出的各种要求（例如，对道德和政治信念的"客观性要求""正义要求""无偏性要求"）似乎暗示着参与公共推理不应被认为是一种可有可无的可选行动，例如加入阅读小组或辩论会。相反，作为公民或理性主体，我们每个人都肩负着满足某种道德要求的责任，即对社会利益做出中立的评估，通过有理有据的论证来捍卫这些评估结果，并将这些观点展示给其他人进行审查。

让我们用一个模型来解释上述公共推理的概念。考虑一个陪审团，它必须在对事实没有争议的情况下做出一个判断（假设被告被指控犯有谋杀罪，他枪杀了一名闯入他家的人，他承认杀人但辩称自卫。鉴于案件的上述事实，陪审团必须判断被告使用武力是否合理）。对陪审团的每一位成员来说，参与评判过程是公民的一项义务。她应该抛开自己的私人利益、偏好和偏见，并努力就被告的行为是否合理做出中立的判断。陪审团应该集体进行理性讨论，每个成员都应该考虑其他人的论点，同时对自己的最终决定负责。由于陪审团的12名成员是随机选出的，因此可以预期陪审团成员的不同经验和不同见解将有益于集体讨论。集体讨论的过程有希望但并非必须达成一致同意。

森对公共推理的解释遵循的是一种政治哲学传统，在这一传统中，政治是以陪审团的模式被解释的。[5]我并不想指出这种政治概念有任何不合逻辑之处，但这一概念确实有一些令人疑虑的特征。

回想一下，我们的目标是在考虑所有因素的条件下中立地评估社会利益，而中立地评估每个人的利益则是中立地评估社会利益的基石。因此，我们可以考虑一个特定的人：罗伯特·萨格登。假设现在的问题是，我将要做出某些关于自己生活的决定：也许是关于如何平衡工作和休闲的决定，或者是如何在饮食选择中权衡眼前的美味与未来的健康。我可能会承认，如果我试图中立地评估何种决定是对我有益的，其他人的判断可能对我会有一定的影响。但是，为什么我需要对此进行中立的评估呢？对我来说，重要的是我自己的评估。在做出这样的评估时，我最好听听其他人关于什么是对我有益的看法，但归根结底，我如何生活是我自己的事情，而不是其他人的事情。我有权将自己的判断视为权威判断，这并不是因为我相信自己的判断能够得到中立无偏的旁观者的认可，而是因为我是自己生活的谱写者。

我不明白为什么出于道德的考虑要求我用理性的论证来证明我的私人选择是正当的，并且需要将这些论证置于公众监督之下。这样的要求从何而来？如果一位道德哲学家告诉我，这是对客观性的要求，并且他认为一个命题的"客观性"指的是它能够在公共辩论中经受住理性审查，那么我可以回答说，当我做出关于自己生活的决定时，我对上述客观性并不感兴趣。主观性对我来说已经足够好了。我说这番话并不意味着我认为，考虑到所有因素并基于中立无偏的视角，每个人都可以自由地决定自己的生活是件好事，因此我可以自由地决定我自己的生活也是一件好事。如果我提出这样的主张，或许哲学家就有权希望我通过理性的论证来捍卫这一主张。但我并不是在假装阐述任何本然观点，我所说的要简单得多：只有我自己的观点对我来说很重要。

关于政治团体或自治组织的内部事务，类似的论证同样适用。森对公共推理的分析强调了在任何特定社会中，在中立评估什么是好的时，考虑他人判断是重要的。他提出了开放的中立无偏（open impartiality）原则，"中立无偏的观点可能来自距离一个社区、一个国家，或者一种文化很远的外部"（Sen，2009，第123页）。因此，森敦促美国人关注欧洲关于死刑是否合理的公共辩论（Sen，2009，第407页）。鉴于森试图寻找本然观点，强调开放的中立无偏原则是完全合情合理的。如果我们要问一个中立无偏的旁观者是否赞成死刑，那么同时考虑有死刑和无死刑辖区的居民的判断肯定是恰当的。但人们可能仍然会问，政治辩论是否应该被理解为试图达成中立旁观者的观点。当人们必须做出有关美国刑事司法系统的决定时，最终重要的判断难道不应该是美国人的判断吗？这不是因为他们的判断更有可能是正确的，而是因为这是属于美国人的刑事司法系统。如果某个团体的成员可以就如何组织内部事务达成一致，他们为什么还需要确认其决定是否得到了中立无偏的旁观者的认可？

公共推理的概念就像仁慈的独裁者的概念一样，为人们提供了一个可以借此将规范经济学的思想组织起来的框架。这两个框架的共同点是对本然观点的探寻。而本书的目标之一则是发展出一种可行的替代方法。

第 3 章
契约主义观点

第 2 章提出，规范经济学研究中采用的观点通常是一种本然观点，经济学家通常会假定自己是在向仁慈的独裁者提出建议。如前文所述，我会采取一种不同的方法：本书要呈现的规范经济学将以另一种不同观点为基础，并且建议对象也不是仁慈的独裁者。在本章中，我将阐释这种方法，分析它何以有效，以及为什么我觉得它具有吸引力。

按照詹姆斯·布坎南的说法，我将这种方法称为契约主义方法。以下是对布坎南契约主义观点的经典表述：

> 如果不引入超个人价值观规范，从任何合理化或正当化的意义上来解释政治，则必须将政治模型化为一个过程，在这个过程中，可能具有不同利益和价值观的独立个人为了保护从合作中获得的自己珍视的利益而互动。如果认可这个关于政治本质的假设，那么政治的终极模式就是一种契约主义模式。（Buchanan，1986，第 240 页）

布坎南在将自己的观点与我所谓的本然观点进行比较时指

出,大多数政治理论家将政治解释为"一般化的陪审团",但契约主义方法将政治解释为"一般化的市场"(Buchanan,1986,第65页)。其中心思想是,那些关注自身利益的个人追求互惠互利。契约的主旨促使我们对政治互惠互利与自愿契约互惠互利二者进行类比分析。

本章的主题是契约主义观点。首先我将介绍契约主义理论的一般特征,以及契约主义理论与规范经济学中常用的理论有何差异。契约主义有许多不同的形式。不过此处我不会对这些形式予以区分。我赞成的契约主义形式将在后续章节中予以分析。尽管现在采用契约主义方法的规范经济学家和政治哲学家已经不多见,但这一方法在经济、政治和社会思想的历史中有着深厚的根源。因此,我将首先介绍两部采用契约主义方法的经典著作——托马斯·霍布斯的《利维坦》(Thomas Hobbes,1651/1962)和大卫·休谟的《人性论》(David Hume,1739—1740/1978)。

1. 霍布斯的契约主义

霍布斯所著的《利维坦》一书几乎会出现在罗列有史以来最伟大的政治理论著作的任何名单上。近年来,《利维坦》因其提出的理性选择政治模型具有的严谨性和一致性而得到了诸多赞誉。很少有现代评论家支持霍布斯在其核心论证中得出的结论,其中包括我自己。但就本章的分析而言,重要的是霍布斯的论证结构及其建议对象。

霍布斯(1651/1962)以介绍"人类的自然条件"开始其论证过程,在这一条件中没有"公民国家"(civil state)或"让所有人敬畏的公共权力"（霍布斯认为二者是同义词）。这种自然条件或者自然状态是"每一个人对每一个人的战争"。尽管（或者也许因为）这种状态具有"非舒适性"（incommodities），但是男人在身体能力和心智能力上大致相同（霍布斯仅提到了"男人"，但或许他还打算包括女人）。在这种情况下，民间社会重视的高超的心理技能没有存在的必要，需要的是谨慎，这"只是经验；平等的时间平等地赋予所有人，平等地用于其处理的事务中"。并且"至于身体的力量，身体最弱的人有足够的力量杀死最强壮的人，无论是通过秘密阴谋，还是通过与其他和自己处于同样危险之中的人相勾结"（第13章，第98—102页）。在自然状态下，每个人都有权按照自己认为合适的方式使用自己的力量，以保护自己的生命并预见潜在的威胁。因此，"每个人对一切事务都拥有一定的权利，甚至彼此的身体"（第14章，第103页）。

霍布斯随后阐述了19条"自然法则"，适用于身处自然条件下的人。至关重要的是要认识到这些法则不是道德约束，通过限制一个人的行为以使其他人受益，相反，这些法则是自我保护的原则，对每个个体来说都是理性的：

> 自然法则是一条通过理性推理得出的箴言或一般规则，在这一法则下，一个人不得行威胁其生命或剥夺其生命保护手段之事；不得不行他认为可以最好地保护生命之事。(Hobbes, 1651/1962, 第14章, 第103页)

对于霍布斯来说，在自然状态下，每个人都将自我保护视为第一要务，这一点是不言而喻的。因此，我们可以将自然法则视为一种行动原则，可以将这一行动原则单独推荐给每个人，作为他增进自身根本利益的一种手段。当霍布斯提出自然法则时，他是在向每个人分别提出建议，这些建议旨在增进霍布斯眼中的个人利益。这是一种规范性分析，并未采取本然观点，采取的是独立的个人观点。霍布斯提出的自然法则平等地适用于所有人，但这仅仅是因为这些个人的立场和利益具有相似性。这些自然法则并未从整体上体现什么是对每个人有益的中立评估。

就霍布斯的论证而言，最重要的自然法则是第一条、第二条和第三条。第一条法则是：

> 每个人只要怀有获得和平的希望，都应该努力争取和平；当他不能获得和平时，他可以寻求并利用战争带来的一切助力和有利条件。（Hobbes，1651/1962，第14章，第103—104页）

第二条法则是：

> 一个人愿意在别人也愿意的情况下，为了和平与自卫，而在他认为必要时放弃对一切事物的权利，并满足于自己让别人有这么多自由，就允许别人让自己有这么多自由。（Hobbes，1651/1962，第14章，第104页）

这两条法则背后的理念是，和平比战争更能满足每个人的利益，但仅凭单边行动无法实现和平：一个人如果在其他人不解除武装的情况下自己解除武装，只能让自己成为他人的猎物。霍布斯对每个人提出的建议是，愿意并随时准备与他人签订多边协议以实现和平。如果让步是达成一致的必要条件的话，那么每个人都应该像其他人一样做出同等让步，但是没有人应该做出更多的让步，以至于让自己成为牺牲品。如果每个人都按照这些建议采取行动，那么每个人的让步程度都必须与其他人完全一致。

这些建议的相互关联性表明，尽管霍布斯的建议对每个人都是单独有效的，但他是在向所有人同时提出建议。他的立场类似于调解人的立场，试图通过引导双方达成互惠互利的协议来结束冲突（例如，雇主与工会之间的劳资纠纷，或两国之间的战争）。考虑到对方也必须同意，基于善意行事的调解人会寻求双方都希望达成的最佳协议。调解人可以向双方公开陈述针对每一方提出的建议，这是体现其善意的证据，因此有人可能会得出如下结论：一个优秀的调解人采取的行动属于一种特定类型的公共推理。但这种公共推理采取的是一种承认各方利益的形式，从自己的角度考虑什么对各方有利，而无须基于本然观点考虑什么是有益的。

利用这种分析模式，霍布斯提出了"每个人与每个人的盟约"的建议，根据这一建议，每个人都放弃其自治权，前提条件是其他人也会这样做。所有人都共同服从一个最高统治者或议会，期望这种权力能够保护每个人免受其他人的侵害（第17章，第129—133页）。由于这一盟约几乎没有对统治者施加任何限制，霍布斯的分析可以被解读为对17世纪欧洲绝对君主制的一种辩护。这种辩护是社会契约理论的一个例子：一项制度通过表明它可以经由理性个体之间的契约得以创建而证明其正当性，其中每个人都追求自身利益。

除非以契约条款将得到履行的预期作为基础，否则契约将毫无意义。因此，第三条自然法则是："所订信约必须履行。"鉴于霍布斯认为的自然法则，他必须证明履行契约符合各方的个人利益。在《利维坦》最著名的一段话中，霍布斯指出"愚昧之徒在心里根本没有正义这回事"，他们"质疑，不正义……有时能否与引导人们为自己谋利的理性相一致"。霍布斯认为，即使在自然状态下，理性自利也会要求个人履行他签订的任何契约条款，前提是他对另一方也会履行契约条款有足够大的把握。如果"存在让他（另一方）履行契约的某种权力"，或者如果另一方已经履行了契约（霍布斯认为在自然状态下这种情况不常见），那么这种把握就存在。后一种情况对应着现在被称为"信任博弈"中的次动者（second mover）的行动。霍布斯举了一个战俘的例子，这名战俘之所以被释放，是因为做出了支付赎金的承诺。这是俘虏者和战俘之间的互利契约。俘虏者首先采取行动，相信战俘接下来会支付赎金。霍布斯提出了"履行承诺是否违背了理性，也就是说，这样是否违背了对方（次动者）利益"的问题，并得出了否定的结论。从本质上讲，霍布斯的论点是，在确保对方同样会履行契约的情况下，履行契约条款的声誉是一种宝贵的资产，特别是在依赖联盟才能自保的自然状态下更是如此（第 14 章，第 110 页；第 15 章，第 113—115 页）。我将在第 11 章第 4 节中详细讨论这个观点。

霍布斯最为关注的是前三个自然法则，它们均与明晰的契约有关。但并不是霍布斯提出的所有法则都具有这种特点。第四自然法则（"感恩"法则）特别有趣，因为它与第三自然法则平行。具体而言：

> 一个人接受另一个人单纯出于恩惠施与的利益时（例如，免费的礼物），应该努力使施惠者没有合理的理由对自己的善意感到后悔。（Hobbes，1651/1962，第 15 章，第 118 页）

该自然法则具有典型的霍布斯式前提，即"要不是为了自己的好处就没有人施惠"。我并不赞同这个前提，但作为一个理论家，我必须承认自己对霍布斯直截了当的清晰思路的钦佩。换句话说，只有在期望获得回报的情况下，一个人才会给予他人恩惠，如同一方只有在期望另一方会履行契约条款时才会履行契约条款一样。就像俘虏者和战俘之间的契约关系一样，施惠者和接受者之间也是一种互惠互利关系。在后一种情况下，施惠者是先动者（first mover）。霍布斯认为，理性自利要求接受者能够满足施惠者的期望，否则"仁慈或信任也就不会出现，进而导致互助也不会出现，也不存在人与人之间的协调"（第 15 章，第 118 页）。有人可能会说，施惠者和接受者之间的关系是一种隐性契约（implicit contract）关系。

因此，霍布斯的第一法则和第二法则建议每个人都尝试与他人达成某种互利的契约。第三法则建议每个人都履行显性契约（explicit contract）条款，只要对方已经履行，或者能够确保对方会履行。第四法则将此建议扩展为至少一种形式的隐性契约。这些建议是针对所有人提出的，但不需要人们为了其他任何人的利益而做出任何牺牲，甚至承担任何不合理的风险。总而言之，第四法则建议每个人都通过与他人建立和维持互利关系来实现自己的目的。这正是我称之为"契约主义"的论证模式的特征。

2. 休谟的契约主义

契约主义的第二个例子是休谟在《人性论》（1739—1740/1978）中对惯例的分析，它可能看起来与霍布斯的理论迥然不同。①一个非常明显的区别是，休谟的写作背景是 18 世纪中叶苏格兰低地地区*相对稳定的政治环境，而霍布斯的写作背景是英国内战和宗教冲突的早期阶段，因此休谟对自发社会秩序出现的可能性的预期比霍布斯更乐观。但我不太关心这些作者的政治结论，而是更加注重其论证结构。即便如此，对于那些读过《论原始契约》（Hume，1748）以及《人性论》中关于政府起源和忠诚义务有关内容（Hume，1739—1740/1978，第 534—567 页）的读者来说，仍然会对休谟是契约主义者的说法感到惊讶。这两本著作表明，休谟显然乐于推翻当时辉格党偏好的那种社会契约理论，根据这种理论，合法政府只能建立在被统治者同意的基础之上。但我仍然坚持认为，休谟的惯例理论（构成了他对正义和政治忠诚所做分析的基础）遵循的是契约主义的方法。

休谟偏离了传统的社会契约理论，将社会制度和道德实践视为从进化过程中涌现的、持续存在且自我复制的惯例，而不是某些原始契约的结果。在《人性论》一书中"正义与不正义"的部分，休谟首先分析了正义的三个原则或曰"基本的自然法则"。

---

* 苏格兰低地（Scottish Lowlands）是指位于苏格兰中部地势相对较低的地带的总称。广义的苏格兰低地包括了克莱德河河口邓巴顿和北海沿岸斯通黑文之间连线东南的整个苏格兰中部和南部。虽然被称为低地，但这并不意味着苏格兰低地的海拔就一定很低。苏格兰低地的主要城市有阿伯丁、爱丁堡、邓迪等。——译者注

它们分别是"稳定占有财产"、"依据同意而进行的（财产）转让"和"承诺的履行"（Hume，1739—1740/1978，第526页）。这些是自然法则，意味着即使在无国家社会（stateless societies）中也会得到认可。休谟援引北美土著社会的证据，推测最早的人类社会规模可以小到能够在没有建立政府的情况下，根据正义的法律来管理内部事务。政府——以军事领导的形式——只有在协调不同社会之间的战争时才需要发挥作用。他承认，在规模更大的社会中，必须通过构建公共执法体系来执行正义规则，但休谟似乎认为公共执法体系只是一种备用机制：在一个秩序良好的社会中，大多数时候这些正义规则都是自我执行的（Hume，1739—1740/1978，第540—541页）。

休谟认为，与仁慈等"自然的"美德相比，正义是一种"人为的美德"。用现代语言来讲，休谟的意思是，正义感并不像同情那样天然存在于人类心理中。为了支持这一假设，休谟辩称，自然地被认为是美德的行为会立即引起积极的情感反应，例如那些与同情相关的行为。相反，"人为的"美德行为被间接地视为美德，这种行为被理解为一般规则的实例；只有认识到相关规则的价值，我们才能认识到个人遵守规则的行为所具有的价值（Hume，1739—1740/1978，第477—484页）。通常，正义规则不是有意识地被设计出来的，而是"逐渐产生的，并通过缓慢的进程，通过我们一再体验到如违反这个规则便会产生困难的经验，才获得效力"（Hume，1739—1740/1978，第489—490页）。尽管我们开始"将美德的观念与正义相结合"，但正义规则必须先于其道德力量感（Hume，1739—1740/1978，第498页）。因此，正义理论的首要任务是在不使用道德概念的情况下解释正义规则的起源。

休谟对正义三原则的分析从"稳定占有财产"法则开始，构建了关于外部物品（即能够在个人之间转移的物品）的财产权起源理论。该法则的内容是：

> 只有通过全体社会成员形成的惯例，才能赋予这些外部物品以占有的稳定性，并让每个人都能安享其凭借运气和勤劳获得的财物。（Hume，1739—1740/1978，第489页）

但休谟所说的"惯例"是什么意思呢？

> 这种惯例就其性质而言，不属于一种承诺，因为即使承诺本身也是源于人类的惯例，正如我们将在后文中看到的。惯例只是普遍的共同利益感，这种感觉是社会全体成员相互表达出来的，并促使他们通过某些规则来规范自己的行为。我观察到，让别人占有他的财物，这对我是有利的，如果他也同样对待我的话。他感觉到，规范他自身的行为对他同样有利。当这种共同利益相互表达出来，并且为双方所了解时，就会产生一种适当的决心和行为。这可以被恰当地称为我们之间的惯例或协议，尽管中间并不包含承诺，因为我们双方各自的行为都参照对方的行为，并且在实施这些行为时假定对方也要实施某种行为。（Hume，1739—1740/1978，第490页）

请注意休谟如何将"惯例"和"协议"视为同源概念。当他提出可以将"稳定占有财产"这一原则称为惯例时，他似乎承认，在其恰当的语言学意义上，惯例意味着协议。在将这一原则称为惯例时，休谟声称，从重要性看，惯例就像一项协议。同时，休谟强调惯例不是一种通常意义上的交换承诺的协议。休谟所做的是构建一个精确的哲学概念，这一概念具有协议的某些特征，又有比交换承诺更根本的特征：根据休谟的分析，承诺制度以及契约制度本身就是惯例。

对休谟来说，惯例建立在人们对共同利益的普遍感觉之上。每个社会成员都有这种感觉，并且意识到其他人也有这种感觉。惯例的内容是互惠的：每个人都约束自己的行为，并作为其他人约束其行为的普遍做法的组成部分。正如休谟所说：

> 单个正义行为经常与公共利益相悖……单个的正义行为，仅就其本身来考虑，对私人利益并不比对公共利益更有助益。我们很容易设想，一个人如何因其采取一项正直行为而使自己陷入贫穷，并且有理由认为，就这一单个行为而言，正义法则在宇宙中暂时停止发挥作用……（但）可以肯定，整个计划或设计对社会和每个人的福祉都是非常有利的，或者是绝对必需的。益处与害处是分不开的……甚至每个人在核算起来的时候，也会发现自己得到了利益，因为如果没有正义，社会就必然立即解体。（Hume, 1739—1740/1978，第 497 页）

上述这段话清楚地表明，互惠互利这一概念在休谟对惯例所做的分析中是一个重要组成部分：在进行收益核算时，每个人都将惯例视为既对整个社会有利，也对自己有利。因此，虽然一项惯例不是承诺的交换，但它是一种互惠互利形式的交换。就此而言，休谟的分析与霍布斯对礼物赠送者与接受者之间隐性契约的分析具有相同的精神。

然而，休谟不仅关注"稳定占有财产"这一社会事实，而且将它视为一种正义的规则，并将美德理念"附加于"这种正义之上。与霍布斯不同，休谟区分了如下两种情况：个人认识到遵守某些规则符合其自身利益，以及个人认识到在道德上具有遵守规则的义务。在休谟的分析中，道德不是某种非自然主义领域中的道德真理（moral truth）或理性，而是经验心理学的问题。道德规则对赞成和反对的社会规则进行编码，而赞成和反对则是由同情机制决定的不同情感。即使对没有直接受到影响的个人来说，伤害行为也会引起负面情绪。如果某种行为持续引发这种情绪，它将成为普遍反对的对象，也就是说，这种行为会在道德上被视为错误的。

休谟就人们如何将正义规则理解为道德义务所做的分析十分有限，并且对各种解释持开放态度，但休谟的分析似乎基于正义规则是互惠互利的假设。休谟认为，早期的社会规模足够小，以至于个人利益为每个人提供了按照正义规则行事的足够动力。但现在的情况则有所不同，由于正义被理解为总体上对每个人都有利的一般规则体系，所以不正义行为成为被普遍反对的对象：

> 不过我们在自己的行动中虽然往往看不到在维持秩序方面的利益，并且可能会追求更小的利益和当前利益，但我们永远不会忽视因他人的非正义行为而间接或直接遭受的损害。因为在那种情况下，我们既不会被激情蒙蔽，也不会因

任何相反的诱惑而抱有偏见。不仅如此，当非正义行为离我们是如此遥远，以至于无法影响我们的利益时，它仍然使我们不快，因为我们认为非正义对人类社会有害，而且谁要和非正义的人接近，谁就会遭受其侵害。我们通过同情感受到他们的不安……因此，自利是确立正义的原始动机，而对公共利益的同情则是道德认同的来源，道德认同伴随着这种美德。（Hume，1739—1740/1978，第499—500页）

这意味着道德上的认同和反对在维护正义的实践中起到了补充自利和公共执法不足的作用。

休谟的"公共利益"概念似乎可以用功利主义的方式来解释，即所有人利益的某种加总。但是，鉴于之前对共同利益感的强调，更自然的是假设休谟将某种共同利益的概念构建到他所谓的"公共利益"概念之中。在休谟的叙述中，人们同情公共利益的步骤之一是他们从他人的非正义行为中感受到侵害。如果正义规则不是互惠互利的，那么公共利益就是不可能的。

因此，对休谟和霍布斯来说，互惠互利是一个核心的解释性和规范性概念。两位作者分析了两种截然不同的政治模型，即对什么是社会秩序以及如何维持社会秩序所做的截然不同的描述，但他们都将政治模型描述为个体之间互惠互利关系的一种结构。因此，休谟和霍布斯都可以向全体社会成员推荐其模式，以此作为社会成员在与他人互动过程中实现自己利益的一种手段。就此而言，霍布斯和休谟都是契约主义者。

当然，相对于霍布斯的论证而言，显性契约在休谟的论证中所起的作用要更小。但休谟的分析使我们能够将显性契约理解为一个更基本的概念的实例，即基于互惠互利期望的互动行为。通过分析这种互动行为如何引发了普遍的认可情感，休谟从道德上解释了互利实践。这使我们不仅可以将契约视为相关各方实现各自目标的工具，还可以将它视为塑造道德义务的互信关系。

3. 契约主义观点

霍布斯和休谟的社会理论体现了本书中的契约主义观点。②

在本书使用的"契约主义"这一术语的意义上，契约主义观点的最基本特征是向一群个体提出建议，向他们呈现如何协调其行为以实现互惠互利目标的方法。在向某些人提出建议 R 时，契约主义者会说："你们所有人一致同意实施 R，这符合你们每个人的利益。"

请注意，这并不是说"实施 R 符合集体利益"。这种建议将被建议者视为一个集体，并允许在实施 R 的过程中以牺牲某些个体的利益为代价来实现其他个体的利益。相比之下，契约主义建议针对的是每个人的利益，而不是整体的利益。但也请读者注意，契约主义建议以互惠互利为目标，并且与个体达成一致的条款有关。鉴于上述原因，不能将契约主义建议仅仅视为针对不同个体的不同建议集合，而是针对众多个体（复数）的一个建议（单数）。尽管这些个体并没有将集体组成部分的角色作为建议对象，但这些个体作为一个整体是建议对象。

正如我在讨论霍布斯的自然法则时所说的，契约主义者采取的是调解人的立场，即促成各方谈判，以达成在各方看来是互惠互利的协议。按照这个类比，我们可以将调解人的立场与如下立场进行对比：在考虑其他人可能会采取的行动的情况下，为谈判中的一方提供如何最好地实现其利益的建议。持这一立场的建议者能够为建议对象寻找到在思想上超越其他人的方法。但由于契约主义在调解人的同时向所有主体提出建议，因此在其理智思考中不存在一个人可能在思想上超越另一个人的情况。如果有一系列可供选择的协议条款能确保各方都获得正收益，但其中一些条款偏向于一方或另一方，则契约主义调解人必须诉诸各方认可的某种原则，无论是出于合理性、公平性还是重要性方面的考虑。霍布斯的第二自然法则要求每个人满足于自己让别人有多少自由，就允许别人让自己有多少自由，这是契约主义推理的一个例子。

由于契约主义的建议是关于如何实现互惠互利的结果，所以它的推理必然预设了当各方未能达成协议时的基准情况（baseline），以此为基础来度量各方收益。由于这种推理是同时针对所有人的，并且旨在提高每个人感知到的自身利益水平，所以，所有人都必须了解这种基准情况。也就是说，协议的所有潜在各方都必须认识到，对于所有主体而言，达成协议比未能达成协议更为有利。

契约主义者在确定基准情况的有关内容上存在着分歧。我同意布坎南的观点（Buchanan，1975），即为了使契约主义推理成为可能，个人将基准情况视为"无可改变的事实"就足够了。正如布坎南所说，"我们从这一基准情况开始，而不是从其他某种情况开始"（Buchanan，1975，第78页）。根据布坎南提出的"有序的无政府状态"（ordered anarchy）理论，有一种源于霍布斯自然状态的资源的"自然分布"（natural distribution），这种

"自然分布"状态是个体之间的一种平衡,而这些个体之间的关系则是捕食者和猎物的关系。作为这种基准情况的一个例子,考虑美国内战中对立双方的领导人试图在战争陷入僵局后通过谈判达成政治解决方案。每个人都可能认为自己的政党是该国的合法政府,并完全否认对方宣称的道德正当性。尽管如此,如果双方都承认僵局的现实(战争对双方来说都意味着高昂代价,而且双方都认为取得彻底胜利是不现实的),那么此时双方可能有足够的基础进行谈判,并且因此具有对互惠互利进行契约主义推理的基础。

作为解释基准情况的一个不那么戏剧化的例子,考虑两个人乔和简,他们生活在一个产权得到相当保障的社会中,两个人就买卖一辆汽车进行谈判。乔是潜在的卖方,简是潜在的买方。如果这是正常的市场交易,则其谈判以双方对交换财产权的一致确认为基础——乔拥有汽车的初始权利,简拥有货币的初始权利。这并不意味着每个人都必须相信这些权利得到了某种综合性社会正义理论的认可,而是社会正义问题包含在他们对交易条款的推理之中。因此,无论乔和简的相对财富如何,无论他们各自持有的关于财富应该如何分配的政治观点如何,二人都不希望在一方的获利是以另一方遭受净损失为代价的条件下进行交易。

如前文所述,为了使契约主义推理具有可能性,仅需具备如下条件:双方认可某些不能达成协议的基准情况是"无可改变的事实"。虽然如此,但人们可能会认为,双方对基准情况的道德水准的看法会影响他们对协议的道德水准的看法。这一点并不像乍看起来那么显而易见。休谟在其著作中反复提及的一个主题是,持续存在的惯例可以被视为具有一定的道德价值,而无须诉诸任何关于这一惯例的实际起源或假设起源公平与否的信念,这也是我在自己的契约主义理论（Sugden，1986）中阐述的主题。但是，如果像某些契约主义思想家所做的那样，想要为那些被解释为互惠互利协议的社会规则或制度提供道德上的证成性（justification），那么自然就需要使这种证成性以基准情况下的公平作为条件。例如，大卫·高蒂尔（David Gauthier，1986）提出的契约主义理论认为，"道德是通过协议获得的"，这要求相关协议是在不包含强制力量的基准情况下达成的。回想一下，即使霍布斯也会声称，他提出的自然状态（似乎与道德完全无关）是一种近似平等的状态，这种平等指的是身体和心灵的能力可以用于自我保护。我将在第 8 章和第 10 章中进一步分析为契约主义推理确定基准情形的问题。

休谟对惯例的解释突出了契约主义推理的另一个重要特征，该特征通常会导向支持一般规则的建议。当一项特定规则被推荐给个人时，不必断言每个人都会从该规则的每一次应用中受益。相反，每个人都可以期望从规则的普遍应用中在整体上受益，或者，正如休谟所说，每个人都可以期望在核算收益时其账户处于余额为正的状态。举一个现代的例子，考虑正在进入交通环岛的车辆为已进入环岛的车辆让路的规则。显而易见，这条规则在确保交通畅通方面是十分有效的。如果使用相反的规则，就像乌兹别克斯坦的情况一样，一旦环岛交通堵塞形成，似乎就难以解决。[3]然而，如果考虑将这条规则应用于两个驾驶员在特定时刻的特定互动中，就会出现以牺牲一个驾驶员的利益为代价使另一个驾驶员受益的情况。一位站在社会计划者立场上的交通工程师可能会指出，平均而言，遵守规则的驾驶员节省的时间要大于不遵守规则的驾驶员损失的时间，因此在驾驶员的行程既定的情况下，建议利用该规则来减少所有驾驶员的总耗时。从契约主义者的角度看，这不是一项令人满意的建议。必须分别向每个人提出建议，而每个人的利益就是他的行驶时间，而不是所有驾驶员的总行驶时间。契约主义对这条规则的论证是，由于每个人都预期该规则使自己减少行驶时间和增加行驶时间的概率大致相同，所以每个人都期望从中获益。

在环岛规则的例子中，"每个人都有望获得收益"这句话可以理解为"如果应用该规则，从长远来看，每个人都会获益"。但契约主义观点还可以用另一种方式来使用期望这个概念。考虑如下规则（无论是法律规则还是道德规则）：如果发生了严重的交通事故，第一个到达现场的人必须提供帮助，至少在事故受害者失去自救能力的情况下帮他呼叫救护车。在每一种特定情况下，该规则都会给必须提供援助的人带来巨大的成本，但同时会给被援助者带来远大于这一成本的收益。由于严重的交通事故十分罕见，所以对每个人而言，认为规则的事后收益超过事后成本的说法是没有根据的。但有人可能会合情合理地声称，对每个人来说，事前的（即前瞻性地考虑他在救助者和被救助者两个可能的角色下卷入事故的概率）预期收益会超过预期成本。借用布坎南和塔洛克（Buchanan and Tullock，1962，第77—81页）的观点，当一个人考虑在未来应用一项一般规则时，不确定性面纱（a veil of uncertainty）限制了他准确了解该规则将如何影响自己的能力。不确定性面纱是真实个体在考虑一般规则可能对其造成影响时面临的不确定性，而不是用于得出本然观点的工具。[④]

契约主义建议的另一个特征是对补偿（compensation）的关注。在没有补偿的情况下，一项特定的政策建议可能会对特定个体造成重大伤害，如果政策建议包含补偿支付，则可能会实现整体上的互惠互利。在分析政策建议时考虑补偿支付原则是成本收益分析的标准做法，采用的是"补偿测试"或"潜在帕累托改进标准"的形式。如果政策建议可以与一揽子计划相结合，以使没有任何人是净损失者，同时有些人是净受益者，则该建议即可满足补偿测试的标准。从契约主义的角度看，以这种方式构建的成本收益分析方法是识别互惠互利机会的第一步。

一些读者认为上述标准过于保守，因为该标准明确要求输家总是得到补偿，所以他们可能并不认同这一标准。但重要的是认识到契约主义观点和本然观点之间的区别。契约主义者并不认为支付补偿金是实现中立的社会整体利益的必要手段。契约主义者并不是说，在中立地评估社会利益时，一个人的更大收益永远不会超过另一个人的较小损失。契约主义者只是在向个人提出如何通过互利协议实现各自利益的建议。如果一项政策导致某些人出现了净损失，则契约主义者不能说因为其他人获得了更多的收益，因此接受损失就符合其利益。输家将得到补偿这一观点并不是契约主义推理的道德假设，而只是契约主义推理以个体作为建议对象这一基本理念的另一种表达方式。

归根结底，一项契约主义建议只是一个模型。从这方面来看，其作用类似于我在第 2 章中讨论的规范经济学的两种方法，即仁慈的独裁者模型和中立无偏的公共推理模型。如果经济学家想要清晰地思考规范性建议，那么就需要以某种方式来理解政治，并使这些建议得以实施。换句话说，我们需要一个政治模型，借助它我们可以向一些政治参与者提出建议。由于我们提出的建议是以经济学的理论逻辑为基础构建的，因此该模型必须是这样的：在该模型中，被建议对象有某种理由或动机按照建议采取行动。显然，要使这一模型有用武之地，必须使它能够反映现实政治的重要特征。我认为在仁慈的独裁者、中立无偏的公共推理和契约主义推理这三种模型中，每一种都是一个可行的选择。

每种模型都以特定方式将复杂政治现实的某个特征剥离出来，从而使经济学家的建议获得关注。在现实政治中，有些决策者，如总统、部长、高级公务员，有时既拥有自由裁量权，又希望将这种权力用于增进社会利益。仁慈的独裁者模型为行政行动（executive action）这种政治形式及其相应的规范经济学角色提供了一种程式化的展示方式。在现实政治中，同样存在着关于公共利益的辩论舞台，各类参与者，包括立法者、学者、宗教思想家、记者、普通公民，都尽其所能提出中立无偏的合理观点。公共推理模型为这种基于辩论的政治形式提供了一种程式化的展示方式，为经济学家的建议提供了另一种付诸实施的方式。契约主义模型则以另一种表现形式来展现政治特征，即作为谈判的政治。在现实政治中，存在偏好既不完全一致也并非截然不同的政党和利益集团，此时政治提供了一个空间，使得不同政党和利益集团可以通过协商达成可接受的妥协，并制定出互惠互利的政策方案。契约主义模型将规范的经济推理应用于对这种政治的分析。

从某种意义上说，上述模型各有所长，选择哪种模型需要具体问题具体分析，哪种模型最有用取决于问题的特征。但我认为如何选择模型还涉及更多的问题。大多数读者可能会同意，民主政治在实践中涉及行政行动、辩论和谈判等多重要素。此外，上述每一个元素在民主政治中都有一定的合法地位。但是这些元素的相对重要性——确实具有的重要性，以及这些元素应该具有的重要性——是一个有关政治判断和政治意见的问题。如果我认为谈判不是现实政治以及应然政治的一个重要组成部分，我就不会撰写这本书。

4. 为什么契约主义者不能是家长主义者？

契约主义观点和本然观点之间的重要区别体现在有关家长主义的问题上。[5]假设在经济生活的某些领域，个人似乎正在做出不符合自身最大利益的选择，这可能是因为信息不足、推理错误、注意力不集中或自我控制失败。再假设这些选择对他人既无益也无害。规范经济学应该如何看待这样的选择？提出使个人选择更接近于经济学家认为的最为符合个人利益的建议，这是经济学家的任务吗？如果是这样，应该考虑提出什么样的建议？应该向谁提出这些建议？

不言而喻，任何建议都应该以体面谦逊的方式提出。我们不应该假设（正如经济学家经常做的那样）传统决策理论和博弈论的有关公理是人类理性的无可争议的标准，但是应该假设所有该有的谦逊都已得到体现。假设我作为一名行为经济学家，正在分析一个案例，根据我的判断，个人的行为违背了其自身的最佳利益。据我所知，这些人并没有追求我的理论框架未能体现的真正利益。这些个体的行动也不是基于启发式研究，在考虑所有因素的情况下，这些研究可以很好地适用于其面临的决策问题。他们只是在犯错。然后，我应该如何做呢？

从表面上看，显而易见的答案是，如果我对这些错误感到担忧，我就应该向这些人表达我的担忧。拿流行病学做一个类比，这是一门像经济学一样处理个人行为和公共政策问题的学科。考虑一位流行病学家，她发现某些常见食品的消费与某些疾病的流行之间存在统计上显著的因果关系。显然，这位流行病学家的下一步行动是公开她的发现（可能通过其他专业卫生人员来传播这一发现），以便使这种食品的潜在消费者了解情况。正如20世纪50年代的吸烟史表明的那样，传播有关健康风险的信息可以促成消费模式的重大转变，这种转变可能在重大公共政策干预具有政治上的可行性之前就早已开始。事实上，个人具有某种程度的风险意识可能是成功实施公共干预的先决条件。因此，认为专业经济学家的作用可能包括告知公众如何避免决策错误，这并没有什么明显的荒谬之处。

鉴于经济学家经常将经济学描述为理性选择的科学，人们会期望经济学家辨识出帮助个人在私人生活中做出更好决策的潜在价值。作为新古典经济学的先驱之一，菲利普·威克斯蒂德（Philip Wicksteed）在其著作《政治经济学常识》（*Common Sense of Political Economy*）一书中展现了规范经济学如何以这种方式得到指引。威克斯蒂德第一次尝试用通俗易懂的语言而不是微积分来阐述新古典经济学的理论创新。他将经济学描述为对最优化原则这一"资源管理的一般规律"的研究，并坚持认为这些规律"从生命的起点到生命的终点"都适用（Wicksteed，1910/1933，第159页）。尽管大部分分析都依赖于个人根据一致偏好采取行动的假设，但威克斯蒂德承认理性决策的艺术"绝不能自行实现最优化"（Wicksteed，1910/1933，第93页）。在题为"经济管理及其困难"那一章中，威克斯蒂德就如何避免决策中的常见错误向读者提出了实用建议。这些错误包括后来被行为经济学家调查研究的大量现象，如沉没成本效应、自我控制的失败、部分与整体的不一致以及损失厌恶。⑥

威克斯蒂德关注在私人生活中提升理性的问题，这一点仍然体现在今天的经济学教学中。经济学课程具有一种非正式的传统，同时也是令经济学教师和学生都满意的一点，那就是声称了解经济学的人相比不了解经济学的人能够做出更好的决策（我记得，当我还是一名经济学专业本科生的时候，在学习了沉没成本的概念之后，我感觉自己比那些受沉没成本谬误困扰的非经济学家要更优秀）。虽然理性选择理论在私人决策中得到了应用，但学者们并没有真正将它作为规范经济学的一个分支。具有影响力的规范经济学理论几乎总是将公共决策者作为建议对象。

当经济学家将个人视为理想的理性行为主体时，规范经济学的上述导向也许是可取的。这类经济学家已经习惯了将个人（也就是想象中的个人）视为不需要在如何做出更好的决策方面听取他人建议的人。但奇怪的是，这种方法已经被应用于行为经济学。当然，作为有偿顾问的经济学家必须为雇主服务，从事学术研究的经济学家则往往是政府机构的顾问，而不是为私人提供咨询服务。规范经济学涉及的大量研究工作，不是为了满足任何特定客户的需求而开展的，而是为了在学术会议上进行讨论，在学术著作和学术期刊上发表。尽管这类学者可能会提到其研究工作的"政策含义"，但是政策制定者通常不会将这些政策建议付诸实施。毫无疑问，这些学者希望他们的研究成果最终会渗透到某些政治家或公职人员的意识之中，但正如我在第2章第2节中所

第3章 契约主义观点 63

说的，规范经济学将公共决策者作为其建议对象，这种观念只不过是一种修辞手法。当讨论的内容是（假定的）私人决策错误并且不影响其他任何人时，这种修辞手法似乎就很不合适了。无论如何，当经济学家发现个人决策出现错误时，如果其反应是提出类似公共政策形式的建议，那必然是错误的。就如何在私人生活中追求自己的利益而向个人提出建议，天然对应于建议他们如何通过达成协议来追求共同利益。

但是，如果我们正在分析的是如下这种错误：虽然这是一个由个人所犯的错误，但错误的部分原因是该人所处的环境受某些商业企业或公共机构控制，那又当如何呢？这是行为福利经济学研究的核心问题。由卡斯·桑斯坦和理查德·塞勒首次提出的一个普遍观点是，行为经济学家的专业角色应该包括成为一名选择设计师或作为选择设计师的顾问，即与决策问题相关的基础设施的设计者。塞勒和桑斯坦（Thaler and Sunstein，2008，第88页）认为，精心设计的选择结构会引导或推动选择者做出符合其最大利益的选择。他们以自动取款机的设计为例对此进行了解释。要从自动取款机中提取现金，客户必须先插入银行卡。这时存在一种风险，即取款客户由于大意有可能忘记拔卡。从取款客户的心理看，金钱相对于银行卡更为重要，这提高了他犯错的倾向：客户很容易认为，人与机器的互动以取到钱作为结束的标志。因此，如果在取到现金之前退卡，特别是如果取出卡是取到现金的先决条件，则任何东西（钱或卡）都不太可能留在自动取款机中。现在大部分自动取款机都有这个功能。桑斯坦和塞勒合理地假设，他们的读者会认可旨在最大程度地降低客户忘记取卡风险的自动取款机。他们认为，家长主义式的助推，例如零售商店陈列食品的方式会引导顾客选择更健康的食品,具有类似的理由。

但是,如果从建议及被建议者的角度考虑,自动取款机的案例并不完全类似于家长主义式的助推。想象一下,没有人意识到取到现金和退卡顺序的重要性,一些自动取款机遵循先退卡后取现金的顺序,另一些则遵循相反的顺序。假设我是一名研究银行卡丢失现象的行为科学家,我发现"先退卡"设计下卡丢失的频率远低于"先取现金"设计下卡丢失的频率。因此,我提出自动取款机应普遍采用"先退卡"设计的建议,并且在成本不太高的情况下,我建议对现有自动取款机进行改造。我应该向谁提出上述建议呢?

如果我遵循经济学的惯常做法,我会将我的结论表述为"政策含义",也就是说,向想象中的社会计划者或政策制定者提出建议。从本然观点的角度看,我认为采用"先退卡"的设计将会提高社会福利,并且应该实施具有这种效果的政策,也许是通过政府监管的方式来实施。但此时存在一个契约主义式的替代方案。我能够找到一种客户与银行(或更准确地说,是获得银行利润的股东)实现互惠互利交易的机会。我对各家银行提出的建议是:采用"先退卡"的设计,并向客户宣传"先退卡"设计的优势,将其作为银行的卖点之一。我对每个客户提出的建议是:在其他条件相同的情况下,光顾采用"先退卡"设计的银行,即使它们的收费略高。请注意,本着契约主义的精神,这些建议都是针对所有个人的。如果其他人按照我向他们提出的建议采取行动,那么每个人都会因依照建议采取类似行动而受益。这些并不是家长主义式的建议。我建议每个客户都要认识到自己具有犯错的倾向,并因此认识到,为更好的设计支付溢价符合其利益。我

第 3 章 契约主义观点 65

向银行所有者提出如下建议：如果客户愿意支付溢价，那么满足这种需求就符合银行的利益。

说这些建议不属于家长主义式的建议时，我是在朱利安·勒·格兰德和比尔·纽（Julian Le Grand and Bill New，2015，第23页）的意义上使用家长主义一词的，他们指出（我认为是正确的），政府干预"对人们来说是家长主义式的，如果干预旨在解决人们的判断失误问题（并）促进个人的利益"。这一定义使家长主义成为一个意图问题：其关键特征是以政府的判断代替人们的判断，这是因为人们对自身利益做出的判断是错误的。不能将政府的这种意图与代表委托人行事的代理人的意图混为一谈。假设我的车坏了。我雇了一名修理工来修理汽车，这是因为我相信他对修理汽车的判断比我更准确。但在根据这些判断采取行动时，修理工并不是在纠正我的推理错误：我的推理引出了一个完全明智的决定，即雇用他。行为福利经济学的倡导者有时认为所有形式的受雇专家给出的建议都是家长主义式的［正如桑斯坦（2018）声称GPS（全球定位系统）设备也是家长主义式的，因为"GPS声称比你更清楚如何到达你想去的地方"］。在如此广泛的意义上定义家长主义，就是没有认识到家长主义在一般情况下是如何招人反感的。

如果契约主义者不提出家长主义式的建议，他就可以向人们推荐不同类型的选择方案，使他们远离那些自己知道容易犯的错误和那些希望避免犯的错误。契约主义者可以针对人们以前不知道的错误倾向提出此建议。也就是说，他可以这样建议：这是你容易犯的错误，如果你想避免这样的错误，我向你推荐这个选择方案。契约主义者甚至可能会向人们推荐一名值得信任的选择设计师，就像正在扩建房屋的人可能会聘请一位真正的设计师一样。例如，想象一家销售复杂技术产品的公司如何获得优秀设计的声誉，客户可能会选择购买这家公司的产品，期望该产品易于使用，即使她并不了解优秀的设计可以克服哪些问题。因此，针对一位了解自己会犯某些错误的客户提出的建议可能是，将规避这些错误的设计和实施任务委托给她信任的监管机构，该监管机构会按照符合其利益的方式行事。[7]

但契约主义经济学家不能提议助推一个不想被助推的人。让我对自动取款机案例与桑斯坦和塞勒提到的自助餐厅案例（第2章第2节）进行比较。考虑餐厅的一位顾客简。假设简目前身体健康，但体重严重超标。几乎所有专业营养师都会同意这样的判断：如果她少吃高脂肪、高糖的食物（如餐厅的奶油蛋糕），多吃水果和蔬菜（如餐厅的新鲜水果），她在未来的身体健康状况会更好。然而，事实上简通常会选择吃奶油蛋糕。（至少如果所有顾客都像简一样）桑斯坦和塞勒的建议是，水果应该放在比蛋糕更为显眼的位置，以使简做出更健康的选择。正如我在第2章第2节中指出的那样，该建议是基于仁慈的社会计划者的角度对餐厅经理提出的。但是，如果是一个契约主义建议，则目标将是受到影响的所有人，显然也包括简。同时契约主义建议必须与简理解的利益结合起来。

建议简选择水果而不是蛋糕并没有什么问题，就像人们可能会建议银行客户努力记住不要将自己的银行卡留在自动取款机中一样。但除非简是一名隐士，否则她已经知道选择水果是专业营养师向类似她这样的人给出的建议。如果她按照这个建议行事，那就没有助推的必要。但问题是，她并没有按照这个建议行事。因此，支持助推的建议必须与简认为足以解释其行为的原因相一致，即尽管她知道营养师的建议，但她通常会选择蛋糕。在这些原因设定的范围内，必须能够向简解释为什么她会因为不吃蛋糕而受益。

这些原因可能是什么？假设简收到一份问卷，询问以下七个陈述中的哪一个能够最好地解释她为什么违背专家给出的吃水果的建议，而选择吃蛋糕：

（a）我从吃甜食和高脂肪的食物中获得了很多乐趣，而活到高龄的想法对我没有吸引力。

（b）等再过几年，我会转向更健康的饮食，所以我现在的饮食习惯没有问题。

（c）专家建议设定了不切实际的标准。我认识的大多数人吃的糖和脂肪都至少和我一样多。

（d）专家的健康建议总是在变化，几年后，专家可能会推荐高脂肪、高糖的饮食。

（e）我的祖父母都很瘦，但去世时都比较年轻。不管我吃什么，很可能我也会英年早逝。

（f）无论我吃什么，我都会发胖，所以对我来说，尝试吃更健康的食物是没有意义的。

（g）我总是在决定不吃蛋糕的情况下走进餐厅大门，但当我看到柜台上的蛋糕时，我无法抗拒诱惑。

如果简的答案是（g），说明她承认自己存在自控问题。在这种情况下，一个支持助推的建议就可以基于简的理由而形成，这个理由就是简想抵制吃蛋糕的诱惑，如果蛋糕不摆放在那么显眼的位置，蛋糕的诱惑就会减少。但行为科学提供了大量心理机制的证据，借此可能会发现简选择吃蛋糕的其他原因。这些心理机制包括：(a) 对年长的自己缺乏共情，(b) 拖延，(c) 将自己的行为与他人的行为进行比较，(d) 认知失调，(e) 过分重视个人经历以及 (f) 自欺。基于偶然的社会经验和关于这些心理机制的一般科学知识，我猜想更有可能的原因是 (a)、(b)、(c)、(d)、(e) 和 (f)。这些心理机制的共同特点是否认正在犯的任何错误。如果简认为她所做的选择没有任何问题，那么她将没有理由让自己成为助推对象。

当然，这并不是说这些机制就是选择高脂肪、高糖饮食的理由。如前所述，这些机制并非完全不合逻辑，但它们依赖于简应该了解的内容不太可能是真实的假设，或者依赖于简应该了解的内容是并没有充分依据的信念。⑧一个仁慈的社会计划者可能把这些机制放在一边，而援引他对简的最佳利益的首选解释。但是契约主义者不能援引一个假设的事实，即只要简拥有更多的信息、更少冲动，或者能够更好地理解正确的推理，她就会选择被助推，然后以此来反对现实中简的推理。所有这些假设的助推理由都是家长主义式的。这些都是父母可能用来证明他们对孩子的行为进行管理具有合理性的理由。告诉孩子吃完餐盘里的蔬菜，或者告诉孩子在天黑之前回家的父母通常会说，他们并没有将自己的偏好强加到孩子身上。相反，他们要求的行为符合孩子的最佳利益，如果孩子拥有像父母一样渊博的知识和理性程度，他就能认识到这一事实。家长主义植根于这样一种假设，即父母有权充当孩子所谓的理性自我的代理人，并决定理性自我的选择。

从契约主义的角度看，为什么家长主义是一种越界行为？这一问题并不等于说，如果考虑所有因素，家长主义会产生不良后果；也不是说，家长主义会侵犯个人的权利，或损害他们的自主

第 3 章 契约主义观点　69

权。从本然观点看，这些权利或自主权具有一定的道德价值。说家长主义是一种越界行为，其原因在于，根据契约主义分析框架，家长主义建议缺乏一个有效的被建议对象。相比之下，契约主义的建议不是针对想象中的仁慈独裁者或自我任命的监护人，而是建议人们如何追求自己的利益，这些人被视为自己生活的导演。家长主义式的建议则不是这种建议，在契约主义的分析中，家长主义式的建议显得格格不入。有人可能会说，家长主义式的建议是越权的，不应该出现在契约主义讨论的议程中。[9]

在证明助推的具体建议的合理性时，桑斯坦和塞勒有时声称，根据被助推者自己的判断，其福利会得到改善。但不止于此，他们有时候还会声称，被助推者想要被助推，这与问卷中的答案（g）是一致的。但是支持这种说法的证据通常是很少的（我将在第4章第8节中对此进行详细说明）。桑斯坦和塞勒可能会合情合理地指出，人们是否想要被助推只是他们关注的次要问题。自由意志式家长主义的规范标准是个人的潜在偏好得到满足。在个人的选择自由不受限制的约束条件下，我们就可以考虑自由和自主权的问题。如果这个约束条件得到满足，有人可能会争辩说，被助推者是否想要被助推并不重要。

当桑斯坦和塞勒考虑自主权具有道德价值这一说法的反对意见，以及"人们即使犯错也有权做出自己的选择"这一反对意见时，相关的思想就显而易见。他们的回应是：

> 我们并不反对自主权自有其价值，但我们认为，在我们讨论的情景中，将自主权，即自由选择的一种形式视为制胜法宝而不会被结果主义的理由推翻，是一种狂热的自信……

我们认为，自由意志式家长主义的自由主义意志论已充分考虑了对自主权的尊重。（Sunstein and Thaler, 2003a，第 1167 页，注释 19）

请注意，桑斯坦和塞勒对反对意见的回应是另一种本然观点。他们想象了一个批评家，该批评家认为自主权是个人幸福的组成部分，因此，总体而言，在评估什么是有益行为时应考虑自主权。他们"并非不同意"这个普遍观点，而是认为只有狂热的自由主义者才会借助这一观点来反对他们提出的那种助推。当一个人自己所犯的选择错误之多，比如酗酒或暴饮暴食，以至于严重损害了身体健康时，一次简单的助推对其自主权产生的影响怎么能超过更健康的身体带来的预期收益呢？

如果有人坚持本然观点，那么桑斯坦和塞勒的观点就有一定的说服力。但这并不是反对契约主义立场的观点。总体而言，契约主义者并没有声称未被选择的助推（也就是说，这些助推的目标是影响被助推者的行为，但被助推者却没有选择这些助推）会带来坏处。相反，契约主义者只是认为，不能向被助推者推荐这种助推。长期以来，许多经济学家和哲学家针对这个话题发表了各自的见解，从中我了解到，这些学者确实认为契约主义者秉持的是一种狂热立场。典型的质疑者会指出，在某些情形下，（根据发问者的判断）温和的但未被选择的助推对被助推者是非常有益的。也许被助推者处于病态的肥胖状态，助推力量则是一项旨在降低不健康快餐食品可得性的政府政策。质疑者会问我：在这种情况下你会怎么做？我的回答是：你所说的"你会怎么做"是什么意思？我能够对病态肥胖的同胞的饮食做哪些事情？其假设情景是什么？

如果假设情景是罗伯特·萨格登在一家路边餐馆，一个坐在另一张桌子前的病态肥胖的陌生人点了一份丰盛的全天早餐作为午后小吃，那么我的答案是：我什么都不做。我认为作为餐厅的用餐者，我不应该无端干预其他用餐者吃什么的决定。但是，当然这并不是质疑设想的那种情况。问题的核心在于，如果我是一个仁慈的独裁者，我会做什么。我的回答是，我不是一个仁慈的独裁者，也不是一个仁慈独裁者的顾问。作为一名契约主义经济学家，我并没有把自己想象成两个角色中的任何一个。我会建议个人如何追求他们的共同利益，而家长主义与此建议毫不相干。

5. 四全假日酒店

一些读者现在可能已经确信契约主义方法具有内在一致性，但仍然会对有人想以这种方式思考规范性经济问题感到惊讶。在他们看来，家长主义可能超越了契约主义分析的界限，但这不仅仅是家长主义缺陷的表现。我将在本章最后一小节证明，如果人们想以某种方式看待世界，那么契约主义可以被视为一种有吸引力的方式。

桑斯坦和塞勒在《助推》中专门讨论了退休储蓄问题。这一章的内容总结为最后一段：

为退休储蓄是人类（与理想中的理性主体形成对比）很不情愿去做的一件事，但他们必须解决这个复杂的数学问题，才能知道每个月需要缴存多少钱，然后他们必须在相当长的时间内以极强的意志力将养老保险计划执行下去。这一过程为助推提供了广泛的施展空间。特别是人们面临一生只有一次的决策环境时，我们应该更加努力地帮助他们做出正确的决定。(Thaler and Sunstein，2008，第117页)

注意最后一句话。桑斯坦和塞勒告诉读者，"我们应该更加努力地帮助他们做出正确的决定"。但是，这里的"我们"是谁？"他们"又是谁？"我们"应该做的是设计选择方案并加以实施，助推个人为退休进行更多储蓄。因此，"我们"大概是指政府部长、立法者、监管者、人力资源总监以及他们各自的助理和顾问。"他们"是指应该进行储蓄的人。作为一名设计职业养老金计划方面的专家，塞勒当然有权将自己归类为"我们"之一。但读者的情况又如何呢？读者中很少有人能够设计储蓄计划，但几乎所有人都将面临或已经面临退休储蓄的问题。从读者的角度看，桑斯坦和塞勒的结论可以更自然地表达为：他们应该更加努力地帮助我们做出正确的决策。桑斯坦和塞勒是从内部人的角度分析公共决策过程的：他们在著作中把自己假想为拥有自由裁量权的政治或经济决策者，或者这些决策者信赖的顾问。同时他们还让读者将自己也想象为内部人，也就是说，读者是控制助推的人，而不是被助推的人。

我认为仁慈的独裁者模型对那些在上述意义上将自己想象成内部人的人具有吸引力。通过将自己想象成一个合适的内部人角色，你就能够忽略以下两方面之间存在的所有现实障碍：一方面是（你认为的）关于如何改善他人福利的好主意，另一方面是

第3章 契约主义观点

将这个好主意付诸实施的公共决策。如果你是一名训练有素的经济学家，你就可以想象为决策者提供建议，他与你一样相信经济学的重要性，并且能够准确找到像你这样优秀的经济学家。你不必问真正的决策者是否愿意接受你的建议。你也不必询问其他人关于如何提高你自身福利的想法是否会被实施，对于这些想法，其他人认为是好的，而你可能认为是不好的。

公共推理模型对那些在另一种意义上将自己想象成内部人的人具有同样的吸引力。该模型设想一种公共讨论的情形，其中每个参与者都提出合理的论证以支持他对整体利益的判断，并且所有人都努力就这些论证的有效性和影响力达成一致。如果你是一名训练有素的哲学家，那么你在推理论证方面具备专业知识。你可以想象自己在公共讨论中扮演着重要角色，提出具有哲学价值的观点，进而使自己占据上风。很容易忘记的一点是，基于其他人认为合理但你不相信的理由，他们的论证可能更有说服力。

相比之下，对于那些持局外人的政治观点的人而言，契约主义模型更具吸引力，这些人将公共决策者视为代理人，将他们自己视为委托人。我心目中的那种人并不会认为他被不公正地排除在公共决策或公共辩论之外，他更有可能说，他需要利用自己的时间做更重要的事情。他不会声称自己在经济学或政治学方面具有特殊知识，并且愿意将公共决策的日常细节交给那些做公共决策的人，就像他愿意将中央供热系统的日常维护工作交给训练有素的技术人员一样。但是，当公共决策者处理他的事务时，他希望他们以他的利益行事，恰如他心目中的公共决策者。他不希望决策者成为自己的监护人。

这种对政治的思考方式体现在一个传统的英国旅馆标志中，

即"四全假日酒店"（Four Alls）的标志。该标志用盾形纹章刻画了四个人物：第一个是一个国王，下面写着"我统治所有人"；第二个是一名士兵，下面写着"我为所有人而战"；第三个是一位牧师，下面写着"我为所有人祈祷"；第四个是一位农民，下面写着"我为所有人买单"。该标志表达了农民对公共事务的看法。我认为，农民承认他从政府、军队和教会活动中获得的价值。他并不假装自己拥有从事那些活动所需的技能，也没有特别的愿望去从事那些活动。农民有自己的技能，这些技能至少与其他技能具有同样的价值。但他希望国王、士兵和牧师记住，是农民缴纳的税款为他们支付了工资。他不会遵从国王等人，因为他是这些人的雇主。

第 4 章
内在理性主体

在第 1 章中,我解释了行为经济学的研究成果如何对福利经济学提出了挑战。关于如何应对这些挑战的共识已经逐渐出现,这种共识源于如下观点:人们从个体行为中观察到的"异常",即偏离新古典模型中的行为模式是源于错误,而满足个体潜在的无错误偏好(error-free preference)应该被用作一种规范标准(normative criterion)。在本章中,我将对形成这一共识的行为福利经济学基础进行分析。

1. 行为福利经济学:新的共识

由于桑斯坦和塞勒在发展和倡导行为福利经济学方面极具影响力,因此我将首先分析他们给出的建议。[①]两位学者早期发表的一篇重要论文(Sunstein and Thaler, 2003a)与法学有关,另一篇篇幅较短的论文则是针对经济学家而写的(Sunstein and Thaler, 2003b)。这些论文可以看作他们发布的自由意志式家长主义宣言。后来的《助推》一书则是两人对上述观点的扩展和推广(Thaler and Sunstein, 2008)。[②]

桑斯坦和塞勒的重要观点之一是，行为经济学的研究结果表明家长主义是不可避免的：反家长主义的观点是"不自洽的"，也是"行不通的"。在桑斯坦和塞勒的三项研究中，上述观点都是基于本书第 2 章第 2 节中提到的自助餐厅案例提出的。这个案例的前提假设是，顾客在不同食品之间所做的选择受到这些食品在餐厅柜台的摆放位置的影响。认识到某些食品比其他食品更健康，餐厅经理必须就如何摆放不同的食品做出选择。桑斯坦和塞勒分析了餐厅经理可能采取的两种具有显著合理性的策略：她可以"在考虑所有情况后，做出她认为能够使顾客获得最大收益的选择"，或者她可以"为消费者提供在她看来他们自己会选择的食品"。桑斯坦和塞勒认为，第二种策略是"反家长主义者会偏好的选项"，但是反家长主义者针对这个选项的论证是不自洽的。根据假设，顾客

> 缺乏良好偏好，即顾客坚定地持有且在餐厅经理做出如何在柜台上摆放食品的选择之前就已存在的偏好。如果不同食品的摆放位置对顾客的选择具有重大影响，那么他们真正的"偏好"就不存在。（Sunstein and Thaler, 2003a, 第 1164 页）

桑斯坦和塞勒的结论是，尽管第一种策略是家长主义策略，但对善意的餐厅经理而言，它是唯一合理的选择（Sunstein and Thaler, 2003a, 第 1164—1165 页、第 1182 页；另见 Sunstein and Thaler, 2008, 第 1—3 页）。

为避免以后混淆，澄清桑斯坦和塞勒在上文引用段落中所说的"真正的'偏好'"的含义十分重要。给定这一情景，"偏好"一

词似乎是在传统经济学理论的意义上被使用的，也就是说，"偏好"是由个人选择真实可信地揭示出来的关于潜在选择对象的一种二元关系。在这种"正式"的意义上，餐厅顾客对食品没有明确的（"真正的"）偏好。正如我在下文中解释的，桑斯坦和塞勒的分析将顾客"偏好"归结为另一种意义上的所谓"真正的'偏好'"。

请注意，类似第 1 章第 3 节中描述的"损失厌恶"、"注意力"和"阿莱悖论"等案例，顾客在自助餐厅所做的选择依赖于特定情景，这种选择可以得到心理学上的解释（摆放在越显眼位置的食品越容易吸引顾客的注意），但似乎与顾客的利益或目标无关。这些案例是桑斯坦和塞勒分析策略的核心。自由意志式家长主义的关键创新点在于，个人从给定（客观定义的）选项集中做出的选择会受到助推的影响，也就是说，干预只能影响决策问题的（主观感知的）框架。因此，有可能在不对个人自由地选择客观选项施加限制的情况下实现家长主义的目标。但是，助推只有在选择依赖于情景的情况下才能起作用。

另外请注意，这家餐厅中的食品选择问题是对餐厅经理提出来的。经理根据自己的权力和责任行事，但其目标是让餐厅顾客受益。桑斯坦和塞勒在 2003 年发表的论文中将这一角色描述为"规划师"，《助推》一书将这一角色描述为"选择设计师"。正如我在第 2 章中解释的那样，规范性建议是针对仁慈的计划者的，这是福利经济学的一个常见观点。这自然进一步引出了如下观点：这些建议应该是为了提高计划者打算帮助的那些人的福利。《助推》一书中的观点与上述观点截然不同：桑斯坦和塞勒说，他们的建议旨在"按照选择者自己的判断标准，让选择者过得更好"（2008，第 5 页）。"按照选择者自己的判断标准"这句话以略微不同的形式贯穿于《助推》一书。这似乎意味着，尽管计划者基于自己的责任行事，但他努力尊重每个人对什么能使其福利得到改进的主观判断。

桑斯坦和塞勒提出的规范经济学方法要求社会计划者能够重构每个人对自己幸福的判断，即使这些判断并不总是体现在他做出的选择中。但是，在概念层面上我们应该如何理解这些判断？社会计划者如何重构这些判断？桑斯坦和塞勒在分析决策错误的过程中系统地回答了上述问题。

在提出让选择者根据他们自己的判断生活得更好的原则之后，桑斯坦和塞勒立即指出：

> 在许多情况下，个人会做出非常糟糕的决定，而如果他们集中精力并拥有完整的信息、无限的认知能力和很强的自我控制能力，那么他们就不会做出这些错误决策。（Sunstein and Thaler, 2008, 第 5 页）

在较早的一篇论文中，桑斯坦和塞勒用几乎相同的方式刻画上述情形，即如果个人是完全理性的，那么他就不会做出错误决策，并将这些错误决策称为"从其自身福利角度来看的劣势策略"（Sunstein and Thaler, 2003a, 第 1162 页）。这意味着，对于桑斯坦和塞勒而言，个人幸福的标准是由个人选择所显示的偏好确定的，前提是其决策不受注意力、信息、认知能力或自我控制等限制条件的影响，我将这些限制条件称为推理缺陷（reasoning imperfection）。因此，社会计划者的任务是在个人不受推理缺陷影响的情况下，尝试通过模拟个人可能会做出的选择来重构其潜在偏好。[3]

借鉴丹尼尔·豪斯曼（Daniel Hausman，2012，第102页）的说法，我将这种重构称为偏好净化（preference purification）。

这就是桑斯坦和塞勒的想法，塞勒（Thaler，2015，第325—326页）在后来的著作中证实了这一点，他在其中强调了"对我们所著的《助推》一书的批评似乎并没有抓住这一点"。这一点指的是，桑斯坦和塞勒的"主旨并不是告诉人们该做什么。我们只是希望帮助人们实现他们的目标"。在向读者提出"由他们自己判断"这一原则时，塞勒指出："原文是斜体，但也许我们更应该使用粗体和大字体，原因是我们屡屡因外界认为我们知道哪种选择对每个人是最好的而受到批评……我们只是想减少人们称之为错误的那些决策。"

请注意，除非潜在偏好与情景无关，否则偏好净化并不能为桑斯坦和塞勒提供分析所需的福利标准。显示性偏好的情景依赖性，以及家长主义不可避免的影响，共同为桑斯坦和塞勒提供了关于自由意志式家长主义分析的起点。但是，如果选择设计师的决策标准也被证明是依赖于情景的，那么他们的分析将被彻底推翻。潜在偏好与情景无关的假设隐含在桑斯坦和塞勒的观点中，但从未得到证明。

桑斯坦和塞勒最喜欢使用的修辞技巧之一就是，将其批评者描绘成坚信人类不会受到推理缺陷影响的人。回想一下我在第1章第3节中引用的《助推》中的一段话，其中桑斯坦和塞勒取笑传统经济学家假设人类可以"像爱因斯坦一样思考，大脑中存储着和IBM深蓝电脑一样多的内容，并运用圣雄甘地一样的意志力"，同时指出"我们了解的人类并非如此"（Sunstein and Thaler，2008，第6—8页）。在举了自助餐厅的例子之后，桑斯坦和塞勒紧接着对社会人和经济人进行了对比，读者因此会得出如下结论：普通人的选择之所以展现明显的非理性模式，就是因为推理缺陷，而行为经济学家和心理学家的研究已经证实了非理性模式，但精心设计的选择方案能够将非理性模式转化为普通人的收益。如果该推断是正确的，那么它将支持下述结论，即在没有推理缺陷的情况下，个人的选择将揭示与情景无关的偏好。但这一推断是否正确呢？

稍后我会分析这一问题，但为了给后面的分析打下基础，请读者思考如下问题。想象一个人，让我们称他为超级推理者，他拥有爱因斯坦的智慧、深蓝电脑的存储空间和甘地的自我控制能力。再想象一下（因为这也是桑斯坦和塞勒描述的完美推理的一部分）超级推理者的超大存储空间可以容纳从一切现有出版物或数据库中提取的所有信息。如果不是这样的话，超级推理者就如同一个普通人，我将称他为乔。如果乔在桑斯坦和塞勒提到的自助餐厅里就餐，那么他对食物的选择将受到这些食物摆放位置的影响。现在想象一下将超级推理者带入餐厅，餐厅提供了奶油蛋糕和新鲜水果，他选择蛋糕的可能性会与蛋糕在柜台的摆放位置无关吗？

现在先搁置对这一问题的回答，首先回顾一下其他行为福利经济学学者的研究工作。在桑斯坦和塞勒提出自由意志式家长主义这一原则的同一年，科林·凯莫勒等人（Colin Camerer、Samuel Issacharoff、George Loewenstein、Ted O'Donaghue and Matthew Rabin, 2003）主张将不对称家长主义作为对行为经济学研究成果的一种规范性回应。这两种建议之间非常相似。首先，两者均由著名的行为经济学家和法律学者组成的研究团队提出。其次，两者都声称行为经济学的研究成果为家长主义政策提供了合理解释，并且这些解释不受传统的反家长主义观点的影响（凯莫勒等人的论文标题是《保守派的监管》）。凯莫勒等人提出的家长主义政策建议是不对称的，因为这些建议可以帮助避免"导致人们不以自己的最佳利益行事"的"决策错误"，从而使有限理性的个人受益，与此同时对完全理性的个人来说只需要付出最小的代价（Camerer et al.，2003，第1211—1212页）。在如何定义个人利益或如何识别个人利益方面，凯莫勒等人提供的引导甚至比桑斯坦和塞勒还要少。然而，此处的一个明显含义是，如果一个人没有犯错误，那么此时他做出的选择会显示他自身的偏好，因此，凯莫勒等人提出的规范标准等同于潜在偏好得到满足的标准。而这又回到了偏好净化的情形。

道格拉斯·伯恩海姆和安东尼奥·兰热尔（Douglas Bernheim and Antonio Rangel，2007，2009）提出了一种类似于偏好净化的行为福利经济学方法。此后伯恩海姆（2016）进一步改进了这种方法。假定福利经济学的建议对象是社会计划者，而这一点是不言而喻的，伯恩海姆和兰热尔将传统方法描述为社会计划者要尊重个人为自己做出的选择。他们的目标是将这种形式的福利经济学扩展到情景依赖型选择。在伯恩海姆和兰热尔的理论框架中，关键概念是给定个体的"广义选择情景"（generalised choice situation, GCS），这一情景由一组"对象"和一组"辅助条件"构成，个人必须在这组"对象"中选择一个。辅助条件指的是可能影响个人行为，但社会计划者认为在规范意义上无关的选择情景。将这一概念应用到自助餐厅的例子中，食物就是对象，而展示食物的不同方法则是辅助条件。个人的选择行为由对应关系表示：在每个广义选择情景下，对应关系确定了个人愿意选择的对象子集。伯恩海姆和兰热尔的第一种方法提出了一个标准：如果偏好不受辅助条件变化的影响，则尊重个人的显示性偏好，并引导社会计划者"接受任何仍然存在的歧义"（Bernheim and Rangel，2009，第53页）。在这种情况下，伯恩海姆和兰热尔认为，剔除从"有问题的"（suspect）广义选择情景中获得的数据，可能会进一步影响这个基本无用的标准。"有问题的"广义选择情景指的是，如果其辅助条件导致个人关注信息、处理信息或实施行动的能力下降，那么这一广义选择情景就是"有问题的"。实际上，通过剔除个人存在推理缺陷时所做的选择，这种方法净化了选择数据。这一方法仅使用净化过的数据，然后将基于情景无关的显示性偏好的满足度作为规范标准。尽管伯恩海姆和兰热尔并未假设始终存在情景无关型潜在偏好，但他们的方法仅能对具有如下特征的选择对象进行福利排名：净化后的显示性偏好与情景无关。

净化概念的另一种使用方式是，首先假设存在与情景无关的潜在偏好，并提出一个反映这些潜在偏好和实际选择之间的心理过程的特定模型。给定这样一个模型，人们可以研究在多大程度上以及在何种假设下可以基于实际选择重构潜在偏好。基于一个与伯恩海姆和兰热尔类似的一般理论框架，尤瓦尔·萨伦特和阿里尔·鲁宾斯坦（Yuval Salant and Ariel Rubinstein，2008）利用这种方法进行了分析。他们将个人的扩展选择问题（extended choice problem）定义为一个配对（pair）(A, f)，其中 A 是一组包含了全部且互斥的可供选择的对象集合，f 是一个"框架"。个人的选择是由独立于框架的潜在偏好与启发式决策之间的相互作用决定的，启发式决策由框架激活并以框架为条件（Salant and Rubinstein，2008，第1288页）。萨伦特和鲁宾斯坦提出的社会计划者将上述潜在偏好作为个人选择应该面对哪种框架的规范标准（Salant and Rubinstein，2008，第1294页）。

保拉·曼齐尼和马尔科·马里奥蒂（Paola Manzini and Marco Mariotti，2012）基于另一种相关方法讨论了有限理性选择模型的福利含义。在这个"先分类后选择"的模型中，每个人对所有相关选择对象都有着与情景无关的偏好。然而，这些偏好并不一定会在个人的选择中显示出来。当面对大量选项时，个人首先将对选项进行分类，然后剔除不太理想或不太突出的类别，最后在未被剔除的选项中选择最中意的。因此，正如萨伦特和鲁宾斯坦的模型一样，个人的选择是由全部的潜在偏好与情景依赖型启发式决策之间的相互作用决定的。（在曼齐尼和马里奥蒂的模型中，相关的情景特征就是选项菜单的构成情况。）理解这一决策过程的福利经济学家或许能够通过观察个人选择来重构个人的潜在偏好。曼齐尼和马里奥蒂（2014）认为，这种"基于模型"的偏好净化形式比伯恩海姆和兰热尔在"有问题的"决策环境中剔除某些选择的方法更为可靠。

在更强调应用的基础上，汉·布莱希罗特等人（Han Bleichrodt、Jose-Luis Pinto-Prades and Peter Wakker，2001）进一步改进了偏好净化方法。他们重点分析了专家为实现客户的最大利益需要做出决策的案例。例如，考虑一位医生，他必须为失去知觉的患者在多种治疗方案中做出选择。医生可以获取来自陈述性偏好（stated preference）调查的数据，在该调查中，患者对不同健康状态的概率分布做出假设性选择。然而，考虑"不确定性条件下做出决策的恰当的规范模型"（Bleichrodt et al.，2001，第1498—1499页）就是预期效用理论的背景假设（该假设由布莱希罗特等人提出），这些调查结果彼此并不完全一致。根据布莱希罗特等人的说法，陈述性偏好数据中存在的这种不一致性"表明我们的度量方法存在缺陷，即便是目前最好的度量方法，也不能完美地体现客户的价值观"（Bleichrodt et al.，2001，第1500页）。如果在面对面访谈中要求客户重新考虑不一致的选择，则可以减轻由陈述性偏好不一致导致的问题（Bleichrodt et al.，2001，第1499页、第1510页）。注意其中的一个隐含假设是，客户具有（或可以被引导形成）彼此一致的偏好，并且这些偏好与预期效用理论一致；面对面访谈被认为是一种通过消除错误来净化偏好的方法。

但是，如果医生不得不设法处理患者在调查中的不一致反应，那又该如何呢？布莱希罗特等人提出的方法的真正创新之处在于，他们采用了一种用于纠正偏差（correcting biases）的计量经济学方法（Bleichrodt et al.，2001，第1499页）。他们使用特沃斯基和卡尼曼（1992）提出的累积前景理论（cumulative prospect theory）作为选择的描述模型（descriptive model），同时将预期效用理论作为规范模型。上述两个模型之间的区别体现在两个方面：一方面，累积前景理论使用概率加权函数将客观概率转化为主观概率，这种转化可以解释为在处理概率信息时考虑到心理偏差；另一方面，累积前景理论包括一个损失厌恶参数，该参数可以被解释为由决策问题的框架效应导致的一种偏差。鉴于这些解释，可以采用基于经验估计的前景理论模型来构建偏好的预期效用模型，具体方法是，用预期效用理论隐含的"无偏值"来替换估计的概率权重和损失厌恶参数。布莱希罗特等人建议，应该使用患者的陈述性偏好来估计前景理论模型，并且应该使用校正后的预期效用模型来代表患者做出选择。

博通德·科塞吉和拉宾（Botond Kőszegi and Rabin，2007，2008）提出了一种类似的方法，这是一种从个人选择中推断个人偏好的方法，同时承认引导个人做出选择的推理可能包含着错误。他们重点分析的案例是个人在不确定条件下的选择。他们采用的方法是，假设个人偏好更多的金钱而不是更少（任何给定状态下），偏好以更高概率而不是以更低概率出现好的结果，在此基础上让个人参与包含货币支付的赌博，并从其选择中推断出个人的主观信念。如果以这种方式推断的主观信念不符合客观相对频率，则被认为出现了"显示性信念错误"。通过分析个人如果按照正确的信念行事他会选择什么，我们可以净化个人偏好。

科塞吉、拉宾和布莱希罗特等人的分析表明，可以将描述行为经济学的常见建模方法进行修改，进而得出规范性结论。这种建模方法将传统的理性选择理论作为模板，并将个人模型转化为追求行为效用函数最大化的主体，该效用函数保留了新古典经济学和博弈论中的效用函数的许多特征。通过在效用函数中引入新的参数，该模型引入了传统理论忽略的心理因素。一般地，通过为新参数赋予默认值，标准效用函数将转化为行为函数的一个特例。例如，累积前景理论以预期效用理论为模板，在此基础上引入了损失厌恶参数和非线性概率加权参数。当这些参数取默认值时，累积前景理论便会简化为预期效用理论。如果我们承认（如同许多行为经济学家那样）传统经济理论做出的预测通常是对事实的一阶良好近似,那么,正如豪斯曼(Hausman,2012,第114—115页)和拉宾(Rabin,2013)指出的,这种建模方法就具有显著的实际价值。但是,这一模型的另外一个特征使它还可以被用于规范分析。这一建模方法可以为个人构建两个并行的效用函数:一个是描述个人实际行动的行为效用函数,另一个是假设的效用函数,其中行为效用函数的"行为参数"被赋予默认值。如果我们假设行为参数的非默认值反映了推理错误(这是一个大胆的猜想),那么就可以将假设的效用函数视为个人潜在偏好的代表。此外,根据构建效用函数的方法,上述潜在偏好能够满足传统理性选择理论中的一致性特征。

约翰·贝希尔斯等人(John Bershears、James Choi、David Laibson and Brigitte Madrian,2008)的论文提到了另一个支持行为福利经济学的例子。贝希尔斯等人区分了显示性偏好和规范性偏好。显示性偏好指的是"将经济行为人被观察到的行为合理化的偏好"。规范性偏好"代表了经济行为人的真正利益",并被视为与"实用政策分析"密切相关。行为经济学的研究结果被解读为证明了人们的选择往往"并没有揭示真正的偏好,而是反映了真实偏好和决策错误的综合影响"(Bershears et al.,2008,第1787页)。通过从选择数据中过滤掉决策错误的影响,贝希尔斯等人提出了多种识别规范性偏好的方法。例如,类似布莱希罗特等人(2001)以及科塞吉和拉宾(2007,2008)提出的方法,贝希尔斯等人提出了"结构估计"方法。

关于行为福利经济学的最后一个例子来自朱利安·勒·格兰德和比尔·纽的著作《政府家长主义:保姆国家还是有益朋友?》(Julian Le Grand and Bill New,2015),该书从社会政策的角度展开分析（勒·格兰德是一位来自社会政策经济学领域的理论家，曾经担任英国首相的顾问）。勒·格兰德和纽捍卫的是一种政府"帮助其公民实现他们自己的目标，从而提高他们自身以及整个社会福利的政府家长主义"（Le Grand and New，2015，第182页）。他们推荐的是家长主义政策，即政府与每个公民进行互动的意图是解决个人"推理失败"的问题，以此提高个人的福利。然而，家长主义与手段有关：政府尊重每个人选择的目标，并只是帮助个人实现这些目标（Le Grand and New，2015，第2—3页）。勒·格兰德和纽关于"推理失败"的性质及其存在证据的分析均与桑斯坦和塞勒相似。与桑斯坦和塞勒一样，勒·格兰德和纽指出，个人显示偏好中的许多可预测模式与新古典理性选择理论不一致，并解释了其背后的心理机制，但对于如何重构无错误的潜在偏好，或者证明假设这种偏好的存在是合理的，勒·格兰德和纽几乎没有任何论述（Le Grand and New，2015，第79—110页）。

本节回顾的各种建议都可以被理解为一个协调规范经济学与行为经济学研究成果的通行方案。该方案将规范经济学的目标作为衡量经济政策对个人福利影响的方法，从社会计划者或受托专业人士（如医生、营养师或"选择设计师"）的角度进行评估，这些行为人表现出尊重个人对自身福利判断的意愿。该方案将个人选择依赖于"不相关"的框架这一特征视为错误，"错误"是相对于个人在不受推理缺陷影响时会显示出的潜在偏好而定义的。潜在偏好的满足被视为规范标准。

根据我的理解，上述方案隐含的思想是：潜在偏好是一个主观概念。我所说的潜在偏好是指在个人头脑中形成的判断或感知,并不直接对应于外部世界的客观属性。因此,该方案的意图是,每个人的利益或福祉都应该根据个人对他自己想要什么,或什么对他是重要的判断进行评估。从这个意义上说,行为福利经济学仍然与经济学的自由主义传统保持了一致,正如我在第 1 章中指出的那样。当从新古典经济学转向行为福利经济学时,实际偏好(选择揭示的)被潜在偏好取代,并作为个人幸福的评价标准。行为福利经济学家承认,这是朝着家长主义方向迈出的一步。然而,行为福利经济学家认为,通过声称潜在偏好是一个主观概念,可以避免更强形式的家长主义,在这种形式的家长主义下,社会计划者将自己关于人们幸福与否的判断强加于其计划的对象。我认为,这正是桑斯坦和塞勒反复强调的一点,即他们的目标是让人们按照自己的判断标准过得更好,同时与伯恩海姆和兰热尔对其方法的描述也是一致的,即尊重个人为自身做出的选择。

如果这种方法适用于任何特定情况,则相关的潜在偏好必须是完整的(参见第 1 章第 2 节中有关"完整"的定义)。也就是说,潜在偏好必须满足理性一致性这一传统原则,尤其是与情景无关。"任何特定情况"这一条件具有重要意义:行为福利经济学的逻辑并不要求每个人对所有可能的事态都具有完整的潜在偏好。行为福利经济学家有权声称,其方法仅适用于如下情形:潜在偏好具有恰当的属性,并能够在个人决策中得到重构。但是,如果真的将上述条件付诸实施,那么行为福利经济学得到应用的领域可能会变得非常小。

如果潜在偏好是主观的判断或感知,那么行为福利经济学认为它具有的"完整"属性就不能通过如下假设来解释,即潜在偏好反映了具有"完整"属性的某种客观概念。因此，当应用于任何特定的个人时，偏好净化方法必须预先假设个人有可能具有某种潜在推理模式，从而产生能够满足理性一致性这一传统原则的主观偏好。然而，行为福利经济学的倡导者通常既不会解释这种推理模式，也不会解释它如何推导出完整偏好。他们只是告诉人们，在这种推理模式下不会出现行为经济学家和认知心理学家在实际的人类推理中发现的"缺陷"。即使对那些基于决策过程模型的行为福利经济学模型来说，如萨伦特和鲁宾斯坦以及曼齐尼和马里奥蒂提出的模型，也是如此。回想一下，这些模型假设福利经济学家要引出的潜在偏好是存在的，模型中的启发式决策能够引出并处理这些偏好，尽管并不完美。

无疑，标准的理性选择理论中也存在偏好净化方法的这种局限性。理性选择理论以偏好之间以及偏好与选择之间的一致性公理为基础，这一理论并未解释个人构建偏好的理由。理性选择理论隐含地假设，存在一种推理模式可以推导出满足一致性公理的偏好，但将这种推理模式视为一个黑箱。不过，"同罪辩护"在这里并不适用。行为经济学质疑理性选择理论在心理学上的合理性，并在此基础上发展起来，有些人也可能说，行为经济学利用了这种怀疑（回想桑斯坦和塞勒对智人和经济人的区分）。其实证研究结果也支持了这种怀疑。对规范经济学和行为经济学的调和不应依赖于对潜在理性的黑箱假设。

2. 自主权和内在理性主体模型

人们很容易说，行为福利经济学中使用的潜在理性概念只是新古典主义理论的残余思想。然而，这一概念可能存在更深的渊源。多年来，我一直反对潜在理性这一假设，但我惊讶地发现，我的许多学术同行，不仅是经济学家，还包括哲学家和心理学家，是多么不愿意放弃这一假设。我开始认为，在新古典经济学中使用的理性选择理论，只是人类在思考自己的思维时愿意采用的更宽泛的一类模型之一。尽管以不同形式出现，但潜在理性是这类模型的一个共同特征。因此，与仅仅接受新古典经济学的局限性相比，放弃潜在理性的观念是一种更为激进的做法。

为了说明潜在理性这一概念是如何在经济学之外得到利用的，我将介绍由豪斯曼和布琳·韦尔奇（Hausman and Brynn Welch, 2010）两位哲学家撰写的一篇论文，这篇论文表达了他们对桑斯坦和塞勒提出的助推政策的保留意见。论文开篇回顾了自由意志式家长主义的有关理论，他们对桑斯坦和塞勒关于福利的许多结论表示赞同，认为他们两人"向人们展现了许多可能导致人类判断和决策出现错误的因素"。出于分析的目的，针对桑斯坦和塞勒关于哪些心理因素会"干扰理性思考"的具体判断，豪斯曼和韦尔奇并不需要对此进行辩护，但他们认为这些判断"大体上是合理的"（Hausman and Brynn Welch, 2010, 第125—126页）。

豪斯曼和韦尔奇之所以对自由意志式家长主义持保留意见，并不在于他们对福利的分析，而是在于自由意志式家长主义推荐的助推政策。这些保留意见中的一个关键词是"自主权"，定义为"个人对自己的评价和选择的控制权"。豪斯曼和韦尔奇（2010, 第128页）说，如果一个人关心自主权，那么"在设计政策时利用人们的心理弱点来为人们谋福利，此时似乎确实体现出某种家长主义的做法，而不仅仅是一种善行"。整篇论文都体现着"助推"与"理性说服"之间的对比。例如：

> 之所以像设置默认值这样的助推似乎……是家长主义行为，是因为除了理性说服之外，他们可能会推动个人做出一种选择而不是另一种……当这种推动没有采取理性说服的形式时，人们的自主权——对自己的评估和思虑的控制程度——就被削弱了。此时人们的行为反映了选择设计师制定的策略，而不仅仅是他们自己对备选选项的评估。（Hausman and Brynn Welch，2010，第128页）

此外，豪斯曼和韦尔奇将"塑造"（shaping）定义为利用人类决策中的缺陷，使人们做出这种选择而不是另一种选择（2010，第128页）：

> 理性说服既尊重个人自由，也尊重行为主体对自己决策的控制权，相比之下，如果采取欺骗方式，则会限制行为主体可行选择的范围，或塑造行为主体的选择风险，规避了个人意志。（Hausman and Brynn Welch，2010，第130页）

但是，当豪斯曼和韦尔奇将能够或不能对其自身的评估、思虑和选择进行控制的实体称为"个人"或"主体"时，他们指的是什么？请注意，这一主体并不是一个思想和行为受到心理机制控制的真实的人。如果真实的人的选择受那些不能用恰当理由解释的因素影响，那么豪斯曼和韦尔奇就可以宣称，这一主体的意志被规避了。但被谁规避了呢？唯一正确的答案似乎是被真实的人自身规避了。这句话的意思似乎是：无论这一"主体"是什么，他都具有无错误地自主推理的能力，这一自主推理能力不会被"有问题的"人类心理机制所扭曲。该主体接受理性说服，但不受其他方式的影响。给定任何决策问题，该主体都可以根据自己对备选选项的评估来确定他希望选择的选项。这似乎意味着，该主体的推理可以生成充分的评估结构，进而确定从任何一组选项中应该选择的对象，而这些选择显示的偏好不受心理弱点的影响，因此是稳定的并且与情景无关。此时这一主体看起来与新古典经济学和博弈论中的理性个人非常相似。我将这种神秘且无形的实体称为"内在理性主体"（inner rational agent）。

请注意，上文内容是关于如何将普通人的心理视为一组力量，这些力量倾向于限制内在理性主体根据自身推理结果而采取行动的能力。这种情况看起来像一个心理躯壳（psychological shell），它将内在理性主体与其理想中的行动世界空间分离开来。人的行为是由内在主体的自主推理和外在躯体的心理特性之间的相互作用决定的。然而，就偏好和判断问题而言，内在主体是最重要的规范权威。

类似的主体模型似乎隐含在行为福利经济学的核心议题即偏好净化之中。偏好净化就是通过抽象心理躯壳中的扭曲效应来"看穿"心理躯壳，进而重构内在理性主体偏好的一种尝试。回想一下，如果相关个人充分关注决策问题，并拥有完备信息、无限的认知能力和完全的自我控制能力，则桑斯坦和塞勒提出的幸福标准就可以由相关个体显示的偏好来确定。人们可能会认为，这些偏好是一个内在理性主体的偏好，他的推理没有内部错误，但依赖于有缺陷的心理机制为他提供信息，进行复杂的信息处理，并执行其决策。关注度不够会导致信息在流向内在主体的过程中出现错误；有限的认知能力会导致信息处理出现偏差；缺乏自制力会导致决策执行出现问题。如果心理躯壳的错误能够得到纠正，则偏好净化是对内在主体将要执行的决策进行重构的一种尝试。从这一角度看，可以将心理躯壳中所谓的错误解释为对内在理性主体自主权的限制。勒·格兰德和纽（2015，第119页）将推理失败描述为"自主权的有限丧失"，这是对上述观点的明确表述。

当然，行为经济学家并没有坚持认为，一个人在现实中是一个新古典理论意义上的理性实体，被包裹在一个容易出错的心理躯壳中。但是，行为福利经济学家在分析中的确就是这样假设的，这一做法具有一定的启发性。行为福利经济学援引理性主体模型，假设在没有错误的情况下，个人的选择将揭示其完整偏好。这种理性被模型化为个人的一种"内在"属性，尽管理性并不总是体现在实际行为中，但理性是个人具有的一种持续属性，一种在无错误推理的基础上形成情景无关型主观判断的持续能力。行为福利经济学中的内在理性主体具有的持续能力既不高于也不低于这种假定的能力。

正如行为福利经济学对内在理性主体模型的应用一样，这一模型可以被视为一种在方法论上有缺陷的尝试，即面对不可靠的证据，该模型试图将新古典理性选择理论应用于想象中的行为人，而不是应用到真实的行为人身上，进而重新解释，并以此来维护这一理论。这种解释成为内森·伯格和格尔德·吉格伦泽（Nathan Berg and Gerd Gigerenzer, 2010）批判"貌似行为经济学"的核心对象。尽管我同意这一批判的主旨，但我认为，豪斯曼和韦尔奇的观点说明内在理性主体模型可以在新古典经济学之外得到应用。

在调和人的自主权和人的心理事实的基础上，豪斯曼和韦尔奇应用理性主体模型进行了分析。把一个人看作一个自主的主体，就是将他视为自身行为的自觉发起者。但从经验心理学的角度看，其行为是由心理过程引起的，而这从根本上说是物理和化学问题。这两种观点是否可以调和，如果能够调和，将以何种方式调和，这是哲学的经典问题之一，即身心问题（Mind-Body Problem）。长期以来，人们一直试图用二元论来解决这个问题。二元论认为，心的属性（或者，早期将此表述为灵魂的属性）在某种意义上与身体的属性之间存在本质上的差异。这种思考方式很自然地引出了如下主体的概念，即心与身体之间的关系是一种自主的内在主体与外在的心理（和生物）躯壳之间的关系。但接下来我们要回答的问题便是，当内在主体考虑选择什么时，他实际上是在做什么。

分析哲学家（analytical philosopher）倾向于将心智的运行过程视为命题（propositions）的处理过程，这些命题体现了人们的各种态度，包括偏好、信仰或意图。例如，一个在两种饮料之间做选择的人可能会面对如下命题："我必须喝茶或咖啡"以及"综合考虑，我更喜欢喝茶而不是喝咖啡"。此人的心智在处理这些命题时，可能会形成"让我喝茶"的打算。如果一个人认可心智活动的这种命题式表现方式，那么除非他面对的多种命题是相互一致的，否则自主主体这一概念便失去了意义。因此，就合理推理与选择相关的命题而言，理性似乎是一个自主的内在主体具有的基本属性。相反，如果一个人的选择不能用恰当的理由来解释，那么想要维系他作为一个自主主体的概念，似乎唯一的方法便是将这些选择归因于外来机制的影响。"外来"指的是外在于内在主体，即使这种机制是人类心理的一个组成部分，但它仍然可能是外来机制。因此，哲学家和经济学家一样，也会被内在理性主体模型所吸引。然而，心智以处理命题的方式运行，这一观点并不是一个不证自明的真理。这是一个关于人类心理学的经验假设，一个可能被证伪的假设。

3. 第一系统和第二系统

很多行为经济学家都曾试图利用内在理性主体模型进行分析，这依然令我感到惊讶。无论该模型对理性选择理论家和分析哲学家有多大吸引力，人们都可能会认为，对那些以重视心理学而自豪的经济学家群体来说，这一模型的吸引力并不大。今天被人们称为行为经济学的这一学科最初的推动力之一，便是人们认识到，在决策过程中人们实际利用的心智过程并不一定会产生具有理性属性的选择，而这一属性是经济学的传统假设。丹尼尔·卡尼曼（1996）指出，上述观点引出的一个明显推论是，理性选择并非不言自明：与传统理性选择理论相一致的行为，与背离传统理性选择理论的行为一样，都需要得到心理学上的解释。内在理性主体模型似乎依赖于对这个推论的否定。在这个模型中，人类心理被呈现为一组通过干扰理性选择而影响行为的力量，但理性选择本身——体现为内在主体的无错误推理——没有得到任何心理学上的解释。卡尼曼准确地指出，这种建模策略"存在严重问题"（Kahneman，1996，第251—252页）。

有人可能并不认同有关心智的双重过程理论中的内在理性主体模型具有心理学基础。许多心理学家，包括彼得·沃森和乔纳森·埃文斯（Peter Wason and Jonathan Evans，1975）以及卡尼曼（2003）等人都认为，心智活动可以分为两个"系统"，即快速且自动运行的第一系统（System 1）和缓慢且反思性的第二系统（System 2）。事实上，这正是卡尼曼（2011）在总结其心理学和行为经济学贡献时的中心主题。卡尼曼甚至用自主权这一概念来描述第二系统，这在一定程度上与豪斯曼和韦尔奇对内在理性主体的描述保持了一致："当我们对自我进行思考时，我们认同的是第二系统，即有意识的、能够进行推理的自我，拥有信念，做出选择，并决定思考的内容和具体行动。"（Kahneman，2011，第21页）在梳理行为经济学的研究成果时，桑斯坦和塞勒（2008，第19—39页）将相同的思想作为组织原则，因此我们可以合理推测，桑斯坦和塞勒将内在理性主体视为第二系统，而将心理躯壳视为第一系统。

即使将双重过程理论视为思考人类心理的一种有效方法，内在理性主体模型仍然难以回应卡尼曼的批判。我们不能简单地假设第二系统的心智过程可以产生与传统决策理论和博弈论一致的策略推理偏好和推理模式。事实上，使上述假设符合双重过程理论的逻辑并非易事。该理论的一个基本见解是，从进化的角度看，第一系统的自动处理机制相比第二系统的自觉意识机制更为古老。因此，除非第一系统原有的功能已经萎缩，否则我们应该预期第一系统能够在没有其他过程协助的条件下引发与理性一致的成功行为。但是，如果第二系统成为第一系统的附加过程，那么就没有明显的理由预期这些附加过程能够独立于第一系统的过程。尽管卡尼曼声称，我们每个人都把自己的第二系统视为真实的自我，但他有时似乎在暗示，第二系统可能只不过是不同决策支持惯例的一个集合。例如，"当第一系统遇到困难时，它会要求第二系统进行更为详细和具体的处理，以解决当前的问题"（Kahneman，2011，第24页）。内在理性主体模型认为，第二系统往往需要具备自行决策的能力，但这一点并不明显。换句话说，第二系统是否有能力产生行为福利经济学所需的那种潜在偏好，这一点并不明确。

4. 潜在偏好概念是否包含实证内容？

为潜在偏好概念赋予心理学基础的另一种方式也许是在决策的心智过程模型中确定潜在偏好。[④] 人们可能会寻找一种能够产生潜在偏好的心智过程模型（而不仅仅假设这些偏好是存在的），在这种模型中，产生这些偏好的机制与诱发偏见或错误的其他机制相互作用。

回想我在第1章第3节中讨论的一个例子，即人们在一周后能够享用的不同零食之间进行选择，可以了解这种策略涉及的一些困难。研究发现，即使享用零食的日期和时间（进而享用零食前可预测的饥饿程度）是不变的，一个典型的个人在特定食物之间所做的选择（比如，火星巧克力棒和苹果）也受到他当前饥饿程度的影响。因此，个人的选择受到某种情景的影响，而这一情景似乎与他的福利无关。对此，一种自然的心理学解释是，火星巧克力棒和苹果是具有不同属性组合的商品：火星巧克力棒更美味，能提供更多能量，苹果则更新鲜，而且被认为是人们正常饮食之外的补充，更为健康。当人们考虑从两种零食中选择哪一种时，他们就必须考虑这些不同的属性，并在这些属性之间谋求平衡。这个人越饿，就越会注意到火星巧克力棒的优势，因此其考虑就越有可能以选择巧克力而告终。

从这个角度看，看似非理性的情景依赖型行为，实际上体现了人们决策机制的隐含结构。如果从人类心理进化起源的角度思考，注意力在决策中扮演的角色可以被理解为一种通用机制的组成部分，人们借此机制在具有多重属性的选项之间进行选择，这种机制（似乎）被有效地设计成可以利用其他心智过程，而这些心智过程往往将人们的注意力配置到当前重要的事情上（例如，一个人越饿，就越需要关注可能的营养来源）。如果是这样，那我们又如何把决策机制分成"理性"和"错误"两部分，并且声称理性保留了真实人类个体的部分主观性呢？我能想到的唯一的解决方案是，将某些特定的注意力配置认定为"正确的"配置。但我们该怎么做呢？回想一下，个人的潜在偏好代表了其自身的主观判断，这是偏好净化方法的基础。因此，我们不能用个人利益的客观标准来定义"正确的"注意力配置，如同进化模型中的适应性一样，在缺乏客观标准的情况下，人们以"中立的"方式将注意力配置到选择选项的不同属性之间，这是一种含混的想法。问题的核心在于，基于注意力的机制既解释了个人决策，也解释了在相关的选择背景下，个人实际上更偏好或渴望做什么，即他感受到的、促使他做出选择的欲望。从经验心理学的角度看，人们可能具有与其实际偏好不同的"真实"偏好的想法似乎是缺乏根据的，也是一种多余的想法。

为了给这个可疑的结论提供一些支持，我将举例说明行为经济学家是如何使用潜在偏好这一概念将注意力模型化的。受到心理学、经济学和营销学等实验结果的启发，佩德罗·博尔达洛等人（Pedro Bordalo、Nicola Gennaioli and Andrei Shleifer，2013）分析了"显著性和消费者选择"问题。这一分析的核心思想是，当人们估计任何商品的价值时，最关注的通常是该商品相对于其他商品所具有的显著属性。博尔达洛等人分析的一个重要例子是，消费者在法国葡萄酒和澳大利亚葡萄酒之间做选择。消费者认为，法国葡萄酒比澳大利亚葡萄酒好50%。在该问题的另一种情况中，消费者是在一家超市中做选择，超市里两种葡萄酒的定价分别为20美元和10美元。由于两种葡萄酒的价格之比大于质量之比（法国葡萄酒比澳大利亚葡萄酒贵100%），价格成为显著属性，因此往往会受到消费者的更多关注。在第二种情况中，消费者在一家餐厅消费葡萄酒，价格分别是50美元和40美元（此时法国葡萄酒只比澳大利亚葡萄酒贵25%）。现在，质量转而成为显著属性。博尔达洛等人提出了一个模型，可以解释为什么同一消费者在超市会选择澳大利亚葡萄酒，而在餐厅会选择法国葡萄酒。抛开逆收入效应的可能性不谈，这种选择模式与标准经济理论不符，但长期以来，它一直被视为人类决策的共同特征（例如，Savage，1954，第103页）。

在博尔达洛等人提出的模型中，消费者面对包含两种或多种商品的集合，但只能选择其中一种商品。这一机会集合（opportunity set）中的每种商品 k 由（q_k，p_k）刻画，其中 q_k 和 p_k 非负，分别代表该商品的质量和价格。消费者了解机会集合中每件商品的 q_k 和 p_k 的取值情况。消费者认为质量较高的商品价格也应该较高。该模型被设定为满足如下条件：当不存在显著性扭曲（salience distortions）时，消费者根据线性效用函数 $u_k = q_k - p_k$ 对每种商品 k 进行估值。此时可以在（质量，价格）空间中得到一系列线性和平行的无差异曲线，博尔达洛等人称之为"理性消费者"的"理性无差异曲线"。价格和质量之间的边际替代率是不变的，这是该模型的一个重要假设；对于"理性消费者"来说，每单位质量价值1美元，（我认为）这只是出于方便分析而进行的标准化设置。

博尔达洛等人接下来详细分析了"显著性如何扭曲了商品估价"（Bordalo et al.，2013，第810页）。他们假设显著性扭曲了消费者在评估商品价值时使用的效用权重，以此模型化"看重显著性的人"（salient thinker，即非理性消费者）的行为。在理性消费者评估每件商品时，质量和价格两个属性的权重被标准化为1。相比之下，在评估任何给定的商品时，"看重显著性的人"对显著属性赋予的权重大于1，对非显著属性赋予的权重小于1。博尔达洛等人将该模型应用于分析广泛的消费者行为问题。在这些分析中，非理性消费者的行为由两个系统或两个过程的相互作用决定：一是被视为理性且与情景无关的潜在偏好关系，二是扭曲潜在偏好的心理机制。消费者的实际选择是由扭曲偏好决定的，但假设的理性消费者（按照未扭曲的偏好行动的消费者）的选择提供了规范基准（normative benchmark）。这是一个内在理性主体模型。

但上述规范基准的功能是什么呢？该模型的核心是质量和价格两个属性的相对权重因显著性的不同而不同。但是，在任何给定的机会集合中，对任何给定的商品来说，哪种属性是显著的，仅取决于该机会集合中商品的质量和价格，而与消费者的潜在偏好无关。因此，由于属性的相对权重变化导致的任何结果都与潜在偏好无关。潜在偏好这一概念不能用于解释性的目的。

这是否意味着博尔达洛等人定义的理性偏好是不可观察的？不完全是。给定其模型的设定，博尔达洛等人用一定的篇幅说明选择如何揭示了理性偏好。考虑一个决策问题，即仅存在一种日常商品，但消费者可以选择购买或不购买。博尔达洛等人将此表示为消费者在 (p_1, q_1) 和 (p_2, q_2) 之间做出选择，其中 $(p_2, q_2) = (0, 0)$ 表示"不购买"。在"不购买"这种特殊情况下，根据显著性的定义，两种属性的显著性是相同的，此时"看重显著性的人"的选择与理性消费者的选择是一致的。因此，在只有一种商品可供消费的情况下，消费者对单个商品的支付意愿能够揭示其理性偏好。

但是，究竟是什么使上述表述成为理性的正确定义呢？博尔达洛等人并没有对此做出解释。以下是我对其想法的最佳猜想。他们假设，消费者针对不同商品具有明确的潜在偏好，该偏好被定义为（质量，价格），任何商品的潜在效用都与机会集合中的其他商品无关。由于显著性带来的扭曲效应是由消费者对机会集合中的商品进行比较而引发的，因此，揭示消费者潜在偏好的最佳方法是在商品比较的范围尽可能小的情况下观察消费者的选择。了解消费者的支付意愿可以实现上述目标，前提是了解支付意愿能够使相关商品"被单独评估，而且不存在价格预期"。博尔达洛等人提议,可以用"实验室实验"来构建上述选择环境(Bordalo et al.,2013,第828页)。

鉴于多年以来学者们一直试图利用实验和调查来分析人们支付意愿的大小,博尔达洛等人提议的可行性非常高。众所周知,支付意愿和接受意愿受到许多不相关因素的影响,这些因素会引起人们对某些特定价格的关注(Parducci,1965;Slovic and Lichtenstein,1968;Johnson and Schkade,1989;Ariely、Loewenstein and Prelec,2003)。例如,如果诱导实验以"你愿意支付 x 元吗"这一问题的形式出现,那么最终的支付意愿将被引向 x 元;如果受试者被要求在一个包含多种价格的范围中选择一个价格,那么其回答就会被引向这一范围的中间值。当受试者不了解作为基准的通行价格时(例如,很多有关陈述性偏好的研究试图了解人们对非市场商品的估价,如对环境质量变化的估价),这些"锚定"效应和"范围/频率"效应会格外强烈。对这一证据的一种自然解释是,人们发现很难单独对任何商品进行货币估价,而且当需要进行单独估价时,人们会下意识地寻找可比较的对象和参照物。

但无论如何,在博尔达洛等人对观察到的消费者行为规律的解释中,支付意愿大小可以显示潜在偏好这一观点并未起到任何作用。事实是,在他们的实证模型中,理性和扭曲的概念是多余的。这种多余并非模型中某些细节的意外结果,而是反映了一个事实,即潜在偏好并不能发挥心理方面的作用。

5. 自助餐厅里的超级推理者

现在回到我在本章第 1 节中提出但并没有回答的关于自助餐

厅中超级推理者的问题。

回想一下，超级推理者是"重新设计"后的普通人，是另一个版本的乔。超级推理者与乔的不同之处在于，前者不受推理缺陷的影响，也就是说，超级推理者不受信息、注意力、认知能力或自制力等方面的任何约束。但在所有其他方面，他和乔都是一样的。根据桑斯坦和塞勒的说法，超级推理者的选择能够揭示乔的潜在偏好。自助餐厅提供的食品包括蛋糕和水果。如果乔去自助餐厅就餐，他会选择（并且愿意支付一点额外费用）两种食品中摆放在更显眼位置的那种食品，比如说，一种食品摆放在柜台前面，另一种摆放在柜台后面。由于自助餐厅经理阅读过《助推》一书，因此他想用最能满足乔的潜在偏好的方式来展示食品。为此，他需要了解超级推理者会选择什么。此时的问题是：他选择蛋糕的概率是否与蛋糕在柜台上的摆放位置无关？根据行为福利经济学的逻辑，这个问题的答案为"是"。

如果要回答这个问题，我们需要更多地了解超级推理者在做决策时的心理活动。我们知道，这些心理活动与乔的心理活动是相同的，除了如下两个特征之外：乔利用的是不完整信息或错误信息，而超级推理者使用的是完整和正确的信息；乔犯了推理错误，超级推理者却没有。因此，我们需要一种方式来呈现乔的心理活动，需要一种标准来明确何为完整信息和正确信息，也需要一种标准来明确什么是错误推理。

由于乔的心理活动涉及对不同命题的处理过程，所以对支持其决策的命题进行分析，或许能够揭示不完整或不正确的信息或错误推理。如果是这样，那么超级推理者的决策可能与乔的决策不同。例如，假设水果和蛋糕的能量以不同的单位标注，将水果能量标记为 250 千焦，将蛋糕能量标记为 200 千卡。事实上，1 千卡 = 4.186 千焦。但假设乔并不理解这两个能量单位之间的区别，他坚持"我更喜欢低热量饮食而不是高热量饮食"，并坚信"蛋糕的热量比水果的热量低"的命题（proposition）。基于这一命题，他形成了"让我吃蛋糕"的意向。无论我把吃蛋糕的意向归因于错误信息还是错误推理，"蛋糕的热量比水果的热量低"这一命题显然是错误的。由于超级推理者知道水果的热量比蛋糕低，他可能会做出不同的选择。

但我们关注的情形与此截然不同。乔行为中体现的反常特征本质上并不是他面对多种决策问题而独立做出反应带来的错误，而是体现了他对两个不同决策问题的反应是明显不一致的。我们知道，乔在水果和蛋糕之间的选择取决于这些物品的摆放方式。我们可能会认为，食品摆放位置的差异并不能很好地解释选择差异，但这是否等于说乔的信息或推理有问题？

假设乔依赖于情景的决策可以由注意力和欲望的心理来解释。无论两种食品以哪种方式摆放，他掌握的食品信息都是相同的。然而，他对两种食品的注意力是不同的。乔倾向于把更多的注意力放在位置靠前的食品上，从而能够更为清晰地感知这种食品的合意属性，并更倾向于选择这种食品。正如乔体验的那样，这种倾向可能只是一种感觉，而不是他赞同的命题。以下可能是决策过程的全部内容：乔感觉到了这种倾向，并付诸行动。如果这是乔的真实心理活动，那么当蛋糕放在柜台前面时，他选择蛋糕，当水果放在前面时，他选择水果。这一事实并不能说明他的推理中包含任何错误。因此，我们不能从这一事实中推断超级推理者的决策与乔的决策是不同的。

如果我们想把错误归因于乔，就需要假设他的心理活动中包含某些命题性内容。因此，我们假设乔了解自己对自助餐厅食品摆放位置的反应方式，并假设他同意以下命题："如果蛋糕摆放在前面，我会感受到一种选择蛋糕的倾向，并按照这种倾向行事；但如果水果摆放在前面，我会感受到一种选择水果的倾向，并根据这种倾向采取行动。"但这一命题只是对乔的心理的真实陈述，只是揭示了乔的自我认知，而不是推理错误。如果乔拥有这种意义上的自我认知，那么超级推理者也一定有。请记住，超级推理者的感受和乔的感受一样。因此，超级推理者可以做出与乔相同的决策，并赞同那些正确地描述他如何做出这些决策的命题。

让我们转向另一种观点。到目前为止，我对乔的偏好只字未提。如何理解偏好这一概念，在经济学中尚未达成一致。一种可能的解释是，偏好 x 而不是 y 只是意味着人们倾向于选择 x 而不是 y。根据这种解释，乔和超级推理者都会赞同如下命题，"如果蛋糕摆在前面，我偏好蛋糕而不是水果；但如果水果摆在前面，我偏好水果而不是蛋糕"。如前文所述，赞同这一命题体现的是自我认知，而不是错误。但是，还存在其他有关偏好的解释，而豪斯曼（2012）确实提出了一个不同的解释。

作为阐述经济学中"现行实践"（current practice）概念的一种哲学尝试，豪斯曼提出了以下定义：说吉尔偏好 x 而不是 y，就是说在考虑到所有影响 x 和 y 估值的因素后，吉尔对 x 的排序在 y 的前面（Hausman，2012，第34—35页）。因此，偏好具有可比较的特点（x 的排名高于 y）；这种比较依据的是价值高低；对价值的评估是主观的（她对某物的评价是……）；考虑到个人认为与做出比较相关的所有因素（她考虑到了所有的影响因素……）。

简而言之，偏好是一种完全主观的比较式评价。至关重要的是，偏好"更像判断而不是感觉"（Hausman，2012，第135页）。考虑到这种解释，并假设乔的心理和行为与我之前描述的一样，假设他赞同"如果蛋糕摆在前面，将选择蛋糕而不是水果；但如果水果摆在前面，则选择水果而不是蛋糕"这一命题。此时乔并没有表达自己的倾向，而是表明蛋糕和水果的相对主观价值取决于它们在柜台上的相对摆放位置。豪斯曼认为，必须对这种说法进行理性审视。因此，我们可以提出如下问题：柜台上物品的位置是否与判断其相对价值相关。为了便于分析，让我们假定两者不相关。那么，乔赞同的命题便经不起理性推敲：在对蛋糕和水果的价值进行推理时，乔犯了一个错误。超级推理者不会犯此错误。换言之，超级推理者对蛋糕和水果的偏好不依赖于情景。但他的选择又如何呢？

由于超级推理者的感受和乔一样，如果蛋糕摆在前面，他也倾向于选择蛋糕，如果水果摆在前面，则同样倾向于选择水果。如果他的爱因斯坦式推理能力能让他得出这样的结论：（比如）水果更有价值，那么其甘地式的自我控制能力就能让他克服任何选择蛋糕的倾向。但给定代表其推理模式的前提和推理规则，如果蛋糕和水果的相对价值是不确定的呢？

如前文所说，如果潜在偏好是一个主观概念，我们便不能假设完全知情的无错误推理可以决定一个人对每一对选项的潜在偏好。的确，凭借他的特殊能力，超级推理者可以获取所有与选择水果和蛋糕相关的信息。例如，他知道吃水果对健康有益的所有信息，也知道吃蛋糕会给他带来即时享受的所有信息。如果可以应用某种明确算法来处理上述多维度信息，并以此确定唯一正确的选择，那么超级推理者将具有解决问题的计算能力。但问题是，对于一个特定的人（如乔），是否存在一种算法，对于任何一对选项 x 和 y，该算法都能准确地识别出以下三个命题哪个为真命题："x 优于 y""y 优于 x""偏好 x 和 y 的程度一样"。这种算法能够生成完整的偏好排序。然而，据我所知，无论是行为经济学还是理性选择理论，都没有任何论据可以证明这种算法的存在性。事实上，豪斯曼（2012，第 19 页）明确否认恰当的推理必然会产生完整的偏好排序。

因此，我们可以同意如下推断：考虑到所有因素，超级推理者无法确定蛋糕是否比水果更有价值，反之亦然。在豪斯曼看来，超级推理者在这些选项之间没有（严格的或弱的）偏好，尽管如此，他还是倾向于选择蛋糕或水果两种食品中摆放位置更为显眼的那一种。我认为，不存在恰当的推理原则，使得超级推理者会像乔那样违背这种倾向。超级推理者的选择似乎就像乔的选择一样，可能依赖于情景。

6. 萨维奇和阿莱

还有另一条为行为福利经济学辩护的理论路径。如果我们要坚持超级推理者的选择必定是不依赖于情景的假设，那么我们似乎需要将偏好的完整性作为推理的一项公理，而不是作为推理视情况可能是正确的或者错误的属性。也许有人会明确规定，如果一个主体要做到真正的理性，则他的选择是否合理必须始终以偏好为依据。紧接着，持上述观点的人可能会声称，真正的理性要求主体必须确保其自身认为正确的偏好命题集合足以使他能够从任何非空选项集合中选择出一组非空的合理选择。我自己的看法是，这一要求是没有根据的，但为了让分析可以继续，我暂且搁置保留意见。[6]如果超级推理者想遵守这一要求，他必须通过形成额外的偏好来填补他原本不完整的偏好排序，而这些额外偏好的内容是否合理并不是通过推理来证明的。

但这一结论对行为福利经济学毫无帮助。真正需要解决的问题是，如何揭示乔对水果和蛋糕的潜在偏好。我们正在分析的论点引出了如下结论：如果乔是真正的理性人，那么他在选择水果和蛋糕时的偏好将具有情景依赖特征。但这仅仅意味着想象中的超级推理者会通过形成这样的偏好来回应理性需求，在必要的情况下甚至可以任意形成这种偏好。我们可能无法得知想象中的偏好究竟如何。但无论如何，即使我们能够了解想象中的偏好，也不是通过考察作为真实个体的乔的心理、偏好或信仰来实现的。相反，这是通过假设想象中的超级推理者具有某些其他特征来实现的。这种想象中的潜在偏好对乔来说并没有真正的意义。

伦纳德·萨维奇（Leonard Savage，1954，第 101—103 页）对阿莱悖论的讨论很好地解释了这里涉及的问题。回想第 1 章第 3 节的有关内容，要求受试者想象两种不同的情况，在每种情况下存在两种可供选择的赌博。在第一种情况中，受试者可以选择第 1 种赌博，以概率 1 获得 50 万美元；也可以选择第 2 种赌博，以概率 10% 获得 250 万美元，以概率 89% 获得 50 万美元，以概率 1% 没有任何收获。在第二种情况中，受试者可以选择第 3 种赌博，以概率 11% 获得 50 万美元，以概率 89% 没有任何收获；也可以选择第 4 种赌博，以概率 10% 获得 250 万美元，以概率 90% 没有任何收获。萨维奇报告称，当他第一次遇到阿莱悖论中的两个选择问题时,他倾向于选择第一种情况中的第1种赌博和第二种情况中的第4种赌博,这一选择构成了悖论,并且与萨维奇自己提出的预期效用公理(其中一个是完备性公理)不一致。他承认,他"仍然能够感受到这些偏好在直觉上的吸引力"。然而,由于他将预期效用理论作为一种规范理论加以分析,所以,如果他想继续保持这两种与预期效用公理不一致的偏好,那将是一种"不可容忍的矛盾":

> 一般来说,对于一个初步接受了某种规范理论的人而言,必须认真分析该理论可能将他引入歧途的情况。他必须通过反思来决定(演绎法通常没有什么作用)是坚持自己对这一情况的最初印象,还是接受该理论在这一情况下具有的含义。(Savage,1954,第102页)

萨维奇重新设计了上述四种赌博方案,使四种结果都取决于从一套编号为1~100的彩票中抽奖,从而确保其预期效用公理的有效性。第1、2、3、4种赌博的奖金由抽到的彩票决定,以10万美元为单位,对应四种赌博结果的1号彩票奖金为(5,0,5,0),2~11号彩票的奖金为(5,25,5,25),12~100号彩票的奖金为(5,5,0,0)。⑦由于在第一种情况和第二种情况下,两种赌博的区别仅在于从1~11号彩票中的一次抽取,因此萨维奇认为其他彩票与必须做的决策无关。在这一条件下,第1种赌博和第3种赌博是相同的,第2种赌博和第4种赌博也是相同的。因此,萨维奇最初的偏好具有难以接受的情景依赖特征。两种偏好不可能都是正确的。那么,哪一种是错误的呢?萨维奇告诉自己，在这两种情况下，选择问题归结为"我是否会卖掉一个价值 50 万美元的礼物，以 1/10 的概率来赢得 250 万美元"。根据萨维奇本人的"纯粹的个人品位"，他发现自己更偏好前者。然后他接受了他更喜欢第 3 种赌博而不是第 4 种赌博的含义，他说："对我来说，改变了第 3 种赌博和第 4 种赌博之间的偏好之后，我纠正了一个错误。"

请读者注意，萨维奇还介绍了第三种情况，在这种情况下，他必须在如下两种赌博之间进行选择：第 5 种赌博，以概率 1 获得 50 万美元；第 6 种赌博，以概率 10/11 获得 250 万美元和以概率 1/11 什么都得不到。根据他提出的公理，他对第 3 种赌博和第 4 种赌博的排序（同样，对第 1 种赌博和第 2 种赌博的排序），应该与他对第 5 种赌博和第 6 种赌博的排序相同。他发现自己倾向于选择第 5 种赌博而不是第 6 种赌博。到目前为止，最初的问题还没有因此得到解决，这只不过是不一致偏好集合的一种扩展情形。然而，相比其他两种情况，萨维奇似乎对他在第三种情况中的偏好倾向更有信心，因此决定使用这些倾向作为他对各种情况的评判标准。这并没有错，正如萨维奇所说，这是一个反思问题，而不是推理问题。但是，似乎并没有理由假设这种特定的反思顺序会成为最初的偏好不一致（如果不一致确实存在的话）的唯一正确解。这个故事最多告诉我们，如果一个人真的将预期效用公理作为理性的要求加以接受，同时在认知上不受约束，那么他便能够选定某些与这些公理一致的偏好，同时愿意接受这些偏好（但可能仍然与他的实际倾向相反）。如果我们想要识别一个普通人，比如乔的实际潜在偏好，并且这个人的选择和倾向具有阿莱悖论的模式，那么这种方法并不是特别有效。

7. 净化阿莱悖论式偏好

构成阿莱悖论的偏好可以用于检验布莱希罗特等人（2001）提出的偏好净化方法，详见第 4 章第 1 节。

回想一下，布莱希罗特等人使用累积前景理论作为选择的描述性模型。从该理论的角度看，可以用两个特征来区分阿莱悖论中的四种赌博：赢得至少 50 万美元的概率，以及赢得 250 万美元的概率。从第二个特征的角度看，第一种情况和第二种情况是等价的（在每种情况下，赢得 250 万美元的概率为 0 或 0.10，这取决于选择的是第 1 种赌博还是第 2 种赌博）。因此，必须基于第一个特征解释阿莱悖论。第 1 种赌博赢得至少 50 万美元的概率为 1，第 2 种赌博为 0.99，第 3 种赌博为 0.11，第 4 种赌博为 0.10。两个相关概率之间的差异（在第一种情况中为 1 和 0.99，在第二种情况中为 0.11 和 0.10）在两种情况下是相同的，这从另一个角度解释了为什么阿莱悖论与预期效用理论是相悖的。然而，累积前景理论将每个客观概率 p 转化为主观的决策权重 $w(p)$。如果 $w(1)-w(0.99)$ 足够大于 $w(0.11)-w(0.10)$，那么阿莱悖论便是有可能的。这种不相等关系与直觉是一致的：确定能够获得巨额奖金与以 99% 的概率获得奖金之间的差异，感觉比以 11% 的概率和以 10% 的概率获得奖金的差异更为显著。因此，我们可以合理地认为累积前景理论在某种程度上发现了导致阿莱悖论出现的心理机制。布莱希罗特等人提出的偏好净化方法将概率加权函数的非线性特征视为需要纠正的推理错误，如果我们想要识别出潜在偏好，这种推理错误必须得到纠正。但是，错在哪里呢？

当然，如果决策者知道三种可能结果的效用水平，如果他相信预期效用理论是正确的规范模型，并试图估计四种赌博的预期效用，如果他在这样做时使用了决策权重，并误认为这些权重是客观概率，那么就会出现错误。但是，这根本不能合理解释现实中的个人选择第 1 种赌博和第 4 种赌博的原因。为了说明其中的问题，请注意，当受试者回答阿莱悖论式的问题时，他们被告知了所有相关的客观概率。如果你问一个受试者，我们回想一下他刚刚被告知某种结果出现的概率是 1% 后，他认为这一结果出现的概率是多少，那么你预期他会如何回答呢？

我并不是说布莱希罗特等人假设决策者是以这种方式推理的。毫无疑问，他们假设的并不是受试者认为相关事件的决策权重是一种客观概率，而是相信决策权重模型能够反映他对相关事件的感觉。但我们又回到了如下问题：如何证明这些感觉导致了推理错误。例如，有人可能会说，引发非线性决策权重的心理机制是一种特殊的注意力，而阿莱悖论揭示了人们由于对小概率事件给予过多关注而出现的错误。但这种说法会导致我在博尔达洛等人（2013）提出的消费者选择的显著性模型中已经讨论过的问题：如何定义正确的注意力配置？如果把正确的注意力配置定义为能够产生与预期效用理论一致的选择，那将是一种循环论证。

布莱希罗特等人提出的偏好净化方法表明，相对于预期效用理论的基准情形，一个做出阿莱悖论式选择的人好像对相关事件的概率持有错误的信念。如果预期效用理论可以被解释为对人们真实推理过程的一级近似（first approximation），那么上述"好像"命题就能转化为如下猜想，即人们的实际推理遵循预期效用推理的一般逻辑，但在信念的处理中存在某些错误。然而事实是，预期效用理论是对人们实际所做选择的一级近似，而不是对人们做出这些选择的推理的一级近似。

预期效用理论具有这种近似属性并不奇怪，当这一理论被应用于具有货币收益和明确客观概率的彩票抽奖时，更是如此。在其他条件相同的情况下，无论基于何种心理过程选择此类彩票，人们总是认为奖金越多越好。类似地，对于任何给定的金额 x，在其他条件相同的情况下，人们总是认为以更大概率赢得 x 比以更小概率赢得 x 更为有利。通过将上述两种直觉一般化，并将它们构造为一种简单且易于求解的函数形式，预期效用理论可以刻画由真实个人的推理产生的某些重要决策模式。然而，就阿莱悖论而言，累积前景理论可以更为准确地描述实际决策。在缺乏关于人们如何推理的理论的情况下，我们只能向读者呈现上述观点。当然，我们不能推断阿莱悖论式选择揭示了推理错误，而这些推理错误是那些做出与预期效用理论一致的选择的人不会犯的。

8. 缺乏自制力

正如我分析的，在行为福利经济学中，潜在偏好是一种假设的构造：如果一个人的推理没有被错误扭曲，那么他的选择便能显示其潜在偏好。前文指出，将满足潜在偏好作为一种规范标准，以此来理解本章讨论的规范经济学，这是最佳方法。我支持这一观点，然而，行为福利经济学家有时会诉诸另一种潜在偏好概念。根据这种概念，一个人的潜在偏好是指在某些独立定义的情况下此人实际赞同的偏好，在某种意义上，即使这个人的行为与这种偏好相反,他也认为这是自己的真实偏好。因此,要了解一个人的潜在偏好,外部观察者不需要使用超级推理者的例子中阐述的偏好净化方法。相反,外部观察者必须了解这个人本身(真实的个体,而不是假想的内在理性主体)对其真实偏好的判断。这种人类行为的基本模式体现了自制力的缺乏,以有悖于更好的判断的方式行事。

再次回到桑斯坦和塞勒关于提高决策者福利的观点。如果将"以自身判断为依据"这一条件解读为决策者诉诸个人的实际判断,而不是诉诸其内在理性主体的假设,那么这一观点的说服力将会更强。我坚持认为,这种解读与桑斯坦和塞勒的整体论点不符,同时与行为福利经济学的通常做法也不符。回想一下,桑斯坦和塞勒想要帮助人们避免做出"非常糟糕的决定"的原因之一,是人们在信息和认知能力方面受到一定的限制,但不能将二者理解为人们缺乏自制力。桑斯坦和塞勒用一个典型的例子说明了这两种限制的作用,这便是他们认为"助推"能够发挥最大作用的情形。他们指出:"有些人可以保持多年的高脂肪饮食,但其身体没有出现心脏病的信号。当反馈不起作用时,我们或许可以从助推中受益。"(Sunstein and Thaler, 2008, 第75页)这个例子想要表达的关键是,人们之所以容易犯错误,是因为缺乏相应的机会去了解其他选择产生的影响。但在这种情况下我们不能说,犯错误的人违背其更合理的判断是有意为之:保持高脂肪饮食的人并不认为这对其心脏有害。

然而,桑斯坦和塞勒经常说,他们想要助推的对象本身也希望被助推。这是一种含糊的措辞,且缺乏证据支持。例如,桑斯坦和塞勒有时候会提到"新年决心测试"这一例子。因此,为了

第4章 内在理性主体 115

支持使人们保持更健康的生活方式的助推建议，桑斯坦和塞勒提出了如下问题："有多少人发誓要在新年的早晨多抽烟，多喝马提尼，或多吃巧克力甜甜圈？"（Sunstein and Thaler，2008，第73页）请注意，这里需要考虑的证据只是表明，个人的偏好是依赖于情景的：在新年下决心时形成的饮酒偏好，与在餐馆就餐时显示的偏好是不同的。但是，如同餐馆环境为饮酒提供了方向指引一样，新年的传统也为未来戒酒的决心提供了指引。如果一种以缺乏自制力为基础的观点是正确的，那么我们需要证明的一点是，在餐馆里就餐的这个人认识到其真实偏好是引导他在新年时决心的偏好，而不是引导他现在选择饮酒的偏好。有许多与新年下决心和餐馆就餐的故事相似的情况，人们会认为不应该过于盲目地坚持决心，生活还应该为自发行动留下空间，多喝一杯酒只是在特定环境下做出的一种恰当的自发反应。一个人在打破之前下定的决心时产生这种想法，并没有违背他在做出选择时确认的真实偏好。

我并不是说个人从来没有意识到缺乏自制力这一问题。当然，在某些情况下，一个人会产生一种显然无法抗拒的冲动，想再倒一杯酒，但他仍然发自内心地坚定不再继续饮酒的决心。在本书后面的章节中，我将进一步讨论自我控制问题（第7章第3节）。不过，现在值得关注的是，为什么行为福利经济学家经常将情景依赖型偏好的情形视为自我控制问题。

我认为，主要原因在于，行为福利经济学家是通过内在理性主体模型这一视角来观察世界的。假设我（作为一名行为经济学家）从如下前提出发：当不存在推理错误时，个人会根据与情景无关的偏好采取行动。在这种情况下，如果观察到任何情景依赖型选择,都需要从推理错误的角度进行解释。以新年决心和餐馆就餐为例。假设我的观察对象是简,她对饮酒的偏好依赖于情景。我必须做出如下推断:要么是简在新年时下的决心,要么是她在餐馆做出的决定,表明她的推理是错误的。假设我认为,人们在新年下决心时犯推理错误的可能性要小于在餐馆倒酒时犯推理错误的可能性。这自然引出如下猜想:简在就餐时做出了错误的决定。现在我必须解释这种错误是什么以及为什么会出现这种错误。这种解释必须与如下事实相一致:简在下决心的过程中,避免了这个错误。她为什么不将她下决心时使用的推理同样用于餐馆就餐的情形呢?一种直接的猜想是,在餐馆就餐时简能够进行这种推理,但某种心理机制阻止了她根据这一推理结论采取行动。换句话说,简的自制力有问题。

但请读者注意,这一思路是如何由内在理性主体激活的。如果一个人事先没有形成潜在偏好,就没有理由认为简犯了任何错误。对于她应该喝多少酒这一问题,可能不存在唯一合理的答案。无论是在新年下决心的时候,还是在餐馆就餐的时候,她都必须平衡支持喝酒和反对喝酒这两种考虑。对其行为最简单的解释是,她在第一种情况下取得了一种平衡,在第二种情况下取得了另一种平衡。这不是一个自我控制的问题,只是她改变了主意。

9. 小结

在为自由意志式家长主义辩护时,桑斯坦和塞勒(2008,第6页)批评传统经济学家假设普通人是"经济人",即"思考和选择永远正确"的想象中的人。他们声称自己采用的行为福利经济学分析方法（这种方法正逐渐成为主流行为经济学的一部分）摆脱了这种错误的假设，并按照人类真实的心理状况来构建人类心理模型。但更接近事实的说法是，行为福利经济学将人类模型转化为有缺陷的经济人。其隐含的人类决策模型是一个新古典主义式的内在理性主体模型，这一主体由一个外在的心理躯壳包裹，并受其限制。规范分析被理解为试图重构并尊重想象中的内在经济人（inner Econ）的偏好。

如果要将行为经济学和规范经济学充分协调起来，首要的一点是，经济学家要学着接受有关人类心理的事实。我们需要一种具有如下特征的规范经济学，它不会假设存在一种不具备已知心理学基础的理性主体。

第 5 章
机会

　　遵循契约主义分析方法相当于运用一个体现规范经济学家作用的特定模型。在这个模型中，社会的个体成员被视为自愿协议的潜在当事人。经济学家将这些人视为一个整体，就他们可能同意的协议条款提出建议。建议的内容是，根据个人对利益的判断，达成某种符合每个人利益的协议。因此，首要的问题便是确定一个标准，以此判断某个建议是否符合某个人的利益。对这一标准的分析便是本章的主题。

　　契约主义方法的基本原则是：个人本身是判断什么符合自身利益的最高权威。经济学家的工作是设计出个人乐于接受的建议。但这项工作的一部分是解释这些建议的性质，并说明为什么接受这些建议符合每个人的利益。这就要求经济学家能够以某种方式代表个人利益，且这种代表方式要独立于个人对任何具体建议的先验态度（prior attitude）。为此，提出建议的经济学家需要表达如下观点："如果以这种方式代表你的利益，我可以向你保证，赞同我提出的这个建议符合你的自身利益。"为了明确"这种方式"，我们需要一个判断个人利益的标准。

1. 个人机会标准

在思考个人利益的判断标准时，我们必须明确这一标准的用途。我们正在思考的是经济学家在针对经济政策和制度提出建议时可以使用的标准。为了达到这个目的，该标准必须满足一定的设计约束条件。

其中一个约束条件是，该标准对所有个人来说应该具有普适性。也就是说，无论该标准用哪种公式来表示个人利益，都应该适用于所有个体。根据每个人的特殊要求为其量身定做一个单独的标准，这是完全不切实际的。出于类似的原因，标准在应用方面也应该具有普适性，即这一标准能够应用于广泛的经济问题。由于该标准在经济学中应用，而且通常与理论分析得出的预测结果相结合，因此需要将这一标准与经济理论联系起来。为此，这一标准应该以概念的形式呈现，这些概念既能被作为分析对象的个人所理解，又能以经济分析的方式加以处理。（这么说并非代表经济学帝国主义。规范经济学并不是唯一的一种规范分析，它只是经济学家所做的那种规范分析。）这一标准还必须具有可操作性。我的意思是，必须存在某种合理的、明确的方法来满足这一标准对信息的要求。此时我们必须牢记的一点是，契约经济学家必须能够向人们表明，他提出的建议符合人们根据自身判断确定的利益。经济学家仅仅主张这一点，就呼吁人们对其卓越的判断或专业知识给予信任，这是不够的。除此之外，满足信息要求的方法也必须是透明的，也就是说，这一方法能够得到公开说明并接受公众监督。而且，这种方法应该尽可能客观，而不应该依赖于主观的或有争议的判断。

当然，契约主义标准的最基本要求是，它能够得到作为经济学家所建议的对象，即个人的认可。这些建议对象中的每一个人都必须能够认识到，这一标准代表了他所认为的利益。或者，更准确地说，每个人必须能够认识到，这一标准代表了他想从与其他人达成的协议中获得的收益，在经济学家建议的协议中，"利益"这个词只是对上述说法的概括。请记住，契约主义经济学家不必赞同根据自己判断形成的标准，并以此标准来代表个人的最优利益，或以此标准来代表个人应该从协议中获得的预期收益。经济学家是个人的代理人，而不是他的监护人。

为了理解个人认可某种特定标准的这一想法，必须考虑任何标准必须满足的设计约束条件。当个人认可某种标准时，他不必确保该标准在每一种可能适用的情况下都能完美地体现他的利益。相反，他认为考虑到设计的约束条件，该标准可以令人满意地体现他的利益。

我建议使用的标准是机会（opportunity）。简单来说就是拥有更多而不是更少的机会符合每个人的利益。一个人的机会可以被视为他能够从中选择的一个选项集合，这些选项彼此既相互排斥，而联合在一起又是完备无遗的。这样的集合就是机会集合。机会集合也被经济学家称为"选择集合"、"可行集合"或"菜单"。例如，假设一位航空旅客在飞机上有免费饮料可供其选择。他的机会集合可能是 $O = \{$水，橙汁，咖啡，什么都没有$\}$。另一家航空公司可能提供的机会集合是 $O' = \{$水，橙汁，咖啡，啤酒，什么都没有$\}$。如果"水"、"橙汁"和"咖啡"在这两种情况下的意思相同，那么简单而言，O' 提供的机会严格多于 O，因为前者包含了后者的所有选项，同时还包含了个

第 5 章 机会 121

人可能想要选择的其他饮料。根据我提出的机会标准，符合旅客利益的饮料集合是 O' 而不是 O。对于不以这种方式嵌套的机会集合，本书不会进行比较。①

在本章的其余内容中，我将更为详细地解释个人机会标准（individual opportunity criterion），并为如下主张辩护，即每个社会成员都能认可代表自身利益的机会标准。

2. 偏好满足

作为解释和捍卫个人机会标准的第一步，考虑这一标准与传统规范经济学使用的偏好满足标准之间的关系是十分有益的。

使用偏好满足标准的经济学家通常假设，个人针对当前问题的所有结果都具有完整偏好，而且个人的选择与这些偏好是一致的。正如我在第 1 章中指出的，这些假设在多大程度上符合现实仍有待商榷。但出于本节和本章第 3 节分析的目的，我暂且不考虑这一问题，并假定可以满足这些假设。给定这一假定，证明采用个人机会标准有其合理性的一个方法是，说明一个人拥有的机会越多，他的偏好就越能得到满足。我将给出这一证明并为这一证明辩护，然后考虑是否可以将此证明扩展到个人不依赖完整偏好而采取行动的情形。

首先引入一个假想人物：新古典主义行为人诺曼。对于其私人生活中可能遇到的所有决策问题的偏好，诺曼都有满足传统理性选择理论的所有假设的偏好。也就是说，他对所有相关结果都拥有一致的偏好，而且这些偏好可以用一个良态（well-behaved）效用函数来表示。诺曼对所有相关的世界状态都有一致的信念，且这些信念可以用主观概率来表示。针对每一个决策问题，他会选择能够实现预期效用价值最大化的行动。无论他面临何种机会集合，其选择都不会给他带来任何成本。随着时间的推移，他的偏好能够保持稳定，并且不依赖于情景或框架等无关特征。除了根据贝叶斯概率论的要求需要根据新信息更新信念之外，他的信念也是稳定的。与大多数理性选择理论中隐含的假设一致，诺曼的偏好体现了结果主义特征。也就是说，偏好是以最终决策结果定义的，而不是以决策过程的属性定义的。

显然，诺曼的机会集合的任何扩展都会维持或提高其偏好满足度。以免费饮料为例。如果诺曼面对的机会集合为 $O = \{$水，橙汁，咖啡，什么都没有$\}$，他会在 O 中选择一个弱偏好的选项。假设这一选项是咖啡。现在考虑将诺曼的机会集合扩展为 $O' = \{$水，橙汁，咖啡，啤酒，什么都没有$\}$ 的影响。现在他将在 O' 中选择一个弱偏好的选项。如果诺曼选择的仍然是咖啡，则其偏好满足度没有变化。如果诺曼在 O' 中选择的不是咖啡，而是在 O 中同样存在的另一种选项，比如水，那么唯一能与诺曼是新古典主义行为人这一说法相一致的解释便是，他在咖啡和水两种饮品之间的偏好是无差异的。因此，在这种情况下，诺曼的偏好满足度同样没有发生变化。还有一种现象是，诺曼从 O' 中选择啤酒。诺曼在能够选择咖啡的情况下选择了啤酒，要么是诺曼在啤酒和咖啡之间的偏好无差异，在这种情况下他的偏好满足度没有发生变化，要么是诺曼在啤酒和咖啡之间严格偏好前者，在这种情况下偏好满足度提高了。因此，如果诺曼赞同用偏好满足度来表示其利益，他就没有理由反对任何满足个人机会标准的建议（有时候，个人机会标准会积极支持在诺曼看来无差异的建议，但绝不会支持违背其偏好的建议）。因此，向诺曼这样的新古典主义行为人证明个人机会标准合理性的一个方法就是，让他相信偏好满足标准的优点。

根据我列出的合意属性对偏好满足标准的评估，并考虑到我们的分析对象是一个新古典主义行为人，这一标准表现得非常好。这是因为，根据假设，对于经济学家可能分析的那些问题的所有相关结果，诺曼都有一致偏好，因此这是一种非常一般化的标准。偏好是一个易于理解的概念，也是经济学理论的核心。由于诺曼的偏好反映在其个人选择中，所以可以通过观察这些个人选择来实现偏好满足标准对信息的要求。根据假设，在不同的时间、面对不同的决策问题或处于不同的情景之下，诺曼的个人选择所显示的偏好之间不存在不一致现象。因此，如果接受偏好满足标准，确定诺曼的利益，即确定他想从与其他人达成的协议中获得什么，就是经济学中的一个技术问题，这在很大程度上类似于其他技术问题，比如通过测量得知山脉的高度。

当然，最重要的问题还有待回答：偏好满足标准能得到诺曼本人的认可吗？在提出这个问题的时候，让我们做如下假定：契约主义经济学家提出的建议针对的是集体决策领域，这与个人生活领域是不同的，在个人生活领域中，诺曼的选择被假定为显示了其偏好。因此，诺曼在做个人决策时是依据其偏好行事的假设，从逻辑必要性上看，并不意味着当他在做集体决策时，也愿意将自己的偏好满足度作为自身利益的评判标准。尽管如此，后者还是很有道理的。

一个人自愿选择的东西，是他在做出选择的时刻，经过所有考虑之后他最想要的选择，这种说法无疑是一种同义反复。根据假设，诺曼的个人选择显示了他的完整偏好。用满足完整偏好作为判断诺曼利益的标准，也就是将诺曼的利益与他在所有个人决策中最想要的选择等同起来。从表面上看，至少是出于形成经济学建议并证明此建议合理性的目的，人们可能会期望诺曼认同这种表示其利益的方式。

诺曼有没有可能不认同这一方式？如果诺曼想要拒绝偏好满足标准，那么似乎他必须断言，当他做出个人选择时，始终希望获得的并不是他从集体协议中希望获得的东西。可以从两种不同的角度来理解这一论断。

在第一个角度下，需要区分个人决策和集体决策。诺曼可能认为，某些因素在其中一类决策领域中是重要的，但在另一类决策领域中不重要。例如，诺曼可能认为，他所属的政治团体承担着促进人类某种优秀品质，或保护人类文化的某种独特属性的集体责任，但在其个人决策领域这些问题却不重要。这种思考集体决策的方式并不是一种逻辑不自洽的方式，但它确实与契约主义方法的精神相悖。正如我在第 3 章所解释的，这种方法将政治视为谈判。政治体现为在具有特定利益的个人之间寻求达成互惠协议，而不是以公共推理的方式确定什么是社会价值。为了说服读者相信契约主义方法的优点，我已经做了充分的说明，此处没有更多的补充内容。

从第二个角度理解诺曼为何拒绝偏好满足标准，需要区分一个特定个体的两种人格或两种"自我"，即行动型自我（acting self）和反思型自我（reflective self），经济学家有时候会做这种区分。行动型自我负责监督选择行为，反思型自我负责监督一个人对其生活的整体评估。根据假设，诺曼拥有一个完全一致的行动型自我，行动型自我的选择揭示一个明确的偏好系统。但可以想象的是，作为反思型自我的诺曼认为，尽管这些偏好具有内在一致性，却并不能反映他的利益。当他把自己的生活作为一个整体来考虑时，他可能会相信，个人选择由于推理错误或自我控制的失败而被系统性地扭曲了，因此个人的选择对其（作为反思型自我）认为的真正利益并无益处。尽管认识到这一事实，但他可能会认为未来的选择也存在同样的缺陷（例如，作为行动型自我的诺曼可能对吸烟有一致的偏好，这体现在他每天购买香烟的行为上，但作为反思型自我的诺曼，可能始终认为吸烟违背了他的真正利益）。于是，作为反思型自我的诺曼可能会对偏好满足标准持保留态度。

即便如此，这并不等于说，在考虑各种因素之后还有更好的选择。对于一个旨在将有关个人利益的反思性判断付诸实施的标准而言，需要某些可操作且透明的程序来发现这些判断，至少近似地了解这些判断。作为反思型自我的诺曼，如果仔细思考将自己对自身利益判断的解释权授予某些决策机构时面临的困难和风险，他很可能会认为由行动型自我的偏好来代表自身利益更为可靠。我并不想宣称不存在如下情况：当人们在反思自己的最大利益时，会意识到作为选择者（他们当时认为的）具有易犯错误的倾向或薄弱的意志，进而使其愿意授权某些决策者充当自己的监护人。但我认为这些是例外情况，第 7 章第 3 节将讨论以机会作为规范标准具有的含义，彼时我将深入分析这些情况。

任何可行的规范经济学形式都要依赖于模型的简化。希望找到一个在所有情况下每个人都认可的具有可操作性且透明的一般化个人利益标准，这是不现实的。但是，如果我们可以假设个体根据完整偏好采取行动，那么将偏好满足作为个人利益的评判标准肯定是有充分理由的。这种理由同样会有力地支持个人机会标准。

3. "单纯的"偏好？

尽管大多数规范经济学家使用偏好满足作为衡量个人利益的标准，但道德哲学家经常反对这种做法。他们认为偏好满足本身并不具有规范意义。如果偏好满足具有（声称的）价值，那一定是因为偏好代表了其他事物，而这些事物本身具有一定价值。据此，我们可以找出一些原则来剔除那些不能代表价值的偏好。

通常，道德哲学家提出的原则可以被解释为多种广义的个人福祉概念。其背后的思想是，真正重要的是每个人的福祉，而偏好满足的重要性仅仅体现在其对改善福祉的作用上。哲学文献提供了一系列细致的福祉概念以及相应的筛选原则。道德哲学家提出的某些原则诉诸知情欲望。知情欲望是指以反事实方式来考虑，当一个人经过理想化的理性和知情考虑后，会偏好什么（Arneson，1989）。回想一下，塞勒和桑斯坦（2008）使用类似标准来确定家长主义干预何时会改善选择者的境遇（参见本书第4章第1节）。另一些原则诉诸深思熟虑型偏好（considered preferences），这种偏好具有内在一致性，在积累经验和反思之后能够保持稳定（Gauthier，1986）。有些道德哲学家则诉诸所谓的人类福祉组成部分的客观列表（objective lists），允许每个人在合理范围内以不同方式来衡量这些组成部分的重要性（Griffin，1986；Nussbaum，2000）。有些则诉诸通过公共讨论形成的合理共识（reasoned consensus），讨论的内容与人类有理由渴望的事物相关（Sen，1999）。不一而足。

许多哲学家否认偏好满足本身具有规范价值，他们认为"单纯的"（mere）偏好并不能为行动提供理由。如果一个人想要对（据说的）该做什么做出合理的决定，她就不能把自己的偏好视为数据。

为了理解这一观点及其与经济学之间的关系，我们需要了解选择是如何在心智哲学（philosophy of mind）中呈现的。哲学家区分了在传统经济学中不曾区分的"渴望"（desire）和"意图"（intention）。渴望某物就是有选择它的倾向。这种倾向被理解为一种精神状态，在某种意义上，这种精神状态处于推理活动的心智认知部分之外。认知心智能够意识到这种倾向的存在，而且有可能将这种倾向的存在视为推理的前提，但除了病态心智之外，这种倾向不受推理的约束。认知心智的推理导致意图的形成。作为心理状态的意图记录了认知心智做出的决策。意图可以作为身体活动部分的直接指令，也可以被认知心智作为前提储存起来，进而帮助认知心智做出更为完善的决策。例如，假设我在一家酒吧里刚刚喝完第一杯啤酒，我意识到有一种想要再来一杯的冲动。这是一种渴望。在考虑了这种冲动和其他影响我做出决策的因素之后，我决定再喝一杯啤酒，这就形成了一种意图。然后我开始按照这个意图行动（走到吧台，和酒保打招呼……），在此过程中做出更精准的决策。在实现这个意图之后，我体验到喝第二杯啤酒带来的愉悦感。从概念上讲，这种感觉与促成喝第二杯的决策的渴望是截然不同的。[②]

经济学上的偏好概念如何（或者是否）适用于这个框架，这一点还远未明确。其中的一种解读受到了批判偏好满足标准的哲学家的青睐，他们认为"偏好"是"渴望"的比较级形式：偏好 x 胜于 y 意味着对 x 的渴望比对 y 更强烈。这意味着偏好是个人就选择目标进行推理时借助的一种手段。在另一种解读中，偏好是意图的比较级形式：偏好 x 胜于 y 意味着选择 x 而非 y 是一种确定的意图。这使得偏好成为推理的一种结果。第三种解读得到了丹尼尔·豪斯曼（2012）的支持（参见第 4 章第 5 节），他认为两个选项之间的偏好是在全面考虑的基础上对两者进行的比较评估。暂且不讨论经济学框架和哲学框架如何相互关联的问题，我将集中分析哲学家究竟表达了什么观点。

下面这段话来自一位哲学家对偏好满足作为规范标准的批判。作者是菲利普·佩蒂特（Philip Pettit）：

> 在考虑我们采取行动的方式时，我们不是从渴望某些目标这一事实出发，而是根据我们的判断，从这些目标是合意的、好的或有价值的等事实出发。这符合我们的日常实践，也符合长期以来的思想传统，即在实践三段论中，大前提不应该是人们渴望某种状态，而应该是某种状态值得人们渴望这一事实……人们深思熟虑追求的是真实和有价值的事物，而不是人们相信和渴望的事物。（Pettit, 2006, 第 144 页）

根据佩蒂特的观点，有关理性或合理选择的实体理论（substantive theory）必须解释价值创造属性，正是这一属性可以区分令人满意和不满意的目标，因此需要构建有关福祉的理论。由此佩蒂特得出了如下结论：无论是在"个体考虑他们各自应该做什么",还是在"政府部门或评论人士思考一个好的政府应该为人民做些什么"的时候,"通常不应该将偏好满足标准视为一种审慎关注(deliberative concern)"(Pettit,2006,第131页)。

根据我的理解,佩蒂特的观点可以用下面的例子来说明。假设我在餐厅点餐。菜单上有两道菜,牛排和三文鱼。考虑下面的实践推理模式(即关于做什么的推理),其中P1和P2是前提,C是从这些前提中得出的结论:

模式1
(P1)我必须选择牛排或三文鱼。
(P2)相比牛排,我更渴望吃三文鱼。
所以(C)我要选择三文鱼。

这里"我要"一词代表了想采取某种特定行动的意图。

在模式1中,一个关于渴望的命题被用作思考该做什么的前提。佩蒂特对此并不认同:这是一种不能令人满意的实践推理形式。对佩蒂特而言,或许更准确的说法是,这根本就不是一种推理。模式1描述了一种心智活动形式,在这种活动中,认知心智直接从对渴望的认识转变为对渴望采取行动的意图。根据佩蒂特的观点,行为受这种方式支配的个人不是主体:"符合常识的主体的基本心理原则是,为实现多种目标而行动的能动性(agency),其合理性以显而易见的事实为判断依据。"(Pettit,2006,第138页)佩蒂特似乎在暗示,类似模式1中不考虑能动性的情形并不适合人类。

佩蒂特大概认为我在餐厅就餐时的推理应该是这样的：

模式 2

（P1）我必须选择牛排或三文鱼。

（P2）比起牛排，我更喜欢吃三文鱼。

（P3）享受美食是值得渴望的事情。

所以（C）我选择三文鱼。

与模式 1 不同，在模式 2 中，没有任何前提涉及我对正在考虑的各种行动的先验倾向。P2 是对这些行动将导致的心智状态的预测，P3 赋予这些心智状态特定的价值。正如佩蒂特所说，我对应该怎么做的思考就是试图追寻真实的（我实际上有多喜欢这两道菜）和有价值的（真正值得渴望的东西）事物。

豪斯曼（2012，第 88 页）提出了类似的观点，他声称"偏好满足本身并不能提高福利水平。福利的偏好满足理论是站不住脚的"。豪斯曼明确指出，他的论点并不依赖于对个人具有完整偏好这一传统假设的挑战，而是适用于"知情的、理性的，并且通常是经过修饰的偏好"（Hausman，2012，第 77 页）。和佩蒂特一样，豪斯曼从选择者的第一人称视角来看待选择。他声称，当一个人考虑她应该选择什么的时候，她是在为做某一件事而不是另一件事寻找理由。在这个意义上采取行动的渴望不是采取行动的理由：

从第一人称视角来分析正在考虑做什么的人，理由是最

第 5 章 机会 131

重要的。行为人问自己的问题不是"鉴于我的信念和渴望，我预测自己将会做什么"，而是"我应该做什么"或者"我最有理由去做什么"……为了决定要做什么，我试图以事实和价值作为导向……碰巧我并非以坚决的态度相信 P 和渴望 X，因为我可以退一步，质疑我的信念和渴望。我渴望 X 的意识不会自动地让我有意地去做 X，除非我能找到做 X 的理由。（Hausman，2012，第 5 页）

从第一人称视角推理要采取哪种行动应该参考的是理由而不是渴望，从这一命题出发，很容易使人联想到基于规范经济学的第三人称视角的一个命题：有关什么是个人利益的标准应该与个人有理由选择的事物相关，而与他实际上渴望或偏好的事物无关。因此，在断言"福利的偏好满足理论是错误的"之后，豪斯曼随即说：

> 支持这一结论的另一种方法是询问满足某个人的偏好将对其他人产生什么样的道德"影响"（pull）。在我看来……完全没有。如果某物对人们有价值只是因为人们想要得到它，那么他们获得此物对其他人而言就不具有直接的道德意义。只有当我了解到其他人想获得的东西是值得期待的，或者了解到如果其他人获得他们想要的东西，他们的生活会在某种程度上变得更好时，我才有理由帮助其他人获得他们想要的东西。（Hausman，2012，第 86 页）

请注意，在上述关于如何将规范经济学付诸实践的讨论中，豪斯曼站在了一个公正无私的慈善家的立场上，无偿地"帮助他人"。类似的观点也隐含在佩蒂特的分析中，佩蒂特批评了使用偏好满足标准来思考"好政府应该为人民做些什么"的做法。想象一下，一个博爱的富人正在翻阅某些人主动提出的捐赠请求，并决定她将满足哪些人的请求，这些请求的形式很简单："我想要……"，这种简单请求看起来确实有不当之处。慈善家有权要求写乞讨信的人说明其需求应该得到满足的理由，而不是仅仅在信中说明其偏好。但慈善家和慈善对象之间的关系与政府和公民之间关系是一样的吗？

让我们考虑另一种情形。假设我有一个朋友因病不能出门。我主动提出帮她购物，购物所需费用由她支付。她告诉我她想买什么，我尽力去买。当我在超市代表她购物时，她的偏好对我而言便是理由。假设她告诉我她更喜欢全脂牛奶而不是脱脂牛奶，那么我到超市时就会选择全脂牛奶，因为这是她偏好的。从各方面考虑，我不会思考购买脱脂牛奶是否对她更好这一问题。这是她在考虑其饮食选择的时候可能（或可能不）会思考的问题。但如果我知道了她的偏好是什么，并且如果这些偏好与超市出售的商品之间不存在模糊对应关系，那么作为代表她的购物者，我就没有义务去探究这些偏好背后的推理过程。

我用这个例子来说明，当两个人之间存在委托代理关系时，委托人的偏好可以成为代理人行为的理由。此外，与契约主义方法更密切相关的一点是，委托人希望出现如下情形：当代理人代表她行动时，代理人将她的偏好视为理由。换句话说，委托人希望代理人使用偏好满足作为判断委托人利益的标准。佩蒂特和豪斯曼的观点没有对这一命题提出异议。

一个相关的例子涉及家长主义的问题。[3]假设我是一个六岁孩子的家长。现在是 12 月初，我正在采购圣诞礼物。我知道我的孩子非常渴望某个玩具。这个玩具相当昂贵，但仍然没有超出我为孩子设定的礼物预算。我认为这个玩具虽然无害，但相当俗气，并且认为这个玩具只会让孩子在对它失去兴趣之前保持短暂的兴奋。我认为还有其他礼物能够在一年时间里给孩子带来更多的快乐。孩子的偏好本身就是我作为家长选择给她买什么礼物的原因吗？我个人的观点（作为作者和曾经年幼孩子的家长）是，这是一个重要的原因，尽管不一定是决定性原因。孩子的偏好对家长具有一种道德影响，但陌生人主动写的"我想要……"的乞讨信却没有道德影响。为何如此？孩子年龄太小，缺乏对自己购买重要物品预算的控制能力，但她仍然是家庭的正式成员，有着自己的偏好，她不是父母善意关心的被动对象。用家庭预算为孩子购买玩具时，父母与孩子的关系具有类似购物者与足不出户的朋友之间关系的某些特征。即使孩子的父母也不应该过度表现出家长主义作风。

我们可以用另一种方式来思考将偏好视为理由的做法。假设我决定不去餐馆就餐，而是买一份预先准备好的饭在家里吃。接下来是在附近的两家商店 A 和 B 之间选择去哪一家购买饭食。这两家商店同属一家零售连锁店，二者之间的主要区别是库存商品的数量。A 是一家便利店，商品种类有限。B 是一家大型超市，销售商品涵盖在 A 能买到的所有商品，还包括更多其他商品。沿用本章一直使用的假设，即我对饮食的偏好是稳定和连贯的。我了解自己的偏好是什么，但我不了解这两家商店到底销售哪些商品。尽管如此，我依然知道，如果我去 B 购物，面临的机会集合是我去 A 购物面临的机会集合的严格超集（superset）。这是我去 B 购物的理由吗？确实如此，这样说听起来完全合理。

得出我应该去 B 购物这一结论的最简单的推理方法是使用偏好满足标准。如果我的偏好是稳定和连贯的，那么无论我去哪个商店购物，我都会按照这些偏好行事。很明显，如果我去 B 而不是 A，我最终购买的饭食至少可以同样满足我的偏好，并可能更好地满足偏好（将此与本章第 2 节中诺曼的例子进行对比）。我的推理可以表示为：

模式 3

(P1) 我必须选择去商店 A 或 B 购物。

(P2) 相比去商店 A 购物，去商店 B 购物至少可以同样满足我的偏好，同时还可能更好地满足我的偏好。

那么，(C) 我要去商店 B 购物。

这里没有循环论证，也没有摒弃能动性。模式 3 将我选择哪个商店（无论结果是选择哪个商店）的偏好作为选择的理由。但这并不是一个循环推理：P2 这一前提明确了在不同商店购买饭食的偏好，而结论则体现为在商店 A、B 之间进行选择的意图。模式 3 并没有排除如下可能性：当我到达商店时，如同佩蒂特和豪斯曼认为的那样，我的选择会受到各种原因的影响。但当我选择去哪家商店购物时，我并不需要预测这些原因。

批评者可能会反对模式 3，认为这一模式需要附加一个前提，类似于模式 2 中的 P3，其效果是使偏好满足成为值得渴望的目标。对此我并不同意。在我的分析中，偏好满足这一概念与经济

第 5 章 机会 135

学意义上的这一概念是相同的。在商店里做选择的那一刻，我偏好某种产品 x 而不是另一种产品 y，这等于说，在那一刻我想选择 x 而不是 y。我的选择是值得渴望的选择，如果这一点对我而言十分重要，那么考虑渴望的价值将影响我接下来的选择，进而反映在我的偏好中。如果这一点对我而言无关紧要，那么考虑渴望的价值将不会影响我接下来的选择，也不会反映在我的偏好中。我没有放弃能动性，只是推迟了能动性发挥作用的时间。如果在模式3中存在一个未明确表述的前提，那也与什么是值得渴望的无关，这一前提就像"让我能够拥有我想要的东西"一样。

在我讨论的三个例子中，即为足不出户的朋友购物、为孩子挑选礼物、在两家商店之间做选择，人们的偏好都是做出决定的理由。但在某种程度上，揭示偏好的情景与为何将偏好视为原因是两个不同的问题。当我为足不出户的朋友购物时，或者当我为孩子挑选礼物时，另一个人的偏好是我做出决定的理由。当我选择去哪家商店购物时，未来对商品的偏好就是我当前选择商店的理由。在使用偏好满足作为决策标准时，我不需要否认提出如下问题的可能性，即偏好是否以充分的理由为基础。但这个问题与当前的分析无关。分析有待被满足的偏好背后的原因，这一任务可以留给另一个人（朋友、孩子）或其他时间（当我到达商店时）。

在契约经济学中，当偏好满足被用作个人利益的标准时，同样存在类似的差异。当经济学家针对集体行动提出建议时，个人授权经济学家使用偏好满足标准来代表他（个人）想从这些行动中获得的收益。这些偏好是否有充分的理由，这是个人自己的问题，这位经济学家完全可以不考虑这个问题。事实上，这个人可能会恰当地指出，分析他想获得某些收益的理由，并不是经济学家的分内之事。

然而，我必须指出，我并不同意佩蒂特和豪斯曼的观点，即从选择者的第一人称视角看，理由必须是最重要的。我认为豪斯曼表达的如下观点是错误的："我渴望 X 的意识不会自动地让我有意地去做 X，除非我能找到做 X 的理由。"我也不同意他提出的"我应该做什么"等同于"我最有理由去做什么"的说法。从心理学的角度看，对某物的渴望必定意味着选择它的倾向。我不明白为什么一个人需要为他渴望做的事寻找理由，当然，一个人需要关注不做某事的理由。而且，根据我的经验，考虑该做什么往往需要洞察自己的感受，而不是对理由进行评估。（假设我要买一辆新车，并将选择范围缩小到两种车型。一种车型更可靠，更经济，另一种车型看起来更漂亮，驾驶起来也更有乐趣。对两种车的特点我都渴望。我似乎不得不问自己"我更加渴望做什么"。）

选择中的理性与渴望之间的关系是心智哲学中的一个深奥话题。有些哲学家，如佩蒂特和豪斯曼，认为理性是首要角色。其他人，追随大卫·休谟（David Hume，1739—1740/1978）的观点，认为当理性被应用于决策问题时，除非伴随着渴望的参与，否则理性将表现为一种惰性，而一个人的渴望最终是一种感觉。作为一名业余哲学家，我支持休谟的观点。[④]然而，就本书的分析而言，我不需要在这些问题上表明自己的立场。无论从上述哪个角度出发，偏好满足标准都能得到支持。

考虑另外两个假想的角色，瑞秋是理性追随者，德西蕾是渴望追随者。我暂且假设二者都拥有完整偏好。瑞秋认为其偏好以充分理由为基础。只有当她相信她渴望的事物是值得渴望的时候，她的偏好才会遵循她的渴望。相比之下，德西蕾认为其偏好以其渴望为基础。请注意，上述内容并没有暗示，相比瑞秋的偏好，德西蕾的偏好不够谨慎，或不够道德。瑞秋的偏好是谨慎或道德的，就此而言，瑞秋可以将这一特点归因于她认识到不采取短视或自私行为的原因。德西蕾的偏好具有相同的特点，而她可以将此归因于遗传因素、心理因素和社会因素对其渴望的影响。

当瑞秋认可将偏好满足作为评判其利益的标准时，她是在认可一种标准，该标准将瑞秋的利益等同于根据自己的判断最有理由选择的东西。当德西蕾认可将偏好满足作为评判其利益的标准时，她是在认可一种标准，该标准将其利益等同于她实际上最渴望选择的东西。每个人都可以从自己的哲学立场出发，选择适用于自己的标准。从契约主义分析的角度看，这一点就足够了。瑞秋不需要认为，满足德西蕾的偏好是衡量德西蕾利益的一个恰当标准，反之亦然。瑞秋可能认为，德西蕾被误导了，认为偏好满足标准代表了她的利益，而实际上这一标准"仅仅"是实现了她的渴望。瑞秋甚至可能认为，德西蕾对选择的态度表明她不能算作符合人类特点的行为人。但在德西蕾看来并不是这样。德西蕾（我希望她是这样的）并不认为她的渴望是一种外来的力量，这种力量以某种方式颠覆了真实自我的推理，并导致她做出意想不到的选择。德西蕾认为自己是一个自主的行为人，并不需要某些理由来支持自己的渴望。只要她能理解真实自我的概念，她就会认为自己的渴望和推理能力一样，都属于真实自我的一部分。如果一个人采取契约主义的分析方法，那么就没有必要在瑞秋和德西蕾之间断定谁对谁错。双方都没有资格质疑对方对自身利益的判断。

4. 偏好易变时的机会

到目前为止，我认为对于一个具有稳定且明确偏好的人而言，能够将个人机会标准作为满足偏好的一种手段。接下来我想表达的观点是，采用机会标准而不是偏好满足作为个人利益的评判标准的优点之一是，机会标准可以更容易地应对偏好变化的情况。

这里的偏好变化不是指人们因新信息的出现而做出的理性反应，贝叶斯决策理论将新信息表示为信念的更新。我关注的偏好变化是指，一个人对世界的看法保持不变，只是改变了她对欲求之物的想法。想法的改变可能难以简单嵌入理性选择理论的框架，却是人类生活中的常见现象。

再次考虑如下情况：我必须在两家商店中选择一家来购买一份预先准备好的饭食。我知道 B 商店有 A 商店库存的所有商品，还包括更多其他商品。在这个例子的初始版本中，我对商品的偏好是稳定的，但是我不了解每家商店都销售哪些商品。偏好满足标准建议我去 B 商店购买。但现在假设我的偏好是不稳定的。假设我知道，在出发去商店和把选定的商品拿到收银台期间，我很可能会改变我想吃什么的想法。这种想法的变化不是对新信息的反应。但这并不意味着（在我看来）这种变化是由破坏我作为行为人之自主性的力量导致的结果。也许，像瑞秋一样，我总是努力选择我最有理由选择的东西，而我对不同理由的相对权重的判断很容易变化。或者，像德西蕾一样，我总是按照自己的渴望行事，而我的渴望很容易变化。无论是哪种方式，选择去商店 B 都不是满足给定偏好的最佳方式：当我在商店 A 和 B 之间进行选择时，我的偏好尚未固定。但无论我的偏好如何，我选择去商店 B 而不是去商店 A 购物能够更好地满足偏好，这仍然成立。这为我去商店 B 购物提供了一个强有力的理由。用更一般化的语言来表述这一观点，即我不需要具有稳定的偏好来支持如下原则：我的利益取决于我拥有更大的机会集合。我希望我的偏好能够尽可能地得到充分满足，这一点就足够了，而不必理会这些偏好最终是什么。

如果一个人在不同的机会集合中进行选择时，他知道自己对这些机会集合中的选项的偏好可能会受到由他在这些机会集合中的选择所决定的因素的影响，那么上述观点似乎不再成立。继续讨论在两家商店之间进行选择的故事，假设两家商店都供应一种特定的海鲜饭和一种特定的比萨。商店 A 以一种对我来说特别有效的方式展示海鲜饭，激发了我的食欲；商店 B 则以一种相应的吸引人的方式展示比萨。如果我去商店 A 购物，则我会选择海鲜饭；如果我去商店 B，则我会选择比萨。综上所述，商店 B 比商店 A 提供了更多的选择，这是我去商店 B 购物的理由吗？

有人可能会说，如果我的偏好取决于商店里商品的陈列方式，那么我就不是以自主选择者的方式在行动，我的行动必然受到某种意义上的外部力量的影响。如果我了解到情况确实如此，那么我就不能把我的机会集合中那些未被选择的元素视为真正的选项。因此，一旦我已经决定了去哪家商店购物，我实际上就决定了让自己服从导致我选择海鲜饭（如果我去了商店 A）或比萨（如果我去了商店 B）的力量。因此，当我在商店之间进行选择时，就像是在机会集合 {海鲜饭} 和 {比萨} 之间做出选择，而针对这两者中哪一个更符合我的利益，个人机会标准并无明示。

但请读者注意，问题的关键在于是否每个人都能认同如下原则：拥有更多而不是更少的机会符合每个人的利益。因此，在讨论自主性时，重要的一点是每个人对自身偏好和选择的理解，而不是其他人如何看待这些偏好和选择。当一个人根据情景依赖型偏好行动时，她会认为自己是自身行为的主导者，还是会认为自己仅仅是对外来因果力量做出反应的一具肉身？假设我去了一家比萨店，这家店摆放着特别诱人的比萨。当我把比萨拿到收银台时，即使我意识到我购买比萨的渴望是由其摆放位置引起的，我能把这一行动看作自己的选择吗？

我认为这个问题本质上与我的身份认同有关。如果我将自己定义为一个内在理性主体，拥有一个完整的新古典主义偏好集合，我可能会因为意识到如下情况而受到困扰，即我的肉体似乎在以我无法合理解释的方式行动。但我猜想大多数人并不会这样看待自己。相反，如果我认为我的心理是我的一部分，那么我便能够认识到我的选择受到了心理机制的影响，并且仍然视这些心理机制是属于自己的。为什么我认为自己缺乏自主性？是因为我的选择是受正常的人类心理机制控制的吗？的确，有人可能会问：如果不是这样，还存在什么机制能够控制我的选择？一旦一个人以这种方式思考自己的身份，那么出现如下情况就不再令人费解，即这个人可能会意识到其偏好依赖于情景，并且仍然会认为，拥有更多而不是更少的机会符合其自身利益。

机会对偏好易变的人而言具有价值，这一思想对阿马蒂亚·

森（Amartya Sen，1999，第58—63页）广为人知的对偏好满足标准的批判具有一定的启示。这一批判源自森对规范经济学中不同类型的"信息基础"的讨论，本书第2章第3节对此进行了评论。森考虑的信息基础之一是"效用"，由偏好来代表。森批判偏好满足标准的核心论点是："快乐或渴望的心理度量标准具有太大的可塑性，无法为判断被剥夺和不利处境提供恰当指引。"森特别关注的一点是，一个人的欲望和享乐能力如何借助某种机制来适应不利环境。在他的例子中，可能以这种方式受到影响的人包括"在不宽容的社区中长期受压迫的少数族裔，在不确定的环境下生活的朝不保夕的佃农，在剥削经济条件下经常过度劳累的血汗工厂的员工，在严重性别歧视的文化中饱受压抑的绝望的家庭主妇"。作为一种生存策略，这些长期处于穷苦状态的人可能会"调整他们的欲望和期望，以符合他们没有过高追求的可行结果"（Sen，1999，第62—63页）。

森想表达的是，基于效用的方法可能会对那些已经适应了偏好被剥夺状态的人施加不公正的机会限制。以身处性别歧视文化中的受压抑的绝望女性为例。在她所处的社会中，各种规则禁止女性从事与男性一样的正常活动，比如在家庭之外从事有偿工作。从传统的偏好满足标准看，这是不是一种被剥夺状态取决于她的偏好。如果她更喜欢目前的家庭活动而不是有偿工作，那么扩大她的机会集合以包括有偿工作，不会提高她的偏好满足度（当然，也不会降低她的偏好满足度）。森的回应是，如果这种偏好是因为她适应了其他任何生活方式的不可行而出现的，那么无论她是否有改变自己处境的愿望，她都是不公正的受害者。森提出了一种规范分析方法，其中"基本的关注点……在于我们有能力过我们有理由珍视的那种生活"（Sen，1999，第285页）。受压抑的女性是不公正的受害者，因为她有理由珍视包括有偿工作在内的生活，即使她并没有认识到这种价值。

因为个人机会标准并没有将偏好视为给定的，所以不易受到森的批评。根据这一标准，一个人的机会集合的任何扩展都能提高其收益，而不管其实际偏好如何，也不需要考虑在可能的选项中她有理由选择的是哪些选项。这一标准的基本思想是，每个人不仅有机会满足自己当前的偏好，而且有机会满足将来可能出现的偏好，这符合每个人的利益。

这一思想是约翰·斯图亚特·穆勒所著的《妇女的屈从地位》（John Stuart Mill，1869/1988）一书的核心，本书第1章第1节对此进行了简要讨论。至少和森一样，穆勒意识到适应性渴望（adaptive desires）这一现象。他认为，在维多利亚时代中期的英国，女性的地位是从"原始奴隶制状态"中遗留下来的，这对男性和女性而言都曾经是一种常见状态（Mill，1869/1988，第5—6页，第31—35页）。在提出这一主张时，穆勒不得不面对如下事实，即大多数处于维多利亚时代中期的女性并不认为自己是不自由的。这怎么可能呢？穆勒的回答是，除了最残忍的男性之外，所有男性都希望自己的妻子成为心甘情愿的"爱人"，而不是逼迫之下的奴隶，因此女性被训练出最能吸引男性、对男性最有用的自我克制的性格。然而，尽管穆勒相信女性的渴望是对某种形式的奴役的适应，但他并没有以女性有理由渴望一种不同的生活方式为由来支持女性解放。相反，他呼吁自由和自由贸易的原则。例如，反对者的观点是女性结婚生子对整个社会至关重要，并由此表明女性的天职即妻子和母亲，穆勒对此回应时指出，真正有价值的商品和服务总是可以由市场供给，只要需求者愿意购买。如果男性对女性成为家庭主妇和母亲具有足够强烈的渴望，考虑到女性在自由劳动力市场上拥有工作机会，那么基于自由缔约的婚姻伙伴关系的条款必须使女性觉得同意这些条款是有价值的。在一个自由社会中，男性不得不为他们想要获得的服务付费，否则就不能获得任何服务（Mill, 1869/1988，第28—30页）。

请读者注意，穆勒并不需要解决这样一个问题：有多少女性实际上渴望一种不是妻子和母亲角色的生活方式，或者一般女性是否有理由渴望这样的生活。就穆勒提出的建议而言，女性和男性在婚姻伙伴关系和劳动合同方面应享有同样的机会就足够了。这些机会对任何想要利用它们的人来说都是有价值的，无论其当前的偏好如何。穆勒和森对机会的不同理解可以用我们熟悉的"感到满足的奴隶"（contented slave）（穆勒认为，这正是维多利亚时代中期婚姻幸福的女性的地位）问题来表达。问题是：如果奴隶是自我满足的，那么我们凭什么谴责奴隶制呢？如果我们的标准是真实的渴望得到满足，似乎奴隶制就没有什么可批评的了。森的方法是问，感到满足的奴隶是否有理由渴望一种不同的生活方式，这一生活方式因其被奴役而受阻。相比之下，穆勒的方法是问，如果奴隶不再感到满足，会发生什么：如果她开始渴望一种不同的生活方式，她能摆脱现有的生活方式吗？森的方法引出了对奴隶制的批判，但这一批判可能会遭到那些声称奴隶没有理由珍视非奴隶生活的人的反对。相比之下，穆勒的观点能有力地反驳同样的主张。如果奴隶感到如此满足，为什么还要阻止他们摆脱现在的生活方式呢？如果奴隶真的感到满足了，他们也仍然能够意识到自身的偏好可能会发生变化。

5. 连续人

到目前为止，我所提出的个人机会标准适用于人们在单一时间点面临的决策问题。[5]例如，在讨论 A 和 B 两个商店的案例时，我使用个人机会标准来比较个人到达特定商店后将面临的机会集合。令这些机会集合为 O_A 和 O_B。然而，在说明这一比较时，我讨论的是个人尚未到达商店，并在两家商店之间进行选择时面临的决策问题。如我假设的那样，如果这两家商店的相关特征可以用商店中可选的选项集合来描述，那么在两家商店之间进行选择可以表示为机会集合 $\{O_A, O_B\}$，其中每个元素本身就是一个机会集合。我们可能会问，相比别无选择只能去商店 A，这一情形被表示为单元素集合 $\{O_A\}$，个人的利益是否会因为他拥有选择 $\{O_A, O_B\}$ 的机会而得到提高。在本节中，我将考虑对个人机会标准进行一般化处理，使它适用于嵌套的机会集合，如 $\{O_A, O_B\}$ 和 $\{O_A\}$。这个问题突出了如下重要议题：如果一个人的偏好在不同的时间是不一致的，应该如何理解其身份和能动性。我将首先用抽象术语描述一般化的个人机会标准，然后分析它对一个具体的多阶段决策问题的影响。

首先，考虑两个备选选项 v 和 w，如果在某一特定个人做出选择之后，选项将在某个时期 t 得到实施（我将使用"时期"的概念来指代决策问题中的不同阶段）。对于这些选择本身是否就是机会集合，我暂且不作回答。我引入了一个正式概念，即选项间的弱占优，将"在时期t，选项v弱占优于选项w"表示为$v \succcurlyeq_t w$。直观的想法是，如果v弱占优于w，则v提供的机会无疑至少与w提供的机会一样多。在这里，理解"无疑"一词不需要考虑这个人的实际偏好，即v弱占优于w，这意味着无论个人的偏好如何（也许偏好处于某些最低限度的合理范围内），这些偏好由v得到的满足程度至少和w一样。如果v弱占优于w但w并不弱占优于v，那么称之为v严格占优于w，即$v \succ_t w$。如果v和w彼此弱占优，则称二者为同等占优（dominance-equivalent），即$v \sim_t w$。针对同等占优的解释是，无论个人的偏好是什么，v或w满足偏好的程度都是一样的。规定弱占优具有反身性特点，也就是说，对于时期t中可能面临的所有选项v，有$v \succcurlyeq_t v$（因此有$v \sim_t v$）。然而，我并不要求这种关系是完备的。如果v和w彼此都不存在弱占优关系，则称它们不具有占优可比性，即$v \#_t w$。

给定在时期t可能实施的选项之间的弱占优关系，我们或许可以在可能作为元素的机会集合之间找到类似关系。为此，我提出占优扩展原则（dominance extension principle）。令V和W为这种类型的两个机会集合，令时期$t-1$为人们面对这些机会集合的时期（同时也是从中选择一个选项的时期）。在时期t，对于W中的每个选项w'，V中都存在一个选项v'弱占优于w'，此时我们可以说V弱占优于W，即$V \succcurlyeq_{t-1} W$。这一关系的直观含义是，如果对于W中可以选择的每个选项w'，在V中都存在一个选项v'能够明确提供至少同样多的机会，则面对V而不是W不会导致机会损失。类似前文所述，严格占优、同等占优和占优不可比等关系都是基于弱占优定义的。这些定义意味着保留了反身性，即对

146　利益共同体：行为经济学家对市场的辩护

于时期 $t-1$ 可能面对的所有机会集合 V，有 $V\sim_{t-1}V$。因此，给定在任一时期 t 能够实施的选项之间的弱占优关系，占优扩展原则能够在机会集合之间推导出占优关系。这一原则可以反复应用于依次更高级别的嵌套之中（或等价地，在依次更早的时期），并推导出占优关系。

这组定义可以被理解为个人机会标准的一般化情形，如第 5 章第 1 节所述。以乘坐飞机的旅客为例，对他们来说，机会集合就是可选的免费饮料集合。旅客在时期 t 可能喝掉一杯饮料，在时期 $t-1$ 出现个人面临的机会集合。比较机会集合 $O=\{$水，橙汁，咖啡，什么都没有$\}$ 和 $O'=\{$水，橙汁，咖啡，啤酒，什么都没有$\}$。如果我们认为这五种选择中的任何一种（即四种饮料和"什么都没有"）都可能比其他所有选择更受欢迎，那么每一对不同的选择都属于占优不可比的情况。因此，对于 O 中的每个选项 x，O' 中都有一个选项（相同的 x）弱占优，但反之则不然，因此 O' 严格占优于 O，即 $O'>_{t-1}O$。如果将"严格占优"理解为"严格提供更多机会"，那么我们就再现了个人机会标准的含义。

可以通过一个具体的多阶段决策问题模型来帮助我们理解上述相当抽象的分析背后的直觉。这个模型背后的故事是，行为人简获得了一个难得的机会，可以买到一张某项重要体育赛事的门票。观看这场比赛可以满足她长期以来的愿望，并带给她强烈而短暂的享受。然而，票价很贵，如果买票她就必须在生活的其他方面节衣缩食。我从简拥有最大行动自由的模型开始分析。模型包括四个时期。在时期 1，简拥有数量为 m 的货币禀赋，在这一时期她有两个选择，买和不买。如果她选择不买，就保留自己的货币禀赋，在时期 2 无须做出任何决定。如果她选择买，支付的

价格是 p_1（小于 m），并获得了这张门票。在时期 2，她同样有两个选择，即持有和退票。如果选择持有，她将保留门票和剩下的钱。如果选择退票，她将退回门票，并获得比她最初支付的金额略少的 p_2。在时期 3，简不再有买卖门票的机会。如果她已经选择了不买，则时期 3 的机会集合包含了她花费原始禀赋 m 的多种方式。令这个集合为 X。如果她已经选择了购买并持有门票，则她在时期 3 的机会集合是：可以选择是否观看比赛，以及如何使用她仍然持有的少部分货币 $m - p_1$。令这个机会集合为 Y。如果她选择了购买和退票，时期 3 的机会集合包含了她花费 $m - p_1 + p_2$ 的多种方式。令这个机会集合为 Z。由于 X 和 Z 之间的唯一区别是简除了观看比赛之外能够花费在其他事情上的货币数量，因此假设 Z 是 X 的严格子集。[6]在时期 4，简将在时期 3 做出的选择付诸实施。以上都是简在时期 1 期初知道的内容。

简的整个决策问题由嵌套集合 $S = \{\{X\}, \{Y, Z\}\}$ 代表。外层的一对括号定义了简在时期 1 面对的选择。这是在由这对括号确定的集合元素之间的选择，也就是说，元素 $\{X\}$ 对应的是不买，而元素 $\{Y, Z\}$ 对应的是买。每一个元素都可能是退化选择问题（degenerate choice problem），如果在时期 1 选择了相关行动，那么在时期 2 将面临这个问题。单元素集合 $\{X\}$ 表示如果在时期 1 选择不买，那么在时期 2 就不需要做出任何选择，在时期 3 可选的选项是 X 中的元素。集合 $\{Y, Z\}$ 表示如果在时期 1 选择购买，在时期 2 将需要在如下两种行动之间进行选择：选择保留行动并引出时期 3 的机会集合 Y，选择退票行动并引出机会集合 Z。在这种表示方法中，每对匹配的括号都与特定的时期相关，时期的连续性由连续的更深一层的机会集合嵌套表示。[7]

请注意，如果简在四个时期内只基于一个单一的完整偏好集合采取行动（并且知道这是她的行动方式），那么她就没有理由首先选择购买，然后选择退票。不管这些偏好是什么，她可以通过选择不买来至少获得同等满足度（通常是更好地满足偏好）。这就提出了如下问题，首先选择购买然后选择退票这一机会对她来说是否有价值。通过考虑模型的一种变体，即剔除退票的选项，使选择仅仅出现在时期 1 和时期 3 中，这一问题能够以更精确的方式呈现。在这个新模型中，简的整个决策问题用嵌套集合 $S' = \{\{X\}, \{Y\}\}$ 表示。那么，如何对 S 和 S' 中的机会进行排名呢？

作为回答上述问题的第一步，首先考虑简在时期 3 可能面临的三个机会集合 X、Y 和 Z。如果这三个机会集合独立于前期的选择，那么就是个人机会标准（定义参见第 5 章第 1 节）适用的对象。由于 Z 是 X 的严格子集，因此有 $X >_3 Z$。由于 X 和 Y 都不是彼此的弱子集，因此有 $X \#_3 Y$。同样，由于 Y 和 Z 都不是彼此的弱子集，我们有 $Y \#_3 Z$。现在考虑简在时期 2 可能面临的机会集合 $\{X\}$、$\{Y\}$ 和 $\{Y, Z\}$。应用占优扩展原则，我们有 $\{X\} \#_2 \{Y\}$、$\{X\} \#_2 \{Y, Z\}$，以及 $\{Y, Z\} >_2 \{Y\}$。最后，考虑简在时期 1 可能面临的决策问题。再次应用占优扩展原则，我们有 $\{\{X\}, \{Y, Z\}\} >_1 \{\{X\}, \{Y\}\}$。由此，上述问题的答案是 S 赋予的机会要多于 S'：能够首先选择购买然后选择退票，这增加了简的机会，即使两种行动的整体效应会带来确定的损失。

为什么这算是一个增加的机会？考虑一下，在面对决策问题 S 时，简可能在时期 1 选择购买，在时期 2 选择退票。假设我们并不确定简愿意为这张门票支付多少钱，如我指出的，这一点是完全合理的。简可以预测如果她去观看比赛可以收获的快乐，以及为了买票而做出的牺牲，但她不知道用什么客观的方法来度量这些影响。在某些心智状态下，简发现自己对观看比赛带来的快乐给予了特殊的关注，支付 p_1 的价格似乎是值得的；在其他心智状态下，当简更多地关注购票的代价时，简发现这张票似乎并不值 p_2 的价格。在时期 1 中，简必须在 $\{X\}$ 和 $\{Y, Z\}$ 之间做出选择。这两种选择对她来说都是合适的。假设简当时处于第一种心智状态下，并且不期望改变这种状态。她购买了门票。在时期 2，简必须在 $\{Y\}$ 和 $\{Z\}$ 之间做出选择。这两个也是合适的选项：事实上，Z 劣于她之前拒绝的选项，并不意味着 Z 现在也是一个糟糕的选择。假设在时期 2 简处于第二种心智状态中，并选择了退票。在这两个时期，简都没有做出不理智的决定，她只是改变了想法。S 之所以比 S' 具有更高的价值，在于前者赋予了简改变这个想法的机会。我的观点是，获得这个额外机会有利于提高简的收益。

一些读者可能会反对说，既然简不具有一个一致的偏好集合，那么将她视为具有明确利益的单一行为人便是错误的。对于偏好随时间变化的个人而言，决策理论家通常采用多重自我（multiple-self）模型来刻画其偏好。在这类模型中，一个人的能动性被分解为两个或两个以上的自我，每个自我都拥有自己的完整偏好；在不同时间或不同情况下，不同的自我控制着个人的行为。因此，这些自我被视为不同的行为人。在某些模型中，一个人的不同自我之间存在策略性互动，就像博弈论中参与者之间的互动一样。有时，规范分析优先考虑某个自我的偏好，将"他"视为整个人的"真实"偏好。有时候，不同自我的偏好被赋予了平等的道德地位，整个人被视为一个社会，每个自我都是其中的成员。有时候会假定这个人具有针对各种控制她日常行为的低层次偏好排序的一个更高层次的一致的元偏好排序。因此，规范权威（normative authority）就存在于每个人所谓的更高层次的道德自我中。[8]

将这种方法应用于简的例子，我们可以区分两个自我：一个是"寻求经验的自我"（这一自我的偏好是时期 1 行动的基础），这个自我愿意支付较高的价格去观看比赛；另一个是"谨慎的"自我（这一自我的偏好是时期 2 行动的基础），这个自我只愿意支付较低的价格去观看比赛。我们或许可以得出如下结论：如果决策问题是 S'，则简的第一个自我的偏好能够更好地得到满足；如果决策问题是 S，则简的第二个自我的偏好会更好地得到满足。接下来我们（作为中立的旁观者或社会计划者）可能会尝试确定哪一个自我才是真正的简。

这种建模策略，如同内在理性主体（与此密切相关）的建模策略一样，在描述那些实际选择与理性选择理论不一致的人的行为时，常常被认为试图继续应用理性选择理论。这种建模策略最显著的缺陷是，它无法认识到普通人身份的连续性以及能动性，而普通人的选择恰好与公认的理论相悖。理论的失败被修改为个人的失败，而该理论本应解释人们的行为。正如我在第 3 章和第 4 章中解释的，这种建模策略打开了一扇家长主义的大门，而这种家长主义超出了契约主义者的界限。

我认为我们需要一个完全不同的连续人（continuing person）概念。我们应该把连续的简——标记为简*——视为多个自我的组合体，这一组合体负责执行实际得到执行的任何行动序列的各个部分。对于坚持用某种偏好关系来构建身份模型的理论家来说，这种想法可能看起来有些怪异。但是，跳出决策理论的框架看，这是一种非常自然的思考身份的方式。连续的简*是随时间

第 5 章 机会 151

变化的简。连续的简*所做的事情就是简随时间变化所做的一切，连续的简*珍视的事物就是简随时间变化珍视的所有事物。从这个角度看，连续人如何对不存在约束条件的当前和未来行动进行评估就变得很清楚了。

进一步考虑简面临决策问题 S。在时期1，简$_1$想要选择且确实选择了买票。由于此刻的简*即为简$_1$，因此简*想要选择且确实选择了买票。在时期2，简$_2$想要选择且确实选择了退票。由于此刻的简*即为简$_2$，因此简*想要选择且确实选择了退票。因此，简在时期1打算并实际上选择了买票，在时期2打算并实际上选择了退票。给定上述行动顺序，S赋予了简*做她想做的事情的机会。如果简*珍视这一机会，则S的这一特征对她来说就是有价值的。

接下来考虑在时期3结束时，简（作为真实的人）会如何反思她之前采取的行动。一个传统的决策理论家可能会告诉简，随着时间的推移，作为其行为基础的偏好是不一致的，结果她遭受了明确的损失——买得贵，卖得便宜。简虽然能够承认这一点，但仍然将买卖视为她的自主选择行为：她想买，就买了；她想卖，就卖了。简不需要否认这些行为是外来的自我所为，或者是意志薄弱导致的结果。简可以说，当她产生做某事的想法时，她做了她想要做的事情。此外，简也可以说，能够这样做符合其自身利益。

6. 责任

我的建议是，跨越不同时间和不同情景的连续能动性应该被理解为连续的经自我确认的责任轨迹（locus of responsibility）。这一建议的直观想法是，一个人是一个连续的责任轨迹——简而言之，一个负责任的行为人——从某种程度上讲，在每一个时刻她都认同自己的行为，过去的、现在的和未来的行为。一个负责任的行为人会把过去的行为也视为自己的行为，不管这些行为是否如她现在希望的那样。她把未来的行为也视为自己的行为，即使她还不知道这些行为会是什么，也不知道未来的行为是否会成为她现在希望成为的样子。[9]

上述责任概念为"机会具有价值"这一说法提供了哲学基础。考虑在不同时间对某些人开放的机会集合。这个集合更大而不是更小是件好事吗？在传统福利经济学看来，更多的机会只有在如下情况下才优于更少的机会，即更多的机会有利于个人实现更偏好的结果；如果个人缺乏完整偏好，似乎就没有办法回答这个问题。在一个多重自我的模型中，这个问题必须针对每一个自我单独提出，从一个自我的角度看，一生中机会的增加可能是件好事，而从另一个自我的角度看，这可能是件坏事。如果诉诸元排序，根据"低等"偏好行事的自我如果有更多的机会，则可能被判定为具有负面价值。但如果一个人的行为被视为一个连续的责任轨迹，那么任何机会的增加无疑都对她有好处。她拥有的机会越多，她就越被认为是一个可以连续存在的负责任的行为人，进而可以更加自由地行动。无论她的行为是否与任何连贯的偏好集合一致，这都是正确的。

据说，本杰明·迪斯雷利（Benjamin Disraeli）曾经说过，就像任何英国主要政治家在议会中面临的攻击一样，"永不抱怨，永不辩解"。[10]这种贵族情感在某种程度上体现了一名负责任的行为人的意义。在只影响到他自己的事情上，负责任的行为人只要求政府确保他能够获得尽可能多的机会。至于他如何利用这些机会，则取决于他自己，他对后果承担全部责任。他没有必要解释他所做的决定，因为那不关别人的事。由于这些都是他自己的决定，所以他不能因做出这些决定而抱怨其他人。

第 6 章
看不见的手

亚当·斯密关于"看不见的手"这一隐喻抓住了经济学自由主义传统的核心思想，即市场可以产生任何人类能动性都未曾有意识地计划过，甚至能够有意识地计划且对社会有益的结果。正如我在第 1 章中指出的那样，现代经济学理论中的两个福利经济学基本定理阐述了这一思想。这两个基本定理假设，从完整偏好的角度来定义，每个人的经济行为都是理性的，并根据这些偏好的满足情况来定义社会福利。如果现实中的个人行为在上述意义上不是理性的，并且如果真实的偏好不是完整的（或根本不存在），那么这些定理就失去了意义。但这并不是说看不见的手这一基本概念是错误的。上述观点依赖于经济学家在斯密完成《国富论》一百多年后提出的理性选择理论，这一点并非不言而喻。在本章中我将论证，这一观点并不依赖于理性选择理论的有效性。

一种传统的经济学写作方法是让读者思考经济生活中到底存在多少秩序，我们在多大程度上依赖这种秩序，这一秩序在多大程度上是深思熟虑计划的结果。这一方法使得作者可以表达他或她认为的经济学作为一个研究领域的重要性和深度。经济学家想说，经济生活的高度有序和复杂性都是惊人的，就像自然科学的主题一样，需要予以解释。如果这种秩序倾向于对每个人都有利，并且如果这种秩序受到人类制度的影响，同时这些制度因某种政治行动而得以维持，因其他政治行动而受到阻碍或破坏，那么了解这些制度是什么以及它们如何运作则具有重要意义。看不见的手这一隐喻背后的思想是，竞争市场就属于上述制度中的一种。在放弃理性选择假设的条件下，作为重构上述思想的第一步，让我们来看看斯密如何首次表达他对市场自发秩序的惊叹之情。

斯密（Smith，1776/1976，第 22—23 页）要求其读者观察"在一个文明和繁荣的国家中，最普通的工匠或日工的日用物品"，并认识到"用他的劳动的一部分（虽然只是一小部分）来生产这种日用物品的人是难以计数的"。对于生活在 18 世纪的富裕读者而言，日工生产的羊毛大衣可能看起来很粗糙，但整个生产过程需要牧羊人、羊毛分拣工、羊毛精梳工、染色工、粗梳工、纺纱工、织工、漂白工和裁缝的专业化劳动。在上述工序之间运送原材料需要造船者、水手和绳索制造者的专业化劳动。上述每个工人在劳动中都要使用一定的工具，而这些工具的生产过程至少与制造羊毛大衣一样复杂。以此类推，生产这些工具同样需要专业化的劳动以及必要工具。斯密介绍上述例子的部分意图是表明，繁荣国家的经济是一个极其复杂且无计划的合作系统，对其中的参与者来说，这一系统的大部分属性都是未知的。此外，斯密借助这一例子还想表明，该合作系统甚至可以让贫穷的日工达到在"未开化"国家无法实现的生活水平。因此，斯密（因了解他的家乡苏格兰的气候）特别提到了日工居住的村舍的玻璃窗，提醒读者为生产玻璃窗而投入了多少专业化劳动，以及玻璃作为一种"美丽而幸福的发明"在多大程度上提高了北半球地区人类生活的舒适度。

在了解了市场这种自组织合作系统的惊人特征之后，斯密的读者自然想要进一步了解其运作原理。斯密的回答是，市场是通过分工运行的，而分工又源于人类"互通有无、物物交换和相互交易"的倾向。由于分工需要交换，因此分工受到市场范围的制约。所以，市场是合作系统的核心，借助这一合作系统，文明国家居民的需求得以满足。

斯密对交换的解释并没有过多强调个人偏好的细节，这或许反映了斯密所处时代的经济发展状况。然而，对斯密的分析来说，重要的一点是，市场允许个人放弃他们较少偏好的东西，以换取他们较多偏好的东西，从而使个人受益。因此，相关的建议就是，日工最想要的经济物品是吃的面包、喝的啤酒、穿的外套、住的房间和取暖的燃料。市场则允许日工通过出卖其劳动力获得这些有价值的商品。日工根据其出售劳动力获得的工资和购买这些不同商品的价格参与市场活动。但是，如果以经济学家的眼光看待他的交易，就会发现他正在与许多其他个人进行互利交易。从根本上讲，日工是在用自己的劳动换取牧羊人、羊毛分拣工、羊毛精梳工、染色工以及许多其他人的少量劳动。

看不见的手对市场需求的论证需要调和两种观点。为了理解市场能够发挥哪些重要作用，人们必须基于如下角度来看待市场：市场能够使互不了解或无法了解，以及彼此不能直接谈判的人之间进行复杂的多边交易。但为了理解市场机制是如何发挥作用的，人们必须基于如下视角来看待市场：市场为每个人提供了一组非常简单的选项。市场使普通工人或消费者有机会获得他可能想要消费的商品和服务，或者可以用来购买这些商品和服务的

第6章 看不见的手

金钱，作为他放弃自身拥有的商品、服务或金钱的回报。根据第5章的分析，市场为个人呈现了一个机会集合。在竞争市场中，该机会集合可以用每个人拥有的可交易商品的禀赋以及每种商品的买卖价格来定义。

市场之所以能够诱导自发的互利秩序，是因为在合适的条件下，每个人的机会集合中都包含了其他人愿意与这个人进行交易的条件。对于一件大衣，日工只需要知道他必须以什么价格才能得到它，而这个价格是牧羊人、羊毛分拣工、羊毛精梳工等愿意接受的金钱的总和，这些金钱用于交换他们付出的体现在大衣中的劳动量。相反，日工愿意用他的劳动换取金钱的条件构成了其他人购买包含这种劳动的商品价格的一部分。换句话说，每个人的机会集合的属性都是由其他人基于其机会集合做出的选择决定的。

由于机会集合和选择之间的这种相互依赖关系，每个人从市场交易活动中获得的收益都不能用此人的任何特定机会集合来描述，也不能在不考虑其他人如何基于其机会集合进行选择的情况下准确度量这一收益。大体而言，每个人都可以从市场中获得丰富的机会，以他人愿意接受的条件进行交易。但是，如果这一陈述是为了表明市场机会的互惠互利性质，那么我们必须将其他人愿意接受的交易条件解释为他人愿意接受什么和不接受什么的机会，而不是解释为其他人给定的偏好。更准确地说，人们可以期望市场为他们提供丰富的交易机会，根据双方接受的条件开展交易。这一表述清楚地表明，市场提供的机会是个人之间自愿交易的机会。我认为，对机会这一概念至关重要的是，个人机会的定义与其实际偏好无关：在评判一个人的机会时，我们考虑的是她可能想选择的东西，而不是考虑她的偏好，即她确实想选择的东西（参见第5章第4节）。同样，在评判自愿交易机会时，我们考虑的是个人可能彼此接受的交易条件。

本章的目的是更准确地分析市场是如何向人们提供机会的，并解释市场的这种特性何以被人们视为一种有益特性，即使对那些不依据完整偏好采取行动的人来说也是如此。

1. 基本思想

本章涉及一般均衡理论，这是经济学中数学性较强的领域之一。不可避免地，本章将包含比前几章内容更抽象和更形式化的分析。然而，本章的中心思想却可以用相当简单的语言来表达。在本节中，我将尽可能少地使用数学语言来表达该中心思想的梗概。在随后的小节中，我将更全面、更形式化地分析这一中心思想。

要对市场进行规范性评估，首先必须设定以市场作为解决方案的经济问题。要使这种评估易于处理，其设定必然高度程式化，也就是说，只是对问题简单建模，而不是真实地描述问题。为了解市场是如何运作的，以及市场能或不能实现什么结果，经济学通常会使用单期"交换经济"模型作为分析的第一步，这在经济学中有着悠久的传统。本章将沿用这一方法。

在本章构建的最简单的模型中，交易发生在一组个人消费者之间。模型包括一组（无限可分的）商品，每种商品的库存都是固定不变的。在交易之前，这些库存商品以某种特定方式分配给消费者：每个消费者最初持有的某种商品的数量是其拥有的该商品的禀赋。其中一种商品是货币，作为价值尺度和交换媒介。经济活动体现为消费者之间的商品交换。在所有这样的交换发生之后，每个人拥有的商品禀赋都将消耗完毕。除了假定货币总是合意的商品之外，不对个人偏好做任何假设。

在竞争均衡的状态下，每种非货币商品都具有以货币表示的单一市场价格。每个消费者都可以按这些价格自由买卖任何数量的非货币商品，前提是她拥有的这种商品数量不能为负。用"商品获取"来描述一个人的机会是一种方便的做法，也就是她拥有的商品数量相对于其商品禀赋的变化（正的或负的）。任何商品获取组合都具有一个市场价值，即以市场价格衡量的个人所拥有商品（包括货币）的总货币价值的净增加值。由于所有交易都以市场价格达成，每个消费者的所有商品获取的市场价值总和必须为零。因此，消费者的机会集合包含市场价值为零的所有商品获取组合（并且满足商品持有数量不能为负的约束条件）。每个消费者从她的机会集合中选择一个这样的商品获取组合。在竞争均衡中，价格和选择使得所有市场都出清。也就是说，对于每种商品，所有消费者选择的所获商品总和为零。

这种机会集合的配置状态（configuration）具有一种规范意义，我将对此进行解释。首先，将一个群体的成员之间的"交易"定义为一系列商品获取组合，每个成员拥有一个商品获取组合。当且仅当对每种商品来说，所有成员对该商品的获取总和为零时，这一组合才是"可行的"。（换句话说，一个群体的可行交易意味着该群体对总商品禀赋的某种重新配置。）对于群体中各机会集合的给定配置状态而言，当且仅当每个成员参与的交易属于其机会集合中的一个元素时，群体成员之间的交易才是"允许的"（allowable）。本章的核心主张是，在每个竞争均衡中，个人的机会集合都满足一个条件，即"强互动机会标准"（Strong Interactive Opportunity Criterion），稍后我会给出这一定义的形式化表述（见本章第 4 节）。这一条件要求每个群体都有集体机会在成员之间进行任何可行的交易，给定货币合意性（desirability of money）这一假设，群体成员可能会发现开展交易是双方都可接受的行动。

下面简单证明上述观点。考虑任何一个竞争均衡和一个群体 S。考虑该群体中的任何可行但不允许的潜在交易 T。由于 T 是可行的，因此，对于每种商品来说，群体成员的商品获取价值总和必须为零。进一步地，所有群体成员的商品获取的市场价值总和必须为零。但是，如果每个人的所有商品获取的市场价值为零，则 T 是允许的交易。但由于 T 是不允许的交易，并且由于该群体成员商品获取的总市场价值为零，因此，必须有某些群体成员，比如 i，其商品获取的市场价值严格为负。但 i 的机会集合允许他选择任何市场价值为零的商品获取组合。由于我们假设货币总是一种合意商品，因此 T 这一购买组合显然劣于 i 以市场价格进行交易时可以实现的某种商品获取组合。所以，i 没有理由选择 T。这意味着 T 不是 S 的成员可能会相互接受的交易。

在本章的开头我提出了如下观点：在相互接受的交易条件下，人们可以期待市场能够为参与者提供一系列丰富的交易机会。"强互动机会标准"将以更丰富的方式对这一概念进行形式化处理，针对任何竞争均衡都满足这一标准的证明，是对上述观点的形式化表述。

2. 交换经济

让我们从定义交换经济开始进行形式化分析。[①]这一交换经济模型包含一组消费者。该集合被表示为 $I = \{1, \cdots, n\}$，其中 $n \geq 1$；两个代表性消费者为 i 和 j。存在一组商品，该商品集合被表示为 $G = \{1, \cdots, m\}$，其中 $m \geq 2$；一个代表性商品被称为 g。商品是无限可分的。每个消费者 i 进入该经济体时，对每种商品 g 都拥有一定的禀赋数量 $e_{i,g}$。在个人消费者层面，禀赋可能是正数或零，但不能为负数。对于每一种商品而言，所有消费者的禀赋之和严格为正。对于每个消费者 i，禀赋向量 $\mathbf{e}_i$ 是消费者所拥有的商品 m 的禀赋数组（$\mathbf{e}_{i,1}, \cdots, \mathbf{e}_{i,m}$）。禀赋配置（endowment profile）为 $\mathbf{e}$，是 n 个消费者的禀赋向量数组（$\mathbf{e}_1, \cdots, \mathbf{e}_n$）。（使用粗体字母指代对象数组。包含每个消费者的一个对象的数组被称为"配置"。包含每种商品的数量或价格信息的任何数组被称为"向量"。）一个交换经济由四部分构成，即 $[I, G, \mathbf{e}, \mathbf{f}(.)]$，其中，在给定任何可选机会的条件下，$\mathbf{f}(.)$ 函数确定了消费者在该经济体中做出的选择，稍后给出详细定义。在我的分析中，这一交换经济的特征是固定不变的，但这一分析结果可以适用于任何交换经济。

经济活动产生于消费者希望进一步提高其禀赋水平，或降低其禀赋水平的意愿。这种活动被称为商品获取，可以是正的（获得更多禀赋）或负的（出售禀赋）。获取行为仅发生在一个时期内，在此期间，每种商品 g 的总需求保持不变，因为需求只是在消费者之间转移。在上述过程结束时，每个消费者 i 拥有的每种商品的数量为 $x_{i,g}$，然后他消费掉这些商品。对所有消费者加总，每种商品的总消费等于总禀赋。

一单位商品 g 拥有的索取权赋予其持有者在期末消费一单位该商品的权利和义务。在我的分析模型中，消费者没有"免费处置"不需要的商品这一选项，因此消费者有消费的义务。一般来说，消费不必被解释为消费者给予积极评价的行为，消费代表了消费者因在期末拥有某项索取权而产生的任何机会和义务。例如，某种商品可能是一种过时的电子设备，对这种商品而言，"消费"体现为多余存储或昂贵处置的形式。商品将被解释为私人物品（如果消费价值为负，则为不良物品）。也就是说，每个消费者只关心他消费的每种商品的数量，而不关心其他人消费的数量。必须将模型的这一特征视为解释问题，因为该模型不包含正式偏好的概念。商品 1（即货币）被认为具有特殊属性，即持有货币的价值始终为正。这也是一个与解释有关的问题，因为不涉及偏好的概念。然而，这种解释引发了"占优"这一概念，我将利用以此概念为基础的规范标准分析消费者机会。在为交换过程建模时，我将货币视为交易媒介。因此，实际上的假设是，具有广义购买力的货币的价值始终为正。

有人可能会说，交换经济带来的经济问题是，在消费者之间重新分配固定不变的索取权存量，以满足某种规范标准。然而，更有意义的说法是，根本问题是设计一种可以实现这种重新分配的交易机构，并明确运行规则。这种机构可以被认为是现代福利经济学意义上的社会计划者，或者是莱昂·瓦尔拉斯（Léon Walras，1874/1954）首次提出的一般均衡意义上的"拍卖者"，或者[如 Sugden（2004a）提出的模型]是一群相互竞争的寻求利润的套利者，他们从外部进入经济体，向经济体中的消费者给出购买商品和出售商品的报价。

我将根据交易机构向消费者提供的净获取机会来刻画交易机构的特征。考虑任一消费者 i 和任一商品 g。令 $q_{i,g}$ 表示消费者 i（净）获取的商品 g 的索取权，消费者 i 对商品 g 的消费由等式 $x_{i,g} = e_{i,g} + q_{i,g}$ 给出。假定消费者拥有的某商品的索取权不能为负数，此时有 $q_{i,g} \geqslant -e_{i,g}$。令 $\mathbf{q}_i = (\mathbf{q}_{i,1}, \cdots, \mathbf{q}_{i,m})$ 为消费者 i 获取的商品数组，并称之为商品获取向量（acquisition vector）。消费者 i 的机会集合表示为 O_i，为非空获取向量集合（满足非负条件），消费者 i 必须从中选择一个获取向量。一个机会配置（opportunity profile）$\mathbf{O} = (O_1, \cdots, O_n)$ 是一个机会集合数组，每个消费者对应一个机会集合。如果消费者 i 的商品获取向量 $\mathbf{q}_i$ 是 O_i 中的一个元素，那么 $\mathbf{q}_i$ 在机会配置 $\mathbf{O}$ 中是允许的。商品获取向量的数组 $\mathbf{q} = (\mathbf{q}_1, \cdots, \mathbf{q}_n)$ 被称为商品获取配置，如果每一个商品获取向量 $\mathbf{q}_i$ 在机会配置 $\mathbf{O}$ 中都是允许的，那就将这一机会配置称为允许的。对一个给定的交换经济，如果所有消费者对每种商品的获取总和为零，那么就称这一获取配置为联合可行的（jointly feasible）。请注意，此处并不要求每个机会集合 O_i 都包含商品获取向量 $(0, \cdots, 0)$。换句话说，此处并不要求每个人都拥有如下选择：每种商品的消费数量恰好等于其禀赋数量。因此，交易机构可以简单地将一位消费者的某些商品索取权转移给另一位消费者。

在这一模型中，我想假定消费者可以不根据完整偏好采取行动。因此，我不想做如下假设：对于任何给定的消费者集合 I、商品集合 G、禀赋向量 $\mathbf{e}$ 和机会配置 $\mathbf{O}$，每个消费者的行为都是完全确定的。但我希望消费者的行为是依赖于情景的。为此可以采取的一种方法是，引入一个"背景特征"变量表示可能影响消费者的选择，然后将该变量包括在对经济的定义中，同时作为消费者选择函数的自变量。[2]但正如我解释的那样，在识别选择函数的过程中可以了解这些背景特征的影响。

对于每个消费者 i 来说，都存在一个选择函数 $f_i(.)$，为每个机会配置 $\mathbf{O}$ 分配唯一的获取向量 $f_i(\mathbf{O})$。联合选择的商品获取配置 $[f_1(\mathbf{O}), \cdots, f_n(\mathbf{O})]$ 可以表示为 $\mathbf{f}(\mathbf{O})$，$\mathbf{f}(.)$ 为联合选择函数。回想一下，交换经济是由 $[I, G, \mathbf{e}, \mathbf{f}(.)]$ 定义的。因此，两个经济可能拥有相同的 I、G 和 $\mathbf{e}$，但具有不同的联合选择函数，例如 $\mathbf{f}'(.)$ 和 $\mathbf{f}''(.)$。对此的解释是，这些经济体的背景特征不同，在一个经济体中，这些特征导致了由 $\mathbf{f}'(.)$ 表示的选择，在另一个经济体中，这些特征导致了由 $\mathbf{f}''(.)$ 表示的选择。我的分析将关注给定经济体的属性，即经济体中的 I、G、$\mathbf{e}$ 和 $\mathbf{f}(.)$ 都是固定不变的。

除了货币价值总是正的这一隐含假设之外，从建模者的角度看，针对消费者行为所做的唯一假设是，给定经济的情景特征，消费者从任何给定机会集合中做出的选择都是可以预测的。[3]消费者的决策可能是理性的，也可能是非理性的，与情景无关，但也可能依赖于情景。例如，针对两个给定的商品获取向量，消费者的显示性偏好可能会因机会集合的表现形式不同而有所不同，如显著性理论（Bordalo、Gennaioli and Shleifer，2013）和损失厌恶理论（Isoni，2011；Weaver and Frederick，2012）指出的那样。由于消费者的禀赋被视为某一给定经济体所具有的属性，并且选择函数是该经济体特有的，所以，该模型对选择如何受到禀赋变化的影响没有施加任何限制。因此，一个人对给定消费束的显示性偏好可能会因其禀赋不同而有所不同，就像参照点型依赖偏好理论分析的一样（Tversky and Kahneman, 1991; Munro and Sugden, 2003）。

对于某一给定交换经济的任何机会配置 O 来说，一个关键问题是要确定 f(O) 是否为联合可行的。如果 f(O) 联合可行，那么就可以说 O 处于市场出清状态。请注意，这个问题与消费者从其面临的机会集合中实际选择的商品获取向量有关，而与他们可能选择的此类向量的所有组合无关。除非所有机会集合都是单元素的（也就是说，交易机构根本不允许消费者做出任何选择），否则一些（通常是大多数）允许选择的组合必然不是联合可行的。实际选择的联合可行性是一种均衡条件，人们只能期望在给定的交换经济的机会配置中只有一小部分向量组合能够满足该均衡条件。一个有效的交易机构需要以某种机制来构建机会配置，进而实现如下目标：在消费者的选择可预测的条件下，确保 f(O) 是联合可行的。目前，我将暂时搁置对交易机构会如何实现这一目标的讨论，并集中对交易机构实现这一目标的行为做出规范性评价。

3. 互动机会标准

从新古典福利经济学的角度看，交换经济带来的经济问题是，如何在个人之间重新分配商品，以尽可能有效地满足他们的偏好。从机会集合本身来看，它们不具有任何规范意义，重要的是每个人最终消费的商品束，以及该商品束在其偏好排序中的位置。我的做法与此相反：在不明确提及个人偏好的情况下赋予机会集合以规范意义。

本节给出了一个可用于对交换经济中的机会配置进行评价的规范标准。作为第一步，我首先定义了购买向量之间的占优关系。对任何消费者 i 而言，对任何商品获取向量 $\mathbf{q}_i$ 和 $\mathbf{q}_i'$ 而言，如果这两个向量仅在获取货币方面有所不同，并且 $\mathbf{q}_i'$ 获取的货币严格大于 $\mathbf{q}_i$，那么就称 $\mathbf{q}_i'$ 占优于 $\mathbf{q}_i$。鉴于货币被解释为一种价值总是为正的商品，一个占优的获取向量可以被明确解释为相比被占优的获取向量更值得选择。换句话说，如果 $\mathbf{q}_i'$ 占优于 $\mathbf{q}_i$，并且如果 i 的机会集合包含 $\mathbf{q}_i'$，那么 $\mathbf{q}_i$ 便不是 i 可能想要选择的选项。

现在介绍互动机会标准。对于任何给定的交换经济，考虑任何市场出清的机会配置 $\mathbf{O}$。互动机会标准背后的思想是，通过分析机会配置 $\mathbf{O}$ 是否允许所有消费者实施每一个可行交易来对 $\mathbf{O}$ 进行评价，这些可行交易是所有消费者都很可能想要参与的。考虑一下这意味着什么。由于唯一的经济活动是商品获取，因此必须通过一些联合可行的购买配置来描述可行交易。于是，该标准设置了一个两步测试，适用于每个联合可行的商品获取配置 $\mathbf{q}$。作为测试的第一步，首先要明确 $\mathbf{q}$ 在 $\mathbf{O}$ 中是否允许。如果答案是肯定的，则允许所有消费者实施该交易，此时测试通过。如果答案是否定的，则必须提出一个额外的问题：是否存在消费者 j，其 $\mathbf{q}_j$ 被 O_j 中的某个元素占优？如果这个问题的答案为"是"，那么 $\mathbf{q}$ 并不是每个消费者都可能想要参与的交易，因此，出于不同的原因，$\mathbf{q}$ 通过了测试。每个联合可行的商品获取配置都需要通过这个两步测试。更正式地说，该标准是：

互动机会标准。[④] 对于一个给定的交换经济，机会配置 $\mathbf{O}$ 满足互动机会标准，如果（i）市场出清，并且（ii）对于每个联合可行的获取配置 q，要么 q 在 O 中是允许的，要么存在一些消费者 j 使得 q_j 被 O_j 的某个元素占优。

一个机会配置满足互动机会标准，指的是它对所有消费者都是整体可行的，并且对于每个消费者都不存在其他占优的交易而言，每个消费者在该交易中占据的部分都是她的机会集合中的一个元素。关键是要理解"是她的机会集合中的一个元素"这句话的重要性。这句话的意思并不是消费者可以自由地在彼此之间就联合可行的交易进行谈判，而是说，对于所有消费者可能想要参与的每一项联合可行的交易，交易机构会让每个消费者都能够参与该复合交易中的一部分，就如同他作为单个行为人能够做出的选择一样。（比较如下两种说法的异同：《国富论》中的日工可以自由地与成千上万的工人谈判，这些工人的劳动凝结在羊毛大衣上；日工可以自由地与成千上万的工人就合同条款进行谈判，这些条款体现在羊毛大衣的价格中。）

在阐述互动机会标准的过程中，我故意避免提及消费者的偏好。然而，为了理解这一标准与传统福利经济学的关系，假设在满足标准的一致性条件下，个人依照偏好行事，分析此时会产生何种结果具有重要意义。为了分析这个问题，我将引入新古典消费者的概念。对于一个新古典消费者而言，对所有被消费商品的数量向量都能进行（与情景无关的）偏好排序。对于给定的禀赋配置来说，对上述特征的等效陈述是：新古典消费者 i 对所有商品获取向量 q_i 的偏好都能排序。此外还假定，新古典消费者总是偏好更多的货币而不是更少的货币，并且总是在他的机会集合中选择一个选项，使之至少与该机会集合中的所有其他选项一样好。

如果所有消费者都是新古典主义者，那么就可以应用我们熟悉的帕累托最优这一规范标准。考虑任何机会配置 **O**。说 **O** 实现了帕累托最优，等价于说，给定消费者的实际偏好，没有任何可行的商品再配置方案使得偏离联合选择的商品获取配置 **f(o)** 成为一种帕累托改进，也就是说，至少让一位消费者从自身偏好的角度变得更好，并且不会让任何人的情况变得更糟。说 **O** 满足互动机会标准，等价于说，在不考虑消费者实际偏好的情况下，任何偏离 **f(o)** 且消费者可能联合想要的每一种可行的商品再配置都是允许的。后一种说法更强。换句话说，如果所有消费者都是新古典主义者，那么任何满足互动机会标准的机会配置都会导致帕累托最优结果。然而，相反的命题不一定成立。例如，可以想象一个无所不知的社会计划者，他确定了一个帕累托最优的商品获取配置 q_i^*，然后仅允许每个消费者的机会集合都是单元素机会集合 $\{q_i^*\}$。在这样的经济体中，将有许多联合可行的非占优交易是不允许的：机会配置将满足消费者的实际偏好，但不是满足消费者所有可能的偏好。从这个意义上说，互动机会标准比帕累托最优条件的要求更高。

4. 强互动机会标准

互动机会标准通过确定是否允许所有个人实施他可能想要参与的每一个可行交易，来评价机会配置选择，但这一标准并不考虑是否存在由不包含所有个人的集合做出可行的选择组合。

通过考虑包含 $n>1$ 个人的经济中任何一个消费者的情况，

可以清晰地解释这一点。消费者 i 以禀赋向量 $\mathbf{e}_i$ 进入经济体。给定这些禀赋，该消费者对每种商品的获取均为零是可行的，这意味着他对每种商品的消费等于他拥有的禀赋。但是互动机会标准没有要求上述选项是 i 的机会集合中的一个元素，或者是其中的占优元素。换句话说，互动机会标准没有注意到 n 人经济包含一个较小的经济，其中唯一的消费者是 i，唯一的禀赋是 i 拥有的禀赋。

类似地，考虑 $n > 2$ 的交换经济中的任何两个消费者 i 和 j。该 n 人经济包含一个较小的经济，其中仅有的消费者是 i 和 j，唯一的禀赋是 i 和 j 的禀赋。互动机会标准并不考虑 i 和 j 是否都允许开展仅涉及其商品获取活动的每项交易，就他们的禀赋而言，这些交易是否可行，以及每个人是否都有可能想要参与。

沿着上述思路自然会得到一种强化的互动机会标准。考虑任何交换经济和任何市场出清的机会配置 $\mathbf{O}$。互动机会标准会检查 $\mathbf{O}$ 是否允许 I（所有消费者的集合）实施所有人都可能想要参与的每一项联合可行的交易。直观的想法是，通过强化标准来确定 $\mathbf{O}$ 是否允许每个非空集合 $S \subseteq I$ 执行对 S 的成员来说联合可行且所有成员都可能希望参与的每笔交易。

更正式地，令 $S \subseteq I$ 是任一非空消费者集合。对于任何机会配置 $\mathbf{O}$，S 的机会配置为 $\mathbf{O}_S$，是机会集合 O_i 的数组，S 中的每个消费者都拥有一个机会集合。S 的商品获取配置为 $\mathbf{q}_S$，是商品获取向量 $\mathbf{q}_i$ 的数组，S 中的每个消费者都拥有一个商品获取向量。如果每个向量分量 $\mathbf{q}_i$ 在 O_i 中都是允许的，那么这样的配置在 $\mathbf{O}_S$ 中就是允许的。如果，对于每个商品 g，S 中所有成员获取的 g 的总和为零，那么 S 就是联合可行的。强化标准为：

强互动机会标准。对于给定的交换经济，机会配置 **O** 满足强互动机会标准，如果（i）**O** 是市场出清的，并且（ii）对于每个非空的消费者集合 $S\subseteq I$，S 中每个联合可行的商品获取配置 $\mathbf{q}_S$，要么在 $\mathbf{O}_S$ 中是允许的，要么 S 中存在部分消费者 j，其向量分量 q_j 被 O_j 中的某些元素占优。

请注意，由于所有消费者集合是强互动机会标准中集合 S 里的一个集合，那么满足该标准的任何机会配置也必然满足互动机会标准。

有人可能会提出如下问题：在所有人都是新古典消费者的假设之下，强互动机会标准究竟意味着什么？给定新古典消费者的假设，说一个机会配置满足强互动机会标准，等价于说，实际选择的商品获取配置是帕累托最优的，不仅在 n 人经济体中如此，对于由所有消费者构成的集合中任何一个"次级经济"（sub-economy）而言也是如此，"次级经济"中的所有成员都拥有与原经济相同的禀赋向量。在传统福利经济学中，具备上述特征的商品获取配置被称为经济的核（core）。

5. 竞争均衡

本章第 3 节和第 4 节分析了用于评价交换经济中机会配置的规范标准。但我的最终目标是评价竞争市场制度提供的交易机会。这需要我们分析竞争市场创造的机会配置的特征。

新古典经济学家分析了竞争均衡的概念，认为竞争均衡代表了竞争市场的一般趋势。其基本思想是，在竞争性市场中，每种商品都有一个单一的市场价格（以某种基准商品或计价商品来表示），每个消费者都可以按这一价格购买或出售任何数量的商品。消费者只受到预算约束的限制，即其所购商品的总价值必须等于其所售商品的总价值。因此，每个消费者的机会集合完全由他的禀赋和市场价格决定：机会集合是商品获取向量的集合，所有商品获取的净市场价值为零。竞争均衡是满足如下条件的一组价格：当机会集合由禀赋和这组价格确定时，消费者的选择是联合可行的（或者换句话说，所有市场都出清）。使用竞争均衡来刻画正常状态下的竞争市场，是经济学中的一种通用做法。

当经济学家使用这一模型时，通常还会假设消费者在市场上的选择能够显示完整偏好，这一偏好满足标准的新古典条件。但这并不等于说，竞争均衡的概念要求个人以这种方式行事。下面我将分析这一点。

考虑任意一个交换经济。将货币视为计价单位，定义价格向量为数组 $\mathbf{p} = (p_1, \cdots, p_m)$，定义 $p_1 \equiv 1$，$p_2, \cdots, p_m$ 为非货币商品的价格，且有限值。$p_2, \cdots, p_m$ 可以是正数、零或负数。对于任何消费者 i、任何获取向量 $\mathbf{q}_i$ 和任何价格向量 $\mathbf{p}$，用 $\mathbf{p}$ 来定义 $\mathbf{q}_i$ 的净值，即 i 持有的所有商品的总货币价值的增加值，这一增加值由 $\mathbf{p}$ 表示。换言之，用 $\mathbf{p}$ 定义 $\mathbf{q}_i$ 的净值为 $q_{i,1} + p_2 q_{i,2} + \cdots + p_m q_{i,m}$。此时竞争均衡的概念可以定义为：

> **交换经济中的竞争均衡。** 对于给定的交换经济体，机会配置 **O** 是竞争均衡，如果（i）**O** 是市场出清的，并且（ii）

存在一个价格向量 **p**，使得对于每个消费者 i，O_i 为其商品获取向量的集合，以价格 **p** 计算的净价值为零。

假设商品仅能通过交易转手，并且每种非货币商品都单独与货币进行交易。也就是说，对于任何消费者，一个商品获取向量描述了一组交易的综合结果，在每一次交易中，他购买或出售一定数量的某种非货币商品以换取一定数量的货币。其中的每次交易必须以相关商品和货币之间的某种（显性或隐性）交换比率进行。在这种情况下，竞争均衡的定义要求：对于每一种非货币商品，所有该商品与货币之间的交易都以相同的交换比率进行。交易的这一特性被经济学家称为"一价定律"。竞争均衡的定义还要求，在这些价格下所有市场都出清，也就是说，对于每种商品，供给（消费者试图出售的总量）等于需求（消费者试图购买的总量）。这被称为供求法则。

针对一价定律的通常解释是，在该定律不成立的任何情况下，人们都有套利的机会。上述思想可以通过一个模型得到清晰说明，在这个模型中，经济中的"消费者"之间的所有交易，即那些带着禀赋进入经济的人，带着他们消费的商品离开经济，都由一个独特的交易商来执行中介职能。交易商是买卖商品的行为人，其唯一目的是赚取利润，他们对持有货币以外的商品没有兴趣，他们的目标是买卖同样数量的非货币商品，并通过低价买入和高价卖出来赚取利润。交易商可以自由进入交易活动，并且存在许多潜在的进入者，同时还可以免费退出。我对消费者行为所做的唯一假设是，他们对价格敏感，也就是说，每当消费者进行交易时，他们都会以最低价格购买，并以最高价格出售。

在正式模型中分析上述情况涉及一些复杂理论。⑤不过，一价定律和供求定律是这一模型的均衡条件，这一直观想法非常简单。在这里，我从一般意义上使用均衡这一概念，即均衡表示没有变化的趋势。假设追求利润的交易商可以自由进入市场，均衡要求考虑到当前市场上交易商的行为，没有潜在进入者可以赚取正利润。给定自由退出的假设，均衡还要求没有交易商亏损。最后，假设每个交易商的目标是买卖相同数量的每一种非货币商品，均衡要求每个交易商都能成功实现这一目标。

考虑任意一种非货币商品 g，至少有一名消费者是净买方且至少有一名消费者是净卖方。令 p_g^H 是任何购买该商品的消费者支付的最高价格，令 p_g^L 是任何出售该商品的消费者收到的最低价格。现在假设 $p_g^H > p_g^L$。如果满足上述条件，交易商可以提出以略高于 p_g^L 的价格买入该商品，并以略低于 p_g^H 的价格卖出，此时仍然可以获得正利润。目前正打算购买或出售该商品的消费者可以通过与新进入者开展交易获得确定的收益。由于（假设）消费者对价格敏感，所以他们会以这种方式转换交易对象，而新进入者将获得一定的利润。⑥因此，为了使市场处于均衡状态，对于每种商品 g，都要有 $p_g^H \leq p_g^L$。这意味着，对于每种商品 g，任一交易商将它出售给任一消费者的最高价格不会高于任一交易商从任一消费者那里购买它的最低价格。这个均衡条件同样使得没有任何交易商在交易中出现整体性亏损。这意味着，在均衡状态下，任何给定商品的所有交易都以相同的价格进行。这就是一价定律。由于均衡要求每个交易商买卖的每种非货币商品的数量完全相同，因此供求定律也必须是均衡的一个属性。

请注意，上述分析并不要求消费者的行为能够揭示其完整偏好。当然，价格敏感是一个很强的假设，但这一假设体现的理性与新古典偏好假设的（所谓）理性完全不同。在任何特定时间，人们宁愿以较低的价格而不是较高的价格购买给定的物品，宁愿以较高的价格而不是较低的价格出售给定的物品，这一点看起来并没有太大争议。这并不是说，就经济事实而言，普通消费者总能在复杂的市场中找到最优惠的价格。因此，市场规则此时可以发挥作用，使消费者更容易进行价格比较。我将在第7章第4节中对此进行详细分析。然而，为了解释一价定律和供求定律，不需要假设人们是新古典主义消费者，这一点很重要。

有人可能会质疑，虽然上述论证对消费者的理性要求并不高，但对交易商的理性要求较高。但是请注意，交易商仅在追求货币利润时被假定为理性的。此外，没有必要假设所有潜在交易商的行为都以这种方式受到激励；要使套利理论发挥作用，假设一部分交易商如此就足够了。上述论证没有对交易商的消费偏好做出任何假设，这是因为他们对各种消费计划的选择与其作为套利者的角色无关。

理性假设的最大问题可能体现在均衡的概念中。上述分析表明，均衡要求一价定律和供求定律成立。但是我们应该期望市场处于均衡状态吗？

从本质上讲，我使用的均衡概念是逐利交易商之间进行博弈的纳什均衡。交易商在多种策略中做出的选择确定了他与消费者进行交易的条件。一名交易商获得的利润取决于所有交易商选择的策略组合，这与支配消费者行为的原则无关（无论消费者是否理性）。在纳什均衡中，考虑到其他交易商选择的策略，每个交易商都在追求利润最大化。当然,我无意声称参与者选择的策略构成纳什均衡是博弈的一般属性。事实上,我同意迈克尔·巴卡拉克(Michael Bacharach, 1987)的观点,即使假设单次博弈的参与者是完全理性的,并且这种理性是参与者彼此的共同知识,也无法证明此类博弈参与者彼此的策略选择将处于纳什均衡状态。然而,像大多数经济学家一样,我认为纳什均衡是一个合理的通用假设,用于对具有明确目标的行为主体建模,进行重复次数足够多的博弈,以使这些行为人能够对其策略选择的后果做出可靠的预测。在当前的分析背景下,必须假设的一点是,在考虑似乎有一定获利机会的定价策略时,一个专业的交易商能够从总体上预测消费者愿意与其进行交易的数量。这看起来并不是一个不切实际的假设,至少对于日常消费品市场来说是如此。[7]

6. 强市场机会定理

现在介绍本章的核心理论命题:

强市场机会定理。对于每个交换经济体 $[I, G, \mathbf{e}, \mathbf{f}(.)]$,以及该经济体的每个机会配置 $\mathbf{O}$,如果 $\mathbf{O}$ 是竞争均衡,那么它满足强互动机会标准。

对上述结果的证明非常简单。考虑任一交换经济和该经济的任一机会配置 $\mathbf{O}$。利用反证法证明,假设 $\mathbf{O}$ 是一个竞争均衡但不满足强互动机会标准。根据竞争均衡的定义,存在一个价格向量

$\mathbf{p}$,使得对于每个消费者 i,O_i 是一个商品获取向量集合,用 $\mathbf{p}$ 表示,其净值为零。(在接下来的证明中,当使用"净值"的概念时我将省略"用 $\mathbf{p}$ 表示"这句话。)根据相同的定义,联合选择的商品获取配置 $\mathbf{f(O)}$ 是联合可行的。由于 $\mathbf{O}$ 不满足强互动机会标准,因此必须存在某些非空的消费者集合 $S \subseteq I$,以及 S 的某些商品获取配置 $\mathbf{q}_S$,使得(i)对 S 而言 $\mathbf{q}_S$ 是联合可行的,(ii)$\mathbf{q}_S$ 在 $\mathbf{O}_S$ 中是可行的配置,并且(iii)在 S 中,消费者 j 的 q_j 都不被 O_j 的某些元素占优。但是(i)意味着,对于每种商品 g,S 的所有成员的商品获取总和 $q_{i,g}$ 为零。因此,对所有 S 中的消费者 i 求和,其商品获取向量 $\mathbf{q}_i$ 的总净值为零。由于零值商品获取向量始终是可行的,那么(ii)意味着在 S 中存在某个消费者 i 的商品获取的净值不为零。并且(iii)意味着在 S 中,没有消费者 j 的商品获取净值为负。由于上述三重结果之间是相互矛盾的,所以原假设是错误的。因此,强市场机会定理是正确的。[8]

本章第 3 节的分析表明,如果人们是新古典主义消费者,那么满足互动机会标准的每个机会配置也是帕累托最优的。因此,从新古典经济学的角度看,强市场机会定理可以被理解为证明交换经济体的所有竞争均衡都是帕累托最优,即福利经济学第一基本定理的一个阶段。在同样的新古典假设下,满足强互动机会标准的每一个机会配置也是经济的核。事实上,我在证明强市场机会定理时采用的方法常被用于证明福利经济学第一基本定理。这两个定理之间的密切关系可能会让人怀疑,等价于新古典理性的假设不知何故被偷偷带入了强市场机会定理中。但情况并非如此。

事实上,福利经济学第一基本定理的证明并不依赖于任何关于理性的个人偏好的强假设。为了定义竞争均衡,我们必须明确每个消费者的机会集合和他从中选择的选项,以使消费者选择的选项是联合可行的。这里不需要做出任何理性假设。为了证明福利经济学第一基本定理,必须假设每个消费者选择的选项至少与每个未被选择的选项一样被偏好。但是,该假设仅在对偏好施加限制的情况下才成立,证明所需要的只是偏好满足某种非餍足属性(例如,更多的钱比更少的钱更受欢迎)。

当然,在从整体上考虑新古典理论中的消费者行为时,理性假设确实具有重要影响。但是这些影响的产生是因为一个关键假设,即对于任何给定个人,在不同决策问题中做出的选择揭示了相同的偏好排序。该假设对不同机会集合中的选择之间的关系施加了各种限制。[9]该假设还意味着,如果机会集合保持不变,则个人从机会集合中做出的选择不会随决策问题的情景变化而变化。正如我在第 1 章中解释的那样,个人的选择往往取决于情景,这一事实对新古典福利经济学提出了根本性的挑战。但是这些问题并不影响福利经济学第一基本定理的证明。不过,它们影响了该定理的规范含义。如果一个人对经济结果具有稳定的、与情景无关的偏好排序,那么将其偏好满足度作为度量福利的标准似乎是合理的。但是,如果个人的偏好是不稳定的,并且依赖于情景,那么很难将福利经济学第一基本定理解释为竞争市场对福利产生的影响。然而,事实证明,该定理背后的分析经过调适之后可以用来解释竞争市场对机会的影响。特别是,该分析可以用于证明强市场机会定理是否为真。

7. 生产

强市场机会定理是一个关于交换经济的定理。正如我在本章

第 1 节中所说的，经济学通常使用交换经济模型作为分析市场的第一步。对于任何不熟悉经济学，更具体地说，不熟悉新古典经济学的人来说，这一点似乎让人难以理解。在交换经济中，实际上没有生产任何商品，也不存在生产商品或服务的具有一定组织形式的企业。唯一可能的企业家行为，因此也是唯一可能的利润来源，就是套利行为。有人可能会问，对交换经济进行分析如何帮助我们理解现实市场经济的运行过程呢？在现实经济中，大多数商品必须经由生产过程才能出现，而生产过程则是由追求利润的企业组织实施的。

利用一种非常简单的方法，新古典经济学将交换经济中的竞争均衡模型扩展为包括生产过程和企业。当然，这不是调整基本模型，进而将生产过程考虑进来的唯一方法，但这是最简单的方法。这种方法的各种变体被用于对竞争均衡存在性的经典证明之中，包括肯尼斯·阿罗和杰拉德·德布鲁（Kenneth Arrow and Gérard Debreu，1954）的证明。[10] 这一方法引入了"生产函数"，以此体现生产过程。对于一个给定的"产出"商品而言，其生产函数确定了将多种"投入"商品进行组合以生产该商品的条件。一个典型的生产函数可以写成 $y_g = \varphi_g(x_1, \cdots, x_m)$，其中 $x_1, \cdots, x_m$ 是投入商品 $1, \cdots, m$ 的数量，y_g 是通过将上述投入品进行组合可以生产的商品 g 的数量。一家企业可以被视为拥有一个生产函数的经济主体，能够按市场价格购买投入品，将它们转化为产出，并以市场价格出售该商品。在上述模型中，企业的角色与交换经济中的套利者非常相似。如同套利者寻求低价买高价卖一样，企业寻求利润最大化，也就是说，实现产出销售收入与投入支出之间差额的最大化。调整本章第 2 节中的分析内容，可以将企业活动视为"交易机构"工作的一部分，该机构为消费者之间的交易提供中介服务。在交易期开始时，可以用作生产投入的商品（如劳动力、原材料、土地和实物资本）归消费者所有。企业从消费者那里购买投入品，并将产出卖给消费者。

交换经济中的竞争均衡由一价定律和供求定律来定义。可以将该定义直接扩展到上文分析的模型中。然而，将上述论证扩展到对如下问题的解释并非易事，即为什么套利者对利润的追求会导致竞争均衡。正如我在本章第 5 节中解释的那样，可以将交换经济中的竞争均衡解释为追求利润的套利者之间的纳什均衡状态。困难在于，这种解释取决于如下假设：每个套利者都可以在任何规模上进行交易。因此，如果任一消费者以高于其他消费者的出售价格购买任一数量的任何商品，那么就存在套利机会。如果我们要将这一分析扩展到包括生产过程的经济体中，则必须将"套利"解释为包括套利活动而不包括生产。这就引出了生产活动是否可以在不同规模上复制的问题。

从建模的角度看，处理这个问题的最简单方法（或至少将这一问题暂时搁置）是，假设生产函数具有不变的规模报酬。一个生产函数 $\phi_g(x_1, \cdots, x_m)$ 具有规模报酬不变的属性，指的是对于任何正数 a，有 $\phi_g(ax_1, \cdots, ax_m) = a\phi_g(x_1, \cdots, x_m)$。换句话说，如果所有投入品都以某个常数倍扩张，则产出以相同的常数倍扩张。在这种假设下，任何企业都可以在任何规模上复制任何其他企业的活动。因此，只有当每个企业的利润都为零时，一个包含大量追求利润最大化的企业的经济才能实现均衡，进而可以根据一价定律和供求定律来合理地定义竞争均衡。众所周知，如果消费者具有新古典主义偏好，并且如果生产函数具有规模报酬不变的特征，则福利经济学第一基本定理可以适用于包括生产活动的经济：这种经济中的每个竞争均衡都是帕累托最优的。

与强市场机会定理类似的定理同样成立也就不足为奇了：假设生产函数具有规模报酬不变的特点，则强互动机会标准在每个竞争均衡中都得到满足，而不论消费者是否根据完整偏好采取行动。由于这个结果的证明与强市场机会定理的逻辑相同，所以在此不再赘述。在第 7 章第 5 节中，我将分析放宽规模报酬不变假设带来的影响。

8. *存储经济*

尽管本章第 6 节中的分析支持了我的观点，但在讨论如何协调规范经济学和行为经济学时，使用单期经济模型还是让人觉得略显不足。[11] 为了证明强市场机会定理，我们只需要对一个单一的（但典型的）交换经济的竞争均衡状态进行分析。但是，仅仅通过分析这一均衡状态，我们永远也观察不到任何非完整偏好的证据。我们能观察到的任何个人行为，都是他从不包含任何被占优选项的机会集合中选择的一个选项。正如我们所知，个人可能是一个新古典消费者，会在一致的偏好排序中选择排名最靠前的那个选项。鉴于我在本章第 6 节中解释的原因，这一点并没有削弱强市场机会定理的重要性，但它使强市场机会定理无法用于分析任何关于竞争性市场如何满足非完整偏好的问题。

因此,在非完整偏好(如果存在的话)会带来更明显后果的经济体中分析竞争市场的特征是很有启发性的。为此,可以利用存储经济(storage economy)模型(McQuillin and Sugden,2012)进行分析。粗略地讲,存储经济是一种多期交换经济。对于只有一期的交换经济而言,每种商品的总存量是固定的,并且每一单位的存量最终都会被某个消费者消费掉,同时没有存储成本。然而,在存储经济中,个人可能有机会在不同时期内分配消费,并且个人之间的商品索取权转移可能发生在多个时期内。存储经济模型代表了如下可能:一个人在一个时期和另一个时期之间改变主意,在一个时期内做出选择,而后又改变这一选择。在本节中,我将本章第2节到第6节中的分析一般化,以适用于对存储经济的分析。本节解释了如何在存储经济中定义竞争均衡,并表明存储经济中的每个竞争均衡都满足广义形式的强互动机会标准。

必须承认,就跨期交易而言,市场经济普遍趋向于达到竞争均衡状态,这是一个巨大的信念飞跃。正如我在本章第5节中分析的,竞争均衡可以解释寻求利润的套利者之间的纳什均衡,而对纳什均衡的最佳理解,是对不断重复以使参与者准确预测不同策略选择结果的博弈行为的一般趋势建模的方法。在人们考虑的时间尺度内,如果知识、技术或品位可能会发生变化,或者出现战争、革命等不可预测的冲击,那么市场参与者能够预测未来价格这一假设就很难成立。(事实上,第8章将分析市场的长期不可预测性这一重要问题。)我将使用存储经济模型来研究市场如何对消费者行为做出反应,而这些消费者基于可预测的非完整偏好行事。考虑到消费者可能就他要进行的交易改变想法,我需要构建一个交易可以在多个时期内发生的模型。如果引入模型中的想法变化是可靠的心理机制的产物，那么做出如下假设看起来便是合理的：追求利润的交易商可以预测消费者的想法变化将如何影响两者之间的交易条件。

存储经济被刻意构建为一个尽可能与交换经济相似的概念，同时允许经济决策具有时间维度。以下的理论原理分析与前几节中的内容基本相同。但是，由于涉及多个时期而不仅仅是一个时期，因此符号表示会成为一个问题。想避免数学公式的读者可以直接阅读第 9 节，这一小节使用一个非常简单的存储经济模型来说明当个人依据时间不一致的偏好采取行动时，竞争性市场如何提供交易机会。

形式上，存储经济模型由消费者的非空集合 $I = \{1, \cdots, n\}$、无限可分商品 $G = \{1, \cdots, m\}$，以及时期 $T = \{1, \cdots, z\}$ 构成。典型的消费者被称为 i 和 j，典型的商品为 g，典型的时期为 t。每个消费者 i 在时期 1 进入经济时，都拥有数量为 $e_{i,g}$ 的商品 g 的禀赋，代表着对每种商品 g 拥有的索取权。[12]个人禀赋可能是正数或零，但不能是负数；对于每一种商品，所有消费者的禀赋之和是严格为正的。禀赋向量 $\mathbf{e}_i$ 和禀赋配置 $\mathbf{e}$ 的定义见本章第 2 节。对于每种商品 g，所有消费者的禀赋之和构成该商品在经济中的存量。存储经济由 $(I, G, T, \mathbf{e}, \mathbf{f}(.))$ 五部分来描述，给定消费者可以获得的任何机会序列 $\mathbf{f}(.)$（稍后给出定义）决定了消费者在每个时期做出的选择。交换经济可被视为存储经济的一个特例，其中 $T = \{1\}$。

每个消费者 i 进入每个时期 t 时，对每个商品 g 都有数量为 $r_{i,g}^t$ 的继承（inheritance），继承向量 $(r_{i,1}^t, \cdots, r_{i,m}^t)$ 表示为 $\mathbf{r}_i^t$。

在时期 1，继承等于禀赋（即对于每个消费者 i，$\mathbf{r}_i^1 = \mathbf{e}_i$）。正如稍后将会解释的，每个时期 $t=2,\cdots,z$ 的继承取决于之前时期发生的交易。在时期 t，每个个人 i 都面临一个机会集合 O_i^t。该集合的元素是时期 t 可能出现的多种行为。消费者 i 在时期 t 的行为由数组 $\mathbf{b}_i^t = (\mathbf{q}_i^t, \mathbf{x}_i^t)$ 表示，其中，$\mathbf{q}_i^t = (q_{i,1}^t, \cdots, q_{i,m}^t)$ 为时期 t 消费者 i 的商品获取向量，$\mathbf{x}_i^t = (x_{i,1}^t, \cdots, x_{i,m}^t)$ 为时期 t 消费者 i 的消费商品向量。为了使 $(\mathbf{q}_i^t, \mathbf{x}_i^t)$ 成为一个"时期 t 行为"，必须满足以下条件：第一，如同对交换经济的分析，消费者拥有的商品索取权数量永远不能为负，因此，对于所有 i、g 和 t，有 $q_{i,g}^t \geq -r_{i,g}^t$。第二，消费不能为负，因此，对于所有 i、g 和 t，有 $x_{i,g}^t \geq 0$。第三，我将消费者 i 在时期 t 对商品 g 的消费解释为 i 的机会集合允许其变动当前持有的该商品数量。所以，这里要求消费水平永远不能超过当前持有水平。因此，对于所有 i、g 和 t，有 $x_{i,g}^t \leq r_{i,g}^t + q_{i,g}^t$。第四，在最后时期 z，所有剩余商品都被消耗掉。因此，对于所有 i 和 g，有 $x_{i,g}^z = r_{i,g}^z + q_{i,g}^z$。

现在解释如何确定继承商品的数量。上文中的定义意味着，在每个时期 $t=1,\cdots,z-1$，消费者的消费可能少于（但不会超过）其当前持有的商品 g 的索取权数量。可以说，在时期 t 转换为消费的商品索取权在这一时期"退出"。消费者 i 在时期 t 持有但在该期未退出的商品索取权数量构成了 i 在下一时期的继承商品。因此，对于所有 $t=1,\cdots,z-1$，以及所有 i 和 g，有 $r_{i,g}^{t+1} = r_{i,g}^t + q_{i,g}^t - x_{i,g}^t$。

正如对交换经济的分析一样，我会指出，一些"交易机构"为消费者提供了机会。在个人可以做出多期消费决策的环境中，对此进行有效分析需要交易机构允许个人在某个时期的机会集合取决于前期的决策。（否则，个人便没有机会在当前消费和延期消费之间进行选择。）由此，我们可以给出 t 期机会函数的概念。对于给定的消费者 i 和给定的时期 t，一个 t 期机会函数用 O_i^t 表示，将一个 t 期机会集合分配给每个可能的继承向量 $\mathbf{r}_i^t$。任何消费者 i 的机会完全由机会函数序列 $\mathbf{O}_i = (O_i^1, \cdots, O_i^z)$ 决定。（每个时期包含一个对象的数组被称为"序列"。）在时期 1，消费者 i 面临的机会集合为 $O_i^1(\mathbf{r}_i^1)$，其中 $\mathbf{r}_i^1$ 为禀赋向量 $\mathbf{e}_i$。消费者从这个机会集合中选择一个时期 1 的行为。这一行为决定了他在时期 1 期末持有的未退出的商品索取权，因此决定了他在时期 2 的继承向量 $\mathbf{r}_i^2$。因此，在时期 2，消费者 i 面临的机会集合为 $O_i^2(\mathbf{r}_i^2)$。以此类推。

对于一个给定的存储经济，在所有时期为所有消费者提供的机会可以用机会函数序列配置 $\mathbf{O} = (\mathbf{O}_1, \cdots, \mathbf{O}_n)$ 描述。任何这种配置都是一种状态（regime）。接下来分析如何将本章第 3 节和第 4 节提出的规范标准推广到适用于存储经济中的各种状态。

对于任何消费者 i，定义该消费者的行为序列为 $\mathbf{b}_i = (\mathbf{b}_i^1, \cdots, \mathbf{b}_i^z)$，其中 $\mathbf{b}_i^t$ 为时期 t 的行为。对于给定的状态 $\mathbf{O}$，如果行为序列 $\mathbf{b}_i$ 是与 $\mathbf{O}_i$ 提供的机会相一致的一系列选择序列的结果，则它是允许的［即 $\mathbf{b}_i^1$ 是时期 1 机会集合 $O_i^1(\mathbf{e}_i)$ 的一个元素，$\mathbf{b}_i^2$ 是时期 2 机会集合 $O_i^2(\mathbf{r}_i^2)$ 的一个元素，其中 $\mathbf{r}_i^2$ 是由消费者 i 在时期 1 选择 $\mathbf{b}_i^1$ 而产生的继承向量；以此类推］。对于给定的状态，在该状态下允许的 i 的行为序列集合是 i 的整体机会集合。由此可以说，如果每个在 $\mathbf{O}_i$ 中的 $\mathbf{b}_i$ 都是允许的，那么行为配置 $\mathbf{b} = (\mathbf{b}_1, \cdots, \mathbf{b}_n)$ 在 $\mathbf{O}$ 中也是允许的。

概括对交换经济所做的假设：对于任何给定的存储经济、对于任何给定的状态 $\mathbf{O}$，以及对于任何给定的消费者 i，其选择的行为序列都是唯一确定的。可以将这个行为序列写成 $\mathbf{f}_i(\mathbf{O})$。选择行为的配置 $[\mathbf{f}_1(\mathbf{O}), \cdots, \mathbf{f}_n(\mathbf{O})]$ 被表示为 $\mathbf{f}(\mathbf{O})$。$\mathbf{f}(\mathbf{O})$ 即为存储经济的定义中出现的函数 $\mathbf{f}(.)$。

可以将"联合可行性"这一概念进行一般化处理，以使其适用于行为配置的分析。如果对每种商品单独而言，总消费量（所有时期的消费总和）等于消费者的总禀赋，那么这一行为配置就是联合可行的。就我对市场所做的规范分析而言，上述定义具有重要意义。说某种商品的总消费量等于总禀赋，必然相当于说所有消费者在所有时期获取的该商品的总和为零。（这源于如下事实：对每个消费者在所有时期求和，任何商品的消费量等于禀赋加上获取的数量。）但是，这并不意味着在每个时期所有消费者获取的商品总和为零。因此，当消费者实施一个联合可行的行为配置时，他们可能在某些时期拥有针对特定商品的索取权，而这些商品当前的库存水平并不能完全满足对这一商品的索取权数量。联合可行性只要求交易机构能够在商品索取权持有者选择将该索取权转化为消费时满足其需求。

为了通俗地解释上述思想，可以想象经济中的商品库存被保存在交易机构运营的仓库中。对某一商品的索取权是某个仓库账户中的一条账目，就像银行余额是银行账户中的账目一样。当消费者"获得"或"放弃"某项商品索取权时，只需要在其账户上记录正的或负的账目。但是，如果消费者将商品索取权转化为消费，那么交易机构不仅将其记入账户的借方，而且相应物理数量的商品也将从仓库中取出并交付给消费者。（可以将这一行为与从银行提取现金进行比较。）说行为配置是联合可行的，也就是说，如果消费者实施该配置，交易机构总是能够及时满足其要求。如果交易机构被解释为一群追求利润的交易商的联合活动，那么不同的交易商应该被理解为运营不同的仓库并使用不同账户集合的行为人：对某种商品的任何索取权都是针对特定交易商的索取权。

接下来，我需要将"占优"这一概念做一般化处理。在对交换经济的分析中，我将商品1（货币）视为交换媒介，并将它解释为对所有时期的所有消费者都具有正价值。考虑任意消费者 i 和任意两个行为序列 $\mathbf{b}_i$ 和 $\mathbf{b}'_i$，如果满足如下条件，则称 $\mathbf{b}'_i$ 占优于 $\mathbf{b}_i$：(i) 两个序列仅在货币的获取和消费方面存在不同；(ii) 在每一时期，i 持有货币数量的净变化（即获取减去消费）在两个序列中是相同的；(iii) 在所有时期，$\mathbf{b}'_i$ 的货币消费至少与 $\mathbf{b}_i$ 一样多；(iv) 至少在一个时期中，$\mathbf{b}'_i$ 的货币消费严格大于 $\mathbf{b}_i$。请注意，为了使这种占优关系成立，在每个时期，$\mathbf{b}'_i$ 都必须明确地比 $\mathbf{b}_i$ 更合意，两个序列由此而不同。因此，说个人想要不选择被占优的行为序列，只是说，在单独考虑的每个时期中，个人都赋予了货币正的价值。但这并不是说人们想要避免总体上会导致货币损失的选择序列。例如，回想第5章第5节中简的案例。当简在一个时期和下一个时期之间改变主意时，她选择了导致明确货币损失的行为序列，而这种损失本可以通过选择其他序列而避免。但是，尽管她在一个时期以高价买入而在另一个时期以低价卖出，但她不会在购买时支付不必要的高价，也不会在卖出时接受不必要的低价。因此，根据我给出的定义，简选择的行为序列并不是被占优的序列。

现在可以将互动机会标准一般化为：

广义互动机会标准。对于给定的存储经济，如果（i）联合选择的行为配置 f(**O**) 是联合可行的；（ii）对于每个联合可行的行为配置 **b**，要么 **b** 在 **O** 中是允许的，要么存在一些消费者 j 使得 **b**$_j$ 被机会函数序列 **O**$_j$ 中允许的某些行为序列占优，则状态 **O** 满足广义互动机会标准。

说一个状态满足广义互动机会标准，等价于说，每项交易对所有消费者集体可行，并且对每个消费者来说并非被占优，每个消费者在该交易中所占的部分是其整体机会集合中的一个元素。在这种情况下，"交易"指的是所有消费者在所有时期获取、使用和退出的索取权的任何组合。

强互动机会标准可以用类似的方式进行一般化处理。回想一下，强互动机会标准的显著特征是，它考虑了由所有消费者集合的子集组成的"次级经济"，该"次级经济"中的每位成员都具有与原始经济中相同的禀赋向量。将这个想法应用于存储经济中十分简单。考虑任一存储经济 (I、G、T、**e**、**f**(.))。令 $S \subseteq I$ 是任一非空的消费者集合。对于任何给定的状态 **O**，该状态对 S 的影响由机会函数序列数组 **O**$_S$ 来刻画，S 中的每位成员都具有一个类似的序列。S 的一个行为配置 **b**$_S$ 是行为序列 **b**$_i$ 的一个数组，S 中的每位成员都具有一个类似的行为序列。如果每个序列 **b**$_i$ 在 **O**$_i$ 中都是允许的，则满足这一条件的配置在 **O**$_S$ 中是允许的。广义标准为：

广义强互动机会标准。对于给定的存储经济，如果（i）选择行为配置 f(**O**) 是联合可行的；（ii）对于每个非空的

消费者集合 $S \subseteq I$，对于 S 中的每一个联合可行的行为配置 $\mathbf{b}_S$，要么 $\mathbf{b}_S$ 在 $\mathbf{O}_S$ 中是允许的，要么存在一些消费者 j 使得 $\mathbf{b}_j$ 被机会函数序列 $\mathbf{O}_j$ 中允许的某些行为序列占优，则状态 $\mathbf{O}$ 满足广义强互动机会标准。

接下来将对竞争均衡的定义进行一般化处理。对于任何消费者 i、任何行为序列 $\mathbf{b}_i$ 和任何价格向量 $\mathbf{p}$，定义 $\mathbf{b}_i$ 的净价值为以 $\mathbf{p}$ 表示的所有商品获取的总货币价值，对所有时期求和。请注意，$\mathbf{p}$ 没有日期下标，这意味着 $\mathbf{p}$ 是适用于所有时期的价格向量。

由此，存储经济的竞争均衡可以定义为：

存储经济的竞争均衡。对于给定的存储经济，状态 $\mathbf{O}$ 是竞争均衡，如果：(i) 存在一个价格向量 $\mathbf{p}$，使得每个消费者 i 的整体机会集合是 i 的行为序列集合，以 $\mathbf{p}$ 计算的净价值为零；(ii) 选择行为配置 $\mathbf{f}(\mathbf{O})$ 是联合可行的。

该定义要求，对于每种非货币商品，该商品与货币之间在所有时期的所有交易都必须以相同的比率进行。第 6 章第 5 节提出，如果所有交易都以追求利润的交易商为中介，且如果该交易活动可以自由进入和自由退出，以及消费者对价格敏感，那么均衡需要一价定律在单期经济内成立。同样的论证意味着，在均衡状态下，一价定律在存储经济的任何给定时期都成立。但是，为什么某种商品的价格在不同时期必须相同呢？答案是，如果没有存储成本，并且如果某些商品与货币之间的交换比率在不同时期不同，则存在着套利机会：交易商可以以较低的价格购买商品的索取权，并以更高的价格出售。

  在这里，我做了一个至关重要的假设，即交易商可以卖空。就仓库的故事而言，想象一下，在时期 1 消费者的禀赋被保存到交易商的仓库中。消费者仅对他们的禀赋商品拥有索取权。索取权是由交易商签发的本票：交易商承诺在索取权持有人选择将商品转化为消费时交付商品。交易商通过卖出在其仓库中没有足够实物商品支撑的承诺来卖空商品。事实上，交易商可以在根本没有仓库的情况下出售此类承诺（这就是能够自由进入交易活动的方式）。例如，假设对某种非货币商品 g 的索取权在时期 1 和时期 2 都存在交易。同时，假设这些索取权在时期 1 的价格都比时期 2 高。交易商可以通过将时期 1 的索取权出售给在本期不将商品转化为消费的消费者，然后在时期 2 以较低的价格回购相同数量的索取权，从而获得利润。

  请注意，当交易商卖空时，她的负债（承诺交付的商品的价值）由她出售承诺而获得的货币来支撑。如果存在一个适用于所有时期的单一价格向量 **p**，并且如果在每个时期都可以按这些价格自由买卖，那么卖空交易商的负债规模总是能够完全被其资产价值覆盖。换一种说法，在竞争均衡中，交易商总是能够兑现其签发的本票。然而，在非均衡的情况下，卖空从套利中可能产生利润，也可能出现损失，根据模型的假设，亏损的交易商将无法兑现其所有承诺。[13]

  基于以上分析，可以得出以下定理：

    广义的强市场机会定理。对于每个存储经济（I、G、T、**e**、**f**(.)）和该经济的每个状态 **O**，如果 **O** 是竞争均衡的，那么它满足广义强互动机会标准。

可以通过简单调整本章第 6 节中的强市场机会定理的证明来证明广义强市场机会定理。在强市场机会定理的证明中，我使用了以均衡价格计算的所有消费者的净商品获取总量，和给定消费者的净商品获取总量。在对广义强市场机会定理的证明中，需要对所有时期的上述两种情况进行加总求和。从现在开始，除非有特定的理由需要区分强市场机会定理与其广义版本，否则我将把这两个定理统称为"市场机会定理"。

9. 葡萄酒经济和负责任的行为人

分析存储经济模型的原因之一是展现竞争均衡如何能够将卖空情况包括进来。卖空的基本特征是，一个行为人出售在未来采取某项行动的承诺，其可行性取决于该行为人无法控制的未来市场状况。这种特征存在于大多数现实世界的借贷活动中，只是在程度上有所不同。例如，一个人用抵押贷款买房，承诺偿还借款本金和利息。通常，该承诺由借款人的预期工作收入和发生违约时房屋的价值来保证，但不能保证未来的工资收入和房地产价格必然能使借款人兑现还款承诺。这种一般意义上的卖空是竞争性市场为具有非完整偏好的个人提供交易机会的重要机制。我将使用一个非常简单的存储经济模型来分析上述观点，即麦奎琳和萨格登（McQuillin and Sugden, 2012）分析的葡萄酒经济模型。

这一存储经济包含两个或多个相同的消费者、两个时期和两种商品——货币（商品 1）和葡萄酒（商品 2）。每个消费者被赋予一单位的货币和一单位的葡萄酒。因此，经济由 (I, G, T, $\mathbf{e}$, $\mathbf{f}$ (.)) 定义，其中 $I = \{1, \cdots, n\}$，$n \geq 2$，$G = \{1, 2\}$，$T = \{1, 2\}$，对于每个消费者 i，有 $\mathbf{e}_i = (1, 1)$。在 $\mathbf{f}$ (.) 中体现的关于消费者行为的假设将在下面的内容中进行解释。在竞争均衡中，存在一个单一的货币价格 p_2，可以在两个时期内以此价格买卖葡萄酒。

在新古典理论的意义上，消费者不是理性的。相反，消费者具有动态不一致的偏好。具体来说，他们在时期 2 对葡萄酒的支付意愿高于时期 1。在时期 1，消费者采取短视行为，他们选择在期末持有两种商品，就好像这些商品将构成他们在时期 2 的消费一样（天真地忽略了他们在时期 2 面临的交易机会）。在做出持有商品的选择时，消费者会根据时期 1 的偏好行事，而不是基于消费者希望在时期 2 采取的实际行动所依赖的偏好行事。上述分析并未表明，这种行为是否代表了预测错误的问题（消费者没有意识到他们的偏好会发生变化），或是否代表了消费者试图在时期 2 按照时期 1 的偏好采取行动。

上述情况可以用一个数值模型来表示。在时期 1，每个消费者 i 偏好可选择的多个消费序列 $x_i = (x_i^1, x_i^2)$，其中 $x_i^1 = (x_{i,1}^1, x_{i,2}^1)$ 和 $x_i^2 = (x_{i,1}^2, x_{i,2}^2)$ 分别为时期 1 和时期 2 的消费向量。假设这些偏好由如下效用函数表示：

$$u_i^1 = 0.5\ [0.75\ln(x_{i,1}^1)\ + 0.25\ln(x_{i,2}^1)]\ + \\ 0.5\ [0.75\ln(x_{i,1}^2)\ + 0.25\ln(x_{i,2}^2)] \tag{1}$$

对（1）式的解释非常简单。假设两个时期内葡萄酒的价格均为 p_2，则消费者禀赋的市场价值为 $1 + p_2$，这构成了消费者的

"预算",消费者可以将此预算分配给两个时期的消费。如果消费者想实现上述效用函数的最大化,那么(不管 p_2 的值如何)他会将预算平均分配给两个时期的消费。在每个时期内,消费者计划消费的四分之三是货币消费,四分之一是葡萄酒消费。因此,货币的计划消费为 $x_{i,1}^1 = x_{i,1}^2 = (1+p_2)/8$,葡萄酒的计划消费为 $x_{i,2}^1 = x_{i,2}^2 = 3(1+p_2)/8p_2$。

在时期 2,每个消费者 i 偏好的消费向量为 x_i^2。这些偏好由如下效用函数表示:

$$u_i^2 = 0.25\ln(x_{i,1}^2) + 0.75\ln(x_{i,2}^2) \qquad (2)$$

请注意,相对于时期 1 的效用函数,系数 0.75 和 0.25 的位置已调换,这表明购买葡萄酒的意愿提高了。给定消费者在时期 1 的决策,如上一段内容所述,他在时期 2 继承的商品的总价值为 $(1+p_2)/2$。如果消费者要实现(2)式的最大化,则他在时期 2 的消费有四分之一将是货币消费,四分之三将是葡萄酒消费。因此,时期 2 实际消费的货币和葡萄酒分别为 $x_{i,1}^2 = (1+p_2)/8$ 和 $x_{i,2}^2 = 3(1+p_2)/8p_2$。

p_2 的均衡值由选择行为配置是联合可行的条件来定义。由于所有消费者都是相同的,这等价于每个人在两个时期选择的葡萄酒消费量等于其禀赋,即 $(1+p_2)/2p_2 = 1$,这意味着 $p_2 = 1$。因此,每个人的实际消费序列为:$x_{i,1}^1 = 3/4$,$x_{i,2}^1 = 1/4$,$x_{i,1}^2 = 1/4$,$x_{i,2}^2 = 3/4$。但是时期 1 消费者的计划消费序列为:$x_{i,1}^1 = 3/4$,$x_{i,2}^1 = 1/4$,$x_{i,1}^2 = 3/4$,$x_{i,2}^2 = 1/4$。由于每个消费者在时期 1 期末持有的每种商品数量等于他在时期 2 的计划消费量,因此每个消费者必须在时期 1 出售 1/2 单位的葡萄酒索取权,作为交换,他将获得 1/2 单位的货币索取权。上述交易必须在时期 2 逆转,即出售

1/2 单位货币的索取权，并获得 1/2 单位的葡萄酒索取权。这种逆转是消费者动态不一致的明显证据。

上述交易模式意味着，在时期 2 初始阶段，消费者持有的商品索取权并没有完全得到剩余库存的支撑。由于 n 个消费者中的每个消费者在时期 1 消费了 1/4 单位的葡萄酒，剩余的葡萄酒库存为 $3n/4$ 单位，但消费者仅持有 $n/4$ 单位的索取权。相反，剩余的货币存量仅为 $n/4$，但消费者持有 $3n/4$ 个单位的索取权。只有当交易机构做出无法兑现的货币交付承诺，且被消费者要求支付货币时，才可能出现这种失衡现象。换句话说，交易机构持有缺货币、多葡萄酒的头寸。之所以如此，是因为交易机构预期消费者在时期 2 将会动用其货币索取权来支付葡萄酒的消费。如果这种预期是正确的（正如模型中的那样），该交易机构将能够满足消费者对其提出的所有实际需求。

当我们回想起存储经济的竞争均衡满足广义强互动机会标准时，葡萄酒故事的重要性就会显现。这个故事意味着，如果交易机构要向人们提供所有联合可行的交易机会，那么在某些情况下需要存在某种形式的卖空。其根本原因不难解释。正如我定义的，交易概念隐含地包括如下可能性：某个人在一个时期与另一个时期的自己进行交易。例如，在葡萄酒经济中，代表性消费者希望在时期 1 以 1 的价格出售 1/2 单位的葡萄酒索取权，并在时期 2 以相同的价格购买相同数量的葡萄酒。这是一个在只包含一名消费者的次级经济中联合可行的交易。在竞争均衡中，卖空允许消费者进行仅涉及一人的两项交易，更重要的是，它允许消费者执行时期 1 的交易，而无须对执行时期 2 的交易做出任何承诺。

这种情况之所以是可能的，仅仅是因为交易机构同意作为每次交易的交易对手方。由于消费者并没有承诺完成交易，所以交易机构相当于采取了卖空行为。

消费者会重视这种机会吗？我认为答案是肯定的，其原因我在第 5 章中已经分析过。但我必须提醒读者注意，我的论证基于我对个人在不同时期的行为之间关系的一种规范理解，体现在"连续人"的思想中。葡萄酒经济说明了这种方法与更传统的"多重自我"模型之间的某些差异。

传统的多重自我方法将效用函数（1）式和（2）式视为代表消费者的两个不同"自我"的偏好，即时期 1 中的自我和时期 2 中的自我。上述两个自我都被视为对时期 2 的消费有自己的偏好，并且每组偏好都被视为与评估消费者从该消费中获得的福利潜在相关。由于两个自我的偏好不同，因此评估福利需要在两个自我之间做出某种裁决。在此类分析中，竞争均衡制度（如我所定义的那样）不一定被认为是最优机制。例如，对比一下竞争均衡制度与交易仅在时期 1 发生且所有此类交易都以单一的市场出清价格 p'_2 进行的事先承诺制度（precommitment regime）。由于（假设）消费者是短视的，所以时期 2 自我的偏好对事先承诺制度下的交易没有影响。很容易计算出 $p'_2 = 1/3$，并且每个人的消费序列为：$x^1_{i,1} = x^1_{i,2} = x^2_{i,1} = x^2_{i,2} = 1/2$。如果我们将注意力集中在对所有消费者一视同仁的可行解决方案上，那么这种方案就是最大化时期 1 的效用。因此，如果将时期 1 自我的偏好视为消费者的潜在偏好，则可以得出结论，相对于竞争均衡的结果，每个消费者更加偏好事先承诺制度下的结果。

然而，事先承诺制度未能为消费者提供联合可行且不被占优的行为配置，即在竞争均衡中选择的配置。事先承诺制度未能提供的不是在竞争均衡中实际被选择的消费配置（每个消费者都可以在完全不参与交易的情况下实现他在该配置中想要的消费选择）。该制度也无法向消费者提供如下商品净获取配置：在时期1出售对葡萄酒的索取权，并在时期2购买对葡萄酒的索取权。正如我在第5章第5节中提到的简的例子，如果单个行为人的行为被解释为一个连续的责任轨迹，那么改变主意后再采取行动的交易机会就是一个真正的机会。在葡萄酒经济的竞争均衡中，每个消费者都想在时期1出售葡萄酒的索取权，并在时期2购买对葡萄酒的索取权。通过允许消费者进行这些交易，竞争均衡允许"连续人"做他们想做的事，并且在他们想做的时候就做。

10. 看不见的手如何发挥作用？

亚当·斯密在《国富论》（1776/1976，第456页）中提出的看不见的手通过"商人"的行为发挥作用。斯密指出，一个典型商人"只为自己的利益着想"，但"通过追求自己的利益，往往使他能比在真正出于本意的情况下更有效地促进社会利益"。针对经济学对斯密看不见的手这一论证的使用方式，一些现代评论家持怀疑态度：他们认为该论证（至少以现在使用的形式）强调了追求经济私利对社会的有益影响，然而这不仅令人难以置信，而且也是一种由意识形态驱动的主张。持这种态度的一个典型例子来自理查德·莱亚德（Richard Layard，2005），他倡导将幸福（happiness）作为公共政策的目标。在对"非哲学的无约束个人主义"不断滋长的哀叹中，莱亚德将这种思维方式与他声称的现在"西方世界的两种主要思想"联系起来——查尔斯·达尔文的自然选择概念和斯密的看不见的手：

> 许多人现在从达尔文的进化论中得出结论，为了生存你必须自私……从亚当·斯密的理论中人们也极易了解到，即使每个人都是完全自私的，社会实际上也会实现最好结果：独立行为人之间的自由契约将产生最大可能的幸福。（Layard，2005，第91—92页）

莱亚德的分析试图告诉我们，商人的自私行为能够促进社会利益的机制是无法解释的，是神秘的。在本章中我提出了如下模型：逐利交易商的行为通过为消费者提供了交易机会而提高消费者的集体利益。与莱亚德不同，我坚持认为，看不见的手这一机制并没有什么神秘之处。

在我提出的存储经济模型中，交易商无心的但具有社会价值的行为后果，为消费者提供了满足广义强互动机会标准的机会。该标准要求，对于每一个消费者集合，以及对于消费者集体可行的并且所有人都可能希望参与的每一种获取、使用和退出索取权的组合，每个消费者都可以在该组合中获得想要的索取权作为潜在的选择对象。换句话说，如果一个人愿意放弃能够诱使他人（或者，在葡萄酒经济的例子中，他人指的是另一个时期的自我）供给某种商品的东西，那么他就愿意购买该商品。满足广义强互动机会标准，就是说每个消费者能够在他想要获得并且愿意购买的时候得到他想要并且愿意购买的任何东西。追求利润的交易商可能会提供这种机会,这一想法并不神秘。

考虑以下命题的含义:对于某些存储经济和某些状态,广义强互动机会标准不成立。如果是这样,我们就可以识别出某些与特定消费商集合有关的可行的潜在交易,集合中的每个消费者都可能具有参与交易的意愿。而且我们也知道,即使这些消费者都具有交易意愿,也可能难以实现。但如果他们都具有交易意愿,并且愿意支付,那将为逐利的交易商提供他正在寻找的套利机会。

可以用两种不同的方式看待套利机会的概念。第一种方式,从只希望自己获利且嗅觉灵敏的交易商的角度看,套利是获得纯利润的机会,即通过一个"货币泵"(money pump)从潜在交易伙伴那里榨取价值的经济机会。第二种方式,将交易商排除在外,基于潜在交易主体的观点看待套利机会。在这些人看来,套利机会就是互惠互利的机会。从社会利益的角度看,人们可能会说(契约主义者也会说)这样的机会已经实现。但这只是描述同一现象的不同方式而已。

简单来说,当一些消费者愿意以低于其他消费者(或另一个时期的同一消费者)愿意支付的价格出售某种商品时,就会出现套利机会。支付意愿超过出售意愿的部分构成套利的盈余,可以通过买卖双方的交易实现这一盈余。当我们说这种盈余严格为正时,就意味着有机会进行互利交易。同时,这种盈余是一种价值来源,交易商可以通过充当买卖双方之间的中介来获取这一价值。因此,利用套利机会的交易商将赚取纯利润并促成互利交易的实现。然而,在竞争均衡中,套利不能获得纯利润:纯利润在交易商为了获得盈余而竞相削价的过程中逐渐消失。因此，如果交易商的行为意图是从套利中获利，则其行为的意外后果是促进了消费者之间的互利交易，而这一互利交易没有给中介留下任何获得盈余的空间。

我指出看不见的手这一机制并不神秘，这仅仅适用于我提出的模型中的情况。正如我一开始就明确指出的，本章关注的重点是一种高度程式化的市场经济模型，而不是对市场经济的一种现实描述。在第 7 章中我将分析现实中的市场经济与模型中的市场经济的许多不同之处，并分析这些差异在多大程度上影响有关市场对社会有利的结论，以及看不见的手的运作是否需要政府规制作为补充。尽管如此，几代经济学家已经利用简单的交换经济模型作为有效了解真实市场运行方式的第一步。他们认为，福利经济学第一基本定理及其扩展定理（该定理证明交换经济的每一个竞争均衡都在核中）向我们粗略地呈现如下事实：真实竞争市场具有重要的规范属性。鉴于这种经济分析的传统，我们有必要认识到，即使不诉诸个人根据完整偏好行事的假设，我们也可以得到对这些结果的证明。

常有人说，经济学中的理论模型可以为人们"看"世界提供新的、富有洞察力的维度，从而体现其价值。了解了某种机制在抽象模型中所起的作用后，人们开始注意到与模型中的现象类似的现实世界中的现象，并认为现实世界中存在的机制可能与模型中的机制类似。即使模型未能描述现实，但也可以帮助我们发现真正的经验规律或（正如方法论现实主义者所说）发现真正的因果机制。我相信我构建的模型中的看不见的手机制就是如此。它让我们看到了市场既是"货币泵"，又是互利交易网络这一理念的根本真相。它也让我们看到，由于上述两种属性之间的二元性，相互竞争的套利者的逐利行为如何为个人获得他们想要并愿意购买的任何东西创造了机会，而不论他们是不是新古典理论标准中的理性人。

第 7 章
规 制

本书的开篇讨论了约翰·斯图亚特·穆勒提出的市场概念，即"利益共同体"。我认为这一观点概括了自由主义经济思想传统的三个核心组成部分：在一个秩序良好的社会中，互惠互利合作是社会生活的主导原则；竞争市场是一个互利的交易网络；在合作关系中，每个人都应该判断什么才符合他或她的利益。在第 6 章中，我构建了交换经济和存储经济这两个简单模型，用以说明在理想条件下，无论个人是否根据完整偏好行事，市场都能促进穆勒意义上的互惠互利交易。在本章中，我将放松一些理想化条件，并考虑政府规制在帮助个人获得互惠互利合作机会方面可以发挥哪些作用。

为了与本书的目标保持一致，本章将重点关注采用契约主义观点而非社会计划者观点的意义，以及使用机会而不是偏好满足作为规范标准的意义。与市场规制有关的许多重要问题都与上述内容直接相关。本章第 1 节将就此展开一定的分析，但篇幅较为有限。这不是因为这些内容不重要，而是因为很多内容都是经济学中众所周知的知识，无须赘述。具有非完整偏好的个人将导致某些问题的出现，第 2 节到第 4 节将分析由此引发的监管问题。第 5 节至第 7 节将分析通常被认为需要对消费者福利或剩余进行度量的监管形式，这种监管似乎取决于有关完整偏好的假设。

1. 新古典主义对规制的分析

新古典福利经济学广泛分析了市场规制。许多这类分析拓展到我下文将要进行的基于契约主义和机会的规范经济学分析中。本节将对此进行解释。

我在第 6 章中提出的市场机会定理指出，就交换经济或存储经济中的竞争市场的每个均衡状态而言，如下判断是成立的：对于每组消费者，以及对消费者来说联合可行的且所有人都可能愿意参与的每个交易组合，每个消费者都可以在该组合中获得他想要的潜在选择对象。我将这一结果解释为，从契约主义的角度看，竞争市场的某些属性具有重要价值。正如我在第 6 章中分析的那样，可以通过直接扩展这一结果来证明，如果所有消费者都按照完整的"新古典"偏好行事，那么每个竞争均衡都是帕累托最优的，并且更强的一个条件是，每个竞争均衡都在经济的核中。上述两个结论是众所周知的，从新古典福利经济学的角度看，上述结论通常被解释为证明了竞争市场的某些属性具有重要价值。尽管契约主义和新古典主义的结论诉诸不同的规范标准，并对偏好做出了不同的假设，但二者对市场如何运作的理解是相同的，即市场是消费者之间互惠互利交易的中介。

一旦放弃了理想化的竞争模型，我们就会发现现实市场的各种属性会阻碍中介过程。基于契约主义和新古典主义的观点，并且基于大体相同的原因，可以提出旨在消除上述障碍的规制形式。例如，当企业之间试图通过合谋提高价格时，通常要求这些企业不能开展从各自角度来看有利可图的交易（每家企业都同意采取会降低利润的限产或限售措施，以换取其他企业的相应限制行为）。几乎所有经济学家都认识到，如果要维护竞争市场，就需要一定的规制来阻止企业合谋并防止垄断势力的积聚。同样，人们普遍认识到，由于有限责任条款，企业所有者不必承担经营失利的全部成本，此时需要实施规制以防止企业过度承担风险。之所以需要规制，是因为企业可以通过促成非互惠互利交易来获利。经济学的主要研究议题之一是识别互惠互利交易的阻碍因素，并设计相应的规章措施。这一议题对契约主义规范经济学和新古典经济学一样重要。

自阿瑟·庇古（Arthur Pigou，1920）的研究以来，新古典经济学家认识到支持市场规章的另一个理由是纠正外部性。为了使分析更为具体，我们以碳排放为例。环境经济学最重要的贡献之一是设计了基于市场的规章制度。考虑一个碳排放的总量控制和排放交易（cap-and-trade）制度。在某个特定的范围内，有关部门设定每个时期的排放上限，颁发符合这些限制条件的许可证，并且仅允许拥有排放许可证的主体采取排放行为。排放许可证的初始所有权可能归属于政府，然后通过拍卖出售给出价最高的人。或者，作为一种"祖父"权利（grandfather rights）*，可以将排放许可证免费分配给现有的排放者。随后排放许可证市场就可以运作起来。新古典经济学的分析表明，对于任何给定的排放

---

* "祖父"权利指的是，某些人或者某些实体已经按照过去的规定，从事一些活动，新的法规可以免除这些人或者这些实体的义务，不受新法律法规的约束，继续依照原有的规定行事。——译者注

上限，总量控制和排放交易制度会导致一种经济上有效的排放模式。为了实现与政府拥有排污许可证所有权基本相同的结果，另一种方法是以单一税率对碳排放征税，并随着时间的推移不断调整税率，以保证排放量不超过上限。[①]

近年来，在建立以市场为基础的规章制度，以及说服政策制定者和舆论制造者相信这类规章制度的作用方面，取得了缓慢但切实的进展。但是政府直接干预的规制方法仍然得到广泛使用和倡导。政府坚持针对特定的碳排放实施特别规制（例如，针对家庭隔热设施、车辆和照明系统的燃油效率的规定）、特别"绿色"税（例如，针对私家车使用燃料的征税），以及特别"绿色"补贴（例如，对风能和潮汐能发电的补贴）。经济学家一致认为，上述规制措施在经济上是无效率的，因为这类规制限制了经济主体进行互惠互利交易的范围，而这种交易对总排放量没有任何净影响。

如果一个国家致力于通过某种规制强制实施特定的排放上限标准，那么必然会出现"排放权"（即允许排放）这一经济物品。由于存在上限，这种物品的供给水平是固定的。因为该物品以许可证的形式存在，因此在经济主体之间的转移没有技术障碍。在经济主体之间分配排放权这一经济问题具有交换经济的许多特征。在一个适当简化的模型中，新古典主义的分析表明，在排放上限的约束条件下，竞争性的排放权市场会产生帕累托最优分配结果。类似地，在给定排放上限的条件下，基于契约主义角度分析竞争性的排放权市场也非常简单，该分析表明，排放权竞争市场为经济主体提供机会，参与他可能希望参与且可行的所有交易。

2. 过多选择

我在分析市场时采用的规范标准是机会。[2]根据该标准，当一个人能够从更大而不是更小的机会集合中做选择时，他的利益能够得到更好的体现。从契约主义的角度为这个标准进行辩护时，我认为在大多数情况下，大多数人都会认识到能够通过在其机会集合中增加更多选项而使自身受益（见第5章）。然而，心理学和行为经济学针对过多选择（choice overload）现象的大量研究成果似乎质疑这一说法，并提出了新古典经济学忽视的规制作用。

当消费者面临过多选择以致其决策质量下降，或者消费者对最终决策感到不满意，又或者其决策动机被削弱以至于完全避免做出选择时，就会发生过多选择问题。过多选择在发达经济体中成为一个严重问题，这一观点的一个极端版本因巴里·施瓦茨（Barry Schwartz）所著的《选择的悖论》一书而流行，该书的一个重要假设是：当选择的数量太多时，"选择不再自由，而是更无力，甚至可以说是'暴政'"（Schwartz，2004，第2页）。研究过多选择的学者有时会提出，他们的研究成果表明市场体系存在着根本性失灵，即市场为消费者提供了太多的选择。类似的某些观点指出，消费者想要获得更多的选择，仅仅是因为他们尚未了解更多的选择对他们其实并没有好处。例如，尼古拉·鲍恩等人（Nicola Bown、Daniel Read and Barbara Summers，2003，第307页）将一项关于过多选择的实验结果解释为对如下观点的支持：大多数消费者的需求……可以通过比现有选择少得多的选择得到满足。然而，即使选择与任何最终利益并不相关，但选择具有的内在吸引力也会促使零售商向消费者提供更多的选择，而消费者也会被更多的选择吸引。在宣扬自由意志式家长主义时，桑斯坦和塞勒有时候建议人们做更少选择而不是更多选择，这样人们的境况可能更好。当第一次提出这种方法时，他们指出自由意志式家长主义者"想要促进选择自由，但不必提供糟糕的选择，在一组理性选择中，他们也不必争辩说选择越多就越好"（Sunstein and Thaler，2003a，第1196页）。在两人的著作《助推》中，当他们讨论外出就餐问题时也提出了同样的想法，"让别人为你选择是明智之举。芝加哥最好的两家餐厅……为顾客提供最少的选择，选择如此之少的好处是，厨师有权为你烹制你从未想过要点的东西"（Thaler and Sunstein，2008，第76页）。

希娜·延加和马克·莱佩尔（Sheena Iyengar and Mark Lepper，2000）开展的田野实验是引用率最高的关于过多选择的证据。实验者在美国一家高档杂货店内设置了一个品尝摊位。光顾该摊位的消费者可以品尝一系列优质果酱，并获得优惠券，在购买该系列果酱时可享受1美元的折扣。品尝摊位上的果酱数量有时是6种，有时是24种，当果酱数量更多时，品尝摊位的光顾频率略高，但只有6种果酱时，兑换券被使用的比例要高得多。延加和莱佩尔认为这一结果和类似结果体现了施瓦茨所说的"选择暴政"（tyranny of choice）的思想，并表明提供广泛选择"虽然最初吸引了选择行为人，但可能会对行为人此后的满意度和选择动机造成不利影响"（Iyengar and Lepper，2000，第1003页）。

这种解释与如下零售市场中最明显的发展趋势并不一致，即那些向消费者提供最多选择的零售商业模式获得了成功。想想沃尔玛和亚马逊的成功，再看看社区杂货店和商业街书店的衰落。

诚然，大型连锁超市最近有一种趋势，即在人们居住或工作的附近地点开设小型超市。但这些超市是为迎合消费者日益增长的对"快-停"（quick-stop）购物的需求，这与开车到城外的大型超市购买一周所用的生活用品形成了鲜明对比。我认为，这体现了商业模式总体发展趋势的一个方面，即最大限度地缩短消费者对某种商品的欲望与满足这种欲望之间的延迟，也就是在人们想要某种商品的时候为他们提供想要并愿意支付的商品（互联网购物成功的一个关键因素是快递服务的发展，这使得互联网零售商大幅缩短了交货时间）。这是选择在时间维度上提出的需求。

无论如何，现代大型超市向消费者提供的选择数量远远超过延加和莱佩尔设置的品尝摊位上的 24 种果酱的数量，更不用说互联网购物网站提供的选择数量之多。如果多种选择的消极影响是降低了消费者的购买倾向，那么零售商如何通过提供更多选择来获利呢？其他学者尝试复制延加和莱佩尔的实验，但结果并不一致，这不足为奇。[③]

在某些不同于超市的有趣案例中，更强有力的证据表明了过多选择将产生的影响。[④]在美国，最常见的退休储蓄形式是 401(k) 计划（雇员和雇主共同为储蓄计划缴费，缴费和投资收益免税。雇员可以在一系列的基金中对储蓄进行配置，通常包括货币市场基金、债券和股票）。在控制其他因素的基础上，可选基金的数量越多，401(k) 计划的参与度越低，同时参与雇员越倾向于选择风险规避型投资组合。在医疗决策中也发现了类似现象。从 2006 年起，美国联邦医疗保险（Medicare，为 65 岁及以上人群提供的健康保险计划）开始以补贴保险的方式支持购买处方药。与 401(k) 计划一样，个人从一组既定的（通常为 40 个或更多）

由私人部门提供的计划中进行选择。有项调查研究表明，人们之所以不积极加入该计划，部分原因在于选择数量过多。还有证据表明，患者在替代药物治疗之间做出选择的偏好与其疾病的严重程度呈负相关关系，并且这一偏好程度被健康状况良好的人们高估了。

为什么这些决定与人们在超市中做出的决定不同？一个重要区别是选择主体对自己偏好的了解程度不同。有关过多选择的研究普遍认识到（即使有时在关于选择暴政的夸张修辞中被忽视），当选择采取"偏好匹配"（preference matching）的形式时，即浏览一组选项时，根据事先存在的偏好排名找出最佳选项，此时便不会发生过多选择问题。因此，对于已经决定要去超市购买特定的早餐麦片的消费者而言，他们不会因为看到货架上其他麦片而失去选择动力。人们可能预期这种影响会扩展到相关产品系列。对一个了解早餐麦片的一般特点，并了解其自身口味的消费者来说，即使超市货架上的一些麦片品牌对他来说是陌生的，在超市选择一种早餐麦片也谈不上是一项艰巨的任务。相比之下，人们不太可能了解自己对储蓄和保险计划或替代医疗方案的偏好。

有关过多选择的研究普遍认可的另一个观点是，如果将选项集合以一种选择主体认为相关的方式进行分类，则不太可能发生过多选择的问题。出于实验控制的原因，实验者通常会剔除有助于选择主体对机会集合进行结构化处理的引导因素。当（如美国社会保险的例子）公共资助的计划允许个人在私人提供的产品中进行选择时，选项的呈现方式必须满足中立无偏的标准。因此，这种选择环境往往更像受控实验而不像超市。

在早期关于自由意志式家长主义的网上讨论中，一位网友引用了美国政治家纽特·金里奇（Newt Gingrich）的话：

> 如果你走进一家沃尔玛店，对人们说"难道你不会因为有 258 000 种选择而感到沮丧吗？减少你必须忍受的过多选择难道不是他们的义务吗"，人们会认为你疯了。[5]

金里奇所说的无疑是对的：大多数超市顾客都会惊讶于超市提供给他们太大的选择范围。但是，为什么他们没有被如此大量的选择吓倒呢？

想象一家商店有 258 000 种沃尔玛商品，但这些商品以随机顺序摆放在货架上，每 24 小时更换一次。此外，假设所有产品的包装都是纯白色的，在每个包装上，产品的性质都以黑色标准字体印刷。如果消费者别无选择，只能在这样的商店里购物，他们会发现购物是一项极其繁重的任务，并且很可能希望减少选择的数量。这个思想实验的要点是，我们在超市中引导消费者的能力高度依赖于如何摆放商品的惯例。一套这样的惯例决定了零售商关于哪些产品靠近哪些产品的选择。例如，在几乎所有的超市中，不同的咖啡都被放在一起，并且距离茶叶的位置不远。一位正在寻找茶叶的顾客在超市看到咖啡时就知道自己处于大致正确的位置；当找到茶叶货架时，她可以很容易地比较不同类型的茶叶。另一套惯例支配着生产者的产品包装决定。例如，不同的茶叶生产商在包装设计上存在着相似之处。上述惯例使得顾客可以在众多货品的背景下快速找到茶叶的货架。显然，零售市场上存在着某些有助于惯例涌现并持续存在的机制，借助这些机制可以降低消费者选择问题的复杂性。

上述机制背后的驱动力量是卖方在吸引买方时追求的利益。作为批发生产商和消费者之间的中介，零售商出售的是购物环境，消费者可以在其中挑选生产商提供的产品、比较替代产品和价格，并基于自身愿望购买商品。零售商竞相提供消费者满意的购物环境，借此提高消费者的购买意愿并使自身获利。如果消费者更喜欢便利的购物环境，那么不迎合这种偏好的零售商将损失一部分生意。同样，如果消费者借助具有某些常规特征的包装在超市中寻找茶叶，则采用这类常规包装就符合每个茶叶生产商的利益。

当然，零售商有时会发现，创建不那么便利的购物环境是有利可图的。例如，超市有时会将特价商品的货架设置在远离类似但价格正常的商品货架的地方。不同品牌的商品在货架上的相对位置有时候是由超市向生产商收取的不同费用决定的，例如，想要把商品摆放在一眼就能看到的位置就必须支付更多费用。一些常见的定价策略通过将人为的复杂性引入消费者决策问题来发挥作用。在本章第 4 节中，我将分析规制在确保透明定价和使消费者更容易比较替代产品和价目表方面发挥的作用。但是，我认为关于过多选择的现有证据并不能表明，根据个人对自身利益的理解，如果他们的机会集合小于竞争市场所能提供的机会集合，那么他们的境况普遍会变得更好。

尽管如此，市场提供了太多选择这一观点似乎在公共辩论中产生了一些共鸣，施瓦茨所著的《选择的悖论》一书的畅销，以及得到广泛引用的延加和莱佩尔的果酱实验就是证明。我的感觉是，市场迎合的某些偏好反映了一种文化上保守或自命不凡的姿态。这似乎是一种无害的守旧行为，正如施瓦茨（Schwartz, 2004，第 1—2 页）在提到"选择暴政"时抱怨服装品牌盖璞（Gap）提供了太多类型的牛仔裤（"我对选中的牛仔裤还算满意，但我突然意识到，买一条裤子不应该花费一整天时间"），但它往往反映了对经济生活事实的误解，以及对限制他人的互利交易机会的隐秘嗜好。

想象一下，你被要求描述你认为理想的购物环境。对很多人来说（我怀疑对施瓦茨来说也是如此），理想的超市是一家小规模商店，位于自己的社区附近，交通便利（这一距离可能刚好合适，以至于其他驾车顾客不会把车停在你的房子前，给你带来不便）。这家商店库存产品范围很小，根据你的特定口味和兴趣量身定制，但价格与大型超市的价格接近。有时你需要购买某些类别的商品（例如牛仔裤，如果你是施瓦茨），但你对这些商品的详细特征并不感兴趣。这家商店的相关商品很少，但可以满足需求。还有其他类别的商品（例如早餐麦片），你对特定品牌有强烈的偏好，并且觉得没有必要尝试其他品牌的麦片；这家商店出售的麦片种类有限，但你最喜欢的品牌始终在售。然而，对某些商品来说，你有点像鉴赏家，喜欢尝试不同的类型。此时这家商店为你提供了广泛的选择，精心挑选以吸引那些像你一样喜欢尝试的顾客。因此，这家商店没有一个货架用于摆放你不想购买的商品。

与上述理想的购物环境相比，现实中的购物环境似乎提供了太多的选择，更不用说摆放得杂乱无章。当然，在一个存在零售规模经济且人们拥有不同品位和兴趣的现实世界中，每个人都能有一家完美商店的想法无疑是一种幻想。一个稍微现实一点的可能性是，某些人确实有完美商店，但他们每个人都不得不使用这些完美商店。由于这些完美商店得到了充分使用，所以价格较低。但是，某些人的完美商店能否持续存在取决于其他人有没有机会从这些商店中购买他们想要的商品。通过限制其他人购买商品的机会（这些商品对他们来说没有吸引力），可以使你喜欢的购物环境得以保留，而你无须为此付费。将上述限制描述为防止"选择暴政"，可能是保护主义的一种简单伪装。

桑斯坦和塞勒对芝加哥餐馆的分析引起了人们对第三种可能性的关注——除了价格之外，在所有方面都像完美商店的企业。这样一个近乎完美商店的企业迎合某个特殊客户群体的需求，群体成员有着相似的品位，并且愿意支付高价以避免面对他们不喜欢的选项。如果有足够多的人愿意支付足够的费用来覆盖这种零售的成本，那么近乎完美的商店就会在市场经济中出现。[6]但事实与此相反，大型零售店在现实市场经济中的主导地位表明，大多数人并不愿意支付这些成本。桑斯坦和塞勒推荐的餐厅看起来是近乎完美商店这种商业模式的极端例子。（由于这些餐厅被视为芝加哥最好的餐厅，我们可以假设其就餐价格并不低。）因此，这些餐厅的顾客可以从遵循厨师的专业建议中受益，而不是因为自己根据内容丰富的菜单做出选择而受益。然而，这些餐厅的顾客并没有让自己受制于抽象的专业知识，他们购买了特定厨师的专业知识，这些厨师是顾客在市场上选择的，负责向顾客提供多种用餐体验。这并不是如下原则的重要反例，即拥有更多而不是更少机会符合每个人的利益。

3. 自我约束

许多经济学家和哲学家表现出对如下问题的研究兴趣：人们能够主动限制其未来的行动机会，进而避免在未来到来时真的采取这些行动。的确，正如奥德修斯和塞壬的故事表明的，几千年来人们一直着迷于这类问题。托马斯·谢林（Thomas Schelling，1980，第96页）在一篇文章中富有说服力地（并根据个人经验）描绘了试图戒烟的吸烟者的行为。这些吸烟者试图约束自己的吸烟行为，但之后又试图避免约束，两种行为交替出现：

> 我们应该如何概念化这个理性消费者？对于他，我们所有人都了解他，并且我们中的一部分人就是这种消费者，他在自我厌恶中将香烟扔进垃圾搅碎机，发誓这一次不会再冒着让他的孩子成为肺癌患者遗孤的风险吸烟，但在上街三个小时后，他又开始寻找一家仍在营业的商店去购买香烟……

显然，在某些情况下，人们会选择自我约束的策略，或者在可行的情况下选择这种策略。目前，我暂且不讨论这些案例的一般性，而是集中分析当这些情况发生时，是否会引发某种形式的基于契约主义的市场规制。

从契约主义的角度看，问题不在于个人是否会像某些社会计划者或评论员判断的那样，如果受到外部约束的限制，他们的境况会变得更好。问题在于他们自己是否愿意受制于这些外部约束。这引发了一个问题，即当个人愿意时，市场是否倾向于为个人提供限制其未来选择的机会。一个粗略且现成的答案是，在一个竞争市场中，自我约束方法往往会提供给那些愿意为这种方法付费的人，但相反的方法，即让人们摆脱约束、不希望再被束缚的方法也是如此。因此，市场一方面满足了谢林分析的吸烟者对垃圾搅碎机的需求，以此防止吸食以前购买的香烟，但另一方面市场也为吸烟者提供了可以购买香烟的便利店。同样地，追求利润的银行可以提供长期储蓄合同，对提前终止合同的行为施以严厉的处罚，这些合同对那些致力于长期储蓄计划的人来说可能具有吸引力。但是，如果在签订了这样一份合同后，储蓄者感到自身消费的欲望超出了原来计划允许的范围，也许他可以通过向另一家银行借款来抵消长期储蓄合同的影响，甚至可能使用其储蓄账户上的资产作为借款担保。

美国一家名为 StickK 的互联网公司，找到了一种向个人推销自我约束的方法。StickK 打造了一个社交网站，个人客户在该网站上发布有关实现自己确定的目标的承诺，然后自己报告是否实现了这些目标。客户可以选择指定的"裁判员"（referees）来验证其报告，并指定"支持者"（supporters）随时了解其实现目标的进度。此外，客户还可以选择"财务承诺"，设置一定金额的赌注，仅当目标实现时退还这一赌注。作为财务承诺的一部分，当目标没有实现时，客户选择是否将赌注转移给特定的其他人、StickK 选择的慈善机构，或者"反慈善机构"，即客户从他们不喜欢的机构中选择出来的机构（为了迎合美国人的口味，选项范围包括全国步枪协会和制止枪支暴力教育基金；为英国客户提供的选项包括阿森纳和曼联球迷俱乐部）。如果你阅读"条款和条件"的小字，你会发现 19.5% 转移给慈善机构和 50% 转移给反慈善机构的金额被 StickK 扣除为费用。此外 StickK 还能收取利息。[7]稍后，我将分析 StickK 的业务量。就目前的分析而言，StickK 是一个有趣的例子，它说明了如何在市场上买卖某些形式的自我约束。

尽管如此，我认为我们必须得出如下结论，即竞争市场并不总能满足自我约束的偏好。这重要吗？第一个正式的答案是，在第6章第6节和第6章第8节中阐述的市场机会定理不会因自我约束偏好而失效。其原因是，根据我使用的规范标准，自我约束的机会价值为零。基于第5章第1节和第5章第5节提出的个人机会标准，这一点很容易理解。考虑简的例子，她有两种消费选择，水果和蛋糕。水果更健康，但蛋糕更有内在吸引力。如果可行的话，简可以在时期2选择水果或蛋糕。在时期1简认为，如果在时期2两种选择都可行，那么她会选择蛋糕，但她现在想约束自己，选择水果。利用第5章第5节中的符号，如果没有自我约束的机会，简的选择问题（从时期1看）可以由嵌套机会集合 $O = \{\{水果, 蛋糕\}\}$ 表示。里面的一对大括号包含的是在时期2可行的选项，外面的一对大括号包含的是时期1可行的单一选项，即时期2的选择问题是$\{水果, 蛋糕\}$。如果简在时期1有一个自我约束选项，使她在时期2不能选择蛋糕，此时她的选择问题为 $O' = \{\{水果, 蛋糕\}, \{水果\}\}$。我们现在需要明确的是，对 O 和 O' 的偏好是如何根据个人机会标准排序的。由于水果和蛋糕中的每一个选项都可能严格地比另一个更受简偏好（事实上，简本人在某些心智状态下更喜欢水果，而在另一些心智状态下更喜欢蛋糕），因此这两种选择都不是占优选择。因此，应用占优扩展原则，我们有$\{水果, 蛋糕\} >_2 \{水果\}$，即如果简在时期2可以在水果和蛋糕之间进行选择，那么她在时期2的机会比她只能选择水果的情况要多。但这意味着，对于集合 O 和 O' 在时期1可供选择的每个选项来说，该选项至少被另一个集合在同一时期可供选择的选项弱占优。因此有 $O \sim >_1 O'$，即当简面临选择集合 O 时拥有的机会和面临选择集合 O' 时一样多。

当然，有些人可能会说，这只能表明作为个人利益的一种代表形式，个人机会标准存在着一定的局限性。如果一个人知道有时候她想限制自己未来的选择，那么她可能理性地认为，某些自我约束的机会符合其自身利益。[8]或者她可能同样理性地认为这并不符合自身利益。她知道，如果存在自我约束的机会，那么她会发现有时候就不能做自己想做的事，因为她以前对自己施加了约束，但现在她希望自己没有自我约束，此时她可能会认为，如果不提供自我约束的机会将更符合她的自身利益。究竟采取哪种观点，似乎取决于她在判断自己的利益时，是认同施加限制的自我，还是认同受到限制的自我。应该在多大程度上对自愿交易制度进行规制，以支持个人对自己的选择施加限制，这是几代经济学家一直在努力解决的一个深刻问题。我只能说，目前我所做的分析是从这个问题中抽象出来的。

我认为，任何以偏好满足为标准的规范经济学方法都必须面对同样的问题。正如我在第4章中指出的那样，行为福利经济学家有时候提出，通过区分潜在偏好和错误可以解决这个问题。如果内在理性主体选择自我约束，并将试图逃避这些限制视为错误行为，那么按照行为福利经济学家的观点，社会计划者应该尊重人们对自我约束的偏好。相反，如果自我约束的愿望被视为一种错误，那么这种愿望就不会得到尊重。但是，除非有一种方法可以识别潜在偏好，否则这个结论没有任何意义。

但是，真正偏好自我约束的人能有多少呢？"真正偏好自我约束"这句话的意思是，一个人愿意选择受到限制，一旦被施加了限制，将由个人意志之外的某种机制强制执行。不应该将自我约束混淆于抱负或决心的形成，后者旨在影响随后的选择，而不是真正限制选择。除了谢林对努力摆脱成瘾状态的真实描述之外，行为经济学文献中还包含大量基于自我约束偏好这一假设的模型，这些模型从心理学的角度看似乎是不合理的，也未能得到证据的支持。正如我在第4章第8节中指出的，行为经济学家倾向于将情景依赖型偏好解释为自我控制问题的证据，这可能是他们应用内在理性主体模型时产生的副作用。

一个典型的例子是德鲁·弗登博格和戴维·莱文（Drew Fudenberg and David Levine, 2006）用来解释在实验环境下观察到的高水平风险厌恶的模型，在这些实验中，学生受试者在小额奖金的彩票之间做出选择。弗登博格和莱文假设一个代表性主体具有两个自我：一个偏好较高储蓄率的"长期自我"和一个偏好即时消费的"短期自我"。认识到上述两种偏好之间的冲突，长期自我对短期自我获得现金的机会施加了约束（例如，故意从银行账户中只提取少量现金）。在实验中，短期自我处于主导地位，并将小额奖金视为规避长期自我所施加约束的机会。鉴于对于小规模收益和小规模损失的风险规避不乏简单且在心理学上有充分根据的解释（更不用说在典型的大学校园里很容易找到自动取款机），我认为弗登博格和莱文提出的双重自我模型既缺乏合理性又缺乏简约性。

一个更正式的也是在自我约束的讨论中常被引用的例子，是关于健身房会员资格的例子。许多健身房都提供两种可供人们选择的收费类型。第一种是"即用即付"收费，即每次健身收取一定费用，第二种是会员制，收取固定费用（例如，月卡或年卡），对会员健身次数没有限制，无须支付额外费用。在很多经济活动中都可以观察到即用即付和会员制（或季卡）两种选择形式，例如公共交通或观赏性体育运动。对此标准的经济学解释是，这是一种价格歧视形式，即商家允许顾客在不同收费类型之间进行选择，以此向具有不同需求函数的顾客收取不同价格，从而获得更多收入。然而，在健身房的例子中，关于会员制的一种解释是，这是为了满足会员对自我约束的需求。其背后的思想是，一个代表性个人的长期自我强烈倾向于定期锻炼，而短期自我则在任何特定时间都倾向于不去锻炼。当长期自我起作用时，个人选择会员制并支付一笔固定费用，目的是让接下来的健身对短期自我更具吸引力：去健身房仍然会给自己带来锻炼上的痛苦，但至少不需要再为每次健身单独付费，金钱上的痛苦将被消除。

斯特凡诺·德拉维尼亚和乌尔丽克·马尔门迪尔（Stefano DellaVigna and Ulrike Malmendier，2004，2006）从新英格兰三个商业健身俱乐部的记录中收集了相关证据，并将上述假设作为对相关证据的解释。基于相关证据，德拉维尼亚和马尔门迪尔取得了两个主要发现，体现在 2006 年发表的论文的标题中，即"付钱不去健身房"。第一个发现是，平均而言，选择月卡的人支付的费用比即用即付的人支付的全部费用多出大约 70%。第二个发现是，选择月卡的人比选择年卡的人更有可能在一年以上的时间内保持会员身份。年卡会员每个月的会费更便宜，但不会在年底自动续费；除非客户取消，否则月卡的会员资格会自动续费。

原则上，会员制客户支付的费用高于即用即付的价格，这一观察结果与主动选择自我约束的假设是一致的。可以想象，这些客户的长期自我可能已经预测到，如果他们采取即用即付的付费方式，那么去健身房健身的频率会更低，并且可能认为70%的超额付费是物有所值的，因为这可以诱使他们的短期自我去健身的次数更多。但超额付费的规模表明，如果客户真的将月卡作为自我承诺的工具，那么这一工具的效果也不是特别好。就像客户具有相关的经济学知识做如下预测：如果边际价格为零，未来去健身房健身的意愿会大得多，但人们并不能从心理上自我觉察到这个预测实际上是错误的。

德拉维尼亚和马尔门迪尔得出的结论是，对研究得出的两个重要发现最合理和最简单的解释不是健身房顾客选择自我约束，而是他们犯了"高估未来的自我控制能力或未来效率"的错误（2006，第716页）。在这一背景下，"效率"指的是取消未使用的月卡会员资格，而"高估未来的自我控制能力"指的是高估去健身房健身的次数。将去健身房健身解释为自我控制的行为，实在无法解释人们对会员制的选择。正如德拉维尼亚和马尔门迪尔指出的那样，其分析结果"至少与人们对自我控制的认识一样天真"（2004，第394页）。

另一种更简单的解释是，当人们在两种付费方式之间做选择时，倾向于将当前的态度归因于未来的自己。考虑到可以多次光顾健身房，人们将此视为有利于长期健康的行为，但高估了自己每天去健身房健身的意愿。在两种付费方式之间做选择时，人们认为当前出现在其脑海中的首要问题在其他时间同样重要，因此，当新信息出现时，人们会高估改变决定的可能性。这里的潜在心理机制与丹尼尔·卡尼曼（Daniel Kahneman，2011，第402页）总结的聚焦错觉（focusing illusion）密切相关："生活中没有什么比你正在思考的你认为重要的东西更重要。"请注意，这种机制与自我约束是相悖的：如果（无论正确与否）你将当前的偏好归因于未来的自己，那么你将意识到没有必要约束自己未来的选择。

这并不是否认新英格兰健身房的客户正在选择的是明确占优的选项（从某种意义上说，这些人支付的费用超过了他们需要支付的费用，并且没有得到任何额外的回报）。在这种情况下，使定价更加透明的规制或许可以实现消费者的利益，本章第 4 节将详细介绍此类规制。但这种规制并不支持将健身房会员制解释为自我约束。

为了找到有关自我约束偏好具有普遍性的证据，我们需要的是满足如下条件的案例：消费者的选择是以显性方式呈现的自我约束，同时消费者要考虑采取行动的频率。这种选择并不常见，但（部分是由于行为经济学思想的传播）监管机构有时会要求企业向消费者提供这些选择。近期新闻报道了一个有趣的例子，威廉希尔（William Hill，英国最大的博彩公司之一）的首席执行官声称博彩委员会（博彩行业监管机构）引入的一项规则对其公司的利润产生了不利影响：

> 该公司声称，一个"恐慌按键"（panic button）使问题赌徒更容易通过锁定他们的账户来停止在线投注，这降低了威廉希尔公司的利润。作为 2015 年引入该网站的一项新功能的一部分，投注者只需点击一个按钮，就可以选择将自己的账户锁定 24 小时、一周、一个月或长达六周的时间。该功能由英国博彩委员会于 2015 年 11 月推出，作为旨在增强博彩行业社会责任的一系列措施之一。威廉希尔的首席执

行官詹姆斯·亨德森（James Henderson）表示，自2016年初以来，选择停止投注的人数增加了50%，目前每周约有3 000个账户被锁定……威廉希尔的在线博彩业务拥有270万用户，2015年的营业收入为1.265亿英镑。[9]

恐慌按键无疑为那些意识到自己有自控问题的网络赌徒提供了一项有用的服务。博彩委员会授权将规制解释成满足赌徒对自我约束的需求。但请注意规制的采用率：在任何给定时间，大约只有千分之一的互联网赌徒会选择受到约束。鉴于赌博是一种特别令人上瘾的消费方式，这一证据并未表明，在整个经济中，对自我约束存在着巨大且未得到满足的潜在需求。

StickK的情况如何呢？从2008年成立到我撰写本书时（2017年10月），StickK声称它已经处理了374 000份承诺合同和3 260万美元的赌注。[10]显然，StickK已经在一个细分市场上找到了一种成功的商业模式。但是，就像恐慌按键的使用率一样，作为一家社交网站，StickK获得流量这一例子很难证明自我约束偏好是经济生活中的一项主要特征。

作为行为福利经济学家假设自我约束偏好的最后一个例子，回想一下塞勒和桑斯坦（2008，第103—131页）关于助推人们为退休进行更多储蓄的分析，第3章第5节对此进行了评论。塞勒和桑斯坦指出，对于许多美国人来说，与大多数专家认为能够确保一个还不错的老年生活水准所需的储蓄相比，他们的退休储蓄太低了。他们引用的调查证据表明，三分之二的员工认为他们的储蓄率"太低"，只有1%的员工认为自己的储蓄率"太高"。作为对低储蓄率的解释，桑斯坦和塞勒提到了理性财务规划的数学复杂性，以及执行长期储蓄计划所需的意志力。他们提出了已被证明能够提高就业储蓄计划参与率的多种助推措施（特别是默认加入而不是默认退出的设置），并认为这些助推措施可以帮助个人克服自己认识到的自我控制问题。

基于这种观点，执行长期储蓄计划类似于节食、坚持戒烟的决心或参加老式的圣诞俱乐部。* 不过，将退休储蓄决策的情感强度与节食、戒烟或圣诞节计划的情感强度进行对比是很有趣的。尽管退休储蓄决策对储蓄者当前的可支配收入和他们未来的生活水平都有极其重要的影响，但有证据表明，当人们真正做决定时很难保持兴趣和注意力。⑪ 人们乐于接受任意默认选项或使用粗略的经验法则，如果有多个可供选择的储蓄选项，他们很可能会不做任何选择。如果人们真的会选择所谓的专家推荐的储蓄计划，那么对此更合理的解释是，这是一种避免必须应对困难、无趣和令人担忧的问题的方法，而不是以一种巧妙的方式尝试抵制消费的诱惑。

然而，值得一问的是，人们意识到对几十年后的退休进行规划涉及经济、政治和个人等方面的不确定性，这一点是否可以部分解释家庭的低储蓄率。专家们对未来储蓄回报的估计通常取决于如下假设：现有制度结构保持稳定，当前的规律和趋势会延续。例如，塞勒和桑斯坦（2008，第121页）自信且令人不安地断言，有证据表明，截至2008年金融危机爆发时，股票在每20年内的表现都要优于债券，不将大部分资产以股票形式持有的存

---

* 圣诞俱乐部（Christmas Club）是一种在英美乡村地区流行的储蓄形式。通常，圣诞俱乐部由被人们公认声望较高的个人或组织在年初发起，大家按照事先约定的数额定期向俱乐部交钱，然后在圣诞节时，这些钱会被统一用来购置事先约定的用于圣诞庆典的物品。——译者注

款人犯了一个错误："在每20年的时间里，股票肯定会上涨。"相比之下，普通存款人（和非存款人）可能对诸如股市崩盘、银行倒闭、恶性通胀以及政府背弃养老金承诺等意外冲击的可能性有一些初步认识。他们可能还会想到，如果大多数人都不为退休而储蓄，那么当非存款人达到退休年龄时，他们可能会利用手中的集体投票权从工作人口那里获得转移支付。

我认为，旨在提高家庭储蓄的政策的大部分政治驱动力并非源自帮助个人解决自我控制问题的愿望。相反，它源于一种认识，即低储蓄者破坏了政策体系的可信度，在这些制度下，私人储蓄在为退休和社会保健（social care）提供资金方面发挥着重要作用。政策制定者试图解决集体行动问题，其目的是建立可持续运行的制度，并引导人们形成一致和可实现的预期。在一个保障所有人的最低生活水平并且存在轻率投票者的民主社会中，对这个问题的契约主义解决方案可能包含着某种形式的强制储蓄。

4. 混淆

产业经济学家对一种被称为"虚假复杂性"、"隐瞒"和"混淆"（obfuscation）的现象越来越感兴趣。当企业故意以不必要的复杂方式为其产品定价或提供有关价格信息时，便出现了混淆现象。混淆被视为一种能够阻碍竞争并且压榨粗心大意的消费者的做法，因此理应成为政府规制的目标。理想的理性消费者往往能够处理复杂的价格信息，但个人经济行为与根据传统理性选择模型预测的行为之间存在偏差，随着有关这种偏差证据的不断积累，对混淆现象进行规制的呼声越来越高。

近期学术界对混淆的研究兴趣也反映了如下情况：随着人们逐渐接受了信息革命和电子商务快速发展的影响，有关混淆的话题在公共辩论中的地位愈发凸显。信息革命和电子商务等创新使企业更容易采用复杂的定价方案。在很多情况下，这有利于提高定价的经济效率。例如，航空公司现在能够按分钟调整个别航班的座位价格，以匹配供需，减少空座位的浪费。以前以单一价格整体出售的产品现在可以更容易地分解为独立定价的多个产品，从而能够根据消费者的个人需求进行定制。正如航空公司定价的例子表明的，价格歧视变得更容易了。按分钟调整的灵活价格允许航空公司向那些不想提前很久制订旅行计划，并且不愿意用廉价目的地代替昂贵目的地的乘客收取更高的价格。但这也可以看作效率的提高，因为当消费者的总收益超过生产成本时，价格歧视有助于企业提供相应的产品和服务（见第7章第5节）。但是，价格歧视存在一个缺点。相同的技术变化使卖方能够更好地控制消费者获得的有关商品供给的信息。例如，相比百货公司的经理，购物网站的设计者对消费者获取价格信息的过程有更多的控制权。这赋予卖方更多的机会去篡改价格，并使消费者难以进行价格比较。

众所周知，搜寻成本，即消费者为获取有关个别供应商的报价信息而必须承担的成本，往往会降低价格竞争的有效性，从而导致价格上涨。[12]可以将多种形式的价格复杂性视为旨在提高消费者搜索成本的反竞争策略。[13]水滴定价（drip pricing）是指商家首先以较低的广告价格来吸引消费者光顾商店或登录网站，然后逐步向消费者告知需要缴纳更多费用的一种做法。随着消费者花时间获取更多的报价信息，或开始下订单，商家会要求消费者支付意想不到的各种额外费用,例如税收、使用信用卡支付的费用或送货费等。市场中使用这种策略的企业越多,消费者为获得最低的最终价格所付出的时间和精力就越多。因此,尽管随后需要进行额外支付的信息让消费者感到不快,但消费者选择接受额外支付可能比转而寻找其他卖方更划算(或者消费者可能主观地认为这样做更划算)。诱饵(baiting)以类似的方式起作用:消费者发现较低的价格仅适用于"售完即止"的商品,或在几乎不可能满足的条件下适用。商家的其他策略包括利用不必要的价格复杂性,使不精通数学或时间受限的消费者难以比较不同卖方的最终价格。此类策略包括分割定价(price partitioning),即对不可分割的报价的组成部分分别报价(例如,对税费或运费分别报价),以及复杂报价(complex offers)(例如"买二送三")。阻碍消费者进行价格比较的一种更直接的方法是使用即刻签约(exploding offers)或立即购买折扣(buy-now discounts),除非消费者立即接受报价,否则报价将被撤回,因此让买家没有时间寻找替代报价。

另一类策略利用消费者对自身需求的不准确预测,或消费者对特定突发事件可能错误的信念。⑭提供服务合同(例如,活期存款账户、信用卡或手机使用)的企业可能会不成比例地针对突发事件收费,这些事件可能是被消费者低估的,甚至根本没有考虑过的事件(例如计划外的透支)。对于能够准确预测其需求的消费者而言,多重收费(multi-part tariffs)可以使消费者支付的总费用降低,但对那些低估或高估某项服务的需求的消费者来说,多重收费意味着巨额罚款。与健身房的例子一样(第7章第3节),企业可能会利用消费者高估其对未来价格信息的关注度这一事实，向消费者提供自动续期的服务合同，除非消费者主动取消合同。通过在合同的第一期提供较低的"诱惑"价格并在每次续费时逐步提高价格，企业可以在签约的初期阶段隐藏长期价格信息，而潜在买家在这一阶段对合同条款的关注度最高。

然而，我们也应该认识到，市场具有一些自我规制机制，可以防止出现混淆现象。其中最具代表性的就是声誉机制。如果消费者意识到（他们几乎不可能不知道）其在处理复杂定价时产生的搜索成本，他们可能会更多地光顾那些因混淆收费现象更少且便捷的网站导航而闻名的企业。这为企业树立透明定价的声誉提供了重要激励。面向消费者的信息共享网站，例如 tripadvisor.com，能够让哪怕是一次性交易也受到声誉效应的制约。当实体超市和在线超市充当销售其他公司产品的平台时，它们实际上是在向消费者销售搜索机会，那么，其声誉取决于消费者如何看待找到所需商品的难易程度。因此，要求那些在平台上销售商品的企业使用透明定价的做法，可能符合平台所有者的利益。[15]这是因为，当企业以通用标准报价时，消费者更容易进行比较（例如，标准包装尺寸、标准测量单位，或关于整体价格中包含内容的通用约定），消费者在做出最终选择之前更有可能将以通用标准报价的商品加入候选购物清单中。因此，一旦建立了通用标准，背离这些标准的企业可能会受到失去市场份额的惩罚。[16]

在现实世界的市场中，我们似乎能够观察到如下两种力量的相互作用：一种是倾向于引起混淆的力量，另一种是有利于提高透明度的力量。然而，存在一个强有力的契约主义规制，要求将两种力量的平衡转向追求更高的透明度。

第6章的核心观点是，竞争市场在为人们提供互惠互利交易机会方面非常有效。回想一下，产生这些交易机会的基本机制是潜在套利者之间的竞争，每个套利者都努力通过为自愿卖方和自愿买方之间的交易提供中介服务来获利。一个套利者通过提供比竞争对手更低的价格出售商品，或者以更高的价格购买商品来与另一个套利者竞争。正是由于这种机制的存在，至少在理想模型的均衡状态下，竞争市场满足一价定律和供求定律。竞争均衡的这两个性质是市场机会定理证明的核心。通过阻碍这一机制的运行，混淆将破坏市场为互惠互利交易提供中介服务的能力。

我认为，这意味着规制机构应努力确保定价尽可能地透明，同时不限制企业向消费者提供其可能乐于接受的报价。因此，规制机构可能要求企业以标准化的方式呈现价格信息（例如，要求报价包括不可避免的税费和预订费等信息，并要求企业将消费者最常购买的搭配商品价格也包括在整体价格中）。规制机构可能会要求卖方提供有关所有互补商品总成本的信息，这些互补商品是典型的消费者都会购买的，类似汽车制造企业必须向消费者提供有关燃料消耗的标准化信息一样（例如，匹配专用墨盒的打印机的销售商可能需要公开典型用户的年度使用成本信息）。规制机构可能对续期合同做出限制，要求商家提供在特定时间段或者在价格变动时的终止而非续期的默认选项。通过要求商家为合同设置冷静期，消费者可以取消合同而不会受到处罚，这可能会在一定程度上抵消即刻签约的一些反竞争影响。

然而，重要的一点是，规制机构不能通过限制互惠互利交易的机会来提高价格透明度。例如，如果供应商只能销售全方位服务套餐，那么消费者更容易进行价格比较，但可能会阻碍经济型酒店和低成本航空公司等有价值的新商业模式的出现。如果不允许航空公司、酒店、剧院和观赏性体育赛事在短时间内改变其预售票价格，那么需求与供给的有效匹配就会受到不利影响。如果要求所有附加商品都按成本加成定价，那么合法的价格歧视就可以避免（想想大众汽车市场上高规格车型的价格溢价，这种溢价显然超过了任何成本加成的标准，但其做法是透明的，买家知道他们在为什么支付溢价）。

针对卖方提供给潜在买方的其他类型信息，规制机构同样会提出价格透明的要求。如果市场提供的机会是真实的，人们需要知道这些机会是什么；如果有价格竞争，买家需要能够对同类商品进行比较。因此，规制要求某些类型的产品信息，例如，食品的营养成分、饮料的酒精含量、照明产品的使用寿命，以易于理解的标准化格式提供给消费者。但同样地，契约主义规制机构不想限制企业向消费者提供他们实际上可能想要购买的东西。故而，一项要求餐厅申报其菜品卡路里含量的规制将难以发挥作用，不仅仅是因为食客会继续选择高热量菜肴，或者因为餐厅给顾客提供了他们想要并愿意支付的菜品，还因为餐厅根本就不会使用这种菜单。

5. 固定成本和价格歧视

如第 6 章第 6 节和第 6 章第 8 节给出的正式表述，市场机会定理适用于交换经济和存储经济。正如我在第 6 章第 7 节中解释的那样，将这些定理扩展到生产活动具有规模报酬不变特点的经济中并不难。但是，如果规模报酬递增，或者任何规模的生产都需要以某个最低的投入水平为前提，事情就不那么简单了。众所周知，在这些条件下，关于竞争均衡的帕累托最优的新古典主义结果往往会失效。这个问题——有时被称为自然垄断（natural monopoly）——通常被视为市场规制的用武之地。毫不奇怪，市场机会定理在相同条件下会失效。在本节中，我将分析当消费者缺乏完整偏好时，对自然垄断采取何种规制措施是恰当的。

我将基于一个著名的例子来讨论自然垄断问题，该例子由朱尔·杜普伊（Jules Dupuit, 1844/1952）引入经济学。为此必须回到本书的开头部分，我曾指出，随着19世纪70年代"边际革命"的出现，以理性为基础的理论风格开始兴起，与此相比，经济学中的自由主义传统要古老得多。如前文所述，我提出的调和自由主义传统与行为经济学的方法是为了避免将理论发展导向以边际革命为特征的方向。正如当代名气更大的学者安托万·奥古斯丁·古诺（Antoine Augustin Cournot）一样，杜普伊是以严谨使用数学而著称的微观经济学先驱，在新古典经济学出现前几十年就开始著书立说。关于如何在不使用理性假设的情况下推动微观经济学的发展，上述两位法国学者的著作为此提供了丰富的思想源泉。[17]作为一名土木工程师，杜普伊对评估公路、铁路、运河和供水系统等公共工程的"效用"十分感兴趣，这些公共工程通常涉及高昂的固定成本。他提出了应该建设哪些公共工程，以及如何为这些公共工程提供的服务进行定价的一般性决策原则。他之所以向关注此类决策的"立法者"阐述他的分析，要么是因为公共工程是由政府实施的，要么是因为这些工程会受到政府的监管。杜普伊列举的最重要的例子就是我称之为杜普伊大桥的案例。

假设一位企业家正在考虑在河上建造一座大桥并收取过桥费。他会承担建造和维护桥梁的成本，但这些成本与车流量无关。即使不收取通行费，这座桥也有足够能力满足通行需求。如果这位企业家可以制定出收入超过成本的过桥费，那么他将投资建造桥梁，否则不会建造桥梁。如果桥梁建成并盈利，人们可能会说，企业家在桥梁的使用者以及为建造、维护桥梁提供所需投入的供给方之间的互惠互利交易中发挥了中介作用。从这个意义上说，企业家的角色类似于交换经济模型中的套利者。然而，由于桥梁建设是一项具有固定成本的活动，因此这两种情况之间存在着显著差异。

最根本的差异在于，即使在理想条件下，也可以为个人提供联合可行和非占优交易的机会。在交换经济的竞争均衡中，每一个这样的潜在交易都对应着每个消费者机会集合的一个选项，而每个消费者都将成为该交易活动的参与主体。换言之，个人可能希望参与的联合可行的交易机会将作为个人选择的潜在对象而存在，即使事实上这些人并没有选择这些对象。相比之下，假设一座尚未建成的桥梁的潜在用户不愿意付出足够的费用来支付桥梁的建造和维护成本。如果企业家知道这一点，那么这座桥就不会建成，因此付费过桥这一选项将不会出现在个人的机会集合中。然而，如果企业家对盈利机会足够警觉，那么仍然可以说，如果潜在用户愿意付出足够的费用来支付成本，那么桥梁就会建成，进而付费过桥这一选项就会出现在个人的机会集合中。

概括这一观点可知，可以调整强互动机会标准，以使该标准考虑仅在这种反事实意义上存在的机会。正如我最初指出的那样，该标准要求，对于每一组消费者，对所有这些成员集体可行且对每个成员来说都是非占优的交易而言，每个成员在该交易中的组成部分都是其机会集合中的一个元素（第6章第4节）。考虑该标准的反事实版本，即要求对于任何此类可行且非占优的交易，如果特定群组中的所有成员都希望参与该交易，则每个成员参与的部分都将是其机会集合中的一个元素。这一表述继续展现了强互动机会标准背后的主要规范直觉之一，即一个人能够得到他想要的并愿意支付的任何东西，是符合其自身利益的。

将这个反事实标准应用到杜普伊大桥问题中，其中的关键是明确潜在用户愿意为过桥支付的总金额是否大于建造和维护大桥的成本。如果消费者具有新古典主义偏好，那么这是一个明确的问题。在新古典经济学中，一个人对某种物品的支付意愿，或者更正式地说，他的补偿变化（compensating variation），是根据他（假设的）给定的偏好排序来定义的。说一个人对使用大桥的支付意愿为某个特定金额，就是说他在（一方面）支付该金额并使用大桥，与（另一方面）不支付和不使用之间没有差异。但我需要为度量支付意愿设计一种标准，该度量标准并不依赖桥梁用户是新古典主义消费者这一假定。

我认为最有效的度量方法是将支付意愿视为通过价格歧视可以获得的最大收入。考虑杜普伊大桥过桥费设定的问题。可以针对不同个人、每个人的不同通行次数、不同类型的通行、一天中的不同时段等设定不同的过桥费。为了定义支付意愿的度量标准，假设每个不同标准的过桥费都是可执行的，并且其执行是无成本的。我的意思是，如果征收过桥费，其条款实际上将对买方具有约束力。此外，为了与支付意愿的度量关联起来，必须假定过桥费是预先宣布且透明的。预先宣布的收费是指潜在买方在承诺购买任何东西之前已经了解了相关收费的所有特征。透明是一个较为宽松的概念，但对透明的直观认识是，相关收费以潜在买方可以理解并能够与其他报价进行比较的方式呈现。上述条件表明了价格歧视和混淆之间的区别。例如，一家航空公司对支付同样机票价格、坐在同一个客舱区域但获得优先登机权的人收取额外费用，在我看来这是一种合法的价格歧视，即使额外的支付费用远高于提供优先登机服务的额外成本。但是，如果航空公司对重新签发遗失登机牌收取同样超过相应成本的罚款，并且如果该收费虽然是提前公布的，但仅在预订条件中用最小字体印刷出来，那么人们便有理由怀疑航空公司是在故意混淆。

如果消费者的行为是可预测的，并且无论个人消费者是否根据完整偏好行事，则每一个不同的收费标准都会促成每个人形成可预测的通行模式，从而产生可预测的收入。因此，在所有可能预先宣布且透明的收费范围内，对企业家通过"合法"的价格歧视方式产生的最大收入进行定义是有意义的，可以将最大收入解释为潜在用户对杜普伊大桥提供服务的总支付意愿的一种度量方法。

如果总支付意愿超过大桥的建造和维护成本，那么在理论上，找到大桥使用者和建造、维护桥梁有关投入品的供应商之间的联合可行且互惠互利的交易机会是可能的。确实，通常可以识别出类似的多种交易机会，每种交易都代表着一种在大桥的用户之间分担固定成本的方法。然而，在实践中，不能保证不受规制的企业家会成为这些交易的中介。第一个问题是，总支付意愿的计算与歧视性的过桥费有关，但歧视性收费在现实中可能行不通。即使消费者的总体行为是可预测的，也可能没有哪个企业家了解哪些人能够被识别，以及其支付意愿如何。第二个问题是，由于固定成本的存在，套利利润不一定会像竞争均衡状态那样被竞争力量侵蚀。如果一座桥梁的建造和运营能够获得利润，那么第一个抓住机会的企业家可能会持续不断地获取大桥使用者和供应商之间交易的部分盈余，因为竞争对手为了建造第二座大桥不得不承担固定成本。

尽管如此，上述分析还是确定了理想化的条件，在这些条件下，虽然存在着固定成本，但受到规制的市场经济将满足强互动机会标准的反事实版本。杜普伊大桥的例子包含三个理性条件：首先，当且仅当企业家能够通过向用户收取费用来为大桥融资时，这座桥才得以建成；其次，如果大桥建成，实际的融资方式将使总收入刚好等于总成本；再次，收费不会阻止任何愿意支付边际成本（在杜普伊大桥的例子中边际成本为零）的用户。上述条件描述了一个契约主义规制机构试图实现的理想状态。在这些条件允许的松弛范围内，规制机构也可能在用户之间分摊固定成本时努力实行公平分配的原则。

我刚才所说的条件与杜普伊看似考虑的条件本质上是相同的，杜普伊试图说明的是，如何根据理性原则确定公共工程服务的收费标准，进而实现可能的最大效用水平，同时使收入足以覆盖维护成本以及资本利息（Dupuit，1844/1952，第271页）。值得注意的是，杜普伊在提出这些原则时并未对消费者的理性做出任何假设。相反，他明确否认经济学方法可以用来解释或预测消费者的选择行为。他指出（现在被称为）需求函数"对任何商品来说，都不为人所知，甚至可以说需求函数永远不能为人所知，因为需求函数取决于人类多变的意愿，今天的意愿与昨天的意愿都是不同的"（Dupuit，1844/1952，第277页）。在解释价格歧视的原则时，杜普伊认为"效用价值的属性是变动不居的，这一点确实为商人所熟知，并且长期以来一直被他们利用"（Dupuit，1844/1952，第260页）。对现代读者来说，他对这种压榨手段的描述似乎比新古典主义更具行为特征。价格歧视通过"为买家的虚荣和轻信设置陷阱"而发挥作用：

> 同一种商品，往往以不同的面貌在不同的商店以完全不同的价格出售给富人、小康人群和穷人。上等、优等、超优等、特优等酒，虽然都源自同一桶酒，而且除了标签上标注的级别不同之外，在所有实质内容方面都是一样的，但售价却大相径庭。（Dupuit，1844/1952，第261页）

杜普伊明确地假设，人们对消费品的选择通常会受到不稳定的情景依赖型偏好的支配。尽管如此，杜普伊依然认为，利用这种情景依赖型偏好获利的商业活动足以成为公共工程在设定不同的收费标准时所效仿的例子。

如果效用如此具有可变性，那么设计能够实现"最大可能效用"的规制制度意味着什么呢？杜普伊的回答非常激进，以至于几代经济学家都认为是其混乱思想引出了其激进观点。[18]杜普伊的激进回答体现在一句简单的口号中，"因此，我们经常重复这句话，因为它经常被人们遗忘：唯一真正的效用是人们愿意支付的东西"（Dupuit，1844/1952，第262页）。对于杜普伊而言，说一个物品对一个人具有效用，等于说这个人愿意为这个物品买单。一个人愿意为某物品支付的金额正好等于效用水平。因此，杜普伊能够在他的规制理论中使用支付意愿的概念，而无须对个人理性做出任何假设。

6. 公共品

现在考虑另一种公共工程。想象一个城镇遭受洪水的影响。洪水风险对该镇上的许多居民都造成了影响。可以通过一个工程项目来减少洪水风险，该项目将在河流上游建立湿地区域，以减缓洪水沿河流而下的速度。鉴于该项目的工程标准（决定了它对下游河流的影响），其成本和收益与该项目的人数无关，就像杜普伊大桥的成本与过桥人数无关一样。然而，上述两个例子之间存在一个关键区别：桥梁的收益是排他性的（excludable），但防洪的收益不具有排他性。排他性意味着，可以让个人单独决定是否接受桥梁带来的益处，并使这种益处仅由那些支付一定价格的人获得。相比之下，针对防洪工程带来的收益，个人不能选择是否接受。因此，与大桥不同，防洪工程不能通过收费方式直接融资。从这个意义上说，防洪是一种公共品。

虽然如此，但防洪项目为那些愿意支付的人创造了收益。假设某个公共机构决定实施防洪项目，并通过对在该机构看来是项目受益人的个人进行强制收费的方式为项目融资。将实施防洪项目与收费相结合，本质上是项目的受益人和项目所需投入品的供应商之间的多边交易。对于作为受益人的个人而言，参与这一交易并非出于自愿。但是，我们仍然可以提出如下问题：该交易是不是互惠互利的，也就是说，每个项目受益人为其所获收益的支付意愿是否大于所需支付的费用。作为杜普伊为公共工程融资提出的"理性原则"(第7章第5节)的一个自然延伸，人们可能会提出一种理想的规制方法，即当且仅当受益人的总支付意愿超过总成本时，才应该向人们提供公共品，并且应该以如下方式在受益人之间分摊成本，即对每个人来说，支付意愿超过实际支付金额。这也许是杜普伊（1844/1952）作为成本收益分析之父在其分析中追求的理想。在克努特·维克塞尔等人（Knut Wicksell，1896/1958；Erik Lindahl，1919/1958；James Buchanan，1968）提出的公共品自愿交换理论中，我们可以发现同样的理想规制。

现代新古典主义形式的成本收益分析试图通过评估项目受益人的总体支付意愿是否超过那些承担成本的人所需的必要补偿，来实施上述理想规制的第一部分。支付意愿和补偿是基于个人新古典主义偏好的假设来确定的。形式上，成本收益分析应用了潜在帕累托改进标准（Potential Pareto Improvement Criterion），它会提出如下问题：原则上是否有可能将相关项目与收入转移结合起来，使得某些人严格偏好实施项目和收入转移这一一揽子方案，而不是什么都不做的替代方案，并且没有人有相反的偏好。这种提供公共品的决策方法主要依赖于个人对公共品和私人消费的不同组合具有完整偏好这一假设。然而，大量来自实验和陈述性偏好调查的证据表明，人们对通常不在市场上交易的货币和商品做出选择（无论是假设的还是真实的），很有可能揭示其情景依赖型偏好。[19]这应该不足为奇。如果一个人没有购买或出售某物的经验，那么她不太可能在这一物品和相应数量货币之间形成固定的偏好。此外，众所周知，当人们不确定自己的偏好时，对某一事物的评价通常会受到那些作为锚的不相关但显著的信号的影响。

如果一种商品的市场价格是已知的,那么即使在它不具备客观相关性的情况下,该价格也可以作为评价的信号。[23]如果没有已知的市场价格,人们会寻找其他信号,其结果是他们的行为看起来更依赖于情景。

尽管行为福利经济学家有时提议他们的方法可以通过某种非特定形式的成本收益分析来实施(例如 Camerer et al.,2003,第1222页;Sunstein and Thaler,2003a,第 1190—1191 页),但当个人缺乏完整偏好时,如何进行成本收益分析这一问题尚未得到解决。当然,如果个人是内在理性主体模型中的代表性主体,可以用成本收益分析来揭示其具有的新古典主义潜在偏好,那么这个问题就不存在。但是,正如我在第 4 章中分析的那样,目前我们还没有发现潜在偏好的识别方法,并且有充分的理由怀疑这种偏好是否存在。在我看来,成本收益分析充其量只能让我们认识到,个人偏好是不精确的,因此直接以偏好为基础对成本和收益的度量也将是不精确的。

如果将基于机会的方法引入规范经济学,我们是否有可能绕过这个问题?使用这种方法能够避免非完整偏好导致的一些困难,因为该方法不探究个人选择背后的原因、动机或意图。在使用这种方法对竞争市场进行评价时,我只考虑个人的选择机会,并且可以在不考虑偏好的情况下定义这些机会。在分析自然垄断的案例时,我需要使用个人对某种商品的支付意愿这一概念,但实际上我能够根据个人的实际选择或假设选择来定义支付意愿,而不需要假设这些选择揭示了完整偏好。如果(如杜普伊大桥)项目成本可以完全由用户支付的费用覆盖,则该项目的实施促成了一项互惠互利交易的观点就不需要以用户偏好作为证据。但是当一件物品是公共

第 7 章 规制 237

品时，就不能直接将支付意愿和实际支付联系在一起。

如果将基于机会的方法应用于对公共品问题的分析，我们需要找到某些特定情形，此时人们可以做出真正的个人选择，决定是否接受公共品带来的收益，并对此进行支付。这就是维克塞尔等人分析的自愿交换理论的策略，也是我的策略。虽然我不能说已经为公共品的供给和融资决策找到了一个普遍适用且具有可操作性的标准，但在本节和下一节中，我将提出两种可能有效的方法。

可以用防洪的例子来解释第一种方法。至少在最初阶段，防洪工程的大量收益是由财产所有者获得的。如果洪水泛滥，被淹房屋的住户可能会遭受财产损失，面临不得不搬到临时住所的成本和不便，当住户返回潮湿、肮脏的房屋中时不免心生不悦和痛苦。同样，营业场所的所有者可能会遭受库存损失和收入损失。对于在任何特定日期被洪水淹没的任何特定财产的所有者，他不能通过付出一定的金钱来避免这些有害影响。但是，如果有一个竞争性的房地产市场，并且如果已知某些房产存在被淹风险，而其他房产则不存在这类风险，则在其他条件相同的情况下，这些房产的租金价值会存在相应的差异。此时，一位潜在住户在租房时，就能够选择是否为一处具有低被淹风险的房产支付溢价。房产租赁价值的这种差异将反映到资本价值中。因此，一名购买房产的潜在业主能够决定是否为具有低被淹风险的房产（如果出租，则回报相应更高）支付溢价。这样做的结果是，防洪工程带来的大量收益最终表现为财产价值的增加。毫无疑问，这种影响对于可认定的房产所有者来说有明确的货币收益。要确定特定防洪项目的收益大小，我们需要确定洪水风险和财产价值之间的统计关系，但如果这种关系是已知的，我们就不需要进一步探究其背后的偏好情况。

现在假设，对于一些拟建的防洪工程，受到工程保护的房产的增值规模大于工程的成本（为简单起见，假设项目足够小，使得洪水风险和房产价值之间的潜在关系不受影响）。因此，原则上可以通过对受保护的业主收费来为项目融资，并且将收费水平设定在使每个业主都能获得净收益的水平上。由于净收益的计算只是用一笔钱减去另一笔钱，因此可以明确地说，任何个人的净收益为正意味着其机会集合的扩大。项目与收费这一组合可以被视为房产业主和项目投入品供应商之间的互惠互利交易。

尽管具有互惠互利的特点，但上述交易可能需要由一些有权进行强制收费的机构协调双方行动。相反，如果让个人通过协商达成协议，那么这项互惠互利交易将很容易受到搭便车问题的影响。所谓搭便车就是指个体受益人有不为项目融资做出贡献而希望其他人支付项目成本的激励。即使所有受益人都愿意出资并真诚地参与谈判，仍然存在如何就费用分摊达成一致的问题，不同的人可能会试图坚持不同的分摊方案，即"钉子户"问题（hold-out problem）。当公共品有很多受益者时，我们通常不能期望通过完全自愿的交易来供给公共品。但有时候，公共机构可以在这类互惠互利但非自愿的交易中发挥协调作用，进而提供公共品。

作为同一机制的另一个例子，考虑为游客提供的公共品，例如没有垃圾的海滩、迷人的风景、公共艺术品和野生动物栖息地。在任何特定的旅游区，此类公共品与当地提供的广泛的私人产品和服务是互补的，例如酒店住宿、餐厅用餐、长途汽车旅行和停车场。旅游公共品供给的增加将提高游客对旅游业提供的私人品的总支付意愿。因此，公共品供给和旅游服务销售税可能是互惠互利的一对组合。

这些例子背后的一般原则是利用公共品和私人品之间的互补性。当公共品与私人品互补时，就可以通过对私人品征税的方式来实现公共品的部分收益。通过这一机制，具有税收权力的公共机构可以在涉及公共品的互惠互利交易中进行协调。在倡导这种机制时，我并不是说因为防洪工程可以增加财产价值因而具有一定价值，或者说没有垃圾的海滩因为增加了酒店收入而变得有价值。反之亦然。真正的原因是，人们希望避免自己的房屋被洪水毁坏时而遭受的痛苦，所以受防洪工程保护的房产会出现溢价。正是因为人们发现满是垃圾的海滩景象令人反感，如果海滩保持清洁，他们愿意花更多的钱住在海边的酒店。通过市场机制的作用，不同个体的主观态度被整合起来并转化为客观的货币度量标准。我的主张是，即使货币度量标准包含了非完整偏好的影响，但也可能对规范分析具有一定意义。

7. 千分之八法则

哲学评论家经常批评经济学在成本收益分析中使用支付意愿这一价值度量标准。他们的反对意见是，这种做法隐含地假设个人将公共品视为工具，并且在某些重要情况下，这是一种不合理的假设。从表面上看，我提出的契约主义分析方法很容易受到这种批评，但如下文所述，事实并非如此。

伊丽莎白·安德森（Elizabeth Anderson，1993）和迈克尔·桑

德尔（Michael Sandel，2012）也对经济学提出了一种批评。安德森认为，经济学将商品视为只有工具价值，因为商品以如下方式被使用："仅作使用之物，只是将它从属于自己的目的，而不考虑其内在价值。"（Anderson，1993，第144页）她认为某些商品，如环境质量，"不应该被视为单纯的商品。仅将环境质量视为一种商品价值，成本收益分析便不能考虑环境质量在公共生活中发挥的适当作用"。成本收益分析通过毫不犹豫地"将个人的私人市场选择视为公共政策的规范"而犯了上述错误。个人的市场选择表达了工具性动机，这是安德森上述论证的基础，而且只要真正被交易的物品就是纯粹的商品，这也很可能是安德森持有的观点（Anderson，1993，第190—191页）。桑德尔同意安德森的观点，他说："当我们决定某些商品能够被买卖时，我们至少隐含地认定，将它们视为商品以及获取利润和可以利用的工具，这并无不妥之处。然而，并非所有商品的价值都能够以这种方式得到恰当评估。"（Sandel，2012，第9页）为了给上述论证增加一个新的维度，桑德尔声称，通过使用私有化的价值这一概念，"市场推理……清除了公共生活中的道德争论"，并且"使公共讨论中的道德能量和公民能量趋于消失"（Sandel，2012，第14页）。

丹尼尔·豪斯曼（2012，第93—100页）提出了相关的批评，他认为这是常见的对成本收益分析方法的误用。豪斯曼认为，成本收益分析是"一种根据福利对政策进行评估的方法，而福利则是通过偏好满足度来度量的"（Hausman，2012，第93页）。他认为，从成本收益分析中得出的结论是否有效取决于偏好满足是个人福利的恰当度量标准这一假设是否有效。豪斯曼认为，如果成本收益分析中使用的偏好是基于准确的信息并且是自利的，那么这种假设可能是合理的。然而，至关重要的一点是，豪斯曼声称，非自利的偏好与成本收益分析无关。通过分析对环境保护的偏好，豪斯曼说明了这一观点。考虑一个人愿意为保护某些濒危物种免于灭绝而付出代价，即使她并不期望该行动能够为自己带来收益。豪斯曼指出（与环境经济学中的常见观点相反）这种支付意愿的度量标准与成本收益分析无关。他的意思并不是说，这种支付意愿背后的原因与公共政策无关，或者保护濒危物种不是政府的正当关切，而是说，在公共辩论中这些原因和关切应该被提出来，并对其进行评判，而不是将其货币价值的形式引入成本收益分析。因此：

> 增加福利的目标并没有给（立法者）制定满足非自利偏好的政策提供理由。相反，立法者必须明确是否有充分的理由支持非自利的偏好，如果他或她认为没有，那么立法者应该尝试改变其选民的想法。（Hausman，2012，第97页）

从契约主义的角度看，这些对成本收益分析的批评似乎是错误的。为了解释其原因，我们考虑一个对某种私人品具有非工具性、非自利偏好的例子。考虑一个人，他将去某个遥远的地方（可能是耶路撒冷、麦加或瓦拉纳西）朝圣，将此视为一项重要的宗教仪式，或对其宗教身份的恰当表达。由于此人生活在市场经济中，因此只有购买机票才能去远方朝圣。按照安德森的说法，买票是私人的市场选择活动。但人们愿意支付机票价格并没有使这一旅程成为一种单纯的追求利润和可以利用的工具：它仍然是宗教朝圣之旅。按照豪斯曼的说法，朝圣者在购买机票时显示的偏好并不是自利的。但是，立法者是否应该稍加思考，相比其他同等自利的偏好，朝圣者的偏好是否不应该得到满足？朝圣者正在使用自己的金钱购买他想获得的机票，这是出于他认为很重要的原因而购买的。需要付出一定的代价，这表明他的旅程只有通过其他人的劳动力和资本的供应才有可能实现。在付出代价时，他要确保其他人付出的劳动力和供应的资本是自愿的。确保这一点后，他有资格说，自己购买机票的原因与他人无关。

现在考虑一群人的情况，他们共同拥有某种非工具性、非自利偏好，旨在实现某种特定情况。借用豪斯曼的例子，假设这种情况是对某些濒危物种的保护。具有这种偏好的人——让我们称之为环保主义者——并不认为自己会从这个物种的存续中受益。他们认为，通常人类有责任充当自然界的管理者，维护生物多样性是其中的一项责任。假设一群环保主义者成立了一个组织，由他们自己的自愿捐款为保护项目提供资金。环保主义者在他们的政治共同体中是少数群体。如果他认为环境管理的想法是无稽之谈，那他们是否有权阻止环保主义者按照他们的非自利偏好行事？就像个人朝圣者的情况一样，契约主义者会说：他们没有权力。环保主义者愿意支付他们共同活动的成本，而且他们确实也支付了这些成本。因此，他们重视这项活动的原因与其他人无关。

现在从另一个角度来思考这一问题。环保主义者认为，每个人对大自然都有管理责任。他们是否有权要求大多数人也对此做出贡献？请注意，大多数人不是在搭便车。他并不像防洪项目中的搭便车者一样，即虽然防洪项目提高了他们的房产价值，但他们想方设法不支付应该承担的防洪项目成本。这些搭便车者根本不重视环保主义者愿意支付的环保行动。因此，契约主义者的回答必须是：环保主义者无权对大多数人提出这个要求。大多数人不重视环保行动的原因也与其他人无关。这并不是说，不能开展关于人们应该重视什么或不应该重视什么的公共讨论，并且这种讨论可能会导致人们改变他们对事物价值的看法。但是，契约主义分析的目的是找到从交易双方的角度来看对各自都有利的交易。

必须牢记的一点是，采取契约主义观点涉及哪些内容。当然，如果你把自己想象成一个仁慈的或道德的独裁者，或者是公共辩论中的一位发言人，在此过程中你的想法最终会占据上风，那么寻找互惠互利交易机会的契约主义方法似乎不是必要的，甚至是一种不光彩的妥协。如果你真的要承担起决定你所在社会应该产生哪些经济结果的全部责任，或者如果你期望你关于应该做什么的观点能说服大多数同胞，那么你可能会认为，由你自己的道德感来引导公共辩论是正确的。如果你相信环境管理是一种普遍的道德责任，你可能会决定（作为仁慈的独裁者）或建议（作为公共辩论中的重要发言人）所有人无论愿意与否都应该资助保护濒危物种。相反，如果你认为环境管理的想法是无稽之谈，你可能会决定或建议环保主义者不要把资金浪费在保护项目上，以此促进环保主义者的真正福利。但是，契约主义观点针对的是那些试图通过谈判达成相互接受协议的人，因而不必消除他们所有的道德差异和政治分歧。

这就留下了一个问题，即当人们对公共品具有非工具性偏好时，如何促成相互接受的交易（并且只有这样的交易）。意大利税收制度中有一种通过有限行动来实现这一目标的有趣机制,这一机制说明了以契约主义方法提供公共品的逻辑。虽然不能说这种机制是对我描述的一般问题的普遍解决方案,但我相信,当人们在判断哪类公共品有价值这一问题上存在信念分歧时,这种机制十分有效。[21]

意大利的这一机制被称为千分之八法则（otto per mille law）,旨在为宗教组织提供资金。其基本理念是,每个人将所得税税负的0.8%捐给公认的某个宗教组织,或捐给将资金用于人道主义目的的普通基金,这些基金由意大利政府管理。宗教组织必须将其收到的捐款花费在一系列公认的活动上,例如支持神职人员和慈善工作。从契约主义的角度看,这项法律最有趣的地方是,每个纳税人都可以选择名单上的哪个基金将获得她的0.8%（如果纳税人没有做出选择,她的0.8%将分配给符合条件的所有基金,其分配比例与做出选择的纳税人总付款的分配比例相同）。

人们可能会认为,每个宗教组织的活动都提供了一种为某些意大利人群所重视的公共品。对于那些认为自己是天主教徒的人来说,天主教会提供一种公共品；对于那些认为自己是犹太教徒的人来说,意大利犹太社区联盟将为其提供一种公共品；等等。千分之八法则虽谈不上精准,但对搭便车和钉子户问题提供了现成的解决方案。如果（比方说）你认为自己是天主教徒,并且无法避免0.8%的纳税义务,以便提供一些宗教或人道主义上的公共品,那么你有什么理由不支持你自己的教会而支持其他人的教会呢？有些持反对意见的人可能会说,搭便车的概念并不适用于出于非自利原因而重视宗教或人道主义活动的人。有人可能会争辩说,这样的人不会从这种活动中受益,因此不能说当其他人捐款时她在搭便车。但即使这个反对意见是正确的（我不确定它是否正确），每个人都必须捐献0.8%税款的要求仍然具有重要意义。如果捐款是自愿的，那么出于宗教责任感而为天主教教会捐款的人可以声称，选择不捐款的人将自利置于道德要求之上。但是，我们不能因为纳税人选择参与不能获得私人利益的活动就指责她不诚实或追求不正当的个人利益。

作为一种粗略但现成的方法，千分之八法则还可以确保人们只为他们真正重视的公共品分摊成本。可能有些天主教徒认为每个人都有道德义务为天主教会的活动买单，而基督复临安息日会则是宗教错误的传播者。当然，也可能有一部分基督复临安息日会的教徒持相反信念。在不考虑这些相反信念的情况下，千分之八法则在本质上是契约主义的。契约主义者会说，基督复临安息日会的教徒选择如何花钱与天主教徒无关，反之亦然。在提出上述观点时，契约主义者的意思是，每个纳税人捐献的0.8%都是自己的钱，而不是意大利的国家财产。意大利政府并没有根据自身对宗教组织相对优点的判断来给予补贴，它只是在个人对重视的活动付费的交易中发挥中介作用。

本着桑德尔对"市场推理"的批判精神，人们可能会反对说，千分之八法则的趋势是在公共生活中消除道德争论，并将道德能量和公民能量排除在公共讨论之外。这很可能是真的。如果必须集体决定哪种宗教（如果有的话）由于其教义的真实性应该获得国家支持，那么有关的政治争论将非常激烈。但根据几个世纪以来的宗教战争经验，人们可能会得出结论，这种能量带来的结果往往喜忧参半。

第 8 章
心理稳定性

在提出正义理论时，约翰·罗尔斯（Rawls，1971，第 16 页，第 177 页，第 453—462 页）定义了心理稳定性这一概念。在罗尔斯看来，正义论的目的是为构建一个"秩序良好的社会"提供一整套原则。罗尔斯坚持认为，一个秩序良好的社会必须由一种公共正义来规范，也就是说，社会的治理原则必须被其成员理解和接受。但是，如果一种正义观念具有公共性，个人接受正义原则这一假设必须与人类心理学的事实相一致。当一个不断发展的社会受到这些原则的制约时，它必须同时再生出这些原则是公平的普遍信念，以及遵守这些原则的普遍意愿。从这个意义上说，自我再生的原则在心理上是稳定的。[①]本章分析了市场经济需要具备哪些属性才能使其治理原则从契约主义的角度看符合心理稳定性的要求。

在第 3 章首次介绍契约主义的观点时，我曾指出，只有潜在协议中的各方共同认可协议不能达成时的某些基准情形，并能够理解相对于该基准情形的"收益"概念时，才有可能对互惠互利行为进行契约主义推理。我认为，要使契约主义推理成为可能，并不需要协议各方认可基准情况是公平的。在本章中，我将对这一观点进行解释和辩护。在此过程中，我将偏离契约主义文献的主流分析路径，而是基于詹姆斯·布坎南（James Buchanan，1975）的研究展开分析。人们可能很自然地认为，为市场提出契约主义建议的最佳方式，是想象一个初始禀赋得到公平分配的基准情况，然后表明市场经济的建立符合每个人的利益。然而，我认为公平基准的想法与市场经济运行原则之间存在根本性的紧张关系。心理稳定性必须建立在对互惠互利的持续预期之上，而互惠互利是由相对于随时间推移而演变且不能用抽象公平原则进行证明的基准情形来定义的。

1. 机会平等

在关于经济公平的哲学讨论中，一项传统的思想实验是，想象一群人正在组建一个全新的社会，他们必须就该社会的运行原则达成一致。[②]有人可能会认为，在这种情况下，人们就建立一个满足某种机会平等原则的市场经济达成一致是理性选择。学者们提出了不同的机会平等原则以适用于该思想实验中的社会。在本章的前两节中，我将遵循这种方法进行分析，并看看会得到什么结论。

建立新社会这一思想实验源远流长。当约翰·斯图亚特·穆勒（1871/1909，第202页）讨论私有财产的理想形式时，他想象了一群殖民者定居在一个以前无人居住的国家的情形，这些人只携带了他们共同拥有的物品。他建议，如果殖民者选择建立私有财产制度，则该制度将（或应该）建立在机会平等原则之上：

我们必须假设，每一个成年男子或女子，都可以不受约束地使用和发挥其体力和脑力。土地和工具这些生产手段在他们之间公平地分配，这样，就外部条件而言，所有人都处在同一起跑线上。也可以设想，在最初分配时就对自然带来的损害（injuries of nature）进行了补偿，并让身体虚弱的社会成员在分配中占一些好处，进而实现平衡。但是，这种分配一经实施，就不会再受到干预，个人要靠自己的努力和普通的机会来利用其分配所得。（Mill, 1871/1909, 第202页）

罗纳德·德沃金（Ronald Dworkin, 1981）设想了一个与穆勒的实验非常相似的思想实验，他想象一群海难幸存者被冲上了一个无人居住的岛屿，没有任何救援的希望。在德沃金的故事中，岛民通过拍卖来分配可用的外部（即非人力）资源存量，从而开始了他们的经济生活。每个岛民都获得了相同的初始禀赋——作为价值尺度的蚌壳——用于拍卖。德沃金的想法是，由于每个人拥有相同的蚌壳禀赋并面临相同的价格，因此每个人都有相同的机会获得外部资源，虽然在这种情况下，不同的岛民会购买不同的外部资源。但是，这个分配方案不足以满足德沃金提出的"资源平等"的概念。

德沃金从根本上区分了一个人可能享有的两种运气。第一种是选择运气（option luck），这"是一个关于精心思考和计算的赌博会有何结果的问题，也就是说，某个人通过承担本应预料到并应该拒绝的孤立风险来获得盈利或产生亏损"；第二种是纯粹运气（brute luck），这"是关于风险如何出现的问题，从这个意义上说，这些风险不是精心思考的赌博"（Dworkin, 1981, 第293页）。根据德沃金的说法，选择运气导致的不平等并不意味着应该对其损失进行任何补偿。但在德沃金的理想社会中，外部资源的分配方式应该确保不会因纯粹运气而产生不平等。因此，当他考虑不同人因不同职业而产生收入差异时，他区分了"抱负"和"天赋"的影响（Dworkin，1981，第314页）。抱负是一种人们选择的生活方式，天赋则是人们天生的能力。在德沃金的理想社会中，个人可以自由选择自己的生活方式，只要他们"为自己选择的生活方式付出代价，这一代价以其他人为了自己也能够这样做而放弃的东西来衡量"（Dworkin，1981，第294页）。但是，他坚持认为，天赋的作用必须被"中和"：不应该存在"由基因运气导致的差异，以及由天赋导致的差异，天赋使某些人富足，但对某些不具备天赋的人来说，如果使他们拥有天赋，他们也会充分利用"（Dworkin，1981，第312页，第314页）。

在沉船故事的案例中，德沃金假定，岛民在建立自己的社会时，无法预测他们未来的健康状况以及天赋的未来市场价值，理想社会借此假定得以建立。但是，岛民可以自由签订保险合同，以使自己免受这些不确定性的影响。由于每个人的初始禀赋都相同，并且（假设）人们对未来健康状态和未来工资的概率分布拥有相同的知识，因此，后来产生的任何外部资源的不平等都可以归因于在平等情况下做出的决定。因此，这些不平等类似于幸运赌徒和不幸赌徒之间的财富差异，也就是选择运气的结果。

德沃金没有说明拍卖的具体运作方式。当德沃金试图阐述拍卖细节时，他（相当不一致地）想象岛民可以使用一台计算机，有人输入了"关于每个岛民的品位、抱负、天赋和风险态度的信息，以及有关可供利用的原材料和技术的信息"。然后，这台计算机以某种方式预测拍卖的结果、每个人将如何使用其掌握的资源，以及由此产生的收入分配结果。然后，这台计算机设计了基于可靠精算的保险单，为个人提供"保险，以防止没有机会赚取保单持有人提出的任何水平的收入"。基于对经济学的深切信念，德沃金指出，这台计算机有望进行符合标准（而非规定）的经济分析，因此编写相关程序应该没有原则问题（Dworkin，1981，第316—317页）。

请注意，德沃金提到的保单是根据个人赚取其声称的收入水平的机会而设计的，并且计算机已经了解这些收入机会。因此，德沃金方案的结果就好像以下列方式在起作用：在拍卖开始之前，计算机会生成一组保单。作为拍卖过程的一部分，个人选择购买哪些保单。拍卖后，计算机立即报告每个人的天赋的未来价值，并计算出在扣除支付的保费之后，每个人从其购买的保单中能够获赔的金额。保费不需要立即支付，相反，可以采取未来付款承诺的形式支付保费。尽管如此，与保险有关的一切事宜都可以在拍卖当天处理好。然后，就像穆勒的故事一样，个人要依靠自己的努力和生活中的普通机会。同时（在经济学强大的预测能力下）每个人实际上都会完全按照计算机在拍卖当天的预测来利用这些机会。[3]

人们可能会认为，上述模型为我们提供了一幅关于经济生活的奇特图景。然而，目前我只是将它作为使机会平等概念理论化过程中的一个例子，并将对另一个类似例子进行分析。

德沃金对纯粹运气和选择运气的区分通常被视为一种调和平等主义与自由和责任原则的方式：基于正义或公平，每个人都可以合法地要求与其他人享有同等的机会，但人们如何利用这些机会则取决于其自身。有时，有人会暗示上述调和可以使平等主义者披上对手的外衣。杰拉尔德·科恩（Gerald Cohen，1989，第933页）公开表达了这一观点，在将人们对机会平等的新一轮关注归功于罗纳德·德沃金时，科恩指出，德沃金"通过将反平等主义权利（anti-egalitarian right）的'武器库'中的选择和责任这一强大思想纳入平等主义，为平等主义做出了相当大的贡献"。基于上述理念（但抛弃德沃金强调的资源平等），科恩认为，在确定不平等是否需要补偿时，应"正确地切分责任和厄运"。为什么说这一切分是正确的？因为，根据科恩的说法，"任何人都不应该因为纯粹的坏运气而遭受痛苦"，"我们应该弥补人们无法控制的不利因素"（Cohen，1989，第922页）。

基于科恩的观点，约翰·罗默（John Roemer，1998）提出了另一种机会平等理论。罗默从人们不应该因境况（circumstances）差异而拥有或多或少的机会这一原则出发来展开分析，并将境况定义为"对人们的行为具有影响但超出个人控制范围的（广义上的）环境特征"（Roemer，1998，第19页）。罗默的理论可以被理解为以两个不同的原则为基础，尽管他并没有完全以这种方式来呈现其理论。

第一个原则，我称之为起跑线平等（starting-line equality），是一种事前机会平等原则。根据这一原则，一个公平的社会更像一场公平的让分比赛：在起跑线上，没有人相对于其他人处于劣势。罗默将这一原则阐述为："在机会平等的概念中，存在'之前'和'之后'两种状态。在比赛开始之前，如果需要的话，可以通过社会干预来实现机会平等，但是在比赛开始之后，每个人都要靠自己。"（Roemer，1998，第2页）罗默对这一原则的另一种表述是，机会是指"获得利益的权利"。然后，"在机会均等政策下，社会需要赋予其成员平等的权利；但个人有责任通过努力将这种权利转化为实际利益"（Roemer，1998，第24页）。

第二个原则，我称之为同工同酬（equal reward for equal effort）原则，是关于努力与事后报酬之间的一种关系。理想的情况是，确保所有个人付出相同的努力（基于相关个人的情况进行评估）可以产生相同的回报。在这里，罗默似乎再次将公平社会视为一种让分比赛。但此时的建议是，如果让分是公平的，那么付出最大努力来获得比赛规则认可的胜利的人将赢得比赛。因此，罗默说，"同样努力的个人最终应该得到同样的结果"（Roemer，1998，第15页）。

罗默并没有区分这两个原则，而是将两个原则呈现为机会平等这一单一概念的不同方面。这两个原则对应着对科恩的格言，即应该补偿个人无法控制的不利因素的不同解读。起跑线平等是对这种不利因素的事前补偿。同工同酬要求这些不利因素不应变成事后报酬的不平等。在罗默的理想的让分比赛模型中，让分系统构成了事前补偿，同时也确保了事后报酬仅由努力决定。

罗默认为，这种理想模型至少能以一种合理近似的方式在社会市场经济中得到实施。他提出了如下建议：个人被划分为多个类型，任何给定类型的所有成员都可以被视为面临相同的境况（例如，在比较青少年学生在学校的努力水平时，来自不同社会阶层的学生可能被视为属于不同类型）。努力被模型化为一维实体。每个人的努力程度是以她在同一类人的努力分布中的排名来度量的。罗默提议，要明确境况、努力和报酬之间的关系，以尽可能使报酬作为努力程度的函数对所有人都是相同的。为此，罗默将设计这种报酬结构的任务指派给了一家经济规划机构。罗默建议，这家机构中的规划师可以通过对"样本人口"开展"实验"来收集解决该设计问题所需的信息。基于这些随机对照试验的结果，该规划机构得以明确每类人的努力水平如何受到不同分配规则的影响，进而可以确定并宣布"最优政策"（Roemer，1998，第29页）。

请注意罗默和德沃金关于机会平等的表述有相似之处。两位作者都试图调和市场经济特有的选择自由与机会平等的概念，这一概念需要中和纯粹运气的影响。两人都基于模型提出了相关建议，在这些模型中，中和纯粹运气可以在任何人越过起跑线之前进行：对于德沃金的模型而言，这一中和在拍卖当天进行，对于罗默的模型而言，这一中和在人们选择付出多少努力之前进行。中和行动之所以可能进行，是因为对于中和方式（德沃金设计的保单或罗默的报酬结构）中的每一种潜在配置情况，个人如何对该配置做出反应已经为某些社会计划者（人类或电子设备）所知。当然，这些只是模型，模型的世界必然比它代表的现实现象简单得多。但是，在任何经济活动发生前，社会计划者就已知晓一切，在分析这种经济时，德沃金和罗默忽视了现实经济生活的一个关键特征，即知识分工。

在这方面，德沃金和罗默提出的建议与20世纪20年代至40年代期间流行的市场社会主义精神一脉相承，市场社会主义这一概念由奥斯卡·兰格和弗雷德·泰勒（Oskar Lange and Fred Taylor，1938）等学者发展起来。其基本思想是将市场纳入中央计划体系。市场机制使决策分散化，确保了经济效率，并让个人自由选择自己的消费模式。企业是国有的，并根据特定规则对价格信号做出反应，而不是如同资本主义一样为企业所有者谋取利润。通过税收和转移支付，中央计划者确保收入得到平等分配。

弗里德里希·冯·哈耶克（1948）发现了市场社会主义的一个根本缺陷。哈耶克认为，市场社会主义之所以在经济学家中获得了可信度，是因为市场经济可以用莱昂·瓦尔拉斯（1874/1954）提出的一般均衡模型呈现。通过集中分析均衡状态而忽略达到均衡的动态过程，我们能够创建出模型世界，其中没有任何等待行为人去发现的经济相关性。然后，假设我们——把自己想象成政府、社会计划者、经济制度的设计者——已经知道在均衡实现的过程中一切都得以被发现，那么我们就可以设计补偿方案来中和我们不喜欢的任何市场结果。

但是这忽略了哈耶克所说的"经济学作为一门社会科学的真正核心问题"，即解释在处于运行状态的经济系统中，"许多人（每个人都只拥有一点点知识）的自发互动如何实现了价格与成本相符的状态……这种状态唯有经由某个拥有所有人之全部知识的人的刻意指导才可能实现"（Hayek，1948，第50—51页）。市场是一种整合分散知识的机制。市场社会主义的错误在于假设我们可以获取由市场过程产生的知识，而不必实际经历这些过程。

2. 知识分工

面对知识分工的现实，机会平等难以实现，为了对这一点进行解释，我将首先介绍一个不同于上文提到的海难幸存者社会的模型。这一模型中的幸存者，如德沃金的模型中一样，被冲到了一个无人岛上。我将这个岛屿称为哈耶克岛。从穆勒在其殖民者的故事中使用"强健"这个词的意义上说，幸存者的强健程度是相同的。他们在到达哈耶克岛时没有携带任何之前获得的外部资源。岛屿本身除了土地之外没有任何外部资源，而土地十分丰富以至于可以免费提供。只存在两种物品，并且都不能储存。一种物品是玉米，通过栽培获得，并且只有一种众所周知的玉米种植技术，这种技术具有规模报酬不变的特征。由于土地是一种免费物品，因此生产过程中唯一的经济投入品就是劳动力：使用的劳动力越多，玉米的产量就越高。这个过程中没有不确定性：任何劳动力投入水平能收获的玉米数量都是确定的。所有岛上居民都能提供相同的无差别劳动力，因此，就玉米生产而言，所有人都具有平等的天赋。

另一种物品是在岛上广阔而茂密的森林中生长的一种营养丰富的水果。在他们到达时，岛上居民对这种水果的确切了解情况如下：结这种水果的树木稀疏地分布在森林中，具体位置不明确；在任何给定时间，只有一小部分果树会结果；对于一棵既定的果树来说，结果的季节是不确定的，结果期之间的时间间隔也是不确定的，但确定的一点是，任何果树的结果期都很短，而结果期之间的时间间隔很长。但是，如果恰好在果实成熟的时候发现了一棵树，则可以通过使用相对较少的劳动力收集大量的果实。在采集和运输水果所需的劳动力方面，每个人都有平等的天赋。

尽管这就是我们知道的一切，但岛上居民关于这种水果的信念多种多样，而且往往相互矛盾，同时这些信念并不是公共知识。有些人在听过旅行者的故事后了解到，在某些时间和某些地点发现果树的可能性特别高，有人说在六月的山边，有人说在满月时的河边，如此等等。另一些人则听说过如何通过观察鸟类或昆虫的某些行踪来找到果树。有些人认为，如果在采摘水果之前举行一些精心设计的仪式，那么成功的可能性最大。其他人则认为科学的方法是最有效的：人们应该花时间收集和分析有关树木的生物学信息，尝试构建一种理论来预测何时何地可以找到果树。还有一些人认为寻找水果的最有效方法是将果树的位置视为完全随机的：人们只需花费尽可能多的时间进行搜索。

除了拥有关于水果的不同信念之外，岛上居民对两种物品的偏好也不同，对时间的配置方式（休闲、种植玉米、寻找水果、参加仪式、科学探究等）也有不同的偏好。他们还有不同的时间偏好和不同的风险态度。此外，关于其他人当前和未来的偏好是什么，或将会是什么，每个人的了解都是模糊的，并且每个人甚至难以确定自己未来的偏好是什么。是否应该或者是否能够消除这些差异，才是这个故事的重点。

岛民按照约翰·洛克（John Locke，1690/1960）提出的方式来组织其经济活动。每个人都可以利用他需要的任何数量的土地种植玉米，在这片土地上产出的任何玉米都是他的财产。其他土地也是类似的。水果长在树上，所以没有所有权归属，但如果被采摘，则水果就成为采集者的财产。每个人都可以自由地以他选择的任何方式寻找水果，前提是不妨碍其他人寻找水果。拥有某种物品的人可以将水果消费掉，或者用于交易。人们也可以自由地与他人结成伙伴关系。伙伴关系有助于分散采集水果的风险。

原则上，岛民可以通过构建伙伴关系完全分散所有的风险。例如，所有人可以结成伙伴关系，就每个人的分工达成一致，并平等地分享由所有人的劳动带来的玉米和水果。但基于如下两个理由，我们可以预期自由选择的伙伴关系难以完全分散风险。

首先，不同的人有不同的信念。相对于完全分散风险的基准情形，实际上存在着事前的互惠互利交易空间。这种交易的效果是提高了每个人在他认为更有可能成功的活动中的投入，并减少了在其他活动中的投入。其次，存在道德风险或机会主义问题。许多采集水果的技术都涉及不易被监控的劳动形式。（对于一些人来说，寻找水果最有效的方法可能是每个人负责搜索森林中的不同区域，但人们如何确定她的伙伴是否真的在寻找水果呢？）在市场上，这个问题通常会以如下方式得到解决：任何可能有机会主义动机的人必须继续承担大部分的有关风险。因此，在由 n 个人结成的伙伴关系中，每个人单独寻找水果，可能就如下分配方案达成一致：每个人可以从她自己收集的水果中获得超过 $1/n$ 的数量，相应地从其他人收集的水果中获取小于 $1/n$ 的数量。

因此，即使在合作伙伴关系确立之后，不同的人也会承担不同的风险。那些认为自己掌握了高效的水果采集策略的人会应用这些策略，或者与掌握高效采集策略的人合作。其他人则会选择种植玉米这一更为安全的策略。但如果玉米种植者希望用他们种植的部分玉米交换水果，则他们同样面临风险：其交易条件取决于水果采集者的整体收成。事后人们获得的回报将是不平等的。在其他条件相同的情况下，那些信念与实际情况最接近的人将获得最大的回报。

假设故事就这样继续发展下去。不同的个人和合作伙伴采用不同的水果采集方法。事实证明，树木生物学比科学家想象的要复杂得多。正因为如此，那些投资于科学研究的人获得的知识并没有发挥什么实际作用,一般而言,这些人的收获很少。旅行者提到的昆虫行为的故事是真实的。少数听过并相信这个故事的人收成很好。但其他旅行者讲述的故事则毫无价值,相信这些故事的人并不比那些随意搜索的人获得的水果更多。仪式能够提高森林探险的成功率,这一想法仅仅是一种迷信。相信这种迷信的人,如同那些想成为科学家的人,会承担不必要的额外成本。从科恩的角度看,这些不平等主要是好运气和坏运气带来的结果。但这是一种选择运气还是一种纯粹运气?

请记住,在哈耶克岛上,没有一种在事前人人都了解的技术,借助这种技术,可以付出某种努力获得真实信息。不同的人只是因为运气好或运气差偶然发现了(看起来)不同的信息。事后看来,我们可以说,那些听到真实的旅行者故事的人运气不错:他们没有通过自己的努力,就获得了其他人无法获得的宝贵资源——知识。反之,那些听到不真实故事的人则自认倒霉。这看起来明显是一种纯粹运气,收益和损失都超出了相关人员的控制范围。有人可能会争辩说,个人最初的信念差异并非源于信息差异,而是由于主观信念上的差异。这就是我对岛上居民对仪式和科学的态度的解释。但是,如果我们遵循罗默的观点,一个人不应该为嵌入其所处境况的信念负责,除非可以合理地说他已经控制了这个过程。让我们假设,岛上居民对仪式和科学的信仰是其童年教育的结果:有些人从小就相信仪式的力量,而另一些人则相信科学探究的力量。事实证明,这两个群体按照他们从小坚持的信念采取行动,并没有获得好运。这也是一种纯粹运气。

这意味着哈耶克岛的经济制度未能满足罗默的机会平等原

则。从穆勒提出的机会平等概念（本章第1节）看，存在起跑线平等：每个人都有相同的机会参与岛上任何可能的经济活动。但是，这违反了同工同酬的原则：付出相似努力水平的个人由于无法控制的环境因素而获得不同的回报。

这一缺陷（如果存在的话）应该如何得到纠正呢？回想一下，在德沃金和罗默模型的经济中，对不利境况的补偿是事前行为，也就是说，那些境况不利的人在市场上做出任何有约束力的选择之前就得到了补偿。这就使起跑线平等和努力所得的回报平等能够与市场经济兼容。但在哈耶克岛上，事前补偿是不可能的。不利境况需要得到补偿是面临不利境况的人持有的一种错误信念。对不利境况给予补偿的障碍之一是每个人的信念都是他自己的私人知识：在交易之前，不存在所有人都了解的公开信念。但是，即使每个人的信念都是公开的，在事前有关哪些信念是正确的，哪些信念是错误的，仍然不属于公共知识。只有在人们根据自己的信念行事的过程中才能发现信念是否正确。科恩所说的切分责任和厄运不能通过对不利境况的事前补偿来实现。

那么，保持科恩的切分并在事后对不利境况给予补偿会有什么影响呢？作为分析的起点，首先考虑一个全面的社会保险制度。每个人根据自身意愿自由选择玉米种植活动和水果采集活动的某个组合，并根据其选择在这些活动中投入或多或少的努力。然后将所有人的劳动产出在个人之间平均分配。每天都有一个现货市场，其中玉米和水果相互交易，每个人都可以选择自己偏好的两种物品的消费组合。由于每个人都面临相同的机会（尽管在事前没有人确切地知道他的努力会得到什么回报），所以起跑线是平等的。由于每个人的回报也是相同的，并且与努力无关，因此满足了同等努力获得同等回报的原则，尽管是一种弱形式的满足。然而，每个人的机会都是贫乏的。每个人都可以自由选择付出什么样的努力，并在市场价值相等的不同消费束之间进行选择，但没有人可以在努力和回报的不同组合之间进行自由选择。如果努力——甚至是高于某个相当低的门槛的努力水平——通常被认为是痛苦的，那么全面的社会保险将以另一种方式使机会变得贫乏：经济中的总产出，进而每个人可以选择的消费束都将变得更少。对罗默来说，和大多数平等主义者一样，目标不仅仅是在一定程度上实现收益的机会平等，而且要在尽可能高的水平上实现平等（Roemer，1998，第34页）。鉴于这一目标，全面的社会保险肯定是行不通的。

如果总产出根据每个人的努力水平在个人之间分配，那么似乎可以克服全面社会保险的这些缺点。假设岛上居民一开始就同意，应该以某种特定的递增函数形式来确定努力和回报之间的关系，比如，回报应该与努力成正比。他们就某种努力指数达成一致，这样努力就可以按比例来衡量。该指数旨在度量不同类型的努力的痛苦或困难程度，而不考虑这些努力的预期结果的价值高低。假设由该指数定义的努力可以通过公开验证的方式进行度量，这是一个强有力的假设。事后，所有人劳动所得的玉米和水果在每个人之间分配，每个人所得的份额与其付出的努力成正比。和之前的情况一样，每天都有一个现货市场用于进行水果与玉米之间的交易。

这种组织岛屿经济的方式能够同时满足罗默提出的两种原则。在全面社会保险的条件下，每个人都面临相同的机会集合，因此存在着起跑线平等。由于回报与努力成正比，因此满足了同工同酬的原则。但是这种设计仍然存在缺陷：缺乏一种引导人们努力方向的机制，根据自己或其他人的信念，这一机制可以将人们的行为引导到最有可能高效地生产人们想要消费的商品的活动上。一个人要想获得某种回报，其充分必要条件是他必须从事某种活动，无论这种活动是否有用，他都需要承受痛苦或付出艰辛的努力。因此，在选择从事何种生产活动时，每个人主要是受他对这些劳动形式的偏好的引导，这些偏好与这些活动的努力指数的等级有关。如果经济中的人数大到足以使个人在自己生产的产品中获得的份额可以忽略不计，他就没有理由考虑其活动可能取得的成功，或者其他人对他可能生产的不同产品具有的偏好。此时，市场经济拥有的一项重要的协调功能已不能发挥作用。我认为这个缺陷是致命的。

鉴于哈耶克岛的情况，除非某些人因错误信念而处于不利情况，否则市场经济将无法正常运转，其中一些错误信念是由相关个人无法控制的境况造成的。当然，哈耶克岛只是一个思想实验，与德沃金的拍卖故事形成了对比。但是，导致科恩意义上的切分在哈耶克岛上难以实现的那些经济生活的特征，也是现实经济具有的特征。请记住，德沃金和罗默在分析中都试图使个人在其整个成年生活中所能利用的资源或机会平等化。[④]在任何市场经济中，个人在不同的教育和就业机会之间的决策都涉及根本的不确定性，这种不确定性让他们受纯粹运气的影响。

常言道，一个人在事业上能否取得成功往往取决于他是否在正确的时间出现在正确的地点。在大多数行业和大多数企业中，相当大的一部分风险都是由工人承担的，他们因行业和企业的专用培训、资历规则、养老金福利以及在不同地理区域之间流动的成本而被锁定。因此，在工作机会之间进行选择时，个人将自身的前途命运赌在一个行业、一个企业，甚至可能是一个特定的工厂、商店或办公室的成功上。这些赌博与每个人都事先知道中奖概率的彩票不同，而更像岛屿经济中的水果采集者做出的决定。

年轻人常常不得不决定是否要在判断其天赋方面押上不可撤销的赌注。试想一个在某种工作（比如职业网球、歌剧演唱或学术研究）上表现出极大天赋的毕业生，这些工作需要经过大量的培训，并且只有那些展露杰出才能的人才会获得高薪工作机会。如果一个人决定利用她的特殊天赋参与职业培训，她将承担一种导致终身后果的风险。她是否真的具备足够的天赋获得成功，这在事前并不能确定，如果她下定决心采取行动，这一点也只有在培训过程中才能发现。同样，这与已知中奖概率的彩票是不同的，毕业生的选择基于一种预感。如果个人应该自由承担这种风险，那么经济回报中必须包含一些纯粹运气的成分。

3. 另一只看不见的手

第 6 章讨论了亚当·斯密在《国富论》中提出的看不见的手，这一机制引导商人采取提高社会福利的行动（Smith，1776/1976，第 456 页）。这是斯密的经济学著作对看不见的手最著名的表述，但这并不是唯一的一次表述。事实上，还有另外一只看不见的手。[5] 作为鲜为人知的另一只看不见的手，斯密指的是在市场经济中发挥作用的再分配机制。再分配机制将在本章其余部分的论证中发挥重要作用。

在《道德情操论》中，斯密（1759/1976）触及了一个在 18

世纪下半叶的欧洲话语中十分突出的概念——奢侈品（luxury）。对奢侈品的批判性评论表达了人们对这一时期商业快速增长的深层不安。当时有一种看法认为，基于家庭血统、荣誉和义务等旧的等级和差别观念，正在被炫耀性消费和炫耀性行为等新的规范所取代。《道德情操论》的主题之一便是解释人们对财富和奢侈品的追求，即使这并不是一种可敬的行为，但也能够以一种意想不到的副产品的形式创造出实实在在的收益。

在斯密写作《道德情操论》一书的时候，直接参与"贸易"——商业或制造业活动——对于自恃出身高贵的人来说是不可想象的，但通过将自己的土地出租给佃农来赚取收入，却是一种非常受人尊敬的行为。对绅士阶层来说，表现出对土地排水和轮作等农业"改良"活动的兴趣，是很普遍的现象，甚至是一种时尚，这提高了土地的生产力和租金价值。斯密描绘了一个典型地主的鲜活形象，提高现有的（而且，斯密认为已经是过度的）奢侈品消费水平激励着他：

骄傲和冷酷的地主眺望自己的大片田地，却并不顾及同胞的需要，而只是想独自消费从土地上得到的全部收成。但这是徒劳的。"眼睛大肚子小"，这句朴实而又通俗的谚语，用在他身上最合适。他的胃容量与无底的欲望不成比例，其所能容纳的东西不会超过一个最普通的农民。他不得不把自己消费不了的东西分给为他烹制食物的那些人，分给为他建造宫殿的那些人，分给为他提供和整理各种不同小玩意儿和小摆设的那些人。因此，所有这些人都从他的奢侈和任性中获得了生活必需品，而如果人们期望从地主的仁慈

或正义中有所收获，那将一无所获。(Smith，1759/1976，第184页)

然后，斯密提出了一个令初读《道德情操论》的人惊讶的主张。他信心十足地提出这一主张，表明这是基于经济学的推理，但他没有对此进行说明：

> 在任何时候，土地产品实际供养的人数都接近于它能供养的居民人数。富人只是从大量产品中选用了最贵重和最中意的东西。尽管他们的天性是自私和贪婪的，但是他们的消费量比穷人少。虽然他们只图自己方便，虽然他们雇用千百人为自己劳动的唯一目的是满足自己无聊而又贪得无厌的欲望，但是，他们还是同穷人分享收获的成果。一只"看不见的手"引导他们对生活必需品所做的分配几乎如同土地平分给全体居民时的分配，从而不知不觉地增进了社会利益，并为不断增多的人口提供生活资料。(Smith，1759/1976，第184—185页)

或许斯密心中所想的是一个封闭的市场经济模型，其中主要的生活必需品（让我们称之为"谷物"）是农产品，而农业用地的主要用途是生产谷物。穷苦的劳动人民几乎把所有收入都花在了粮食上，富有的地主几乎把他们所有的收入都花在了需要雇用非农业劳动力的其他商品（奢侈品）上。在这种模型的均衡状态下，穷人和富人之间的谷物分配会相对平均。有人可能会认为，这一伟大成就不能归功于看不见的手。毕竟，为了满足地主对奢侈品的消费，需要将劳动力从谷物生产中转移出来，而这可能会减少可供穷人消费的谷物数量。

更有趣的是，斯密似乎声称，在18世纪的经济中，农业改良的收益主要由穷人获得。这种说法并非不可信。单独考虑（以及在扣除农业改良成本之前），每个土地所有者显然从中受益，而且所有地主的农业改良的综合效果提高了实际工资率，从而提高了奢侈品的价格。因此，农业改良完全有可能对劳动力在粮食生产和奢侈品生产之间的配置没有任何净影响。在这种情况下，地主增加奢侈品消费的企图完全是弄巧成拙。[6]

了解这种看不见的手的机制如何运行是非常重要的。考虑一位18世纪的地主，他热衷于进行农业改良。为简单起见，假设他在自己的家庭农场上实施农业改良，雇用人员对农场进行管理，而不是将土地租给佃农。假设这些改良不涉及任何劳动力或资本支出：土地所有者只是将科学耕作作为利用其充足的闲暇时间的一种方式（尽管他也会关注这一方式产生的利润）。他指示农场经理采用最新的作物轮作方式。这提高了土地的生产力，从而提高了地主的利润。他发现，通过采用新的轮作方式，他可以雇用更多的农场工人进一步增加利润。他用这些额外的利润雇用更多的人，从而享受更为奢侈的生活。因此，这位地主推行的农业改良显然使他自身受益。

然而，地主对劳动力需求的增加往往会提高劳动力的价格。如果他对劳动力的需求只是整个劳动力市场的一小部分，那么这种劳动力价格的上升幅度就很小，对地主利润的影响也很小。但这一劳动力价格的变化会影响劳动力市场上的许多其他参与者。劳动力的所有供给方都会从价格上升中获利，而所有需求方都会受损。从绝对意义上讲，这种从雇主到工人的收入转移与地主增加的劳动力支出在同一个数量级上。[7]因此，每个地主的农业改良行为都会导致所有地主的收入转移到所有劳动者身上。如果所有地主都实施改良，如斯密所说，他们的净收益可能会完全由工人获得。

用成本收益分析的语言来说，这些无意识的收入转移是市场交易中的货币外部性（pecuniary externalities）。这些收入转移与货物或服务的非自愿转让不同，它们不影响任何人拥有的东西，也不影响任何群体成员在他们之间开展可行交易的机会。[8]收入转移影响的是符合人们意愿的交易条件，进而影响人们能够选择的机会集合。直观上看，当其他人愿意与一个人交易的条件变化给这个人带来损失时，这个人就遭受了负的货币外部性。当交易条件变化给他带来收益时，他就享有了正的货币外部性。货币外部性的出现是因为在竞争激烈的市场中，价格会随着个人交易计划的变化而不断调整。如果市场要持续为可行的自愿交易提供机会，那么这些调整就是不可避免的。每个人的机会集合都必须进行调整，以反映其他人愿意与他进行交易的条件所发生的变化。

货币外部性是市场回报反映纯粹运气的最重要方式之一。例如，假设如斯密推测的那样，农业改良的效果在一定程度上提高了劳动力价格，且劳动力价格上升的幅度恰好使劳动力在农业和奢侈品生产之间的配置保持不变。考虑一个家庭佣人，她受雇于一名正在进行农业改良的地主。假设家政服务的技术保持不变。由于工人倾向于在不同职业之间流动以追求更高的工资，因此家庭佣人的工资率将与农业劳动力的工资率同步增长。家庭佣人继续从事与以前完全相同的工作，但她获得的报酬提高了。尽管她并没有直接参与农业改良的过程，即使她没有任何从事农业工作的个人爱好或天分，她也会从农业改良的过程中受益。这是一种纯粹运气。尽管如此，上面发生的这些事情并不是随意的。在市场中，每个人获得的回报取决于其交易伙伴对她为他们所做事情的评价。家庭佣人提供的服务并没有变化，但她的雇主（更富有了）愿意为这些服务支付更多费用。因为如果他想要继续享受这些服务，就必须支付更多费用。

在斯密的例子中，货币外部性缓解了普遍存在的不平等：市场激励地主不断增加财富，而这些财富最终会流向穷苦的劳动人民。但我们也很容易想到货币外部性实现相反效果的情况。例如，在19世纪，一些英国地主因拥有地下蕴藏着煤炭的大片土地而积累了巨额财富。在这种情况下，开发蒸汽动力技术的工程师导致了财富的增长，而这些财富通过矿权价值的变化最终归于有闲阶级的地主。

然而，货币外部性确实倾向于呈现某些普遍模式，斯密提到的地主案例就说明了这一点。地主认识到，鉴于目前的劳动力价格，进行农业改良是一个获利机会。但是，作为利用这个机会的意外副产品，地主将一部分利润转移给了新的受益者，这些利润本来可以由那些在他之前进行土地改良的地主获得。用更一般的术语来说，当某个阶层的所有市场都可以获得相同的获利机会时，每个市场主体都想将可获剩余据为己有，而这一尝试将使部分剩余转移到该阶层之外的人身上。货币外部性倾向于以这种方式发挥作用的原因很简单。如果利用某个获利机会需要购买某些商品，则每个市场主体对该商品的需求都会推高其他市场主体需要支付的价格；如果利用某个获利机会需要出售某些商品，每个市场主体的供给都会压低其他市场主体出售的价格。其基本机制本质上与第6章和第7章讨论的各种套利形式的基本机制是相同的。

在第6章第10节中，我将《国富论》中的"看不见的手"描述为一种推动互惠互利交易机会得以实现的机制。我认为，可以将《道德情操论》中的"看不见的手"解释为一种补充机制。随着互惠互利交易机会的实现，这些交易创造的部分盈余会被转移给其他人，这些人的经济角色实际上是被动的旁观者。有时候，如同斯密所举的例子，这种机制就像在实施某种公平或平等原则一样。当然，有时候也并非如此。

4. 市场为什么不公平？

在机会平等的讨论中反复出现的一个比喻是公平竞赛。正如我在第8章第1节中指出的，当罗默将机会平等描述为一种竞争时，他似乎想到了某种类似的比喻，在这种竞争中，每个人都在平等的条件下开始，但"开始之后，个人就靠自己了"。[9]同样的比喻也出现在一些自由主义经济学的伟大著作中。当穆勒（1871/1909）将"处于最佳状态的共产主义"与"私有财产原则"进行比较时，他说这一原则从未得到过公平的评判：

> 有关财产的法律从来都与为私有财产辩护的原则不一致……这些法律并不是公平对待所有人，而是苛待某些人，优待另一些人；它们故意助长了不平等，并阻止所有人公平

竞赛。(Mill, 1871/1909, 第 208—209 页)

穆勒立即承认，没有任何可行的私有财产制度可以确保"所有人……都在完全平等的条件下开始比赛"，但他明确建议，理想的私有财产制度类似于公平竞赛。在斯密的《道德情操论》中同样可以发现关于竞赛的比喻。斯密（1759/1976）讨论了一个人在更多地关注自己的幸福而非他人的幸福时，还能在多大程度上保留对他人的同情。他指出，每个人对自己利益的自然偏好通常也会得到他人的迁就，只要是以公平竞争的方式表达：

在追求财富、荣誉和显赫职位（例如，任命或晋升）的竞争中，他可以尽其所能和全力以赴，以超过其竞争对手。但是，如果他想挤掉或打倒对手，那么旁观者对他的迁就就会完全停止。(Smith, 1759/1976, 第 83 页)

再一次地，我们给出如下建议：经济生活应该是一场公平竞赛。

迈克尔·桑德尔（2009，第 3—10 页）在讨论市场的正义或不正义时表达了类似的想法。2004 年，佛罗里达州在经历飓风查理（Hurricane Charley）之后，汽车旅馆、紧急维修服务、瓶装水等商品的价格开始飙升。当时，有经济学家勇敢地争辩说，市场出清价格能够提高资源利用效率，而飓风不会改变这一事实。相比之下，桑德尔将这些"价格欺诈"视为超越市场道德界限的一个例子（经济学家承认这是一个超越经济学道德界限的例子）。对桑德尔来说，正义就是"给予人们应得的东西"。这需要判断

"哪些美德值得尊重和奖励，一个好的社会应该倡导什么样的生活方式"。他力邀读者得出结论：努力和天赋在商业世界中是值得奖励的（Sandel, 2009, 第12—21页），但是如果市场奖励的是那些在靠近飓风路径上幸运地拥有汽车旅馆的人，奖励的是让他们利用这种运气获利的"贪婪"，则违反了正义原则。在将努力和天赋视为商业奖励的恰当依据时，桑德尔似乎假设这种正义要求商业活动中的收入分配就像公平体育比赛中的奖品分配一样。

但是，我们是否应该将市场视为一场个人为获得奖牌而竞争的比赛？比赛的本质是一场零和博弈：一个人之所以能赢，是因为别人输了。当人们为特定的职位或荣誉（例如，美国总统的职位、奥斯卡奖或诺贝尔奖）展开竞争时，这一点当然是正确的，但市场上的互动行为也是零和博弈吗？在我看来，市场是一种促使互惠互利行为得以实现的制度。如果有人想通过市场交易获得财富，她必须找到与他人交易的方式，使交易对手受益，同时自己也受益。市场竞争不是比赛意义上的竞争，而是一种合作。

以飓风为例。假设休是一位业主，其房屋被飓风查理毁坏。一旦风暴继续前进，打零工的建筑工人就会聚集在风暴经过的地区，为人们提供维修服务。他们报出的服务价格远高于正常时期的价格，但仍低于休愿意为其服务支付的最高价格。她接受了其中的一项报价。从契约主义的角度看，这只是市场促进互惠互利交易的总体趋势的另一个例子。飓风为业主和建筑工人之间的互惠互利交易创造了意料之外的机会。正是因为这些交易为建筑工人提供了暂时获得高额收益的机会，他们才会如此迅速地到达现场并提供服务。休受益于市场的这一特性。鲍勃也同样受益，因为休向鲍勃支付了服务费用。鲍勃获得的报酬比正常水平高得多，这并不是对任何特殊努力或天赋的奖励，只是因为鲍勃的运气好，他的工作对其他人的价值出乎意料地暂时提高了。尽管如此，鲍勃的运气和休获得她需要并愿意支付的快速维修服务的机会，是一枚硬币的两面。

不幸的是，"竞争"这个词同时被用来描述零和博弈和运作良好的市场经济。矛盾的是，竞争市场根本不需要比赛式的竞争。假设我在一个足以养活许多水管工的城镇中将自己定位为一名自雇水管工。我通过广告宣传让人们了解我，并邀请潜在客户给我打电话。当他们打电话时，我会向他们报出他们所需服务的价格，然后他们决定是否雇用我。如果我发现当地居民对我的服务的需求比我想提供的更多，我就会提高价格。如果对我的服务的需求太少，我会降低价格。如果我为了获得生意而不得不大幅降价，那么我会尝试选择其他职业。如果当地所有水管工都像我一样行事，那么该镇的水管工市场上就会有竞争，即使我从不将其他水管工视为经济学意义上的竞争对手。我可能认为，作为一名水管工，我的目标不是与任何人竞争，而是通过以客户愿意支付的方式使客户受益，从而为自己谋生。

当然，要想在商业上成功通常需要保持机敏，不仅要关注潜在客户想要购买什么，还要注意潜在竞争对手愿意销售什么，并以什么价格销售。想象一家制造企业，它正在考虑是否投资一条新的生产线，以应对该企业感知到的消费者口味的变化。在判断这是不是一笔有利可图的投资时，该企业需要分析其他公司将在多长时间内认识到这种变化并做出反应。在此情况下，人们可能会说，企业之间互相竞争以利用这一机会获利。但这种利润并不是奖励给最值得称赞的竞争者的奖品,而是与消费者进行互惠互利交易而产生的价值。

由于存在知识分工和货币外部性,市场经济不能向人们提供公平的让分比赛中的那种机会平等。即使有可能在某个固定时点(如殖民者和沉船的故事中)或者在每个人的生命中被认为已经达到成年期的某个固定时点设计起跑线平等(如罗默对机会平等的解释),越过起跑线之后发生的互惠互利市场交易仍将不可避免地导致不平等的回报,而这种不平等不能归因于努力或天赋上的差异。正如罗伯特·诺齐克(Robert Nozick,1974,第160—164页)所说的那样,自由打乱了模式。

在市场中,每个人的机会都是与有意愿的人进行交易的机会。每个人都可以从自己的机会集合中自由选择,但该机会集合的内容在很大程度上取决于其他人从其自身的机会集合中做出的选择。在发达的市场经济中,大多数人最宝贵的机会是由其他人愿意与其进行交易的条件构成的。这一结果是如下事实导致的一个不可避免的结果:只有当每个人的机会集合由于其他人决定如何利用自己的机会而易于扩大或缩小时,每个人才能拥有广泛的机会。从这个意义上说,不公平是市场固有的特征。

5. 展望

在本章开头我提出了如下问题:市场经济需要具备哪些特性才能使其主导原则在心理上保持稳定,也就是说,使经济的运行能够引导人们普遍感知这些原则的公平性,同时普遍愿意遵守这些原则。保证不受纯粹运气的影响并不能实现这种稳定性,因为这样的保证是不可能出现的。

想象一个具有某种起跑线平等的市场经济，可能更符合经济现实，类似于哈耶克岛上的洛克经济的起跑线。但这足以产生心理稳定性吗？假设可以组织一个经济，使每个人到18岁时被赋予的对人力和非人力资源的索取权的总价值相同。其中"价值"以相关个人在18岁生日时的市场价格度量，并且假设这可以通过如下方式完成，即在同龄的18岁组别中，每个人都同意所有人在开始其成年生活时相对于其他人不具有任何可预测的优势。同组中的每个成员都能认识到，在他们的一生中，每个人都将面临纯粹运气，因此，有些人最终会比其他人获得更多的机会，但是没有人能够预测究竟哪些人会运气好，哪些人会运气不好。这可能足以确保18岁组别中的个人普遍认为他们刚好18岁时的相对经济状况是公平的。但是，从人类心理学的角度看，期望这种初始平等的记忆能够让公平感持续存在于每个人的整个生命历程中，这似乎是不切实际的，无论难以预测的市场运行导致这个人获得了何种收益或遭受了何种损失。

人们很可能会认为，即使在一个只存在选择运气的经济中，这也是一种不切实际的期望。想象一下德沃金的理想经济，其中每个人都知道健康不佳和身体损害的量化风险。假设众所周知的一点是，可以基于精算公平条款购买针对个人事故风险的保险。以比尔为例，他现年25岁，作为一名自雇人士，他赚取着可观的收入。他选择不购买针对个人事故的保险，认为将保费支出花在充满挑战的徒步度假上是更好的选择。但是在假期里，他一不小心从山坡上摔了下来，这导致比尔落下了永久残疾。结果，他的余生都生活在贫困之中。这是选择运气。按照德沃金的说法，与比尔没有特别联系的人可能会轻松地说，这是资源平等原则下的一个公平结果：比尔正在为他的生活决策付出代价。也许比尔应该为自己的决策承担责任，而不是抱怨不公平或寻求赔偿。也许在余生中他都应该承担这个责任。但此时我想问的一个问题是：事实上，比尔对这一经济体系的体验是否倾向于使他产生一种该体系是一个公平体系的感觉，并愿意遵守其中的规则？鉴于我们了解的人类心理学知识，我认为答案可能是"否"。

问题在于，人类心理学对待过去记忆的方式与对待未来预期的方式是截然不同的。如果（像德沃金所做的那样）我们试图度量一个人一生中可用的总资源水平，那么过去为人们带来收益但现在已耗尽的资源，与依然存在并为获得未来收益提供机会的资源是同等重要的。但是进化注定使我们更加关注未来的机会而不是过去的机会：用生存和繁殖的语言来说，未来机会的重要性与过去机会的重要性有所不同。正如德拉赞·普雷莱茨和乔治·罗温斯坦（Drazen Prelec and George Loewenstein，1998）的分析表明的，人们发现为已经享受的快乐付出代价是特别痛苦的。例如，在他们进行的一项实验中，大多数受试者表示，他们更愿意在加勒比海度假时选择先付款而不是后付款，但对于购买洗衣机和烘干机，他们更愿意后付款。普雷莱茨和罗温斯坦认为，两种后付款情况的关键区别在于，当必须付款时，假期的乐趣已成为过去，但洗衣机和烘干机在当下仍然发挥着作用。正如他们所说，人们偏好保持盈利状态的心理账户。

在提出"承诺张力"（strains of commitment）这一概念时，罗尔斯分析了与此相关的一个观点。在罗尔斯的理论中，正义原则是"自由和理性的人们为了促进自己的利益而在平等的原初状态下接受的原则，以此确定他们进行交往的基本条件"（Rawls，1971，第11页）。然而，罗尔斯明确提出，作为理性行为人，这些人不会签订自己明知无法遵守的协议。当我们达成协议时，他说："即使出现最坏的情况，我们也必须能够遵守协议。否则，我们就没有以真诚善意的态度行事。"（Rawls，1971，第176页）承诺张力这一概念对罗尔斯的理论非常重要，因为在原初状态下达成的协议并不是由某个外部机构强制执行的契约，这是每一个缔约方都同意维护的一套政治原则。罗尔斯认为，缔约方不能真诚地就维护功利主义原则达成一致，因为这些原则可能要求他们中的一些人为了提高整体利益而放弃重大收益；实际上，当人们将社会视为一个提高其成员利益的合作体系时，基于某些政治原则，期望一些公民为了他人利益而让自己的生活前景变得黯淡，这听起来令人难以置信（Rawls，1971，第178页）。

德沃金提出的资源平等原则对比尔的要求并没有那么糟糕。比尔不需要将他的损失仅仅视为社会整体中的负面元素。但是比尔在25岁时则需要将他在余生中遭受的损失视为其一生（预期价值）的负面元素。期望人们这样思考的政治原则依然在给普通人的心理带来很大压力。

我提出的契约主义方法关注的是能够向互惠互利协议的所有潜在当事人提出的建议。罗尔斯提出的社会概念恰当地表达了契约主义方法的指导思想，即社会是一个旨在促进其成员利益的合作系统，或者（正如他在另一篇文章中所说的）社会是一家"追求共同利益的合作企业"（Rawls，1971，第84页）。我认为，契约主义建议必须与每个人心目中的利益相结合（参见第3章）。如果契约主义原则要实现心理稳定性，那一定意味着每个人的利益都是基于她当前认定的利益，而不是她在过去某个原初状态下认定的利益。

我认为，这意味着支持市场经济的契约主义建议需要向每个参与者表明，基于她当前的情况展望未来，可以期望市场制度能够给她带来收益。市场制度能够实现这一点，不仅仅是在一些特定的起跑线上，而是在任何"现在"刚好出现的时候。此外，该建议必须承认市场具有不可预测性，纯粹运气也是市场给予的回报中不可避免的一部分。

当哈耶克（1976）说"在一个伟大的社会中，个人可以自由地利用自己的知识来实现自己的目的"时，他认为自己提供了如下关于市场的建议：

> 在这样的社会中让协议与和平成为可能的是，个人不需要就目标达成一致，而只需要就能够实现各种利益的手段达成一致，并且每个人都希望借助这些手段实现自己的目的。（Hayek，1976，第2—3页）

以及：

> 当我们反思当前市场给我们带来的大部分收益是我们并不了解的不断适应的结果，而且因为只能预见我们慎重做出决定的部分而不是全部后果时，显而易见的一点是，如果我们能始终如一地遵守某项规则，那么将实现最好的结果，并倾向于增加所有人的机会。尽管每个人获得的收益是不可预测的，因为这部分取决于一个人的技能和了解事实的机会，

部分取决于偶然性，但只有这样才能使自己的行为符合所有人的利益，使总产品的规模尽可能地大，而他们将从中获得不可预测的一部分。（Hayek，1976，第122页）

我暂且搁置对哈耶克关于市场有望带来收益这一经验性观点的分析。我的观点是，对契约主义的市场建议来说，哈耶克的论证具有正确的结构。

请注意，哈耶克认为个人能够同意遵循市场规则，而他们同意这一点的原因是，这些规则倾向于增加每个人的机会。但在什么情况下会同意呢？增加的机会又是相对于什么而言呢？哈耶克想象的当然不是在某种原初平等的状态下达成的社会契约。他明确拒绝传统形式的社会契约理论，因为这一理论以理性自负的方式认为理性可以让我们"使世界焕然一新"（Hayek，1960，第57页）。我认为我们必须将哈耶克的思想解读为，他将个体想象为处于一个不断发展的社会中，参与他所谓的对该社会规则的"内在批评"（Hayek，1976，第26页）。就好像（下面是我说的话，不是哈耶克的话）一些人在问自己："鉴于我们现在面临的情况，我们是否同意继续按照这些现有的规则生活？或者如果不同意，我们愿意做出任何改变吗？"根据哈耶克的说法，如果每个人都同意他们未来的互动行为将受到市场规则的约束，那么每个人都可能相对于他现在的处境而获得更多收益——无论他现在的处境如何。在一个不断发展的市场社会中，我们现在的处境是先前互动历史的结果，受到了规则的支配，从历史上的每个时间节点来看，这些规则能够确保每个人都能获得收益。这意味着，如果市场的这些特性得到普遍理解，其规则将具有心理稳定性。[10]

大卫·休谟（1739—1740，第 502—503 页）在讨论"确定财产的规则"时提出了一个颇为类似的观点。休谟从一个故事开始分析，该故事涵盖了穆勒对殖民者的分析和德沃金对海难幸存者的分析的主要内容。他设想了这样一种情形，"几个人由于遭受了不同的意外事故而脱离了他们以前所属的社会，可能不得不因此建立一个新的社会"。休谟指出，这些人会认识到，建立"财产稳定协议"对他们彼此之间都是有利的。这需要就人们产权的初始分配达成协议。根据休谟的说法，"最自然的办法，就是让每个人都继续享有其现时占有的东西，而将财产权或永久所有权加在现时的所有物上"。然而，值得注意的是，休谟将自己与自己讲述的故事拉开了距离，只是将故事呈现为在一段较长时期内惯例的出现和再现的戏剧化过程："我感觉到，这种推理方法并不是完全自然的，（但在这个故事中）我只是假设这些考虑是一下子形成的，而实际上它们是不知不觉地逐渐形成的。"

我认为休谟的意思是，在现实社会中，每个人都能认识到他们从产权稳定性中获得的收益。为了获得这些收益，人们需要认可一个共同的基准，根据该基准就权利转让的协议进行谈判。在一个持续发展的社会中，特定的财产权惯例已经存在，并且所有人都已经从大家对这些惯例的遵循过程中受益，最自然的办法是将这些惯例作为达成未来协议的基准而继续接受。

在本章中，我一直在谈论契约主义者如何向人们推荐市场，而不是讨论契约主义者如何为市场辩解。上述措辞是我深思熟虑后选择的。作为一个契约主义者，我并不是想表明，基于现有产权分配状况的市场经济在道德上是正义的。我并不是想告诉人们，每个人都有尊重他人财产权的道德义务。每个公民都会根据自己的理解来追求自身利益，我所做的只是向人们提出有关交易条件的建议，基于这些条件人们可能会就某些经济事务达成一致，并期望这些条件能够持续保持心理稳定性。将现状作为谈判基准的重要性并不是任何抽象正义理论的结论。归根结底，这是一个心理学问题。[11]

即便如此，我认为相对于任何特定时间的基准而言，只有当每个人都切实可行地期望从市场运行中获得收益时，哈耶克和休谟的观点才能成为契约主义市场建议的一部分。我们必须明确情况是否如此。或者，更有意义的问题是：如果每个人都有从市场中获得收益的现实期望，那么市场经济必须以何种方式构建？

6. 每个人都能期望从市场中受益吗？

第 6 章的中心观点是，在竞争市场经济的均衡状态下，每个消费者都能够在他想要且有意愿支付的时候获得他想要的任何商品。我将市场的这一特性解释为对斯密在《国富论》中提出的看不见的手的具体化。就真实市场具有的这种特性而言，每个人都有一些理由期望从未来的市场经济运行中受益。这种理由不是结论性的，但从重述其重要性开始分析是十分有益的。

这种看不见的手的机制的本质是，在市场经济中，交易商因促成了互惠互利交易而获得回报。因此，每个人都有理由期望交易商能够发现可以使他以及其他人受益的潜在交易机会，并将这些交易机会提供给潜在的受益人。如果未来经济环境的任何变化，比如他自己或其他人偏好的变化、可用资源的变化，或技术的变化，导致一些涉及他自己和其他人互惠互利的新交易机会的出现，他同样可以期望获得分享这种收益的机会。

市场的这种特性能够带来巨大收益，但也存在着损失风险。在任何特定时间，市场为个人提供的机会都反映了其他人与他进行交易的意愿。如果每个人都可以自由地利用新的机会进行互惠互利交易，适应新知识和不断变化的品位，那么每个人就不能同时具有如下权利：要求重复进行他自己认为仍然有利，但他以前的交易伙伴不再具有交易意愿的交易。因此，当其他人利用机会与他人进行交易的方式发生变化时，无法确保个人不会因此蒙受损失。

然而，契约主义的市场建议必须为每个人预期在收益和成本之间实现有利平衡提供充分的理由。为此可以采取的一种策略是，尝试证明个人可以从彼此的成功中受益是一种普遍趋势，因此每个人都可以从其他人的市场交易活动中分享部分收益。秉持自由主义传统的经济学家经常采用这种观点。例如，斯密在反对重商主义时指出：

> 虽然邻国的财富在战争中和政治上对我国是危险的，但是在贸易上对我国有利……与穷人相比，富人对邻国勤劳的人们来说可能是更好的顾客，邻近的富国也是如此。诚然，从事同一制造业活动的富人是同业者的危险邻居。然而，他的支出可以给附近的所有人提供很好的市场，所以，对绝大多数邻国来说都是有利的。不仅如此，由于他向较贫穷的同业工匠低价出售其产品，因而其他所有人都能从中获利。(Smith，1776/1976，第494页)

穆勒（1871/1909，第2卷，第17章，第5节）也基于类似的分析反对重商主义（参见本书第 1 章第 1 节），他认为，商业活动使各国学会了以善意看待彼此的繁荣。

斯密的观点是，如果其他人对你能够提供的东西有需求，或者他们能提供你所需求的东西，那么他们的富有就能给你带来益处（在斯密的故事中，富有的消费者需要那些勤劳的邻居为其提供产品，富有的制造商向邻居提供其需求的产品。其他人的富有能够为别人带来积极影响，这一现象在当代的表现之一就是东亚的经济增长降低了欧洲制成品的价格）。然而，正如斯密认识到的，富有的制造商也可能成为危险的邻居，如果其他人向市场供给的商品与你的商品同类，或者需求的商品与你所需求的商品同类，那么其他人的富有也可能对你不利（想想为什么丹麦对非本国国民购买海滨度假房屋施加限制）。

第 8 章第 3 节分析了货币外部性的存在导致盈余的再分配这一普遍趋势，即将那些最先利用新机会的人获得的盈余转移给不相关的经济主体。尽管再分配这另一只看不见的手以近乎不加区别的方式运行，但它可能有助于确保每个人都能从其他人的互利结果中受益。然而，某些类型的经济主体能够比其他经济主体从货币外部性中受益更多。正如亨利·乔治（Henry George, 1879）在 19 世纪后期指出的，存在一种系统性趋势，即货币外部性的最终受益者是供给固定的商品的所有者，他可以从租金增长中获益。

价格歧视提供了另一种机制，使人们在市场经济中可以从彼此的富有中受益。价格歧视使生产者能够根据不同类别消费者的支付意愿制定不同价格，从而收回固定成本。正如朱尔·杜普伊（1844/1952，第 261 页）首次分析这一问题时认识到的，价格歧视通过利用消费者的虚荣和轻信而发挥作用，但其效果通常"比人们乍一看起来的更为公平"。如果购买商品的意愿随着收入增加而增强，那么以收入最大化为目标的歧视性价格对富人的涨幅往往会高于对穷人的涨幅。回想一下杜普伊对上等、优等、超优等、特优等酒收取不同价格的例子，这些酒都取自同一个酒桶（第7章第5节）。富人坚持购买特优等酒的行为相当于为向穷人供给普通酒承担了部分成本。如果（正如我在第7章第6节中主张的）根据受益人的支付意愿，在受益人之间分摊公共品的成本，则相关机制就可以在公共品供给中发挥作用。如果所有收入阶层都重视同类公共品，那么他人财富的增加往往会导致你能从中受益的公共品供给增加，同时降低你需要支付的公共品的成本。

然而，最近收入分配的变化趋势对能够从彼此的富有中受益这一市场机制的可靠性提出了严峻挑战。大约从1980年起，许多发达国家，尤其是美国和英国，其经济增长的大部分收益都被最富有的人群获得。例如，从1976年到2007年，美国家庭的税前实际收入的年增长率为1.2%，而最富有的1%人群（相当于2009年年收入超过399 000美元）的年收入增长率则为4.4%，其他人群的年收入增长率仅为0.6%。因此，在这30年间所有收入增长中的58%被最富有的1%人群获得（Atkinson、Piketty and Saez，2011，第9页）。由于这些是税前收入的统计数据，因此没有考虑税收和公共支出的再分配效应，但对那些期望所有人都受益于经济增长的人来说，这些数据足以令人保持清醒。

世界各地个人收入分配的变化情况也很有启发性。根据布兰科·米兰诺维奇（Branko Milanovic，2013）收集的1988年至2008年的数据，两个群体在此期间的实际收入增长率最高，年均增长率约为3%：其中一个群体是在世界收入分布中前1%的人群，另一个是收入分布的中间三分之一的人群，米兰诺维奇将这个人群描述为中国和印度等新兴市场经济体的中产阶级。相比之下，处于80%~95%分位的群体的年收入增长率为0~1%。处于这个收入增长范围的是"前共产主义国家和拉丁美洲的人，以及那些来自富裕国家的收入增长停滞不前的人"。在全球化和世界经济快速增长的时期，似乎富裕国家的居民并不富裕，他们只获得了经济增长的一小部分收益。

后一种影响可能是贸易壁垒减少和技术变革的结果，因为它们导致发达经济体的工人面临着比新兴经济体的工人更为激烈的竞争。通过市场的传导，这些变化为数以亿计的人带来了收益，虽然按照发达经济体的收入水平来衡量，这些人依然相对贫穷。这些变化对欧洲和北美工人阶级和中下阶层的影响可能类似于工业革命给特定工人群体带来的灾难性影响，例如英格兰北部的手工织布工，其技能因技术进步而过时。

但是，非常富有的人群在收入中所占份额的惊人增长又该归于何种原因呢？一种解释强调（非人力）资本收入的作用。由于拥有资本是获得资本收入的先决条件，并且由于更富有的人群储蓄水平更高，从而能够积累更多资本，因此资本收入的高度不平等可能是不受约束的市场具有的内在趋势。从这个角度看，20世纪40年代至70年代这段时间可能是异常状态。第二次世界大战导致工业化国家的资本大量枯竭，要么源于物理破坏，要么源于储蓄被转移到军事生产中。在战后的前30年中，针对最高收入的税率依然很高，这阻碍了私人财富的快速积累。自20世纪80年代以来，资本收入的变化可能标志着世界重新回到第一次世界大战之前的那种资本主义时代（Piketty and Saez，2003；Piketty，2014）。

然而，近几十年来收入分配最显著的趋势之一是，对处于收入分配最高百分位的个人来说，工资在个人总收入中的比重不断增加（Atkinson et al.，2011，第6—8页）。一些经济学家将这类工资极高的富人阶层的出现解释为信息和通信技术的进步以及市场全球化的结果。有观点认为，上述变化正在创造着"赢家通吃"的劳动力市场，最具天赋的个人的边际产品价值非常高（Frank and Cook，1995）。显然，这种机制在体育和娱乐领域发挥着作用。例如，在欧洲足球市场中，随着按次付费和电视订阅的增长，以及球员劳动力市场的自由化，最优秀的球员和许多尽管拥有出色天赋但在顶级联赛中表现不够优秀的球员的工资差异巨大。但这种机制发挥作用的范围究竟有多广，是一个颇具争议的问题。许多评论家认为，公司治理方面的缺陷导致高级管理层拥有相当大的权力来制定自己的薪酬条款，因此导致其薪酬超过了其工作创造的边际价值（Core、Holthausen and Larcker，1999；Bebchuk and Fried，2003）。如果上述观点是正确的，那么根本的问题就是市场竞争的失败：高级管理人员从其公司促成的交易中获得持续不断的租金。

讨论这些关于收入不平等的问题需要另一本不同于本书的著作。就本书的写作目的而言，重要的一点是，无论是基于理论推理还是经验观察，我们都不能确信，当不存在任何外部的再分配机制时，市场有望能够使每个参与者都受益。尽管如此，我仍然坚持本章第5节中提到的哈耶克关于市场的建议：市场具有符合契约主义观点的正确结构。哈耶克声称他要证明的有关市场体系的真相，就是契约主义者需要证明的他所推荐的经济体系的真相。

7. 确保互惠互利预期

契约主义者提出的建议针对的是某个群体的全体成员，他们被视为一项协议的潜在当事人。建议的具体内容是，就某个特定的合作计划达成协议，符合该群体每个成员的利益。如果契约主义者提出的是关于如何组织经济的建议，那么很自然地，隶属于某个政治实体的公民会成为被建议对象，这些公民能够就经济制度做出集体决策。这一实体可能是一个民族国家，也可能是一个民族国家联盟，例如欧盟。为了说明我们的建议，我将假设类似这样的一组建议对象。那些偏好将整个地球想象为单一政治实体的读者，可以自由地将以下内容转换为对世界公民提出的建议。

我认为，关于市场体系的契约主义建议需要向每个公民表明，从每个时间点向前推移，市场体系都倾向于为他们带来收益。但是，考虑到市场运行过程中固有的不确定性，很难想象如何对一个缺乏非市场再分配机制的市场经济体系提出上述建议。由于市场机制为促成互惠互利交易的行为提供回报，所以是一种能够满足一般需求且具有极高效率的制度，因为它创造了哈耶克所说的"总产品"（aggregate product）和斯密所说的"财富"。但是，就其本身而言，市场机制并不能保证每个人都有机会分享它带来的财富增长。如果要对基于市场的经济体系提出建议，就必须以某种方式来确保这一保证能够实现。

如果本章的观点是正确的，那么我们（作为试图就经济组织方式达成一致的公民）就不能在完全抵消纯粹运气的影响的同时，依然保留市场创造财富的属性。从这个意义上说，任何基于市场的经济都是不公平的。但是，如果我们愿意接受经过某种弱化的上述财富创造的特征，那么就可以使我们每个人更有可能分享财富的增长。

作为上述想法的一个例证，让我们再次考虑哈耶克岛的故事。在对这个例子的讨论中，我认为全面社会保险与市场经济的运行原则是不相容的。但岛上居民或许可以通过可行的部分社会保险计划来补充其经济中的洛克规则。回想一下，哈耶克岛上存在一个现货市场，经济中的两种消费品（玉米和水果）在该市场上被交易。因此，在任何时间，该市场上的价格都可以用来度量每个人以等价玉米单位计量的总收入。假设岛上居民在制定经济规则时，同意在每个月的月底对每个人当月的收入进行核算，所有超过某个固定门槛水平的收入都将按某个固定比例征税。然后，这笔税收收入将根据某种公式分配给岛上的居民。按照这一公式，税收收入可能在每个人之间平均分配，也可能将更多的税收收入分配给收入较低的人。对于有工作能力的个人而言，能否获得税收收益可能取决于他是否付出了某种经公开验证的、最低水平的生产性努力（可能是更容易监控的玉米种植活动）。实际上，当个人的收入超过门槛水平时，他参与的交易产生的一部分盈余将在这一税收制度下被征收并重新分配。在此过程中，税收制度对个人进行互惠互利交易的机会施加了某些限制。但是，只要税率不是太高，该税收制度就可以让更多的人分享市场运行创造的收益。这是人们熟知的经济效率和平等之间的权衡关系，只不过是用契约主义的术语来表达。

上述税收制度是一种风险共担的伙伴关系，要求每个人必须加入该伙伴关系中。正如我阐述的，这一风险共担机制与其他经济参与规则一起构成了整个经济的制度结构。假设岛上的居民在最初组建经济时可能会就这一制度结构达成一致，我将其视为经济宪法的一部分。但在原始版本的哈耶克岛的故事中，个人可以通过双方协定自由建立起风险共担的伙伴关系。有人可能会问，为什么有必要就强制性风险分担达成政治协议？为什么不将风险分担与其他经济活动一样作为一种自愿协议来看待？

答案是，心理稳定性是一个集体性概念。我们正在分析的问题已经超越了哈耶克岛的比喻，这个问题是设计（或发现）基于如下原则的经济制度，即当这些原则付诸实施时，将获得人们广泛而持续的支持。我认为，解决这个问题的一种方法是保证每个人都能保持从这些制度中受益的持续预期。部分社会保险便是确保这些预期得以持续的一种方式。在参加社会保险计划时，个人不只是以私人选择的方式减少自己的风险敞口。参加社会保险是一项集体活动，其目的是为个人自身和其他所有人都可以从中受益的制度提供持续支持。如果其他人继续为这些制度提供支持符合他个人的利益，那么其他人参加社会保险计划同样对他有利。反过来，他参与社会保险也对其他人有利。

虽然社会保险计划具有可预测的再分配效果，但上述观点仍然成立。例如，考虑发达经济体中的一个由多名参与者构成的小群体，在某个特定时间，该群体由拥有先天天赋或后天技能的人组成，这些人可以提出很高的薪酬要求。假设这个群体包含许多来自不同职业的人，从世界级的网球运动员到脑外科医生，从流行歌手到大公司的 CEO（首席执行官）。这些人可能会令人信服地声称，他们可以在群体内部设立一个风险共担计划，相比于全民社会保险，这一内部计划可以为群体中的所有人提供更好的保险条款。然而，只有整个经济中每个人的预期都得到保证，而不仅

288 利益共同体：行为经济学家对市场的辩护

仅是他们自己的预期得到保证，才符合他们的利益。社会保险的再分配效应是高收入者为制度的心理稳定性付出的代价，因为只有借助制度的心理稳定性，高收入者的技能才能获得如此高的交换价值。

这么说并不是将富人的社会保险缴费仅仅视为一种保护费。[12] 社会保险可以被看作基于互惠互利原则的经济组织体系的一个组成部分。肯尼斯·阿罗（Kenneth Arrow，1984）准确地表述了上述基本直觉：

> 我的观点是，在某种深层意义上存在着规模报酬递增……社会互动的收益远远超越仅凭借个人或子群体自身力量可以获得的收益。稀缺资产的个人所有者对这些资产的利用率并不高；只有在大型系统中这些资产价值才得到充分展现。因此，这种社会的存在创造了可用于再分配的盈余。（Arrow，1984，第188页）

以欧洲足球明星为例。根据福布斯2016年全球收入最高运动员排行榜，利昂内尔·梅西（Lionel Messi）以5 340万美元的收入排名第二，其中不包括代言收入。[13] 我没有理由怀疑这是他的雇主——巴塞罗那足球俱乐部对他非凡技艺价值的公平度量。但是，如果没有经济合作网络使梅西的技艺得到发挥，那么他的收入将大大下降。梅西需要其他球员组成一支队伍，这支队伍需要与其他球队比赛，需要一个可以比赛的体育场，以及愿意付费观看比赛的大量观众。梅西独一无二的足球技艺使他比诺坎普球场主管具有更高的议价能力，但根据阿罗的观点，梅西的高收入在很大程度上是由具有良好经济秩序的社会所创造的盈余。

上述分析并不意味着将努力转化为收入的条件对梅西和球场主管来说没有差别。相比这位主管，梅西拥有的天赋的价值更高，这是一种纯粹运气，但不必声称必须以某种方式抵消这种运气，人们也能够看到这一事实。正如我在本章前面内容中所说的，市场不可能是公平的。尽管如此，令人不安的是，梅西在2016年被西班牙法院判定试图逃税410万欧元。[14]

人们可能原本希望梅西将应缴的税款视为对类似球场主管等人所做贡献的回馈，正是这些人的贡献才使梅西能够从整体的合作计划中获得巨大收益。

从另一方面看，通过缴纳这些税款，梅西本可以向他的同胞保证，他们可以分享借助梅西的天赋创造的盈余。根据穆勒反对重商主义的论点，再分配税收可能是社会的一个重要组成部分，在这样的社会中，人们可以善意地看待彼此的成功。

第 9 章
内在动机、善意和互惠

本书旨在捍卫经济学的自由主义传统，以应对行为经济学研究成果带来的挑战。在前面的章节中，我一直关注违反如下新古典主义假设的大量证据，即个人的选择行为揭示了完整偏好。我试图证明，可以在放弃上述假设的条件下重新表述自由主义经济学传统的核心思想。然而，正如我在第 1 章第 3 节中指出的，大量行为经济学证据挑战了新古典经济学常用的另一个假设——个人根据自利偏好行事。

有人认为，这类证据给经济学的自由主义传统带来了麻烦。作为这类观点的早期代表，丹尼尔·卡尼曼等人（Daniel Kahneman、Jack Knetsch and Richard Thaler, 1986）在一篇行为经济学的经典论文中对此进行了阐述。这篇论文的宏大主题体现在"公平与经济学的假设"这一标题中。

这篇论文第一次介绍了独裁者博弈实验。在这个异常简单的博弈中，两个参与者将分配一小笔钱。一个参与者，即分配者（allocator）决定这笔钱的不同分配方案。另一名参与者，即接受者（receiver）没有决定权，她只能被动地接受分配者提出的分配方案。博弈中双方没有交流，并且是完全匿名的。在卡尼曼等人的实验中，分配者必须选择拿走90%的钱或拿走50%的钱。绝大多数人选择了50%的分配方案。卡尼曼等人认为这一结果表明许多人偏好"公平"，并认为这一发现对经济学家来说是一种"尴尬"，因为个人自利的假设是经济学的基础。

卡尼曼等人承认，一些经济学家只是将自利视为一种能够较好地预测总体行为的假设，而其他人（他们称之为"温和的忠实信徒"）只相信"如同拳击台或室内游戏一样，经济舞台就是一种环境，其中与其他人类制度相关的许多规则都被搁置了"。但是，卡尼曼等人指出，有许多"极端的忠实信徒"，对他们来说，"对公平价值观或陌生人福利的任何关注都被解释为一种自利的策略性行为"。不管这种"无视公平的假设"可能存在什么样的细微差别，卡尼曼等人（在第1章中引用的一段话）将它表达为：

> 拒绝用道德术语解释经济行为，这在该学科的历史中有着很深的渊源。伴随着现代经济学出现的一个核心观点便是，市场上自利行为人的自由行动可以很好地服务于公共利益。（Kahneman et al., 1986）

古典经济学和新古典经济学的一个核心观点是，在竞争性市场中，自利行为人的自由行动通常可以很好地实现互惠互利的结果。在《国富论》最著名的段落中，亚当·斯密（1776/1976，第26—27页）阐述了这一观点：我们期待的晚餐并非来自屠夫、酿酒师或面包师的仁慈，而是源于他们对自己利益的关注。人们可能会质疑，在独裁者博弈实验中观察到的慷慨行为是否与上述观点存在密切关系。正如卡尼曼等人提到的温和的忠实信徒坚持的那样，如果市场是一种给自利行为颁发特别许可的制度，那么我们就难以确定，独裁者博弈是不是检验有关市场行为假设的恰当环境，就像它是否适用于检验人们如何在家庭度假时玩大富翁游戏的假设一样。我的猜测是，卡尼曼等人希望归因于经济学家的假设是，个人根据与情景无关的自利偏好采取行动。这是一个可以在独裁者博弈中得到合理检验的假设。

尽管斯密没有坚持与情景无关的自利假设，但许多后辈经济学家确实做了这样的假设。[2]然而没有一个严肃的经济学家会声称，自利个体的自由行动总是能够促进共同利益。各派经济学家都承认，在某些情况下，公共品供给是最明显的例子，自利动机会阻碍互惠互利交易的实现。然而，在新古典经济学中，这种集体行动问题的出现通常意味着对政府干预的需求。因此，个人可能以非自利的行为解决集体行动问题的思想没有得到新古典经济学的重视。如果可以找到如下实验环境（与独裁者博弈中的情况相反），那里存在互惠互利的交易机会，自利行为人无法利用而普通人可以成功利用这些机会，那么新古典经济学将面临更大的挑战。

事实上，我们已经找到了这样的实验环境。第1章第3节描述的信任博弈就是一个很好的例子。在本章第3节到第5节中，我将再次分析这个例子，并介绍其他一些例子，同时分析行为经济学家是如何解释这些例子的。这些证据无疑表明，如果存在互惠互利的交易机会，有许多人会采取非自利行为，以抓住这些机会。但这些证据对自由主义传统究竟构成多大程度的挑战，取决于这种亲社会动机（pro-social motivation）以何种形式出现（我将使用"亲社会"这一通用术语来描述个人不追求即时的自身利

第9章 内在动机、善意和互惠 293

益，而是追求他所在群体的共同利益）。我们要问的是，使集体行动问题得以解决的亲社会性是否与人们在市场中实现互惠互利交易的动机背道而驰。

行为经济学在对亲社会性建模时，通常使用那些较难适用于普通市场交易的概念，如公平与不公平、善与恶、应得与不应得、奖励与惩罚等。这些理解亲社会性的方式自然导致了如下想法，即市场行为背后的动机，或者至少是新古典经济理论所代表的那类市场行为背后的动机，从根本上来说是反社会的。这也许就是卡尼曼等人提出经济学作为一门学科一直抵制用道德术语来解释经济行为时持有的观点。

这种针对行为经济学证据的思考方式在一定程度上迎合了对自由主义经济学传统更久远、更根本的批评。这种批评来自美德伦理学（在第7章第7节中有所提及），具体来说就是由于市场运行依赖于反社会动机，所以市场往往会侵蚀真正的社会性。因此，有人说，重要的是认识到市场的"道德局限"，防止市场侵蚀人们的生活领域，在这些领域中，人类的繁荣依赖于亲社会动机。行为经济学和美德伦理学文献在"挤出"（crowding-out）假说中有一个契合点。根据这一假说，如果特定类型的行为既可以由自利动机产生，也可以由亲社会动机产生，则人们倾向于把这种行为（无论是他人的行为，还是更令人惊讶的情况——他们自己的行为）归结为自利行为。在这种情况下，亲社会动机并没有被社会认可或自我认可所强化，而是逐渐被取代。我将在本章第1节和第2节中讨论这些观点。

在上述行为经济学和美德伦理学分析思路背后的思想是，市场关系中展现的各种态度与真实社会关系中展现的态度之间存在着根本对立。在本章第 6 节中我将指出这一观点是错误的，并将市场关系视为一种表达合作态度的方式，这种合作态度与能够帮助个人解决集体行动问题的各种亲社会性是相辅相成的。

1. 对市场的美德伦理学批判

对市场的美德伦理学批判源远流长：通常将亚里士多德的《尼各马可伦理学》（Aristotle，公元前 350/1980）视为美德伦理学的奠基之作。[③]对于遵循亚里士多德传统的哲学家来说，美德伦理学的核心关注点是道德品质（moral character），即一个人是什么样的人，且应该成为什么样的人。美德是后天获得的好的性格特征或性情。至关重要的一点是，美德之所以是好的，并不是因为它们往往会引发基于其他道德原因而被视为好的或正确的行为。在美德伦理学中，那些被认为是好的行为，与有德之人的品性相称。一个具有良好道德品质的人培育美德并非因为美德是道德行为的经验法则，而是因为美德是她是或她想成为的那种人具有的品性。

亚里士多德对美德的解释始于这样一种观念，即在任何"实践"或生活领域，善都被理解为与该领域的目的（telos，其字面意思是"目标"或"目的"）有关，也就是"凡事皆有其目的"。例如，亚里士多德在《尼各马可伦理学》第 1 篇第 1 节中将医学视为以"健康"为目的的领域，将军事战略视为以"胜利"为目的的领域。对于给定的领域，当后天的性格特征满足如下条件时便是一种美德：拥有这一性格特征的人能够因此更好地为实现该领域的目的做出贡献。其基本思想是，人类的幸福或繁荣（flourishing）

要求人们以尊重各类活动所属领域的内在目的的方式开展这些活动。

某个领域的目的是如何确定的？亚里士多德似乎认为目的是一种可以通过直觉来确定的自然事实，但许多现代美德伦理学家倾向于采用社群主义方法（communitarian approach）来确定目的。这种得到了阿拉斯代尔·麦金太尔（Alasdair MacIntyre，1984）、伊丽莎白·安德森（1993）和迈克尔·桑德尔（2009）等人拥护的方法，将繁荣这一概念置于特定社群和文化传统的内部来理解。因此，要确定一种实践的目的，必须在实践者所处的社群中寻找该实践的意义（Anderson，1993，第143页；Sandel，2009，第184—192页、第203—207页）。

在美德伦理学家对市场和经济学的批判中，一个反复出现的主题是，市场运行依赖于非美德的外在动机。这一思想也可以追溯到亚里士多德，他指出："以赚钱为目的的生活是一种被迫选择的生活，财富显然不是我们所追求的善。因为，它只是为了获得其他事物的有用的手段。"（Aristotle，公元前350/1980，第1卷，第5章）这句话提出了两个被现代美德伦理学附和的主张。第一个主张是，当人们参与市场活动时，他们缺乏自主权，换言之，其行动是被迫的。这一说法似乎意味着一个真正自主的人不需谋求财富（也许是因为他已经拥有了他所需的足够多的财富，而不必再去谋求财富）。[④]第二个主张是，从事经济活动的动机是外在的，因而是低等的，换言之，从事经济活动所能获得的东西仅仅是有用的或者是为了获得其他事物。

上述思想以更现代的形式出现在安德森和桑德尔的著作中。这些学者有时候不太情愿地承认，市场是社会组织的必要组成部分。但他们认为，市场的工具性逻辑容易腐化其他社会生活领域中的美德，因此公民应该采取集体行动，对市场的范围施加限制。

安德森（1993，第12页）提出了一种"多元价值理论"，认为人们应该以不同方式评价不同种类的商品。安德森试图通过确定作为市场关系之特征的规范，以及根据这些规范价值而得到恰当评估的商品类别，来划定市场的适当范围。对安德森来说，一种经济物品的理想类型是"纯商品"。对纯商品适用的评价模式是"用途"（use）：

> 用途是一种较低级的、非人性化的和排他性的评价模式。它与更高级的评价模式（例如尊重）形成对比。仅仅使用某物，等于使该物从属于自己的目的，而不考虑其内在价值。（Anderson，1993，第144页）

这个定义马上让我们联想到内在价值排在工具价值前面的亚里士多德式排序。安德森认为市场规范是一种次等道德：相比于其他生活领域中的评价模式，市场的评价模式是低等的；市场评价模式仅以用途为标准，不考虑内在价值。在这种情况下，市场规范是非人格化的、自私自利的。非人格化指的是市场交易被视为工具，即每一个交易主体都将市场视为满足自己目的的手段。利己主义则认为这些目的是根据自身利益来定义的。

安德森承认，市场规范体现了"经济自由"（economic freedom）这一道德理想。然而，这种理想是以消极方式体现的，也就是说，如果一个人认识到商品的内在价值、人际关系的义务以及他人价值判断的潜在有效性,那就有可能不受道德约束(Anderson,1993,第144—146页)。事实上,安德森似乎只在无关紧要但无害的消费品背景下才对经济自由的理想感到满意。(可能是以一种居高临下的姿态)承认"市场……在人类生活中也有其适当的位置",安德森列举的真正属于经济自由领域的商品是"在大多数商店都能找到的便利商品、奢侈品、美食、小玩意儿和服务"(Anderson,1993,第166—167页)。而没有提到市场在提供食物、衣服、燃料和住所等商品方面发挥的作用,这些商品是我们赖以生存的基础。

通过分析由医生、学者、运动员和艺术家等专业人士提供的商品和服务的内在价值,安德森批判了工具性市场。她认为,对这些专业人士而言,市场规范可能与"他们的专业角色的内在卓越规范"相冲突。由此导致的结果是,当专业人士出售其服务时,具有内在价值的商品被"部分商品化"了(Anderson,1993,第147—150页)。她并不认为商品化是完全不可取的,但其观点的主旨是,专业活动的内部目标必须在一定程度上与市场塑造的外部动机分割开来。

桑德尔(2009)对市场进行了一种与安德森的观点不同,但互为补充的批判,其重点是关注正义的美德伦理。[5]桑德尔关注的不是培养人们关于商品和专业服务的正确态度,而是关注个人如何因适当的美德而获得荣誉和奖励。对桑德尔来说,正义就是"给予人们应得的东西"。这需要判断"哪些美德值得尊重和奖励,一个好的社会应该提倡什么样的生活方式"(Sandel,2009,第9页)。桑德尔在其著作的开头描述了最近出现在美国的一些公共辩论议题,以此来支持其主张,即美德伦理学在普通的政治话语中依然生机勃勃。桑德尔提出了两个与市场道德限制有关的议题。其中之一是飓风查理席卷美国之后出现的"价格上涨",本书第8章第4节对此进行了分析。第二个议题与企业高管的薪酬有关。桑德尔质疑,美国大企业的首席执行官是否有资格获得2008年以前的高额报酬,当时这些企业的利润水平很高。他认为,努力和天赋是商业活动中值得奖励的品质,但是,当市场用于奖励高管的利润并非源于高管的努力或天赋时,这就违反了正义原则(Sandel,2009,第12—18页)。桑德尔在其著作中提到的这两个例子所传达的信息是,市场赋予这些高管的收入与这些高管的美德并不相称。

在安德森和桑德尔对美德的描述中,二者似乎表达了一种对日常经济生活现实的道德疏离感。安德森一方面对"用途"持轻蔑态度,另一方面她选择学术研究、体育和艺术作为具有"卓越标准"的职业的例子,表明她可能难以从大多数人赖以谋生的普通但有用的工作中观察到道德意义。桑德尔似乎很难接受这样一个不可避免的事实,即市场回报既取决于运气,也取决于天赋和努力。更根本的是,认为经济活动或由此生产的商品本身应该被视为目的的想法,与将生产商品和服务以换取其他东西视为目的的市场原则,二者是不一致的。在第10章和第11章中我将试图证明,在仅仅对彼此有用的活动中,人们依然可以发现其中的道德意义。

2. 内在动机和挤出

强调实践活动内在价值的亚里士多德美德伦理学,与强调内在动机对人类幸福重要性的现代"积极心理学",尤其是爱德华·德西和理查德·瑞安(Edward Deci and Richard Ryan,1985)提出的自我决定理论之间,具有很多共同点。在自我决定理论中,与繁荣相似的概念是心理健康或幸福。其核心假设是,个人自主权是心理幸福的源泉,因此人类的繁荣与真实性(authenticity)和自我实现有关。

在瑞安和德西(2000)对动机的分类中,存在一个从无动机到完全自主的"内在动机"的连续统,该连续统经由"外在动机"而越来越自主。一个具有外在动机的人从事一项活动,是"为了获得某些可分离的结果"。外在动机可以变得更加"内在"(从而更加自主),以至于个人有一种自主选择了行动目标并认可其价值的感觉。但是,一个具有内在动机的人从事一项活动,是"为了其内在的满足,而不是为了获得某种可分离的结果",这样的人"为了乐趣或挑战而行动,而不是因为外部刺激、压力或奖励而行动"(Ryan and Deci,2000,第56—60页)。请注意,上述内在动机的定义是如何排除所有普通市场活动的:因其他人有需求并且有支付意愿而提供商品或服务,被视为追求"可分离的后果"或"奖励"。

这类心理学文献中的一个重要假设是,外部奖励会挤出内在动机:如果从事某项活动将带来外部奖励,则人们倾向于认为其内在满意度较低(Deci,1971;Lepper and Greene,1978)。导致这种情况的潜在心理机制之一是自我认知(self-perception)。在缺乏强烈的情感线索的情况下,人们很容易通过观察自己的行为来构建自己的态度,并推断可能导致行为的态度(Bem,1967)。因此,当一个人知道他选择执行一项能够带来货币收益的任务时，他可能会认为货币收益是驱使他执行该任务的原因，从而挤出了该任务是为了追求内在满足的想法。理查德·蒂特马斯（Richard Titmuss，1970）提出了一个与社会政策相关的类似假说。他提到的一个著名例子是为献血者引入经济激励所产生的效果。在献血者完全无偿的制度下，献血动机是利他主义、互惠或公共精神。如果在这样的环境中引入经济激励，也许会导致人们认为供血者是自利的卖家，而不是利他的献血者。蒂特马斯认为，这可能对潜在献血者的如下意识产生负面作用，即献血是一种具有道德意义和社会价值的行为，因此，为献血提供经济激励会导致血液供应量减少。与此类似的是对如下广为人知的现象的解释，即对那些去日托中心接孩子迟到的人进行罚款，会导致迟到率上升（Gneezy and Rustichini，2000a）。[6]

布鲁诺·弗雷（Bruno Frey，1994，1997）首先分析了动机挤出假说的经济意义。当前大量的行为经济学文献以积极心理学观点为基础，并附和安德森关于使内在动机不受市场影响（contamination）具有重要意义的观点（参见 Gneezy、Meier and Rey-Biel，2011）。毫不奇怪，关于内在动机的经济学文献被视为支持了对市场的美德伦理学批判（例如，Sandel，2012，第64—65页、第113—120页）。

经济学家已经开始关注如何保护内在动机不受市场力量影响的问题。其中的方法之一被称为"少付多得"。假设存在某些职业，如果工人有内在动力去追求该职业的内在目标，那么他们就能够更好地提供雇主重视的服务，如果按照瑞安和德西的分类方法，这些工人受其"内在的满足感"和"挑战"所激励，而不是源于物质回报。从经济学的标准概念框架看，在护理等特定工作类型上具有工作激励的人在担任护士时，其要求的保留工资（reservation wage）低于他在其他职业中的保留工资。因此，雇主可以通过提供低工资来区分好员工和差员工，并通过支付更少的工资获得更多收益（Brennan，1996；Katz and Handy，1998；Heyes，2005）。如果一位雇主正在寻找具有内在动力的员工并提供较低的工资，而此时一个人接受了这一低工资水平，那么她就是在向自己和他人发出信号，表明她具有内在动力。因此，市场力量并不必然带来挤出效应。

基于女权主义者的立场，朱莉·纳尔逊（Julie Nelson，2005）指出，这种在市场经济中保护内在动机的方法具有某些令人不安的影响。低工资不仅会筛选掉具有外在动机的人，而且还会筛选掉那些具有内在动机但需要养活自己和家人的人。因此，能够从事提供内在回报的职业的，可能仅限于那些能够获得私人收入的人，或者伴侣或父母较为富有的人。当社会规范将自我牺牲视为护理等"关怀"职业的特征时，它们可以充当剥削的掩护，并纵容剥削行为（比较约翰·斯图亚特·穆勒提出的"自我克制"作为理想女性性格的观点，第1章第1节对此进行了讨论）。

南希·福尔布和朱莉·纳尔逊（Nancy Folbre and Julie Nelson，2000）针对挤出问题提出了不同的应对方法。这一方法就是将具有内在动机的劳动者的报酬与他们提供的特定服务分开，这样一来报酬就可以被解释为对内在动机的认可，而不是被视为市场交换。这似乎意味着，如果照看者和被照看者将他们的关系视为买卖双方之间的关系，就会有损真正的关怀。这种观点也是对亚里士多德观点的附和，即市场关系是工具性的，因此是非美德的。福尔布和纳尔逊的提议旨在将一种明确的交换关系转变为一种双边给予的关系。看起来护理人员应该根据她的内在动机采取行动，就好像她不期望从提供护理服务中获得任何经济回报一样，但她相信实际上她会获得正常的收入。同时雇主似乎应该错误地认为，给护理人员提供收入就像给予她免费礼物一样，因此提供护理服务不是用于交换金钱，而且雇主确信护理人员实际上会按照他设想的方式完成工作。我将在本章第4节中深入分析这种互惠关系。

这个例子说明，保护内在动机免受所谓的交换关系的腐蚀性影响是困难的。根本的问题在于：内在动机这一概念固有的含义是，当一个人参与到交换关系中时，他的自主性和真实性就会受到损害，但交换关系对任何依赖于比较优势和劳动分工的经济体来说都是不可或缺的。有关内在动机的文献让我们向往一种极其不切实际的理想经济，在这种经济中，每个人的行动和努力都能协调一致进而从交易中获利，但实际上人们并没有动力去追求这些收益。如果我们想实现美德、真实性与现实经济生活之间的协调，那就需要一种理解经济关系的方式，承认从交易中获得的收益不是偶然实现的：收益之所以能够实现，是因为人们的主动追求。因此，我们必须能够展现人们如何在参与互惠互利活动的实践中找到美德和真实性。本书的目的之一是表明，需要以一种特别的方式来理解互惠激励这种方式完全不同于当前行为经济学中的理解方式。

3. 互惠：实验证据

行为经济学家提出了一系列关于个人如何根据非自利的"社会偏好"行事的假设。其中最重要的一个假设是个人对互惠有偏好。在本节中,我将分析这一假设何以出现的有关实验证据。我们首先分析信任博弈。

信任博弈是当前社会偏好文献中的典型博弈之一。作为实验设计的现代表现形式,信任博弈要归功于乔伊斯·伯格等人(Joyce Berg、John Dickhaut and Kevin McCabe,1995)的研究,但是(正如我在第1章第3节和第3章第1节中指出的那样),这一博弈可以追溯到托马斯·霍布斯(Thomas Hobbes,1651/1962)对承诺支付赎金来换取释放战俘的分析。图9.1中的博弈树展现了这一讨论的简化版本。

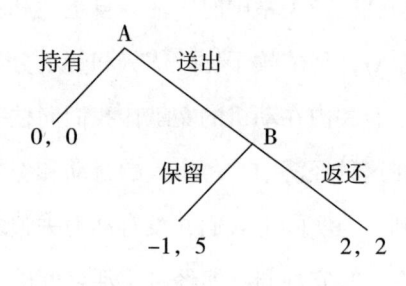

```
            A
      持有     送出
   0, 0         B
          保留      返还
         -1, 5     2, 2
```

图9.1 信任博弈

当然,将个体之间的互动行为表达为正式博弈论意义上的博弈这一想法,赋予个人的理性水平要高于我在第6章和第7章中需要赋予消费者的理性水平。但在本节和本章的其余部分,我将重点分析行为经济学家是如何理解亲社会行为的。为此,我需要利用行为经济学中标准的建模框架。我将在第10章中分析我构建的亲社会行为模型,该模型对理性假设的要求不高。

图9.1中的数字代表了博弈给两个参与者A(第一个数字)和B(第二个数字)带来的可能收益。收益是对每个参与者所得博弈结果的价值的标准化度量,而价值则是以参与者在参与博弈

时感知到的自身利益作为判断标准。为了符合直觉，假设收益也是对博弈的物质结果的度量，表示为博弈双方都看重的某种物品（比如货币）的增量。此外，我没有假设每个参与者的行动都必须是为了最大化他或她的预期收益。因此，对博弈的正式描述并没有预先指定每个参与者将（或理性地应该）做什么。

A首先行动，在持有（hold）和送出（send）之间进行选择。如果他选择持有，则博弈结束，每个参与者的基准收益为零。A选择送出可以解释为将1单位的物质收益投入一项活动，将产生5单位的总回报。如果A选择送出，则B在此活动的两种成本和收益分布之间进行选择。如果B选择保留（keep），A将失去他送出的成本，而B将获得所有回报。如果B选择返还（return），则将A投资的成本返还给他，并且两个参与者可以平分4单位的净盈余。

如果两个参与者都按照自利原则行事，并且都知道对方也是如此，那么结果是（0，0）。（如果A选择送出，B选择保留，A了解到这一点会选择持有。）但是，在一般情况下，通常的经验表明，处于A位置的人有时（但不总是）会选择送出，同时处于B位置的人有时（但不总是）会选择返还。相对于自利行为的基准情况，送出和返还这一策略组合对双方都有利。在很多类似的信任博弈实验中都能观察到这种行为模式，即使在一次性博弈中，甚至在参与者不知道彼此身份的匿名实验中也是如此。或许匿名实验令人失望的一点是，参与者B通常不会频繁地选择返还（或者，在参与者B可以选择返还数额的实验中，B返还的数额不够多），以至于当A面对的是陌生的B时，选择送出并不是有利的策略。我们很自然地推测，实验中的A基于其日常社交生活中的非匿名互动经验，高估了 B 在匿名情况下返还的意愿。无论如何，信任博弈实验表明，相当大一部分人成功地实现了互惠结果，而这对于自利的个体来说是难以实现的。

在解释互惠结果时，似乎唯一真正的问题是解释 B 为什么会选择返还，因为如果 A 预期到这一点，那么 A 选择送出符合其自身利益。一种可能的解释需要援引社会偏好理论，其中每个参与者的效用是两个参与者的物质收益的函数。如果收益配置（2,2）给 B 带来的效用大于（-1,5）给 B 带来的效用，则从 B 的角度来看返还是理性的，此时 B 的行为方式是足够利他的，或者如恩斯特·费尔等人（Ernst Fehr and Klaus Schmidt, 1999; Gary Bolton and Axel Ockenfels, 2000）提出的厌恶不平等的社会偏好理论，B 非常厌恶成为不平等关系中的受益者。但如果这是对返还的正确解释，那么 B 在实验中选择（2,2）而不是（-1,5）的趋势将独立于 A 之前做出的任何选择。事实证明，如果 A 没有机会做出任何选择，并且如果 B 面临着他在信任博弈中会和 A 一样选择送出，则（2,2）这一选择就会比较少见（McCabe et al., 2003）。这表明 B 在信任博弈中选择返还策略包含着某种互惠的意图。

乔治·阿克洛夫（George Akerlof, 1982）以另一种形式的信任博弈作为基础，构建了一个劳动合同中包含"部分礼物交换"条款的理论模型。阿克洛夫的想法是，雇主（对应于信任博弈中的参与者 A）支付的工资可高于足以吸引所需劳动力的最低工资。考虑到雇主监控个人努力的能力有限，相比于由自利动机决定的努力水平，获得如此高工资的工人（对应于参与者 B）可以选择更高的努力水平。在阿克洛夫的模型中，工人开始对雇用他们的公司产生"情感"，这种情感导致他们付出超过最低限度的努力来回馈超过最低限度的工资。因此，通过这一互惠机制，雇主和雇员能够实现互惠结果，而如果每个人都按照自利原则行事，则无法获得这一结果（这种机制的不利之处在于，如果所有公司试图支付的工资都高于确保劳动力供给所需的工资水平，那么只有在存在永久性非自愿失业工人群体的情况下才能实现均衡）。

另一个提供互惠证据的典型博弈是公共品博弈。在这个博弈的经典版本中，有 n 个参与者（$n \geq 2$）。每个参与者都拥有相同数量的"代币"（tokens）禀赋。同时，每个参与者决定将一定比例的代币存入一个公共账户，这一账户为所有参与者共享。其余代币则存入自己的私人账户。代币具有货币的面值。私人账户中的代币保持其面值，但公共账户中的代币价值乘以某个因子 m，其中 $1 < m < n$。在博弈结束时，每个参与者的收益包括其私人账户的代币价值，加上公共账户中将所有代币价值等分的份额。因此，参与者存入公共账户的每个代币都会给他带来 m/n（以代币为单位）的私人回报，而存入私人账户的每个代币都会给他带来 1 的私人回报。如果所有参与者存入公共账户的代币数量都相同，则每个参与者在该账户中投入的每个代币都会收到 m 的回报。由于 $m > 1$，对参与者集体而言，最优的对称策略是将所有代币都存入公共账户。然而，由于 $m/n < 1$，对于自利的参与者而言，其占优策略是将其所有代币都存入其私人账户。因此，与信任博弈一样，公共品博弈向个人提供了互惠机会的环境，但这些机会无法通过个人的自利行为来实现。我们可以将公

共品博弈理解为如下模型：公共品的提供只能通过个人自愿捐赠。

公共品博弈的实验研究得出了三个主要结论。首先，如果 m/n 不是非常接近于零，则很大一部分参与者将进行大量捐赠，这与自利的假设相反。其次，如果博弈是重复进行的，或者如果参与者按先后顺序而不是同时做出捐赠决定，则每个参与者的捐赠水平往往与其他参与者之前的捐赠水平正相关。最后，随着博弈的重复，参与者对公共账户的捐赠下降。对上述结论的最好解释似乎是，这是两类参与者——搭便车者（从不捐赠）和有条件的互惠者（当且仅当其他人的捐赠足够大时才会捐赠）互动的结果。由于搭便车者的存在以及许多有条件的互惠者采取互惠行动的吝啬条件，有条件的互惠者将逐渐退出合作（Bardsley and Moffatt, 2007; Fischbacher and Gächter, 2010）。看起来就像在信任博弈中一样（或许是出于同样的原因），实验对象在最初阶段高估了彼此的合作意愿。

费尔和西蒙·盖西特（Fehr and Simon Gächter, 2000）在公共品供给领域开创了新的研究方向，他们的研究发现，如果在每次重复的公共品博弈结束后，每个实验对象都能够选择是否对其他人施加代价高昂的惩罚，那么捐赠下降的趋势就会消失。为了使这一机制发挥作用，必须有一些具有亲社会偏好的实验对象来惩罚搭便车者，但费尔和盖西特从理论上证明，即使此类群体的占比非常低，即使他们对惩罚的偏好很弱，实验对象仍然可以保持较高且稳定的捐赠率。现有的大量实验证据表明，如果实施惩罚的成本相对于被惩罚的成本来说较低，并且如果（在日常生活中很少出现这种情况）被惩罚的人没有任何报复的机会，则可以维持较高的捐赠率。⑦

综合来看，信任博弈和公共品博弈的证据表明，许多人都有动机采取回报他人的合作行为。互惠目前已经成为行为经济学普遍应用的概念，以至于读者可能很难理解，几十年前对新古典经济学家来说这一概念是多么违反直觉。但是考虑如下情况：某种商品只需花费你的一小部分收入，比如你最喜欢的早餐麦片。假设作为特别优惠的一部分，麦片制造商免费赠予你代币，你可以凭此代币在任何超市兑换（并且只能兑换）一包麦片。这些代币相当于你当前麦片消费量的10%。你购买的麦片（即实际购买的麦片）数量会发生怎样的变化？新古典理论预测，你的购买量大约会下降10%，因为代币是购买量的完美替代品。（"大约"下降10%是因为代币具有的货币价值相当于增加了你的收入。如果麦片是"正常"商品，这将导致你的麦片消费量略有增加。）行为经济学家可能想要增加有关心理账户的条件，但新古典主义的预测似乎非常符合直觉。现在考虑一个不同的例子。将"购买早餐麦片"替换为"自愿捐赠以提供自己可以从中受益的公共品"。假设你将一小部分收入用于捐赠。现在假设其他人的总捐赠水平增加了相当于你当前捐赠数额的10%。你的捐赠数额将如何变化？根据传统的新古典主义理论，一个人对他从公共品中获得的服务的偏好与他对早餐麦片的偏好是相同的。因此，新古典理论预测，你对公共品的捐赠将下降近10%，这一效应与互惠行为截然相反。

直到20世纪80年代，人们仍然普遍认为，可以采用上述传统新古典主义理论分析公共品和慈善活动的自愿捐赠（传统的做法是将慈善活动模型化为公共品，潜在的捐赠者对这种公共品具有利他偏好）。反互惠捐赠的结果也被人们普遍接受（参见 Becker，1974）。在早期有关行为经济学的两项贡献中，我证明了隐含于这个模型中的反互惠效应的大小有悖于有关慈善事业的计量经济学证据，而且确实是完全不可信的。为此，我提出了一个替代模型，其中捐赠者的行为受到互惠的激励（Sugden，1982，1984）。[8]

社会偏好研究计划中的第三种典型博弈被视为提供了有关消极互惠（negative reciprocity）的证据，即以牙还牙，而不是以利换利。这就是首先由维尔纳·居特等人（Werner Güth、Rolf Schmittberger and Bernd Schwarze，1982）提出的最后通牒博弈（Ultimatum Game）。这个博弈的简化版如图 9.2 所示。在这个博弈中，两个参与者 A 和 B 被共同赋予了 10 单位有价值的资源禀赋。除非他们就如何分配这些资源达成一致意见，否则任何人都无法获得资源。

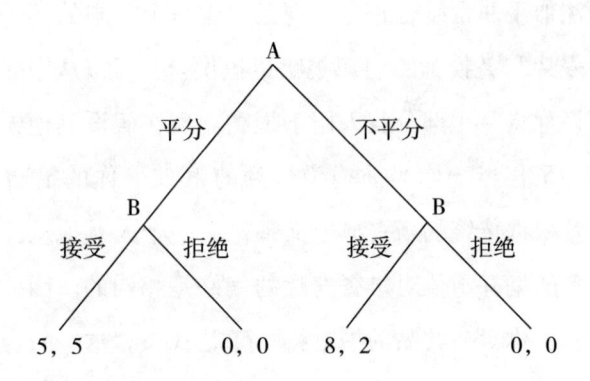

图 9.2　最后通牒博弈

A 首先行动，选择平分（提议按照 5∶5 的比例分配）或不平分（提议按照对他有利的 8∶2 的比例分配）的分配方案。在了解了 A 的选择后，B 选择接受（接受 A 提出的分配方案）或拒绝（此时两个参与者什么都得不到）。如果两个参与者都按照自身利益行事，并且都知道对方也是如此，则结果为（8，2）。此时 B 将接受任一提议，因此 A 将提出对他自身更为有利的分配方案。然而，实验结果表明，有很高比例的 A 提出了对自己不是最有利的分配方案，并且有相当高比例的 B 会拒绝 A 提出的显著高于 5∶5 比例的分配方案。

就像在信任博弈中一样，B 选择拒绝 A 提出的分配方案似乎是因为他厌恶不平等的结果，或者至少厌恶对自己不利的不平等结果，而选择平等的 A 会预见到这一点并采取自利行动。但如果这就是对 B 的拒绝行为的正确解释，那么 B 的选择将只取决于与接受和拒绝相对应的收益分配情况［在当前的博弈中，B 的选择仅取决于（8，2）和（0，0）两种收益分配］，与 A 可能提出的其他分配方案无关。但实际上，B 的选择还取决于 A 本可以选择但并未选择的分配方案。因此，相比于 A 的唯一选择是（5，5）的情况，如果 A 的唯一选择是（9，1），那么一个典型的 B 将更有可能接受（8，2）这一分配方案（Falk、Fehr and Fischbacher, 2003）。在关于社会偏好的文献中，这种行为模式通常用 B 对 A 的意图所做的判断来解释。如果根据 B 的判断，A 表现出了以 B 为代价而不公平地获益的意图，那么 B 的回应方式将会使双方受损。这种反应被视为表达了消极互惠，或者（换一种说法）是一种代价高昂的惩罚行为。

尽管人们能够被互惠所激励已经成为当前经济学中被普遍接受的观点，但对于如何恰当理解这种动机，经济学界并没有达成一致意见。关于市场互动与非市场社会生活之间的关系，学者们见仁见智。在接下来的两节内容中，我将分析当前的行为经济学文献是如何呈现互惠这一概念的。这一分析将为第 10 章的内容奠定基础，我将在第 10 章中提出一个截然不同的互惠概念，与我在 1984 年提出的模型密切相关。

4. 互惠和社会偏好

考虑简化版的信任博弈，如图 9.1 所示。假设参与者 A 选择送出，参与者 B 选择返还。那么我们自然可以说策略组合（送出，返还）是一种信任行为。在选择送出时，A 相信 B 会返还；在选择返还时，B 通过回报 A 的信任表明自己是值得信赖的。但是，所谓送出是一种信任行为究竟意味着什么呢？这种行为是如何激励 A 选择送出策略呢？所谓返还是对信任的回报又意味着什么？这又如何促使 B 选择返还策略呢？显然，对信任予以回报的想法涉及互惠，正如我解释的，行为经济学家之间的共识是，某种形式的互惠包含在送出和返还这一策略组合中。但是我们应该如何理解这种互惠呢？

对信任予以回报的想法预设了信任本身的概念，并且必定涉及 A 的行为。表示 A 信任 B 的一种方式是，分析 A 对 B 将要采取什么行动持有的信念。可以自然地说，A 选择送出是他相信 B 很可能以返还作为回应方式的证据。我们可以假设，如果（根据 B 的信念）A 相信 B 会以有利于 A 的方式行事，那么 B 倾向于按照 A 的这种预期行事；或者，对于同样的情况，B 倾向于避免未能按照 A 的预期行事而带来的愧疚感（Sugden，1998b；Pelligra，2005；Bacharach、Guerra and Zizzo，2007；Battigalli and Dufwenberg，2007）。这种信任响应（trust responsiveness）使我们能够将 B 的返还行为解释为对 A 的送出行为的响应，而不是无条件的利他行为。

但是考虑一下信心博弈，如图 9.3 所示。作为可以用这个博弈建模的情况的一个例子，假设你是 B，在炎热天气参观一个拥挤的旅游景点。A 是一个街头小贩，手里拿着一罐冰可乐。他与你进行眼神交流，然后说你一定要喝一杯。你不喜欢可乐，可还没来得及说什么，他就打开一罐可乐递给你，要你按通常的价格购买，如果你拒绝，一个毫无价值的开罐可乐就留给了卖家。

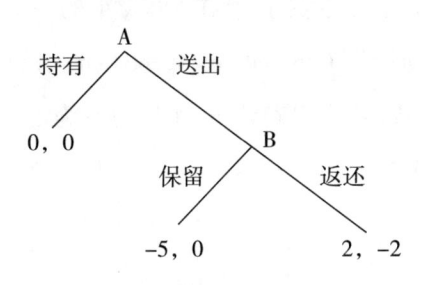

```
            A
     持有 ╱   ╲ 送出
       ╱      ╲
     0, 0      B
           保留 ╱ ╲ 返还
             ╱    ╲
          -5, 0   2, -2
```

图 9.3　信心博弈

在这个博弈中，A 选择送出也被自然地解释为他相信 B 会选择返还，而 B 选择返还显然会让 A 受益。但是，即使 B 具有亲社会的动机，她愿意使 A 的信念成真吗？在信任博弈中，（送出，返还）组合对双方都有利，但在信心博弈中，A 获益是以 B 的牺牲为代价的。B 可能合理地认为，A 在信心博弈中对回报的预期是毫无道理的，而实现这种预期显示的不是诚信，而是容易陷入骗局。诚信肯定不仅仅是一种无条件地使他人偏好于你的预期成真。或者，从一个施信人（trustor）的角度看，这意味着仅仅表明你希望其他人给你带来收益，可能不足以激发他们这样做的愿望。

维托里奥·佩利格拉（Vittorio Pelligra，2005）认为，只有当施信人相信受信人（trustee）具有某些值得称赞的特性，而不认为受信人易受骗时，信任响应才会被诱导出来。这种想法似乎是正确的，但留下了一个悬而未决的问题：是什么导致信任响应在某些情况下是值得赞许的，而在另一些情况下却不值得赞许。弗洛里安·埃德尔等人（Florian Ederer and Alexander Stremitzer，2016）发现了一些实验证据，如果施信人对受信人行为的预期是从受信人有意选择的行为（如明确的承诺）中合理推断出来的，那么信任响应就会发生。[9]在1998年的一篇论文中，我提出了"规范性预期"（normative expectation）模型，该模型展现了第三种观点：如果B想确认A对B的行为的预期，其前提条件是这一预期基于人们对B这样的行为人的典型行为有共同经验。后两种观点将体现在第10章提出的"追求互惠互利"的概念中。

对A选择送出并引发B的互惠互利行为这一特征的另一种解释是，确定这种行为体现了A的什么偏好或意图。在有关社会偏好的文献中，人们关注他人的意图是一个常见的讨论主题。这类文献中遵循马修·拉宾（Matthew Rabin，1993）的做法，将意图定性为友善的或不友善的，是标准的建模策略。给定某一参与者对其他参与者行为的信念，则每个参与者的意图都是根据其行为所能引致的收益分配来定义的（为了简单起见，我将介绍拉宾关于双人博弈的例子）。将这一想法推广到一般情形会带来一些问题，但友善的基本概念与利他主义或仁慈密切相关。"仁慈"一词是在斯密的意义上说的，即我们不依赖面包师的仁慈为我们提供晚餐的面包。一个参与者放弃自己的收益而使另一个参与者受益的程度越大，他就越仁慈。拉宾的假设是，个人既能从自己的收益中获得效用，也能从善待对自己友善的人中获得效用，从不善待对自己不友善的人中获得效用。[10]

严格来说，拉宾的理论只适用于标准式博弈（normal-form game），即每个参与者只做出一种选择，并且这些选择是同时进行的。作为一般情形，不能将这一理论直接推广到参与者按顺序采取行动的博弈中。[11]但对拉宾理论的任何合理拓展对信任博弈来说似乎都具有如下含义：A 选择送出，并期望 B 以 1 的概率选择返还，而且 B 在知道 A 选择送出的情况下选择返还。

为什么会出现这种情况呢？假设 A 选择送出，并相信 B 会以 1 的概率选择返还，那么 B 会在返还和保留之间进行选择，前者产生的收益组合为（2，2），后者产生的收益组合为（-1，5）。第二种收益组合体现了 B 选择自利行为的原因，但我们需要考虑 B 如何判断 A 的意图。假设 A 期望 B 返还，那么他在（0，0）和（2，2）之间进行选择。根据拉宾的定义，选择（2，2）这一收益组合既不友善也并非不友善。根据构建这一理论的直觉，如下结论似乎是不可避免的：A 在其自身收益和 B 的收益之间不需要进行任何权衡，因此没有机会表现出友善或不友善。[12]拉宾意识到其理论具有上述含义。在讨论信任博弈的同步行动版本时，拉宾提出，与其模型的含义相反，"合作似乎会出现"。他对这一问题的回应是，他的模型并不打算囊括所有影响博弈行为的心理因素；理论家在构建模型时可能需要考虑"附加情绪"（additional emotions）。但拉宾所说的是，其模型中特殊类型的互惠互利并不能完全解释信任。值得注意的是，存在于拉宾脑海中的另一种情绪是对"信任给予回报"的渴望（Rabin, 1993, 第1296—1297页）。由于拉宾经常将积极互惠描述为"奖励"友善行为（并将消极互惠描述为"惩罚"不友善行为），因此他的观点似乎是：B选择返还实际上是其对A选择送出这一善意举动的奖励。但如果A的行为是自利的，那就难以解释为什么这一行为是值得奖励的。

存在悖论的是，在个人行为受到互惠激励的理论中，两个人不能拥有他们都会采取信任行为的共同知识。但是，这一结论反映了如下建模策略的基本逻辑，即理性的个人主体的行动偏好可以反映亲社会动机。这是（送出，返还）这一收益组合的一个基本特征，它被理解为一种信任行为，即双方参与者都能从彼此采取的信任行为中受益。如果A在信任行为中扮演自己的角色，并期望B扮演他自己的角色，那么A就必须相信并将自己的行动导向一个事实上对双方都有利的结果。因此，如果亲社会性被解释为友善，即愿意放弃自己的利益而造福他人，那么A选择送出策略并不能表明亲社会的意图，也不能诱导B的互惠友善行为。我将此称为信任悖论。

5. 互惠与社会规范

本章第4节讨论的亲社会行为理论具有一个重要的共同特征：将这种行为视为"社会偏好"的表达。一个人的社会偏好，就像她对普通消费品的偏好一样，被理解为以稳定方式合理地做出选择，并体现其主观品味和判断。请注意，社会偏好是个人的一种属性，而不是社会的属性，是个人对社会的态度。正如个人偏好可能表现为他愿意放弃货币以换取某种消费品一样，偏好也可能表现为愿意放弃个人消费，以便在自己和他人之间实现更公平的资源分配，或奖励他人的友善，或惩罚他人的不友善。在行为经济学中，解释亲社会行为的最常见方式是假设特定类型的社会偏好。然而，另一种解释方式开始流行起来。在这种解释方式中，基本的解释性概念是社会规范，社会规范被视为由一个社会中的偏好、信仰和预期构成的互联网络。在本节中，我将分析这种理解互惠的方式。但我将间接地探讨这个话题。

根据行为经济学的其他研究成果，毫不奇怪的是，个人的社会偏好，如他们的实际选择揭示的，往往是高度依赖于情景的。例如，考虑人们对慈善募捐的反应。两个相隔半个世纪的巧妙田野实验研究了美国购物者对商店门口的救世军（Salvation Army）募捐者的反应。在较早的实验中，詹姆斯·布莱恩和玛丽·安·特斯特（James Bryan and Mary Ann Test, 1967）雇用了一个人，请他每60秒从一名募捐者旁边走过，然后将一枚硬币放入"红水壶"（Red Kettle）捐款箱中。* 他们发现，在被雇者行动后的20秒时间窗口内，捐款的频率明显高于他行动前的20秒时间窗口内的捐款频率。

在较晚的一次实验中，詹姆斯·安德烈奥尼等人（James Andreoni、Justin Rao and Hannah Trachtman, 2017）选择了一家两个入口紧靠在一起的商店，从停车场出来的购物者很容易看到这两个入口。实验者以2×2的设计交叉对照两组实验。在一个入口的实验中，只有一个入口有一个募捐者；在两个入口的实验中，

---

* 救世军提供的捐款箱外观类似一个红色水壶。——译者注

两个入口都有募捐者。在机会实验（opportunity treatments）中，募捐者响铃以示其存在，但并不与潜在的捐赠者互动；在请求实验（ask treatments）中，募捐者试图与捐赠者进行眼神交流，同时打招呼说："嗨，你好吗？圣诞快乐，请您现在捐款。"根据对数据的分析，安德烈奥尼等人估计，使用这种最简单的请求方式，捐款频率提高了约50%。在机会实验中，购物者关于从哪个入口进入商店的决定不受募捐者是否在场影响。相比之下，在只有一个入口有募捐者的请求实验中，只有相对较小比例的购物者故意选择绕道从有募捐者的入口进入，然后进行捐款，更多的人则故意选择相反的方向，从而避免经过募捐者。如果没有被请求捐款的话，后者中的大多数人是不会捐款的（Andreoni et al.，2017，第645—646页、第651页）。

如果从慈善捐款是由稳定的社会偏好驱动的这一假设出发，那就很难解释为什么看到一个陌生人捐款，或是遇到一个以公式化的语言来请求捐款的募捐者，会对人们的捐款决定产生如此强烈的影响。救世军是一个大型的知名慈善机构，它在圣诞节募捐是一件广为人知的事情。如果人们对慈善行为具有稳定的偏好，那么我们会认为在圣诞节的前几周，购物者应该知道自己对救世军捐款的偏好。将上述因素的影响解释为心理暗示，借此在短时间内激发了人们对捐赠行为的积极态度，听起来更有道理。安德烈奥尼等人的证据表明，许多人都能够预测自己对这些心理暗示的反应。似乎那些（如安德烈奥尼等人所说）"回避请求捐款"的购物者能够预见到，忽视募捐者的直接请求会导致一些情感不适，可能是内疚、羞愧或尴尬。同样地，对于为了回应捐款请求而特意绕路捐款，但不会向被动地敲钟募捐者捐款的人来说，他们同样能够预见到，回应捐款请求会带来一些情感上的回报。

安德烈奥尼等人对其发现的解释依赖于双重自我模型（了解行为经济学的读者应该熟悉这一模型）。在类比节食的双重自我模型的基础上，安德烈奥尼等人假设每个购物者身上都存在一个"计划自我"（planning self）和一个"短期自我"（short-run self）。在停车场，购物者在计划自我的控制下，处于一种情绪"冷状态"。计划自我知道，当购物者面对募捐者的捐款请求时，想要捐款的"热状态"将被激活，短期自我将获得控制权（Andreoni et al., 2017, 第 634 页）。根据安德烈奥尼等人的说法，故意绕路以避免被要求捐款的购物者实际上一定是利他主义者：如果他们是纯粹自私的，那么当他们拒绝捐款时就不会觉得痛苦。但是，这些人是老练的利他主义者：

> 心理学家认为，赠予行为是由一种刺激引发的，这种刺激能提高潜在赠予者心中的同情心或同理心，就像新鲜出炉的面包的气味能激起食欲一样……当某个人（或明或暗地）知道自己易受这种刺激影响时，他可以通过控制与这种刺激的接触来控制自己的情绪和由此产生的行动。就像我们不应该一有机会就吃最爱吃的甜点一样，我们也不可能一有机会就赠予，尽管我们可能希望上述两种愿望都能得到满足。就像老练的食客会避免接触巧克力蛋糕一样，老练的利他主义者也会避免遇到募捐者。（Andreoni et al., 2017, 第 627 页）

我们再次遇到了内在理性主体模型，其中理性主体很容易受到表层心理冲动的影响,并对自己未来的机会施加限制,以此作为一种实现自我控制的手段(比较第 3 章第 4 节、第 4 章第 8 节和第 7 章第 3 节中讨论的模型)。在解释这一模型的基本原理时,安德烈奥尼等人似乎特别重视对"赠予回避者"的行为所做的解释,也就是相对较小比例的购物者,当他们被请求捐款时他们会捐款,但他们会主动避免陷入这种情形。[13]如果人们认为,一个人的捐赠或不捐赠行为表明了其偏好友善,而不是偏好自身利益,那么赠予回避者就是这样一种人,他在停车场时的情绪冷状态下,如果被请求捐款,则他将会阻止自己按照原本的行动偏好行事。以这种方式解释,赠予回避行为似乎确实是一种对自我控制问题的复杂反应。但这种对赠予回避行为的理解忽略了如下可能性,即在被要求捐款时不捐款会导致社交尴尬,即使对那些没有利他捐款意愿的人来说也是如此。

一个人不需要具备分裂的自我来避免社交尴尬的经历,就像一个人不需要避免西兰花的味道一样(这让我想起了闻名于世的老布什总统,他曾规定空军一号上不能供应西兰花。他的理由是,他从小就不喜欢吃西兰花,但他的母亲强迫他吃。这个理由看起来非常充分)。如果在被请求捐款时不捐款会导致感情上的不适,那么想要避免这种不适的想法也许可以解释为什么有些人只有在被请求时才会捐款,以及为什么有些人故意避免接触募捐者。

安德烈奥尼等人对购物者行为的另一种解释是,他们是在对社会规范做出反应。也许他们的行为显示的并不是其偏好依赖于情景的结果,而是他们拥有不违反社会规范的一致偏好,而这些社会规范本身是依赖于情景的。如果有人和你进行眼神交流并以友善的方式打招呼说"嗨，你好吗"，你应该友好地表示感谢。即如果一个陌生人要求你为他们做些什么，你应该考虑一下这个要求，而不是立即拒绝，这也是一种社会规范（也许这种社会规范正在消失）。而且我认为，救世军是一项有价值的事业，美国人对此有一定程度的共识，因此要求圣诞购物者进行小额捐赠有一定的合理性。当你路过一个救世军的募捐者时，当他说"请您现在捐款"时，你很难做到既不捐款，也不违反任何社会规范。但如果你应该去寻找那些会对你说"嗨"，然后让你为他们做事的人，这种行为并不属于一种社会规范，那么那些避免接触募捐者的购物者就没有违反任何规范。如果一个人偏好遵守而不是违反社会规范，偏好不捐赠而不是偏好捐赠，那么绕道避开募捐者可能是最能满足其偏好的行为。

克里斯蒂娜·比基耶里（Cristina Bicchieri，2006）全面地阐述了社会规范与行为经济学之间的关系。她关注的是"行为规则"（rules of behaviour）。一种行为规则 R 适用于某种类似重复博弈的情形，博弈参与者由某个群体 P 的成员构成。这一规则概念包括如下内容：正式编纂的法律规则、道德规则，以及完全没有任何规范属性的反复出现的行为模式。比基耶里区分了社会规范与上述其他类型的规则。根据她给出的定义，如果一个规模足够大的子集中的每个成员 i 对服从规则 R 具有条件偏好（conditional preference），那么行为规则 R 就是一种社会规范。当 i 相信以下两个属性适用于该子集中的每个成员 j，且 i 偏好于服从规则 R，则称 i 具有服从规则 R 的条件偏好。第一个属性是，i 对 j 在实际上服从 R 有经验性预期（empirical expectation）。第二个属性是，j 对 i 服从规则 R 具有规范性预期（normative expectation）

(Bicchieri，2006，第 11 页）。

在解释规范性预期的概念时，比基耶里说，"人们……认为每个人都'应该'这样做"。在"应该"一词上加引号是为了表明可能仅仅是出于审慎的考虑（如每个人在处理易碎玻璃器皿时都应该小心）。但她马上指出，她并不关心如下案例：在她想要分析的案例中，"应该"是对"义务"的一种陈述（Bicchieri，2006，第 14 页）。对未能履行义务的个人进行非正式的社会制裁，这可以成为比基耶里定义的规范性预期的支持条件，但并不是必要条件。比基耶里的意图似乎是，i 的偏好服从规则 R，前提条件是有足够多的成员都服从规则 R，并且相信人们一般都有某种服从 R 的义务。

在比基耶里的定义中，条件偏好的条件有点含糊不清。我认为她的意思是，条件是 i 的偏好中的一部分，而不仅仅是碰巧 i 拥有这种偏好的条件。因此，i 偏好的是如下整体内容：她服从规则 R，是以其他人的实际行为和信念的某些属性为条件的（考虑到 i 基于这种偏好采取行动，因此 i 在实际上是否服从规则 R 将取决于她是否相信这些属性是成立的，但偏好本身取决于事实，而不是信念）。

这种意义上的条件对比基耶里区分社会规范和道德至关重要。比基耶里指出：

> 道德规范的本质要求（至少在原则上）无条件地承诺……预期其他人服从一项道德规则并不是自己遵守这一规则的充分理由。同样地，这也不是别人预期我遵守这一规则的充分理由。如果我发现他们的预期是合理的，那是因为我

发现道德规范是合理的，因此，遵守一项道德规范的理由必须诉诸规范本身。（Bicchieri，2006，第20—21页）

假设我们接受上述关于道德规范"要求"的观点。但是，名义上认可一种道德规范与实际行动之间仍然存在差距，如果其他人按照某一道德规范行事并期望一个典型个人也这样做，那么他更有可能按照该道德规范行事，这无疑是人类社会生活中的一项事实。社会规范的一项显著特征必定是，条件不仅仅是关于人们遵守道德规范的倾向的一个或有事实，同时也被嵌入服从道德规范的偏好中。

比基耶里的理论有一个含义，即在个人对服从规范的条件偏好足够强烈的情况下，这种偏好可能导致他以违背自身利益的方式行事。例如，考虑安德烈奥尼等人所做的实验。在这个实验中，购物者别无选择，必然会遇到一位请求捐款的募捐者。一个并不想支持救世军的购物者可能也会捐款，这是因为向慈善机构的募捐者捐款是一种社会规范。虽然救世军从购物者的捐款行为中获益，但这一益处并非源于购物者意图：他的意图只是为了遵守社会规范。

原则上，可以将同样的观点应用于信任博弈。假设信任行为应该是一种互惠行为，构成一种社会规范，例如，如果扮演A角色的人选择送出，那么扮演B角色的人应该选择返还。然后，如果在一个特定的博弈中，参与者A选择送出，那么参与者B选择返还可能只是为了使其行为符合社会规范。B的行为将有利于A，但A的收益并不是源于B的意图。如果可以用这种方式来解释返还，那么第4节中分析的问题就不会出现。这个问题解释了B选择返还的意图是对 A 选择送出的行为予以回报。但是，根据我现在分析的理论，B 没有这样的意图。人们对信任和可信度（trustworthiness）的态度与对工作场所着装规范的态度是一样的。

假设在我的工作场所中男性员工都打领带。我们的经理并没有明确要求员工必须打领带，但大家有一种默契，打领带就是我们在工作中应有的着装规范。在打领带时，我并没有表达出对领带的任何具体态度，但可能表达了一种遵守工作场所着装规范的态度（即使在这种情况下也必须指出的一点是，遵守工作着装规范可能是一种尊重所做工作严肃性的方式，而不仅仅是一种因循守旧）。同样，有人可能会说，B 的返还选择并没有表达出有关信任和可信度的任何具体态度，或有关友善和不友善的态度：B 的返还行动表达的是一种遵守社会规范的态度。

但这能涵盖信任行为的全部内容吗？我不这么认为，当我阅读比基耶里（2006）的文献后，我发现她也持有类似的观点。在第 3 章第 2 节中，我讨论了大卫·休谟的正义理论，并认为他的理论结构是契约主义式的。比基耶里同样讨论了休谟的理论，根据她的定义，休谟提出的正义原则本质上是社会规范。回想一下，每个人都愿意服从相关规则 R，这是社会规范定义的一部分，前提条件是有足够多的其他人服从规则 R，并且根据这些人的规范预期，i 也会服从规则 R。比基耶里指出：

> 正义规范与其他社会规范的区别在于，多数人具有遵守这些规范的条件偏好，这是因为我们承认（关于遵守这些规范的）规范性预期是正当的，因此应该得到满足。其正当性可能源于人们认识到，这些规范对社会的良好运行具有重要

作用，当然，其持续价值取决于人们广泛地服从这些规范。（Bicchieri，2006，第21页）

换句话说，当一个人按照休谟提出的正义原则——例如，不趁机偷窃他人财产——采取行动时，即使从广义的角度讲，比基耶里说偷窃违反社会规范的说法是正确的，他的意图也可能不会被恰当地描述为"符合社会规范"。此人的意图可能是尊重他人的合法财产权。认识到这一点就是认识到，想要解释人们为什么遵守社会规范，可能需要解释社会规范体现的预期是如何以及为什么被认为是正当的。[14]

比基耶里似乎很难将正当性概念纳入她对社会规范的定义。我认为，问题的根源在于她试图在社会规范和道德规则之间划出一条明确界限。即使人们承认这种区别在概念层面上是有意义且有用的，但许多被自然归类为"道德"的规则都体现惯例的内容。以互惠为例。互惠的一般原则是，当其他人想方设法为你谋利益时，你应该施以某种回报。在比基耶里的意义上，你可能会坚持这一道德原则：你对回报的承诺并不取决于其他人的规范性预期。但是，你为了什么样的利益而给予什么样的回报，可能仍然受到社会惯例的制约。在一家美国餐厅，你会留下远远超过15%的小费来回报服务人员礼貌和热情的服务。在英国的一家百货商店里，你用微笑和真诚的感谢之词来回报礼貌和热情的服务。与之类似的着装要求也是如此。在葬礼上遵守某些着装规定，可以表达对逝者的尊敬。你可以无条件地承诺尊重死者，同时认识到表达尊重的方式是一个惯例问题。

就本章的分析而言，关键问题是理解互惠行为。在本章第4

第9章 内在动机、善意和互惠 325

节中我指出，在人们被视为完全可信的行为人时，当前的社会偏好理论无法解释对信任予以回报如何体现了互惠的意图。就比基耶里提出的社会规范理论而言，只有假设可信度只是一种任意的社会规范，比如在工作中打领带，才能避免这个问题。一旦我们引入如下观点，即可信度是对正当预期（legitimate expectation）的回应，我们就面临着确定可信度的属性这一问题，借助可信度人们感到可以期望他人是值得信任的。这让我们回到了信任悖论的情形。

6. 摆脱信任悖论

摆脱信任悖论的途径是认识到两个人之间的互惠互利合作与两种友善行为的巧合并不是一回事。当 A 在信任博弈中选择送出时，他的意图不是对 B 友善，而是在由联合行动（送出、返还）定义的互惠互利合作计划中发挥自己的作用。事实上，只有 B 也选择发挥自己的作用，A 的行动才能成为这一合作计划的一部分。因此，B 选择返还是回报 A 的合作意图。[15]如果 A 完全相信 B 会选择互惠行为，并且这种信心事实上是有道理的，那么 A 选择送出符合其自身利益，而 B 选择返还不符合其自身利益。但是，双方都可以将其互动理解为一种互惠互利的合作方案，其中每个人都在发挥作用。

这种关于合作的思维方式对人们普遍持有的市场交易本质上是非社会性的观点（本章第 1 节和第 2 节的观点），具有多重含义。考虑图 9.4 所示的市场博弈（Market Game）。这一博弈与信任博弈之间的唯一区别是 B 从（送出，保留）中获得的收

益是 −1 而不是 5。这意味着如果 A 选择送出，那么这将符合 B 的利益，而 B 选择返还也符合 A 的利益。因此，如果两个参与者都出于自身利益而行动，并且每个参与者都知道对方也是如此，那么 A 将选择送出，B 将选择返还。这一行动组合是互惠互利的，如同信任博弈一样。

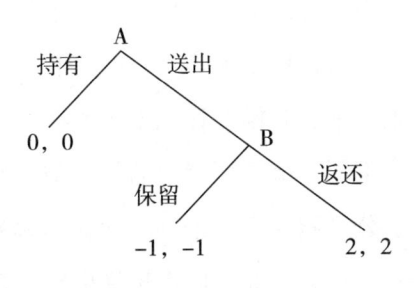

```
             A
       持有 / \ 送出
       0, 0    \
                B
           保留 / \ 返还
          −1, −1   2, 2
```

图 9.4　市场博弈

为什么我称之为"市场博弈"？假设 A 是亚当·斯密故事中的面包师，B 是一位顾客，她晚餐想吃面包。面包师展示了各种面包，标签上标明了价格。顾客选了一个特别的面包。面包师把它包起来，然后交给顾客。顾客接过面包，并将价值与面包价格相等的硬币交给面包师。我们可以将上述互动的最后一个阶段模型化为一个博弈，在这个博弈中，A 的选择是交付面包（送出）或者不交付面包（持有），如果 A 选择前者，B 的选择是付款（返还）或者不付款就跑出商店（保留）。在正常情况下，每个参与者的收益排序将与市场博弈中的排序相同。相比没有交易的情形，以面包交换货币对双方都有利。如果顾客试图逃避付款，面包师肯定会受到影响，但顾客不付款的预期收益不太可能超过预期成本（她可能会被抓住并受到惩罚；面包师很可能不再与她打交道；她的行为可能被第三方观察到，而她以后还需仰仗

第 9 章　内在动机、善意和互惠　327

第三方的信任）。

这个故事的要点是，日常市场交易通常具有市场博弈的结构。当然，人们可以想象这个故事的变体，例如，潜在交易伙伴之间的互动行为更适宜通过信任博弈建模，阿克洛夫对部分礼物交换的分析就是一个例子。经济学必须能够同时解释如下内容：首先，互惠行为在市场博弈等互动中具有普遍性；其次，互惠行为至少有时候会出现在信任博弈等互动过程中。

社会偏好理论学家有时候会评论如下事实：与信任博弈和公共品博弈中的行为不同，市场环境中的行为似乎并没有揭示其模型代表的对平等、公平和互惠的偏好。通常的解释是，人们在所有经济互动中都具有社会偏好，但市场规则导致拥有这种偏好的个人无法实现他们真正想要的公平结果。因此，在一项由多个卖家展开竞争，以达成与单个买家的交易的市场实验中，戴维·莱文（1998）解释了明显不公平的结果（买家获得了几乎全部剩余）：

> 在相对竞争的环境中，参与者可以对自己的效用产生重大影响，但他们很难将效用转移给其他参与者，或从其他参与者那里获得转移效用。因此，我们可以预期，在这种环境中，怨恨或利他主义只能起到有限作用。（Levine，1998，第605—606 页）

针对同一个实验，费尔和施密特（Fehr and Schmidt, 1999，第 830 页）提到了一个代表性卖家："无论如何都会有不平等，但通过在竞争中取胜，（卖家）可以提高自己的货币收益，他可以将不平等变为自己的优势。"阿明·福尔克和乌尔斯·菲施巴赫尔（Armin Falk and Urs Fischbacher，2006，第307页）指出："直观地看，在竞争市场中，报价者（即愿意以一定价格交易的人）没有机会获得'公平'的结果。"请注意，这一思路类似于对市场的道德伦理批判，后者认为市场从根本上是反社会性的。

但事实也许恰恰相反。市场行为体现的互惠意图或许与信任博弈和公共品博弈中体现的意图是相同的，只是这些意图在社会偏好理论中被歪曲了。回想一下，在信任博弈中，（送出，返还）是一种互惠互利行为，如果A确信B将在博弈中选择返还，那么A选择送出就是符合自身利益的行为。我认为，即使A具备这种信心，他选择送出这一策略也可以体现为一种合作意图。在市场博弈中也是如此，（送出，返还）是一种互惠互利的做法。如果A确信B会在交易中进行支付，那么A交付商品就符合他的自身利益。市场博弈还存在另外一个特点：当A已经交付商品时，B进行支付便符合其自身利益。如果A在信任博弈中的客观自利行为可能表达了一种合作意图，那么在市场博弈中两个参与者的行为难道不是一样的吗？在第10章中，我将论证情况确实如此。

第 10 章
合作意图

第 9 章分析了行为经济学和道德伦理学中的一种研究趋势，即对市场关系和真正的社会关系进行比较分析。在本章中，我将论证市场交易与许多其他社会生活领域中的合作活动没有根本区别。人们参与市场活动，就像他们参与其他社会合作计划一样，其行动不一定是出于自身利益的考虑，而是出于实现互惠互利的结果。

在论证这一点时，我将参考哲学和经济学交叉边缘的相关文献的观点。在这类文献中，可以将诸如偏好、信念、意图和选择等概念归于由多个个人组成的不同群体，每个群体都被视为一个独立的行为人。本章分析的出发点源于此类文献中的理论之一，即团队推理理论，这一理论最初由迈克尔·巴卡拉克（Michael Bacharach）和我提出。基于这一理论中的观点，我将分析合作互动如何受互惠互利意图的引导，并将此分析应用于第 9 章讨论的博弈分析。[①]

1. 团队推理

团队推理的基本原则最初是由戴维·霍奇森（David Hodgson，1967）提出的，以此表明行为功利主义（将幸福总和最大化的功利主义标准应用于个人行为）和规则功利主义（适用于一般行为规则）之间的根本区别。这一原则是霍奇森提出的规则功利主义的显著特征。唐纳德·里甘（Donald Regan，1980）将霍奇森的论点进一步发展为"合作功利主义"理论，约翰·豪尔绍尼（John Harsanyi，1980）在将规则功利主义视为一种道德行为理论的基础上进行了博弈论分析。在霍奇森和里甘的基础上，我提出了"团队推理"这一概念，此后迈克尔·巴卡拉克将此概念发展为更正式的模型（Sugden，1991，1993b；Bacharach，1999，2006）。[2]

团队推理的核心思想是，对两个或两个以上的人而言，当他们认为自己构成了一个机构或一个团队，并参与团队推理时，每个人都会问"我们应该做什么"，而不是（类似传统的博弈论那样）问"给定我对其他人会采取何种行动的信念，我应该做什么"。从团队推理的意义上讲，理性的个人会考虑团队可能选择的行动配置（profiles of actions），即每个团队成员都会采取的行动。每个成员根据行动配置对团队成员的整体影响来评价行动配置，找到一种符合团队共同利益或集体利益的行动配置，然后在该配置中选择自己的行动。

重要的是认识到"我们应该做什么"和"我应该做什么"是不同的问题，即使对提出"我应该做什么"这一问题的人而言，他在其偏好中也会考虑他人的收益。事实上，即使所有提出"我应该做什么"的问题的人对相关结果都具有相同偏好，上述两个问题的差异也依然存在。要了解这一点，想象一位足球教练在比赛前对球队所有球员发表讲话。这位教练描述了比赛过程中可能出现的情况，概括了能够形成射门的球员 A 和 B 的动作组合，并告诉他们准备按照这个计划行事。让我们称之为动作 m_A 和 m_B。这不是 A 和 B 根据计划能够明智地协调行动的唯一方式，但教练向他们表明，这是最有可能进球的方式。想象一下其中一名球员和教练之间的如下交流：

> 球员 A：但我为什么要用 m_A 的动作？
>
> 教练：因为如果你用 m_A 的动作，而 B 用 m_B 的动作，那么我们进球的概率就能最大化。难道你不想这样吗？
>
> 球员 A：我当然想，但我怎么知道，通过用 m_A 我可以最大限度地提高进球的概率？这取决于 B 怎么做。
>
> 教练：但 B 也在这里。我在对你们两个人讲话。
>
> 球员 A：我知道，但你没有告诉 B 他用 m_B 动作的理由，就像你没有告诉我用 m_A 动作的理由一样。

从经典博弈论的角度看，针对教练的观点，A 的反对意见完全是合情合理的。A 的偏好与球队进球的集体利益是完全一致的，但他要求证明，给定自己的偏好以及对 B 将做什么动作的坚定信念，m_A 对他来说是最好的动作。教练并没有证明这一点。但如果不从博弈论的角度看，A 提出了并非有力的反对意见。

A 提出的之所以不是一种有力的反对意见，是因为这一反对意见没有理解针对团队的指导究竟是什么。教练并不是将 A 和 B 视为独立的个人进行指导，而是将 A 和 B 视为一个团队中的成员，对整体团队进行指导。教练提出的建议的逻辑是：考虑到团队的目标是最大限度地提高进球概率，团队的最佳动作组合是 A

选择 m_A，B 选择 m_B。因此，A 应该选择 m_A，B 应该选择 m_B。"因此"这个词表达的逻辑对任何理解团队成员身份的人来说都是不言而喻的，也就是说如果这种动作组合对团队来说是最好的，那么这就是团队应该做的。

我们可以基于不同方式发展团队推理的核心思想。在发展这一核心思想的过程中，巴卡拉克（Bacharach，1999，2006）提出了迄今为止最完整的博弈论分析框架。巴卡拉克的理论是经典博弈论的延伸，在经典博弈论中，由多个个人构成的群体（或团队）可以被视为一名单独的参与者；群体的效用函数形式大体上与个人的效用函数相同。如果一个人"认同"他所属的某个特定群体，他会寻找一种策略配置（strategy profile），如果所有认同该群体的人都遵循这一策略配置，而且不认同该群体的所有人的预期行为是给定的，那么该策略配置就能够使该群体的期望效用最大化。如果只存在一种这样的策略配置，则这个人将依照该策略配置采取行动。巴卡拉克提出的解决方案是纳什均衡概念的延伸，在纳什均衡中，考虑到其他群体的决策，每个群体的联合决策对其来说都是最优的。这是一个复杂的理论建构，并将我在1991年和1993年发表的两篇论文中的某些观点以更直观的方式进行了形式化处理。然而，在多数日常情景中，这可能不是思考普通人实际上如何开展合作的最佳方式，或者（从契约主义的角度看）不是思考如何为普通人开展合作提供最佳建议的方式。

从本书的写作目的来看，巴卡拉克的方法存在两方面的局限。第一，如同作为该方法之基础的经典博弈论一样，该方法是一种理想化的理性决策理论，此处的理性被理解为个人根据完整偏好采取行动的理性。其新颖之处在于，群体和个人都可以作为

（或仿佛他们是）理性主体采取行动。考虑到个人偏好具有波动性和情景依赖性，假设一个群体有明确的偏好，同时可以用一个单一的效用函数来表示，那么这是一个非常严格的假设。进一步假设团队成员可以独立地识别出团队的最优策略配置，这对个人的博弈知识、关于团队效用函数（如果存在的话）的知识以及推理能力提出了过高的要求。在一些非常简单的博弈中，这些假设确实是合理的，得出的预测与实验证据也是一致的。特别是，这些假设有助于解释由托马斯·谢林（1960）首次提出的纯协调博弈中，参与者如何就"焦点"（focal points）进行协调。[3]但对于大多数现实世界的互动而言，成功的合作涉及遵循那些充其量是令人满意的当前实践，而非最优实践。本书的主旨在于发展出不以任何关于理性的强假设为基础的规范经济学。

巴卡拉克方法的第二个局限是，以一群个人的整体效用或福利函数最大化来代表团队推理，本质上是一种我在第2章中提到的"本然观点"。巴卡拉克（2006，第87—88页）认为，将团队效用视为个人收益的递增函数，这是一种合理的假设，并认为该函数还可能包括诸如"功利主义"式的个人收益的增加，或"公平原则，如纳什的公理化谈判理论"等特征。为每个策略配置赋以一个效用值的任何函数（其应用不限于某个范围非常小的博弈类别），必然涉及对不同团队成员收益的比较。因此，巴卡拉克构建的团队推理模型可能涉及成员之间的利益权衡：为实现团队的最优结果，可能需要一些成员承担损失，以便使其他成员获得更大的收益。

这种思考团队利益的方式与我提出的如下理念不太相符，即以互惠互利为目的的有意合作是信任实践的核心。当然，假设团队效用随着个人收益的增加而增加，任何有利于团队所有成员（相对于某些给定的基准）的行动配置也会增加由这些参与者组成的特定团队的效用。然而，意图让每个参与者受益与意图让团队受益并不是一回事，此时整个团队被视为一个单独的实体。从某种意义上讲，前者的意图是合作性的，但此时后者未必如此。在团队推理的契约主义理论中，团队成员应该关注互惠互利目标的实现，而不是基于某些中立观点来实现团队整体利益的最大化。

在本章的其余内容中，我将分析另一种团队推理形式，其中每个团队成员都在实现互惠互利的过程中发挥自己的作用。前面的章节已经对互惠互利问题进行了大量讨论，并且努力避免使用以偏好为基础的利益度量方法。在前文中，我重点分析了个人自愿交易的机会。如果相关个人有可能对这些机会加以利用，则我将它们视为实现互惠互利的机会。换言之，我将互惠互利等同于自愿。在本章中，我将采用相同的分析方法。

2. 实践

我的目的是为如下行为提供一种解释，即一个群体中的所有成员如何在一次对所有成员来说都是互惠互利的实践中发挥自身作用。首先我将解释如何使用"实践"这一概念。

我们举一个非常简单的例子。在英国的农村地区，司机经常遇到如下情况：两位司机在一条宽度仅足以让两辆车通行的道路上相对而行。结果几乎总是如此，在没有任何交流的情况下，两位司机可以解决这个问题，而且很少产生不便：每个司机都靠左行驶。在英国道路系统中行驶的每一位司机都知道，其他司机几乎总是靠左行驶。了解这一点后，每个司机都选择靠左行驶。对于这类反复出现的互动行为，英国司机的实践是靠左行驶。

从大卫·休谟（1739—1740/1978，第490页）定义的惯例（相关内容参见第3章第2节中的引文）意义上说，这种行为模式显然属于一种惯例。自大卫·刘易斯（David Lewis, 1969）的开创性著作《惯例》问世以来，惯例这一术语一直被用于博弈论分析，上述行为同样也属于这一意义上的惯例。然而，我有理由用不同于惯例的名字来称呼这一行为模式。在博弈论中，惯例是一种特殊的纳什均衡，因此其定义为与具有完整偏好的个人的最优行为有关：在纳什均衡中，每个参与者的策略都是对其他参与者策略的最优反应。当然，在任何关于司机所面临问题的合理的博弈论模型中，保持左侧行驶将是纳什均衡。但我想使用"实践"这一概念，它不假定任何类型的最优行为。就我的分析而言，这个例子的重要意义在于，英国驾驶员的行为是有规律的，每个人都选择遵守这种规律，因为他们确信别人也会遵守这种规律。

考虑另一个例子。在美国的很多城市中，出租车用户通常在车费的基础上向司机支付小费，像我这样的外国人也了解这一点。以下是互联网上的典型小费指南：

> 在纽约，给出租车或豪华轿车司机小费是一种惯例。小费是总价的10%~20%，这取决于账单的金额和服务的质量……如果你选择不向出租车司机支付小费，那么你要做好为自己的选择辩护的准备，你也可能受到出租车司机长篇大论的侮辱，因为纽约出租车司机向来不以虚怀若谷著称。[4]

如果上述信息是准确的，那么至少支付10%的小费是纽约出租车用户的行为规律。纽约出租车用户遵循这一规律，因为他们知道大多数其他出租车用户也会遵循这一规律。换句话说，这是纽约的一种实践。这种实践与英国司机保持在左侧行驶的实践具有不同特征，该特征在本章的论证中将发挥重要作用。从稍后给出的正式定义的意义上讲，出租车司机和客户之间的互动是自愿的：只有当双方都选择彼此时，特定司机和特定客户之间的互动才得以启动。

支付小费的实践是否应被视为纳什均衡，这是一个悬而未决的问题。如果我们假设如下模型是一个有效模型，即每个人的行为都由自己的明确偏好决定，那么我们可以从出租车用户的行为中推断，相比不付小费，他们宁愿支付小费，无论是出于亲社会的动机，还是出于遵守社会规范的愿望，又或者害怕被侮辱，于是我们就可以得出结论：支付小费是纳什均衡策略。但是，这样一个模型是否能令人满意地解释亲社会行为，这是本章试图回答的问题之一。

遵循一种实践不必然意味着遵守严格的规则。以休谟的著名例子为例。休谟在定义"惯例"之后立即说道，"两个人，谁划船桨，谁就按照约定或惯例来做，尽管他们从来没有对彼此做出承诺"（Hume，1739—1740/1978，第490页）。我认为休谟心目中认为两个划桨手的动作是连续的协调过程，这使船能够在水中平稳行进。相关建议是，对经验丰富的划桨手而言，即使以前彼此互不了解，也可以在缺乏明确沟通的情况下协调他们的动作。每个划桨手都以其过去与其他人一起划船的经历来指导划船动作，但是当两个人一起划船时，他们会根据彼此的能力和面临的具体情况以心照不宣的方式调整自己的行为。有关集体意图的文献经常使用类似的例子。迈克尔·布拉特曼（Michael Bratman，1993）对这种协调给予了特别关注，这种协调是通过持续的相互响应（mutual responsiveness）过程实现的。他以二重唱、粉刷房屋和共同旅行等作为协调的例子。我提出的"实践"这一概念旨在涵盖此类情况，虽然在我提出的简单模型中不包含相互响应的有关细节。以两名司机驶近彼此时面临的问题为例。如果道路很窄，当司机相互超越时，可能会存在很多种相互响应，但如果一个模型可以使每个司机只需在"保持左侧行驶"和"保持右侧行驶"之间做简单选择，可能仍然很有启发性。

我将把实践呈现为在反复互动中产生的行为规律。形式上，我将为互动行为建立一个博弈模型（严格来说，是一种"博弈形式"），其中包括 n 个参与者，$n>2$。[5]这一博弈是由潜在参与者构成的总体（population）M 定义的，M 是一个至少包含（但通常超过）n 个参与者的集合。例如，一名特定的出租车司机和一名特定的出租车用户的相遇是一次单独互动，这种互动重复出现在大量的出租车司机和出租车用户之间。对一次互动的描述由三部分构成。

首先，是博弈的树形结构。（第9章图9.1—图9.4以非形式化的方式使用树形结构进行了分析。）在说明树形结构时，我将参与者1, …, 参与者 n 视为博弈中的两种棋子，而不是特定的个人（例如，国际象棋中"白"和"黑"两种棋子）。树形结构确定了所有参与者可以采取的每个行动的顺序。它由决策节点（代表该博弈中采取行动的点）和终端节点（代表可能出现的博弈终点）组成。节点之间通过定向直线（代表博弈中的可能行动）连接起来。一个初始决策节点没有前置节点,这代表整个博弈的起点。每个其他节点都拥有唯一一个与其直接相连的前置节点。在每个决策节点,特定的博弈参与者可以在多种行动之间进行选择,其中每种行动都由一条独特的定向直线代表,要么通向另一个决策节点,要么通向博弈终点。可以用信息集合来表示两个或多个参与者同时行动的情形。信息集合是一组特定参与者的决策节点的集合,它满足如下条件:当一个参与者到达该集合中的任何一个节点时,他并不知道到达的是信息集合中的哪个节点。为了避免不必要的复杂性,我在博弈分析中排除了机会发挥作用的可能性,但是,通过包含"机会节点"(chance nodes)来一般化博弈树结构的定义并不困难,在机会节点上出现的情况由"自然行动"来决定。作为参与者决策的结果,任何一个完整的决策节点序列都是一条贯穿整个博弈的路径。在博弈的任何特定实例中,参与者的实际行为都可以通过他遵循的特定路径,即节点序列来描述,也就是说,从初始节点开始,到参与者实际到达的某个博弈终点结束。

其次是将各种结果分派到不同路径上(或者说,分派给不同的博弈终点)。可以用函数表示,该函数用结果 $c(i, p)$ 代表每个参与者 i 的角色和路径 p 的组合。该结果描述了遵循路径 p 后发生的情况。每个结果都可以被理解为由多种可能结果构成的集合 C 中的一个元素,且识别这一集合与具体的个人无关。例如,人们可能将集合 C 定义为实数集,如同许多社会偏好的博弈论模型(以及第 9 章讨论的多种博弈)一样,将集合 C 解释为物质回报这一单一维度上的增量。然而,总的来说,关于集合 C 我没有设定任何特殊的结构。在我使用的建模框架中,博弈的设定不涉及任何个人对结果的偏好。

最后,将 n 个角色分派给特定的多个参与者。从形式上看,这种分派可以用一个函数来表示,该函数为一个特定个人 $m(i)$ 分派参与者 i 的角色,每个 $m(i)$ 都是总体 M 中的一员。将上述三重描述结合在一起便能够确定一个由 n 个特定参与者构成的博弈。

本着刘易斯对惯例的分析精神,我的分析对象是由大量潜在参与者重复进行的博弈。[6]在本章的正式分析中,我假设博弈是完全匿名的,也就是说,当一个人参与特定的互动时,他并不了解特定的其他参与者在此前的互动中是如何行动的。然而,他对其他参与者行为的预期可能会受到自身经历过的类似互动经验的影响。

当然,从实际情况看,很少有重复互动是完全匿名的。个人对其互动伙伴过往行为的了解只是一个程度问题,即使是类似的互动,了解程度也可能存在显著差异。从我对实践的描述看,重要的是,当个体参与特定的互动时,总体层面上的行为规则为这些个体对彼此的预期提供了重要基准。例如,同一个理发师为我理发已有三十多年的时间。在这段时间里,我们谈论了许多话题,但从未提及小费。我觉得理发师可能期望得到常客的小费,理发师期望的小费多少并非源于我与理发师之间的私人关系,而是源于对英国小费实践的一般性了解。匿名假设以一种极端形式表达了这一观点。在第 11 章中,我们将考虑放松这一假设产生的某些影响。然而,就我目前的分析而言,分析极端情况能够带来某些好处。我试图解释,互惠互利的意图如何导致一个人的行为违背其自身利益。如果通过匿名假设来过滤掉建立声誉的利己动机，这个问题就会变得更加尖锐。

为了更为正式地表达重复博弈的概念，我们需要定义相似性（similarity）这一概念。一个相似类（similarity class）S 指的是：由潜在参与者构成的相关总体的成员被视为相似的各类博弈集合，这个集合的博弈被称为 S 的实例（instances）。为了简单起见，假设给定的相似类中的所有博弈都具有相同数量的参与者以及相同的博弈树结构。因此，对于任何两个此类博弈，一个博弈的参与者和另一个博弈的参与者之间，以及一个博弈和另一个博弈的路径之间都存在着一一对应的关系。这样我们可以对相似类中的博弈使用相同的符号，并以一种有意义的方式讨论所有这类博弈遵循的某条单一路径。

接下来，我们需要一种方法来描述相似类博弈中的行为规则。考虑在一个总体 M 中重复进行的相似类博弈 S。S 中的每个实例都是一种互动，这一互动可以被描述为：将 n 个博弈参与者角色分派给 n 个不同个人（所有人都是总体 M 中的成员），将结果配置分派给路径。考虑 S 类博弈的任何一条路径 p。在 S 的一个具体实例中，如果以下情况成立，则称参与者遵循的是路径 p：如果 i 在实际上已经达到了路径 p 上的任何决策节点，那么 i 在该节点上的行动将使博弈保持在该路径上。因此，如果每个参与者都遵循路径 p，那么实际上遵循的路径就是 p。相反，如果节点偏离了路径 p，则"遵循路径 p"这一条件从该决策节点开始便不再发挥作用，因为没有后续节点处在该路径之上。[7]

对于一个总体 M，在相似类博弈 S 的实例中，如果参与者几乎总是遵循路径 p^*，则称 S 中的互动行为路径 p^* 是总体 M 中的实践。假设一个博弈只能属于一个相似类，并且给定的相似类和给定的总体在任何时刻都不存在一种以上的实践（尽管可能不存在任何实践）。除此之外，我们并不需要给出一个关于"几乎总是"的精确定义。可以这样说，如果 p^* 是相似类博弈 S 中的实践，那么在任何此类互动中，每个参与者对其他参与者遵循的路径 p^* 都有一个可撤销的预期（defeasible expectation）。这一预期是建立在每个参与者在以往 S 的实例中获得的经验的基础上，在这些实例中，其他参与者几乎总是遵循路径 p^*。

请注意，实践这一概念是在没有提及为什么加以遵循的情况下定义的。有些人可能出于某个原因而遵循某种实践，另一些人则出于另一种原因而遵循某种实践。给定其合作参与者的预期行为，不需要假设遵循某种实践符合任何个人的利益。然而，对于一种实践的概念来说，至关重要的是，总体中（几乎）每一位成员（几乎总是）选择遵循这一实践，并且知道（几乎）每位其他成员（几乎总是）选择遵循这一实践。无论个人的动机是什么，当其他人遵循这一实践时，这些动机都是可持续的。

3. 简单模型中的自愿

我关注的是具有互惠互利特征的互动行为。无论是从满足个人偏好的角度，还是（如我的分析）从自愿选择的角度来理解互惠互利的概念，我们都会直接面临这样一个问题，即互惠互利必须相对于某种基准情况来定义。如果正如我指出的，追求互惠互利被认为是一种合作，那么基准情况便是不合作。但这意味着什么呢？

团队推理的理论家有时建议，非合作基准应该合理地代表每个参与者的自利行为（在同样的意义上，囚徒困境中两个参与者的背叛行为通常被视为"合作"的反义词）。例如，当巴卡拉克（2006，第84—86页）构建一个关于个人如何认同自己所属群体的心理学理论时，他假设群体认同更可能发生在满足如下条件的博弈中：该博弈存在某种策略组合，相对于博弈中至少一个纳什均衡而言，该策略组合的结果是严格意义上的帕累托改进。直观地说，当个人推理可能对集体造成不良后果时，团队推理被激活。与此相关，尤尔吉斯·卡尔普斯等人（Jurgis Karpus and Mantas Radzvillas, 2018）提出了一种衡量互惠互利的方法，其中每个人的基准效用水平是他在相关博弈中可能实现的最低水平，约束条件是每个参与者选择一项可合理化的策略（rationalizable strategy），也就是说，与所有参与者都是追求预期效用最大化的个人这一假设相一致的一种策略选择，并且这一假设是一种常识。上述基准情况的问题在于忽视了一些似乎明显正确的观点：有时候个人的利己行为可以组合起来产生互惠互利的结果。

在前文定义博弈中的互惠互利时，我建议将每个人的基准效用水平设定为他获得最大收益时的效用水平，也就是他能够保证自己获得的最大收益与其他参与者的策略选择无关（Sugden，2015d）。上述基准定义要求能够对每个参与者从不同结果中获得的收益进行排序，这与我在本书中采用的不使用偏好概念的方法是不一致的。但除了这个问题外，以最大收益来定义基准效用水平还意味着犯罪团伙出售"保护"服务也可以被视为一种互惠互利行为：卖方从其收到的"保护费"中受益，买方则因受到"保护"而避免了更糟糕的后果。[8]

将非合作的基准情形视为非互动情形，可能更为自然。[9]大致而言，这种观点背后的逻辑是：个人通过互动来参与合作实践，相对于根本没有互动时他获得的收益，每个人都能在整体上受益。在非互动的基准情形下，我们可以提出如下观点：部分人或所有人按照自身利益行事的实践可以是互惠互利的。我们同样可以说，收取保护费这一敲诈勒索行为并不属于互惠互利的互动行为，因为犯罪团伙的威胁不是完全脱离互动的，而是与潜在客户进行不受欢迎的互动。

非互动的基准情况仅能在"小世界"模型中得到应用，这一模型隔离了对小规模问题的分析与没有引入模型的更大的背景。一个没有个人互动的世界只会出现在不切实际的小说中，也许有点像让－雅克·卢梭（Jean-Jacques Rousseau，1755/1988）对自然状态的描述。虽然认识到每个人都被嵌入经济和社会互动的背景网络中，但是在描述特定的个人群体和这些群体的特定类型的互动时，意识到互动和非互动是可靠的替代选择，仍然有其合理性。为了进一步理解互惠互利的意图，我将基于一个"小世界"模型展开分析。我相信，尽管这个模型非常简单，但它阐明了合作活动的一些基本性质。

在利用"小世界"模型分析特定群体中的互动时，我实际上忽略了这一互动中的决策对群体之外的人可能产生的任何影响。重要的一点是记住此处分析最重要的关注焦点是机会，而不是满足偏好。我并不认为互动中的决策对外界偏好的满足程度没有任何影响。我的假设是，这些决策不会影响外部人的机会，作为个人的外部人以他认为合适的方式利用其禀赋，或者作为集体的外部人通过共同协议进行交易。例如，考虑一次互动，安妮和比尔就比尔购买安妮汽车的条款进行谈判。在这种互动的"小世界"模型中可能只有安妮和比尔两个行为人。假设第三个人查理也想购买安妮的汽车，但其支付意愿低于比尔的支付意愿。安妮和比尔的互动结果可能会影响查理的偏好满足度（他宁愿比尔不买汽车），同时也影响了他与安妮交易的机会（如果她把车卖给比尔，就不能再卖给查理）。不过，查理利用其禀赋的机会并没有因此受到影响。此外，安妮和比尔的互动也没有影响到查理和（比如）迪莉娅基于双方达成的协议开展交易的机会。根据强市场机会定理（见第 6 章第 6 节），上述例子告诉我们，在竞争市场中，潜在购买者和销售者之间就私人物品开展的互动交易可以恰当地以"小世界"模型来刻画。

我从最简单的例子展开分析，即两个人有机会在某种特定的互动中接触，除此之外不能进行其他互动。直觉上，如果双方在进行互动之前明确了如下程序，即每个参与者可以声明自己是否愿意参与该互动，只有当两个参与者都声明愿意参与互动时，互动才会发生，只有当至少一个参与者声明不愿意参与互动时，互动才不会发生，那么这种互动就是自愿的。以出租车司机和潜在顾客之间的互动为例。司机有一辆空出租车正在城市街道上巡游，顾客站在马路边。双方在互动前遵循的程序是，顾客挥手示意出租车停下，表示愿意与司机互动。在停下来接这位顾客时，出租车司机也表示了愿意与其互动。只有在双方发出这些意愿信号之后，互动才会开始。

我将设定一个博弈前的程序作为一种特定类型的博弈。考虑包括任何两个参与者 1 和参与者 2 的互动。正式来说，这一互动的初始博弈是上述两个参与者之间的博弈。这一博弈包括一个博弈树结构（参见第 10 章第 2 节中的定义），并将博弈结果指定给（参与者，路径）这一组对。无论博弈遵循哪条路径，每个参与者都只会面临两种可能的结果。对于参与者 1 而言，博弈结果是要么他以指定角色参与互动（结果为 I_1），要么不参与互动（结果为 O_1）。类似地，参与者 2 的博弈结果是要么以指定角色（I_2）参与互动，要么不参与互动（O_2）。因此，在每个博弈终点上，两个参与者的博弈结果组合要么是（I_1, I_2），即二者发生互动，要么是（O_1, O_2），即不发生互动。O_1 和 O_2 是双方参与者各自的外部选项（outside options）。每个 O_i 都可以被解释为参与者 i 的不同博弈结果的机会集合，i 可以在不参与互动的情况下实现每一种博弈结果，并且 i 可以自由选择其中的一种结果。注意其中隐含的假设是，如果互动没有发生，每个参与者的后续选择对另一个参与者没有影响。因此，（O_1, O_2）是非互动的基准情形。

初始博弈还有另外一个特征，即可以包含如下特殊类型的决策节点。参与者 i 的声明节点（declaration node）是一个决策节点，在该节点上，i 可以在加入（in）和不加入（out）两种行动中进行选择。直觉上，加入是参与者参与互动的意愿声明；不加入则是参与者不参与互动的意愿声明。模型的一个假设是，参与者将这些行动理解为愿意和不愿意的声明。然而，上述初始博弈的定义仍未明确这些声明是否对博弈结果有任何实际影响。通过对初始博弈施加额外限制条件，可以体现互动是自愿的这一理念。考虑两者的初始博弈可能满足以下条件：

不可撤销性（Irrevocability）。对于博弈中的每条路径和每个参与者而言，该路径上特定参与者的声明节点不超过一个。

选择加入（Opting In）。对于结果为 (I_1, I_2) 的博弈的每条路径而言，该路径包括参与者 1 的一个声明节点，以及参与者 2 的一个声明节点，两个参与者分别在两个声明节点上选择加入。

选择不加入（Opting Out）。对于结果为 (O_1, O_2) 的博弈的每条路径而言，该路径包括参与者 1 选择不加入的一个声明节点，或参与者 2 选择不加入的一个声明节点。

不可撤销性表达了如下观点，即一旦做出声明，就不能撤回。选择加入表示，只有当双方参与者都声明愿意参与时，互动才得以启动。选择不加入表示，只有在至少有一名参与者声明不愿意参与时，互动才不能启动。如果初始博弈具有上述三个特征，则可以将参与者在声明节点处选择的行动解释为是否参与互动的有约束力的决策。因此，如果在两人互动之前存在一个具有不可撤销性、选择加入和选择不加入三个特征的初始博弈，那么这一互动就是自愿的。

现在考虑某个总体 M 中反复出现的两人自愿互动的相似类 S，并且互动中存在某些实践 p^*（也就是说，对于属于该总体的 S 的实例而言，参与者几乎总是遵循 p^*）。任何宣布愿意参与 S 中的某个实例的人都可以预期：如果发生互动，并且如果她遵循 p^*，那么与她互动的人（很可能）也会遵循 p^*。因此，如果她以遵循 p^* 的意图参与互动，她实际上不仅选择了参与互动，还选择了遵循实践 p^*。从这个意义上说，她参与实践 p^* 是自愿的。

4. 一般性的自愿

在上述两人自愿互动的模型中，这种互动是其中一个人的行为能够影响另一个人的机会的唯一途径（回想一下，这是参与者外部选项定义所具有的一种含义）。很容易将此模型推广到如下情况中：包括 n 个参与者，但只存在一种互动可能，即所有 n 个行为人都是参与者（想象一项需要技能互补的三个人参与的生产性活动，或者只存在三个志愿者，且一项任务只能通过三个志愿者的联合行动才能完成）。在这种情况下，很容易将具有不可撤销性、选择加入和选择不加入三个特征的两人初始博弈推广到如下情形，即当且仅当所有 n 个参与者都声明愿意参与互动时，相关互动才得以启动，当且仅当有一个参与者声明不愿意参与时，互动才无法启动。

如果在"小世界"模型中存在两种或两种以上的个人互动方式，并且如果这些互动方式伴随着重叠的参与者集合，问题就会变得更加复杂。例如，假设汤姆、迪克和哈里三位学者正在考虑进行一项联合研究。研究的主题并非源自三位学者已经取得的任何独立或共同的特定研究成果，而是需要一个拥有合适技术的团队通过持续努力来确定研究主题。在由上述三人组成的"小世界"中，有两种（而且只有两种）拥有必要技能组合的团队构成方案，分别是 {汤姆，迪克，哈里} 和 {汤姆，迪克}。因此，存在两种可能的互斥的互动，一种互动涉及所有三个人（互动 I），另一种仅涉及汤姆和迪克（互动 J）。假设，对于汤姆、迪克和哈里中的每一个人而言，都有一个明确定义的外部选项，分别为 O_T、O_D 或 O_H，也就是当他们不参与其中任何一种互动时的选项（请注意，这个假设意味着如果互动 J 发生，汤姆和迪克在互动中的行为不会影响哈里的机会）。然而，当单独考虑两种互动时，在定义非互动的基准情形时仍然存在问题。

为了说明这个问题，假设相对于其外部选项，三个人都会从参与互动 I 中获益。然而，对于汤姆和迪克来说，参与互动 J 相比于参与互动 I 能够获得更多收益。那么此时 I 应该被视为一种互惠互利的互动吗？可以说不是。当我们说某种安排是互惠互利的时候，指的不仅是各方都从这一安排中受益，而且各方都在其他人获得收益的过程中做出了一定的贡献。但是，如果考虑到互动 J 作为互动 I 的一种可行的替代选择，那么哈里参与互动 I 对汤姆或迪克都没有益处。从这个意义上说，哈里在互动 I 中扮演了搭便车者的角色。

由于我采用的分析方法确定了互惠互利与自愿具有一致性，因此需要以排除搭便车者的方式来呈现自愿这一特征。[10]上述一般化模型背后的基本思想是，当两个或多个互动互不相容时，只有当（一般化的）选择加入和选择不加入的条件对所有互动都成立时，其中任何一个互动才可以被看作自愿的。举例来说，如果想让互动 I 被视为一种自愿互动，则三个人都选择参与互动是不够的，还必须使汤姆和迪克同时拥有参与互动 J 的机会（但并不会真正参与互动 J）。

考虑任何一个包含 n 个人的群体和由多种可能互动构成的有限集合 I，对于该群体和集合 I 而言，至少有两个人是互动参与者。每个人都有一个固定的外部选项，即不参与任何互动。如果两个互动包含一个或多个共同参与者，则称这些互动是重叠的。假定（如同汤姆、迪克和哈里参与的互动 I 和 J）这种互动是互斥的：每个人只能参与一次互动。我需要将初始博弈的概念进行一般化处理，以使一个 n 人博弈可以决定 I 中的哪些互动会出现。

在这样的博弈中，每个博弈终点处的结果组合必须为指定每个人参与的互动（如果存在的话）。以汤姆、迪克和哈里为例。对汤姆来说，初始博弈有三种可能结果：I_T（他参与互动I）、J_T（他参与互动J）和O_T（两种互动他都不参与）。同样，对于迪克而言，可能的结果是I_D、J_D和O_D，对于哈里而言，可能的结果则是I_H和O_H。因此，在每个博弈终点，这三个参与者的结果组合要么是 (I_T, I_D, I_H)，即互动I发生，要么是 (J_T, J_D, O_H)，即互动J发生，要么就是 (O_T, O_D, O_H)，即没有任何互动发生。

此时声明节点不仅指特定的个人（做出声明的个人），还指他作为参与者参与的特定互动（声明所涉及的互动）。例如，在汤姆关于互动I的声明节点上，加入（in）是汤姆愿意参与I的声明；不加入（out）是他不愿意参与I的声明。更一般地说，用i表示任何个人（如汤姆、迪克或哈里），用k表示i作为参与者参与的任何互动（如I或J）。由此，(i, k)这一声明节点代表i面对k选择加入或不加入的节点。

不可撤销性、选择加入和选择不加入的条件可以一般化为：

> **一般化的不可撤销性**。对于初始博弈的每条路径p、每个互动k，以及k中的每个参与者i而言，p只能包含至多一个声明节点(i, k)。
>
> **一般化的选择加入**。对于初始博弈中的每条路径p和每个互动k，以及k中的每个参与者i而言，如果p导致k发生，那么p包含一个声明节点(i, k)，且i选择加入。
>
> **一般化的选择不加入**。对于初始博弈中的每条路径p和每个互动k而言，如果p导致k不发生，则（a）对于k中的某个参与者i，p包含一个i选择不参加的声明节点(i, k)，

或（b）对于与 k 重叠的某个互动 k'，p 导致 k' 发生。

一般化的不可撤销性表达了声明不能收回的思想。一般化的选择加入表示，只有在每个参与者都声明愿意加入的情况下，给定的互动才会启动。鉴于一般化的选择加入这一条件得到了满足，一般化的选择不加入意味着，只有在至少有一个参与者声明他不愿意参与，或者愿意参与其他实际上发生的互动时，给定的互动才不能启动。因此，这些属性意味着，对于每一个可能的互动 I，I 中的参与者都有共同机会来确保互动 I 发生（如果每个参与者都利用一切机会宣布自己愿意参与 I，并且不愿意参与其他互动，则 I 必然会发生）。我要指出的是，如果互动之前有一个满足一般化的不可撤销性、一般化的选择加入和一般化的选择不加入这三个条件的初始博弈，那么互动就是自愿的。

对于任意一个包含 n 个人的集合和任意一个包含可能互动的集合 I，我们是否能够确定必然存在一个满足上述三个属性的初始博弈？想要确定这一点，可以考虑以下决定哪些互动将被触发的一般程序。首先，以任何顺序列出可能出现的互动。从列表中的第一个互动开始，将它表示为 I^1。要求 I^1 中的每个参与者同时做出加入或不加入的声明。如果所有参与者都宣布加入，则将 I^1 标记为"待启动"，否则，将它标记为"不启动"。接着转向列表上的第二项互动，I^2。如果 I^2 与任何被标记为"待启动"的互动重叠，则将 I^2 标记为"未启动"，否则，要求 I^2 中的所有参与者同时声明加入或不加入，以此类推。容易验证，由一个初始博弈代表的上述程序满足了一般化的不可撤销性、一般化的选择加入和一般化的选择不加入这三个条件。

对于任意给定的包含 n 个人的集合和任意给定的可能互动的集合 I，可能存在多个满足上述三个自愿条件的初始博弈。某个初始博弈可能会更好地实现某些人的利益，而另一个初始博弈则可能更好地实现另一些人的利益。例如，考虑关于汤姆、迪克和哈里案例的一个变体，其中汤姆从 I 中获得的收益比从 J 中获得的收益更多，但迪克的情况恰恰相反（和前文中的例子一样，对于三个人而言，选择参加 I 比外部选项更可取，对于汤姆和迪克来说，参加 J 比外部选项更可取）。如果每个人都希望其他人做出理性决策，那么对汤姆来说，在迪克否决 I 之前否决 J 符合自身的利益；对于迪克而言，情况恰恰相反。在由戴维·盖尔和劳埃德·沙普利（David Gale and Lloyd Shapley，1962）发起的一项博弈论整体研究计划中，他们分析了与参与者匹配有关的不同程序的有效性、分配特征和稳定性。例如，未婚夫妇之间的匹配，或大学申请人和大学之间的匹配。但我的目标不是设计理想的初始博弈，而是为了明确自愿互动需要具备的条件。作为类比，可以将男性向女性求婚的传统程序与女性向男性求婚的程序进行比较。盖尔和沙普利的分析意味着，相对于女性而言，传统程序往往对男性更有利。当然这并不意味着，由有意求婚的男性和有意接受的女性结合而成的婚姻不是自愿的。

可以用更一般化的方式来表述本章第 3 节的结论。考虑如下相似类 S，其中来自某个总体 M 中的 n 个人重复进行自愿互动，并且存在某种实践 p^*。对于 S 中的某些互动，如果一个人出于遵循 p^* 的意图而参与互动，可以说她选择了参与实践 p^*。这一观点构成了如下定义的基础：任何适用于自愿互动的相似类的实践都是自愿实践。正如第 6 章分析的，自愿实践与竞争经济中的价格体系一样，为互惠互利提供了机会。通过遵循自愿实践，个人不仅能够直接实现互惠互利的结果，而且有助于保持这种实践所依赖的预期的可持续性，进而使一个可以为每个人实现互惠互利提供机会的制度具有可持续性。

不过，请注意，这一切都不意味着，如果存在一种自愿实践，遵循这一实践便符合每个人的利益。在一个其他人都坚定地遵循某种自愿实践 p^* 的世界中，如果你首先参与一个适用于实践 p^* 的互动，然后偏离该实践，并利用其他参与者对你遵循这一实践的预期，这可能会给你带来收益。因此，我们必须要问，即使违背自身利益，个人是否有激励遵循自愿实践。

5. 追求互惠互利

从广泛的意义上讲，任何遵循自愿实践的人都是以一种互惠互利的方式与他人进行交往。但这并不意味着互惠互利必然是其意图的一部分。我现在要分析的问题是，在自愿互动中以互惠互利为目的意味着什么。

首先，我将介绍"公开观察"（public observation）这一概念。一种世界状态被一群人公开观察到，如果这一状态的发生以如下方式显现，即该群体中的每位成员都能推断出：w 被公开观察到；每位成员都能够推断出 w 被公开观察到；每位成员都能够推断出每位成员能够推断出 w 被公开观察到。例如，假设该群体是飞机客舱中的一群乘客，机长在公共广播系统上发布公告。机长发布的公告就是被乘客公开观察到的内容。请注意，公开观察这一概念并未假设个人需要进行复杂的推理。每位乘客都能意识到公告是可以被公开观察到的，而不必对其他乘客的信念或推断做出任何实际判断。类似地，英国的司机不断重复遵守在不同道路上靠左行驶这一实践的经验表明，靠左行驶是被公开观察到的行为。⑪

其次，我提出了一个可供参与互动 I 的个人 i 使用的实践推理模式。N 是该互动中的参与者集合，S 是这一互动所属的相似类，M 是 S 这个相似类中的潜在的互动参与者总体，p^* 是该类博弈的路径。P1 到 P3 是 i 认为真实的三个假设，C 是根据这些假设得出的结论。意图表示为"让我……"。请注意，根据定义，自愿互动只能作为满足一般化的不可撤销性、一般化的选择加入和一般化的选择不加入这三个条件的初始博弈的结果而出现。因此，鉴于 i 正在参与互动 I，"互动 I 是自愿的"这一命题意味着对于包括 i 在内的 N 中的每位成员，都选择了参与互动 I。以下是对该推理模式的描述：

追求互惠互利（Intending Mutual Benefit）为

（P1）属于相似类 S 的互动 I 被 N 公开观察到。

（P2）对于相似类 S 中的互动，p^* 是总体 M 中被 N 公开观察到的实践。

（P3）I 是被 N 公开观察到的自愿互动。

因此，（C）让我遵循实践 p^*。

如果 i 根据上述追求互惠互利的模式进行推理，则他是作为一位群体成员进行推理的，该群体就是参与互动 I 的群体 N。在接受 P1 和 P2 时，i 可以说："我们（N 的成员）在参与互动之前就认识到，这是满足如下条件的一种互动类型，即如果所有参与者都选择参与互动，则所有人会形成每个人都遵循实践 p^* 的预期。"在接受 P3 时，他也可以说："我们认识到，根据这种预期，我们选择了参与互动。"在接受这个推理模式的结论时，i 可以针对 p^* 说："这是我们选择遵循的实践，所以现在我将在这个选择的实现过程中发挥自己的作用，预期其他人也会发挥各自的作用。"从上述方面看，追求互惠互利属于一种团队推理模式。[12]

无论各种变量的情况如何，i 都认可从既定前提中得出既定结论的有效性，并倾向于按照源于这种推理的意图行事，因此我们可以说 i 认可了这一实践推理模式。如果 i 认可以追求互惠互利为意图的推理模式，那么他将随时准备将这一模式用于设定变量 I、N、S、M 和 p^*，同时也用于设定导致他违背自身利益的情形。每当他使用这一推理模式时，都会形成如下意图：在实施由他所属的群体自愿做出的选择时，他会发挥自己的作用。我必须强调，这并不是说，作为一个经验事实，大多数人都赞同追求互惠互利的推理模式。我也不认为（至少现在还没有）人们应该支持这一模式。就本章的分析重点而言，我的主张仅仅是，这是一种容易理解的推理模式，人们有时（在某种程度上近似）会使用这种模式并据此行事。

追求互惠互利体现了团队推理的概念，但与第 10 章第 1 节中巴卡拉克（1999，2006）提出的团队推理概念是显著不同的。其中一个不同之处是，这一团队推理概念不涉及参与者共同努力以实现团队效用最大化的概念，参与者关心的是双方的利益，而不是群体的整体利益。在支持追求互惠互利的推理模式时，一个人致力于遵循自愿实践，这些实践仅出现在其选择参与的互动中：如果出于任何原因，他不希望从某些互动中受益，那么他仍然可以自由选择不加入，进而退出团队推理的范围。第二个不同之处是，在这一团队推理中，参与者不会努力寻找唯一的最优行动组合（"最优"可以根据群体效用来评判，也可以根据互惠互利程度来评判）。如果参与者选择参与互动，他就会将现有实践视为既定实践，并遵循这一实践。因此，他们不需要了解对方的偏好。第三个不同之处是，根据这一模式进行推理不会导致参与者需要遵循任何给定的行为规则，除非该规则是相关总体的实践，这一条件使该参与者有理由预期其他参与者也会遵循该规则。而且，如果与这一预期相反，任何其他参与者未能遵循规则，则这一推理模式将不需要他再做任何事情。

再次说明，当个人使用这个推理模式时会形成如下意图：在实施其所属群体自愿做出的选择时发挥自己的作用。因此，当谈到这样一个群体时，她可以说："我想要在实现互惠互利的过程中发挥我的作用"。但她是否同样可以说："我们想要实现互惠互利？"

请注意，该推理模式不需要援引其他参与者遵循p^*的原因。假设遵循p^*符合其他参与者的自身利益，并且i相信这些参与者遵循p^*的原因都是出于自身利益的考虑。在这种情况下，i并不认为其他参与者想要实现互惠互利，即使从宽泛的意义上看，所有其他参与者的意图都是他有理由相信的互惠互利实践的一部分。或者，假设p^*是一种实践，它要求所有参与者采取违背其自身利益的行为，并且i认为每个参与者j都遵循p^*是因为j想变得友善，友善这个词语是在马修·拉宾（1993）提出的互惠模型的意义上使用的，如第9章第4节所述。也就是说，每个参与者j都想让其他参与者受益，但需要j自己付出一定的代价。同样，出于相反的原因，i不相信其他参与者追求互惠互利：其他参与者都想采取自我牺牲的行动，而互惠互利则成为其联合行动的意外结果。

因此，追求互惠互利的推理模式并不能产生集体的互惠互利意图。作为对比，考虑集体追求互惠互利的模式。这与个体追求互惠互利的模型相同，只是增加一个假设 P4："N 中的每个成员都支持集体追求互惠互利的模式，这一点是被 N 公开观察到的事实。"注意这个模式的递归结构：其假设包含着参与者支持这一模式的命题。[13] 这并不是一种循环论证，它要表达的意思是，一个支持这一模式的人在与同样支持这一模式的其他人进行互动时，随时准备利用这一模式（将此与婚礼上的承诺进行比较，一个人在婚礼上承诺"我愿意"，这是一个无条件承诺，但除非第二个人也做出同样承诺，否则第一个人的承诺不会被激活）。追求互惠互利的意图可能没有"我们打算……"表达的意图那么深刻。然而，正如我将在第 11 章第 5 节中解释的，我的模型是稳健的，它并不需要假设一个参与者打算参与互惠互利的生产时，以她相信其他参与者也追求互惠互利为前提。

由追求互惠互利的推理模式产生的意图在许多方面与遵守协议的意图具有相似性。（事实上，正如我在下一段内容中指出的那样，这种模式可以产生遵守协议的意图。）回想一下休谟对"惯例"的定义（参见第 3 章第 2 节的引文）。休谟说，当一个社会的成员通过符合其共同利益的规则来规范其行为时，当每个人都在假定其他人也会这样做的前提下遵守这些规则时，社会生活的这一特征可以被恰当地称为惯例或协议。支配某类自愿互动的某种实践属于一组规则，某个总体中的成员通过这些规则来规范其行为。如果该模式的假设是真实的，那么这些规则允许成员进一步提高其共同利益的事实就会被公开观察到。当这些规则得到普遍遵循时，情况也是如此。每个成员都遵循这些规则，前提是其他成员也会这样做。从休谟的意义上看，这种实践非常类似于一种协议。然而，请注意，该模式隐含的协议概念并不是理想的理性个人之间的假设协议。[14]根据这一模式进行推理的个人不会试图模拟理性谈判过程的结果，他们只不过遵循了能够使其实现互惠互利结果的现行实践。

休谟在给出惯例的定义时举了"占有的稳定性"（即维持事实上的财产权的行为规则）的例子。在提到这个例子时，休谟指出："惯例并不具有承诺的性质，正如我们稍后将看到的那样，即使承诺本身也源自人类的惯例。"（1739—1740/1978，第490页）正如我在第3章第2节中解释的，休谟认为惯例这一概念比交换明确的承诺更重要：遵守承诺只是惯例的一个（非常重要的）例子。我以类似的方式看待追求互惠互利。可以将承诺能够交换的情形构建为一种自愿互动模型。对于一个信守承诺的人群来说，这是一种自愿行为。追求互惠互利是一种推理模式，可以引导人们遵循并维持信守承诺的实践。

6. 四个例子

在本节中，我将再次分析第9章第3节、第4节和第6节中的四种博弈。我将其中的每一种博弈表述为两个参与者A和B之间的自愿互动，部分博弈是以简化形式呈现的。因此，在每种互动的描述中都隐含着互动之前存在一个初始博弈，且初始博弈满足一般化的不可撤销性、一般化的选择加入和一般化的选择不加入这三个条件。在每个例子中，我假定该互动是某个总体中反复发生的属于某个相似类的互动。为了将这一章中理论化的亲社会性与社会偏好理论假设的亲社会性进行比较，我需要用与两种理论框架都兼容的形式来呈现每一种博弈。因此，我把这些博弈中的收益解释为各参与者获得的物质结果，以他们都视为有价值的某种商品的增量来度量。假设每个参与者的外部选项都会导致一个确定的物质结果，并将所有这些基准结果标准化为零。当涉及社会偏好理论时，我将假设收益情况是一种常识，如同传统的博弈论一样。当涉及互惠互利的意图时，我假设每个参与者仅仅知道每个策略组合给自己带来的结果。

例1：公共品博弈。这一互动是第9章第3节中的公共品博弈的简化版本。A和B同时行动，每个参与者或者选择工作（为公共品做出贡献）或者选择逃避（不做贡献）。如果两个参与者都不选择工作，则博弈结果为(0,0)。如果任何一个参与者选择工作，该参与者将承担的成本为3，同时创造出大小为4的收益且由两个参与者平分。令 p^* 为两个参与者选择工作的路径。这条路径导致结果为(1,1)：相对于基准情形，两个参与者都能获利。然而，在参与子博弈中，工作是一种严格占优策略。因此，每个参与者都遵循 p^*，同时预期另一个参与者也遵循 p^*，这与自利博弈是不一致的。[15]

但是可以假设，在相关相似类的重复自愿互动博弈中，参与者几乎总是遵循 p^*。换句话说，p^* 是该总体中的自愿行为。如何解释这一事实？在这种情况下，合作可能会表达对友善予以回报的意图，如拉宾（1993）提出的互惠模型。也就是说，每个参与者在选择自己的行为时，都可能对那些对他友善的人表示有条件的友善。预期到B将选择工作，A将这种预期的行为解释为B对自己表示的友善，因此他选择工作以此作为对B的回报；反之亦然。但存在另一种看起来至少同样合理的可能性：每一个参与者的行为都出于遵循自愿实践的意图，在自愿实践中，两个参与者都选择工作，因此都会受益。每个人都希望对方也会遵循自愿实践。当需要以个人利益为代价实现他人利益时，双方都不会向对方表示友善。每个人都打算使对方受益，但这是他或她也能从中受益的实践的一部分。

例2：信任博弈。第9章第3节中的图9.1展示了这一互动。A首先行动，选择持有或送出。如果他选择持有，博弈将以结果（0，0）结束。如果A选择送出，B会在保留（-1，5）和返还（2，2）两种结果之间进行选择。假设p^*为A选择送出和B选择返还的路径。如果两个参与者都遵循路径p^*，那么相对于其不参与的基准情形，双方都会受益。但这不符合自利博弈。给定B遵循路径p^*，A选择送出对他来说能够实现收益最大化，但B的收益最大化的选择不是返还而是保留。

虽然如此，仍假设p^*是总体中的自愿行为。我们可以合理地认为，这两个参与者正在相互合作，B的行动是对A的某些行动特征的回报。但是，考虑到p^*是一种自愿实践，A期望B遵循这一实践，因此B会选择返还以回应A的送出。考虑到这种预期，B的行动不可能是对友善的回报，因为A并没有付出任何成本来使B受益。然而，送出和返还仍然可以表达双方参与者的合作意图。每个人都可以将自己的行动理解为对双方都有益的实践的一部分，同时预期对方也是如此。如果这是参与者对自己行为的看法，那么考虑到他们对彼此的预期，虽然A的行动是个人收益的最大化，B的行动不是，但他们的意图基本上仍然是互惠的。

例3：最后通牒博弈。这一互动如第9章第3节图9.2所示。A先行动，选择平等或不平等的分配方案。知道A的选择之后，

B 选择接受或拒绝 A 提出的分配方案。如果 A 选择了平分，B 选择了接受，则博弈结果为（5，5）。如果 A 选择不平等的分配方案，B 选择接受，则博弈结果为（8，2）。如果 A 选择不平等的分配方案，B 选择不接受，则博弈结果为（0，0）。令 p^* 为 A 选择平等的分配方案且 B 选择接受的路径。如果两个参与者都遵循路径 p^*，则相对于他们不参与的基准情况来说，双方都能受益。但这与自利博弈不一致，因为 B 面对不平等的分配方案，其收益最大化的选择是接受。如果 A 预期到 B 的这种反应，那么对 A 来说，实现自身收益最大化的策略是不平等分配而不是平等分配。

假设 p^* 是总体中的自愿行为，如果 A 意外地选择不平等的分配方案，B 选择拒绝，那么这与其自身利益是相悖的（回想一下，这种行为经常出现在最后通牒博弈中）。在这种情况下，B 的意图是对 A 偏离其预期行动路线且不公平对待 B 的行为进行惩罚，这符合社会偏好理论的精神。事实上，当拉宾（1993，第1284页）使用他的互惠模型来解释为什么人们选择拒绝"不公平"的提议并违背自身利益这一行为时，他认为这种行为表明人们"愿意通过选择拒绝来惩罚不公平的提议"。在拉宾的论文中，他将负互惠称为"惩罚"。回想一下第 9 章第 3 节提到的由恩斯特·费尔和西蒙·盖西特（2000）提出的惩罚如何维持合作的理论。但是，如果一个人从合作而非友善的角度思考，他可能会发现另一种可能性：B 可能会将其选择拒绝这一行为视为一种推翻她先前选择加入的方式。

假设当 B 选择加入时，她这样做的意图是在 A 选择平等分配的方案时发挥自己的作用，即选择接受。如果与 B 的事前预期相反，A 并没有选择平等分配的方案，那么当 B 发现这一情况时，选择加入的意图便不再有效。如果 B 接受 A 的不平等分配方案，那么 B 将接受一种正常合作条件的不利变化，这一变化是由 A 单方面强加给 B 的。与其扮演受骗者的角色，B 可能会选择与 A 断绝关系。

如果这是 B 理解拒绝的方式，她是否打算惩罚 A？在选择拒绝以回应 A 提出的不平等分配方案时，B 故意让 A 的利益受损。但是，正如我描述的，B 的意图是因其不愿意接受合作条件而决定断绝这种关系，对 A 造成的影响是一种间接伤害。相比之下，惩罚则是对 A 的故意伤害。虽然惩罚的最终目的是避免未来的合作失败，但惩罚造成的伤害是实现这一目标的手段（intended means）。这种区别并非微不足道。道德规则通常区分如下两种伤害：可预见但具有意料之外的副作用，以及实现选定目的的预定手段。例如，在战争中攻击军事目标时虽然不可避免地会给平民带来伤亡，但攻击行动仍然可能被许可，然而，军队不能将杀害平民作为打击敌人士气的手段。[16]

例 4：市场博弈。这一互动如第 9 章第 6 节图 9.4 所示。与例 2 在其他方面相同，区别在于如果 A 选择送出，B 选择保留，则博弈结果为 (−1, −1)，而不是例 2 中的 (−1, 5)。令 p^* 为 A 选择送出和 B 选择返还的路径。如果两个参与者都遵循路径 p^*，则相对于不参与的基准情形，两个人都能获益。然而，与其他例子中分析的路径有所不同，在市场博弈中遵循路径 p^* 与自利行动是一致的。在这个博弈中，针对 A 选择送出的策略，B 实现收益最大化的选择是返还。如果 A 期望 B 能以返还的方式响应自己的选择，那么 A 实现收益最大化的行动就是送出。

假设 p^* 是总体中的自愿实践。一种可能的解释是，每一个参与人都是根据自利意图行事，而互惠互利是作为一种意外结果出现的。但是，就像在其他例子中一样，每个参与者的意图可能是在互惠互利实践中发挥好自己的作用，并预期对方也这样做。如前文所述，一个参与者（信任博弈中的先行者）可以按照这样的意图行事，即使他的行为是为了实现其自身利益。用哲学的语言来说：一个宽泛意义上的自利行为不一定是有意的自利行为。市场博弈向人们展现了这一点在两人博弈中如何对双方参与者而言都是成立的。

第 11 章
互惠互利原则

在行为社会科学中，对人们遵循社会规范这一倾向的处理方式通常与对人们选择默认选项这一倾向的处理方式大致相同，也就是说，遵循社会规范的倾向作为一种心理偏差，成为社会计划者用以引导人们做出促进社会福利的选择，或者符合人们潜在偏好的选择的一种工具。例如，克里斯蒂娜·比基耶里（2006，第63页）明确指出了关于规范的科学研究的作用："善行、守信和互惠的规范，仅举几例，对维持社会秩序和稳定至关重要……知道如何使它们成为焦点可能会使社会控制政策变得过时，成本更高，效果也令人怀疑。"塞勒和桑斯坦（2008，第182页）的观点更为微妙，但他们提出的助推建议往往是建立在从工具性视角看待社会规范的基础上。一个典型的例子是，他们赞扬了伊利诺伊州一个推动器官捐赠的网站，伊利诺伊州的部分成年人认为注册成为器官捐赠者是"正确的做法"，该网站利用了持有这种观念的人群比例的信息以及已注册人群比例的信息。这个网站被誉为"恰当助推的绝佳例子"，因为它在"使现有规范服务于拯救生命的选择"方面体现出了较高的技巧。

但如果一个人采用契约主义的方法，规范经济学就不再适用于社会计划者。契约主义建议是向所有个人共同提出的，向他们展示如何协调自己的行为以实现互利结果。这种建议的内容，即符合每个人的利益因而每个人都会同意的事项，可以是一种推定的社会规范或道德准则。换句话说，规范可以是集体选择的对象。在本书的最后一章中，我将向读者说明，生活在一个支持互惠互利道德的社会中的好处。

1. 道德与规范

部分读者可能会认为，我提出的如下说法，犯了范畴错误，即人们可以集体选择规则，他们视这些规则为道德义务，而且如果集体决策事关道德问题，那么每个人都有权追求其自身利益。难道我们不是通过道德推理来发现我们的道德义务，而是为了符合我们的利益来选择道德义务吗？一个更具调和色彩的批评者可能建议区分道德规则和社会规范。批评者可能会说，或许社会规范可以成为集体选择的对象，但道德规则不能。在本节中，我将解释为什么我没有做这种区分。

道德规则是由理性发现的，这一观点在伊曼纽尔·康德的哲学中表现得最为纯粹。根据康德的观点，存在一个可以被人类理性理解的"道德法则"，它独立于所有经验事实和人类心理的所有属性。康德说过的可能最著名的一句话是："有两样东西，我们越是经常、持续地对它们反复思考，它们就越是让我们的心灵充满时时翻新、有增无减的赞叹和敬畏，这就是我头上的星空和我心中的道德律令。"上述对比的要点是，头上繁星点点的天空通过向我们展示我们在宇宙中的渺小而令人敬畏，而我们对道德律令的内在感知则通过揭示"一种独立于动物本

第 11 章　互惠互利原则　365

能甚至整个理智世界的生命"而"无限地提升"我们作为智慧生物的价值（Kant，1788/2004，第199页）。让纯粹的情感影响我们的道德判断将违反道德的纯洁性：

> 但现在，纯洁和真实的道德律令……只能在纯粹的哲学中寻求，因此，这（形而上学）必须先行，没有它，就没有道德哲学。将这些纯粹的原则与经验原则混合在一起的东西甚至不配被称为"哲学"……更不用说是"道德哲学"了，因为正是这种混合违背了道德的纯洁性，并违背了它自己的目的。（Kant，1785/2002，第6页）

尽管当代哲学家很少像康德那样将道德和心理学做如此极端的区分，但道德真理的自治领域这一思想在道德哲学中仍具有一定的影响力。一些哲学家主张"道德现实主义"，即道德判断具有某种特殊客观性的理论。拉斯·谢弗·兰多（Russ Shafer Landau，2003，第2页）支持这一理论，认为道德判断"如果是真实的，那就与任何人、任何地方、任何情况下的想法无关"。

我不得不说，我的观点与元伦理学中的立场，即大卫·休谟的立场截然相反。休谟认为，人类的道德感并不是对外部世界的任何属性的感知（无论这个世界是被经验理解的，还是作为纯粹理性思维的领域）。休谟要求读者考虑一个所有人都认为不道德的例子，比如谋杀：

> 你可以从各个角度审视它，看看你是否能找到你称之为恶的事实或实际存在。无论你采取哪种方式观察它，你只会发现

某些激情、动机、意志和思想。这里再没有其他事实……因此，当你断言任何行为或品格是恶的时候，你的意思只是说，由于你的天性的结构，你在思考这种行为或品格的时候就会出现一种责备的感觉或情绪。（Hume，1739—1740/1978，第468—469页）

根据休谟的观点，道德责任感，即义务感（oughtness）是一种特殊的感觉，仅此而已。

但是，休谟的说法，即我们的道德感只是一种感觉，也就是说，道德与我们头脑之外的任何真真假假的东西都无关，无论是否正确，都无法避免道德感是一种感觉的事实。在第4章中我提出，理性选择并非不言自明：如果存在人类行为符合理性选择理论的情况，那么这种行为仍然需要心理学上的解释。同样可以说，道德判断也并非不言自明。如果人类有道德感，这也是一个需要得到心理学解释的事实。即使道德真理以某种方式独立于任何人对其看法而存在，这些真理的存在本身也并不能解释人类的实际道德思想。当约翰·斯图亚特·穆勒在讨论道德标准如何被视为一种义务这一问题时，他得出了与休谟大致相同的结论。穆勒对这一问题的回答是，归根结底，道德原则对我们有约束力的感知，只不过是"我们自己心中的主观感觉"：

义务观念的约束力……在于存在一团感情，要做出违反道德标准的事情，必须首先冲破这团感情……无论我们对良心的起源或性质有什么理论，这种感情都是构成良心的本质要素。（Mill，1861/1972，第26页）

任何对这种主观感觉的合理解释都必须考虑到（正如休谟和穆勒的理论那样）人类心理学的固有属性和社会学习的某些作用。同样显而易见的是，在不同的社会和不同的时期，人们关于道德原则的信仰是不同的。社会学习不仅仅是人们借以学习一套独立于文化的道德规则的互动机制，而且在每个人学到的东西中，至少有一部分是社会学习所发生的社会中的特定道德。如果这是正确的，那么道德规则和社会规范之间就不可能有绝对的区别。

这一说法似乎有悖于心理学文献中关于区分道德规则和传统规则的研究成果。有一个成熟的实验方案可用于测试受试者（通常但不总是儿童）是否能够识别道德规则和传统规则之间的区别。道德规则被认为是客观有效的，独立于特定的社会实践和权威来源。传统规则视社会情况而定：如果当权者许可，或者如果一个人移居到一个传统规则不能发挥作用的社会环境中，那么违反这些规则就不再是一种错误。正常的孩子可以在大约三四岁的时候就认识到道德规则和传统规则的区别，但对于具有心理变态倾向或反社会人格障碍的人而言，即使他们是成年人，也会难以认识到上述区别。[①]

有坚实的证据表明，从很小的时候起，正常儿童就获得了一种主观感觉，即他们所学的一些行为规则在一般情况下都是道德的，而其他的则视社会情况而定，或取决于权威（通常是家长或教师）的命令。儿童能够区分这两类规则的事实证明，他们正在形成一种道德义务的概念，而不仅仅是对成年人命令的复制。但这并不是说，被孩子们归类为一般道德的那些规则实际上与社会因素无关。

一些学者针对道德规则和传统规则的区别指出，这两种规则在内容上是根本不同的。例如，朱迪丝·斯梅塔娜（Judith Smetana，1993，第112—113页）认为，道德规则"与他人的福利（或伤害）、信任或资源公平分配等问题相关"，而传统规则则是指"构成社会系统内社会互动的任意且一致同意的行为一致性"。然而，有大量证据表明，某一特定规则实际上被归类为道德规则还是传统规则，都与社会和历史因素有关。例如，乔纳森·海特等人（Jonathan Haidt、Silvia Koller and Maria Dias，1993）的研究发现，令人反感的行为往往被视为受到普遍禁止的行为。以这种方式感知的一些假想行为（如与死亡的动物性交）可能是普遍令人厌恶的，但其他令人厌恶的行为（如撕碎美国国旗并将其碎片用作抹布擦洗厕所）显然也与社会有关。[②]

众所周知，反感、恐惧和悲伤，特别容易受到情绪传染（我将在本章第6节中详细介绍这一点）。事实上，令人厌恶的行为往往与直接伤害他人的行为属于相同的道德分类，这表明情绪传染可能与（人们感知的）道德规则的出现和再现有关。如果道德准则视社会情况而定，并通过社会互动传播，那么假设道德规则可能属于集体选择的问题也就不足为奇了。

2. 道德的契约主义观点

一个人不必是一个契约主义者，就可以认识到一群人可能会集体决定采用其互动的规范。大多数形式的社会互动都是由个人有时候不愿意遵循的行为规则所塑造的。在某些情况下，这些行为规则被编纂为明确的法律或法规，借由正式的奖惩制度得到执行；在另一些情况下，这些行为规则仅仅是共同的理解，借由非正式的社会赞成和社会反对机制得到实施。在以一种方式更好地得到执行的规则和以另一种方式更好地得到执行的规则之间没有明显的差别。在民主社会，人们可能预期上述两种规则都成为潜在的集体选择对象。例如，想象在一个运行良好的办公室中引导同事之间相互尊重行为的规则。在同志般的幽默和公然的欺凌、骚扰之间的灰色地带上，存在适当的行为规范，违反这些规范会遭到同事们的反对。假设分歧开始出现：一些人认为某些行为是一种幽默，而另一些人则认为是欺凌。员工们试图就什么是被视为相互尊重的办公室行为达成集体协议，这是完全合理的。而且，在达成一致意见后，每一个人都有理由指责其他人的不尊重行为，对这种不尊重行为的判定是由集体决定的。[3]

在契约理论中，道德原则可以通过协议创造出来的观点占据中心地位。事实上，一个重要的契约理论便是"协议道德"理论（Gauthier，1986）。本书第 8 章讨论了约翰·罗尔斯提出的心理稳定性概念，同时还介绍了罗尔斯关于正义理论必须考虑到承诺压力的观点。当罗尔斯（1971）首次提出其正义理论时，他将"正义即公平"的各项原则呈现为能够得到理性主体认同的原则，这些理性人关注如何在想象的初始平等状态中提高个人利益。罗尔斯要求每个人都本着诚意签订协议，并期望在任何情况下都能遵守该协议。借鉴罗尔斯观点的经济学家往往会忽视上述要求的重要性，因为他们把罗尔斯的理论视为社会福利函数的一个特定设定，也就是说，罗尔斯的理论只是对社会不同状态进行排序的一种方法。如果像福利经济学家通常所做的那样，人们认为社会福利函数是向一个仁慈和不受约束的政府提出建议，那么公民个人是否遵守的想法就不会出现。但至关重要的是，罗尔斯分析中的缔约方并没有就政府将采取行动的原则达成一致，他们达成一致的道德原则是他们自己能够支持的：

> 正义即公平是我称之为契约理论的一个例子……相关协议的内容不是为了进入某个特定社会，也不是为了采用特定政府的形式，而是为了接受某些道德原则。（Rawls，1971，第16页）

请注意，罗尔斯理所当然地认为，只考虑自身利益的人们，能够共同就什么对他们来说是道德的问题达成一致。

在后来的著作中，罗尔斯（1985）认为，作为公平的正义不是关于道德真理的"形而上学"理论。相反，它是（或者也许它应该被重新解释为）一种"政治的正义观"。这一概念"当然是一个道德概念"，但它只适用于宪政民主下的政治、社会和经济制度。作为公平的正义不是从任何一般的或（用后来罗尔斯更喜欢使用的术语）整全的（comprehensive）道德学说中衍生的。相反，其目的是与尽可能广泛的整全学说（comprehensive doctrine）兼容，并为其拥护者所接受：

> 我们希望，这种政治的正义观至少可以获得我们称之为"重叠共识"的支持，这种共识涵盖了所有对立的哲学和宗教学说，在或多或少公正的宪政民主社会中，这些哲学和宗教学说可能会持续存在且不乏拥护者。（Rawls，1985，第223—226页）

贯穿于罗尔斯著作的指导思想是，一个有序的社会类似于"一种互惠互利的合作冒险"（Rawls，1971，第84页）。赞成不同道德学说的个人对参与这种冒险有着共同的兴趣。罗尔斯的政治正义观被认为是一种受限制的道德形式，可以在个人未就道德达成一致的条件下支持社会合作。

如果我对罗尔斯的解读是正确的，罗尔斯后来将其正义原则表述为一个真实的宪政民主社会中真实的人民同意维护的原则。假设的缔约方在完全平等的原始地位的基础上就这些原则达成一致，这一论点旨在说明，如果真实的人民同意维护这些原则，那么协议的内容可以被理解为一种道德观念，而不是"纯粹的妥协"（modus vivendi）（Rawls，1993，第147页）。让我在这里插一句，我很不愿意把形容词"纯粹的"加在任何妥协上，所谓妥协是指任何一种人们可以共同生活在一起，同时又认同不同道德观念的方式。在现实世界中，即在一个人们并不容易在道德问题上达成一致的世界中，未能达成一致会很快升级为冲突，每个人都会因此而受损，在这样的世界中，存在许多比妥协更糟糕的情况。但至关重要的是，罗尔斯笔下的真实的人民并不是认可一个早已存在的有关道德的形而上学真理，而是在审视一系列道德观念，并就共同维护哪一种道德观念达成一致。

我的想法在范围上不如罗尔斯的理论宏大，但两者在精神上是相似的。在有限的经济学领域内，我正在努力寻找能够为个人实现互惠互利结果提供机会的各种安排。对契约主义方法来说至关重要的是，每个人的利益都是根据他或她想要实现的目标来定义的，而不是根据被认为适用于每个人的人类福利这一统一概念来定义的（回想一下第2章和第3章对契约主义观点和本然观点的对比分析）。一个有序的经济应该被理解为对幸福的构成有不同想法的人们之间的合作。然而，如果这些人坚持某些道德原则，例如经济道德观的原则，那么这种冒险可能会产生更多的互惠互利。如果这些原则不预设任何特定福利理论的真理性（truth），如果这些原则能够被证明在心理上是稳定的，那么契约主义经济学家可能会向人们推荐这些原则。

3. 互惠互利原则

接下来我将提出一个契约主义观点，这一观点支持一种特定的经济道德原则。我的建议对象是被视为协议的潜在缔约方的全体公民。该观点建议他们就每个人都将支持这一原则达成一致。也就是说，每个人都将尽最大努力遵守这一原则，同时支持其他人遵守这一原则，如果其他人不遵守这一原则，则对他们进行谴责。我并不认为这是经济道德的唯一原则，更不用说是契约主义者唯一可以推荐的普遍道德原则。但我将努力展示它在指导自愿互动中的经济合作方面具有的价值。

这一经济道德原则如下：

> **互惠互利原则**。当与其他人共同参与自愿互动时，只要其他人在该互动中的行为符合这一原则，那么其他参与者以这种方式采取行动便能够实现对互动结果的正常预期。

对于互惠互利原则的上述表达方式，我有意不使用第 10 章提出的自愿互动模型的整个正式结构。本章中的建议对象是真实的公民，而不是理论模型中想象的个人。然而，该表述方式旨在尽可能地与第 10 章第 5 节中提出的追求互惠互利的推理模式相一致。与该模式一样，互惠互利原则仅适用于可被视为独立的小世界的情况，如第 10 章第 3 节解释的情况。在我提出的自愿互动理论模型中，一个人如果根据追求互惠互利的推理模式进行推理，并根据其产生的意图行事，他将遵守互惠互利原则。[④]

我现在必须解释如何将这一原则作为一项规范加以推荐。第一步也是最重要的一步是表明，如果每个人都按照这一原则行事，他们共同采取的行动将为每个人提供实现互惠互利的机会。在这里，我重复了第 10 章第 4 节中的一个观点。互惠互利原则告诉人们应该遵循自愿实践。回想一下，这种实践是自愿互动中的一种行为规则，使每个参与者都可以充分预期其他参与者也遵循这一实践。对于共同参与某种特定互动的特定个人而言，当他们遵循某种自愿实践时，就实现了彼此之间的互惠互利。一般来说，个体遵循这些实践的累积效果是让这种实践延续。这种实践的存在为个人提供了交易的机会，使每一方参与者无论出于何种原因，在交易时都有交易的愿望。在这种契约主义的意义上，每个人都按照互惠互利原则行事确保了每个人能够获得实现互惠互利的机会。

这些机会包括但并不限于竞争市场为自利的个人提供的机会。这些机会的范围更广，因为其中包括要求部分或所有参与者以非自利的方式行事的互惠互利实践。第 10 章第 6 节讨论的公共品博弈、信任博弈和最后通牒博弈是此类互惠互利实践的典型代表。正如我之前所说的，在一个所有商品都是私有且产权得到充分保护的经济中，竞争性市场给每个人提供了机会，让他们拥有自己想要并愿意支付的任何物品。如果个人按照互惠互利原则行事，在某些物品并非私人所有的情况下（如公共品博弈），或产权保护不充分的情况下（如信任博弈），也可能存在上述机会。

然而，正如我在第 8 章中解释的，在竞争激烈的市场中，每个人的机会范围取决于其他人如何利用他自身拥有的机会。因此，市场体系为互惠互利交易提供机会的能力并不一定意味着每个人都能从其持续运行中受益。我认为，只有每个人在任一给定的经济状况下，对分享未来市场运行带来的收益都有符合现实的预期，契约主义以机会为基础对市场所做的辩护才是有效的。反过来说，如果有人希望向每个人证明市场是正当合理的，那么他必须愿意支持能够实现这些预期的社会保险计划。同样的观点也适用于互惠互利原则下的契约主义建议。在下文中应该默认的一点是，互惠互利原则的建议对象是那些可以依赖某种社会保险计划的人。

4. 互惠互利原则如何自我维持

我提出的互惠互利原则的建议似乎是一个循环论证。这个原则告诉人们要遵守协议。（回想一下第 10 章第 5 节的观点，即根据追求互惠互利的推理模式进行推理的人会形成支持信守承诺的意图。）但是，在协议的每一方都能遵守某一规范的条件下，建议所有人一致同意维护这一规范，其目的是什么呢？同样的，契约主义建议不就是假定被建议者赞同每个人都有履行承诺的道德义务吗？至少当这些承诺是为了交换他人的承诺时。

这种潜在的循环论证正是心理稳定性概念在契约主义中如此重

要的原因之一。道德规范在心理上是稳定的，正如罗尔斯（1971，第177页）所说，道德规范"产生了自我支持"。也就是说，一种规范是心理稳定的，因为通过自然的人类心理学的作用，维护规范的一般实践往往会产生遵循规范的普遍意愿，以及每个人都应该遵守这一规范的普遍信念。在这个意义上，在多种心理稳定的规范之间进行集体选择类似于在自我实施的交通规则之间进行选择。例如，1967年9月3日，瑞典将左侧驾驶规则改为右侧驾驶规则。这是一个富有争议的国家选择行为的结果，但是一旦做出了改变，新规则就会像旧规则一样获得自我支持。从那时起，瑞典人在靠右行驶的过程中不必认为自己是在遵循集体选择：考虑到其他瑞典人的行为，如果不选择靠右行驶便不符合其自身利益。

我认为，互惠互利原则具有倾向于赋予其心理稳定性的许多特点。在本节中，我将重点介绍该原则规定的行为，分析在一个大多数人实际上都能遵守互惠互利原则的经济环境中，遵守互惠互利原则和惩罚不遵守互惠互利原则给每个人心理上带来的成本和收益。在本章第6节中，我将考虑一种更深层次的心理稳定性，试图回答互惠互利的愿望是否能够自我维持。

声誉。在第10章介绍的正式模型中，互动是完全匿名的，因此没有人能够作为特定个体因其行为而获得声誉。正如我在第10章第2节中解释的，这一假设可以作为一种建模工具，用来隔离可能导致个人行为违背自身利益的机制，但不应简单地从字面理解。在考虑是否可以将互惠互利原则推荐给真实的行为人时，我们需要将声誉作为心理稳定性的来源。

在现实世界的反复互动中，人们经常有机会追踪可能与之互动的特定个人的行为。在很多情况下，人们可以依靠面对面接触的记忆和个人推荐来追踪过去的行为。网上交易活动的快速发展降低了上述机制在经济生活中的重要性，但基于网络的信息共享平台也快速增多。这些不同的信息来源使个人能够根据特定原则通过其行动（或不行动）获得声誉。

在一个人们普遍倾向于按照互惠互利原则行事的经济体中，其他人预期一个人按照互惠互利原则行事符合每个人的利益。要了解其背后的原因，重要的是要认识到互惠互利原则并不以信任为条件，而只需要可信度。更准确地说，互惠互利原则不要求任何人建立起信任关系，只要求她在选择建立信任关系时遵守这种关系中的隐含条件。在选择是否建立信任关系的过程中，考虑到其他参与者可能不值得信任，所以每个人都可以自由判断这是否对她有利。如果人们可以预期某个人，比如乔，按照互惠互利原则行事，就可以将他看作并选为互惠互利互动中的潜在合作伙伴，其他人可以自由选择是否参与这些互动。因此，乔被其他人以这种方式看待，使他有机会获益，如果乔的潜在合作伙伴预期乔总是按照自己的利益行事，那么这些机会就会消失。请注意，并非所有规范性原则都具有这种支持心理稳定性的属性。假设人们预期简按照友善的规范行事。她将被其他人看作并选为潜在的合作伙伴，在互动中简是付出者而其他人是受益者。如果人们并未预期简以友善的规范行事，这可能更符合她的利益。

关于声誉价值可以维持可信度的实践，这一观点深深植根于经济和社会思想中。例如，霍布斯（1651/1962）在其第三自然法则（人们必须履行自己签订的契约）和第四自然法则（恩惠）的论证中便体现了这一观点，本书第 3 章第 1 节对此进行了讨论。

这些法则是互惠互利原则的原型。亚当·斯密（1763/1978，第538—539页）认为，在人们彼此不断签订契约的经济中，自利目标促使人们保持"正直"的声誉，因此，斯密声称在他所处的时代中，荷兰人比英格兰人的可信度更高，英格兰人比苏格兰人的可信度更高。

我并不想说，遵守互惠互利原则总是符合一个人的利益。我的观点是，由于声誉具有价值，遵守这一原则往往会得到回报。休谟（1777/1975，第280—283页）在讨论"明智的无赖"（与霍布斯在第三自然法则中提出的"愚人"类似，参见第3章第1节）时能很好地实现平衡。他试图表明，履行自己的道德义务符合每个人的"真正利益"。他承认他的论证遇到了困难：

> 至于正义，从某个角度看，一个人也常常会因为他的正直而成为失败者。尽管人们承认任何社会的存续都离不开财产，但是，由于人类处理事务的方式并不完美，一个明智的无赖，在特定情况下，可能会认为不义或不忠行为会大大增加他的财富，而不会对社会联盟和联邦造成任何严重的破坏。诚实是最好的策略，这也许是一条好的一般规则，但也有许多例外；人们也许会认为，遵守一般规则并利用所有例外情况行事的人最明智。（Hume，1777/1975，第283页）

休谟对这一困难的第一反应是辩称一个诚实的人把反思自己值得称赞的行为视为一种乐趣，即使周围没有旁观者对此加以称赞。但我更感兴趣的是休谟对诚实之人的评价：

除此之外，这样的人经常满意地看到自以为精明能干的无赖弄巧成拙。当他们打算不为人知地小骗一把时，诱惑人心的事件发生了，人性是脆弱的，他们掉入了陷阱。他们深陷其中无法自拔，只落得声名狼藉，未来再也不能取信于人的下场。（Hume，1777/1975，第283页）

休谟指出，由于声誉具有价值，无赖的策略是有风险的，而且容易出现过度自信。但请注意，休谟实际上并没有断言诚实是最好的策略。他想表达的是，对于那些奉行诚实策略的人来说，看到无赖受挫时自己获得的满足感在心理上具有增强效果。无论无赖行为的成本和收益的精确平衡情况如何，这种满足感都是一种有助于稳定可信度实践的力量。

半透明（Translucency）。即使互动是完全匿名的，在参与者的实际行动和他的合作参与者对该行动的预期之间也可能存在一定的正相关关系。众所周知，人类有一定的能力解读彼此的情感状态（本章第6节中将详细介绍这一点）。因此，一名参与者可以通过解读另一名参与者的情感状态来预测后者行为。罗伯特·弗兰克等人（Robert Frank、Thomas Gilovich and Dennis Regan，1993）介绍的一项实验提供了有关这种能力的证据。在这项实验中，最初互不相识的参与者在进行单次的"囚徒困境"博弈之前，首先进行了非结构化的面对面互动。博弈的组织方式和收益的支付方式使参与者无法发现其他参与者的行为。在进行博弈之前，参与者被要求对彼此的行为进行预测。事实证明，参与者能够成功地预测哪些共同参与者会合作，哪些会背叛。用大卫·高蒂尔（David Gauthier，1986）的话来说，这就是个人的可信度倾向或意图是半透明的。[5]因此，具有按照互惠互利原则行事的倾向可能会使其他人更加期望你也这样做。由于其他人具有这样的预期对每个人都有利，所以，可信度倾向的半透明属性有助于实现互惠互利原则的心理稳定性。

遵守互惠互利原则的心理成本。假设你是普遍遵循互惠互利原则的一群人中的一员。考虑互惠互利原则要求你采取非自利行动的情况。你已选择与其他人进行一些自愿互动。有一些自愿实践使参与者对互动中彼此的行为抱有正常预期。你选择了参与这样的实践，并知道这正是上述意义上的实践。从你和其他人选择参与这项实践开始，其他任何人的行为都没有偏离这一实践。然而，你在参与互动中遇到了这样一个时刻，此时你可以偏离实践让自己获益，但会导致至少一名其他参与者难以实现他在选择参与时预期能够实现的目标。如果你选择不偏离，那么想到你将要放弃的收益，你会有多痛苦？

如果有其他参与者与你处于同一状况，互惠互利原则不要求你对他采取任何偏离常规的行为，这一事实可以部分缓解你的痛苦。因此，你获得了遵循实践而不是背离实践是一种适当行为的"社会证据"（social proof），这一术语首先由罗伯特·恰尔迪尼（Robert Cialdini, 1984）提出。想象你正在决定放弃某种收益，这可能令你心生不悦，但此时你并不是一个在社会上蒙羞的傻瓜角色。除此之外，如下事实也可以减轻你的痛苦：你不必认为当你为了别人的利益而牺牲了自身的利益时，自己遭受了损失。你可以把你的行为看作你和其他人共同参与的实践的一个组成部分，这会给双方带来好处。

相互惩罚。执行规范的一种方式是对不遵守规范的人施加非正式的社会惩罚。因此，规范可以从相关惩罚的可靠性和有效性中获得稳定性。规范所需的不同解释越少，惩罚的可靠性便可能越高。从这个角度看，互惠互利原则只需要可信度而不需要信任，这是互惠互利原则的一个优点。回想一下，互惠互利原则没有提及自愿互动的参与者的偏好或信念。参与这种互动是否符合任何参与者的利益，由他根据自己认为合适的理由做出决定。互惠互利原则只要求个人在参与互动之后，其行为符合现行实践，无论这一实践是什么。为了识别哪些是违反互惠互利原则的行为，任何人都没有必要试图重塑他人的偏好或信仰。

反对违反规范的行为会带来心理成本，从这个角度看，这不利于规范的稳定性。这些心理成本有多大？杰弗里·布伦南和菲利普·佩蒂特（Geoffrey Brennan and Philip Pettit, 2000）提出，由于一个人即使不明确表达他的反对意见，也能被人知晓，所以他可以无成本地施加惩罚，这是因为人们通常关心别人是否对自己给予较高评价，"我们可以通过保持在场并记录对方的行为特征来奖励和惩罚对方"（Brennan and Pettit, 2000, 第78页）。我认为这太乐观了。道德上的反对意见不仅是与信息传播有关的理性问题，其力量取决于反对者和被反对者共同察觉相互之间的差异感。如果反对意见在推动规范执行方面是有效的，那是因为这种不和谐是痛苦的。但是，如果乔痛苦地意识到自己是简反对的对象，他很可能会对简感到怨恨和愤怒，因为简是造成自己痛苦的原因。成为乔的怨恨和愤怒的目标，对简来说将付出心理上的代价，也许比物质上的代价更为高昂。考虑到这些代价，简可能会假装默认乔的行为，或者当乔表现得像他平时一样时，她可能会小心地让自己不"在场"。无论哪种情况，乔的行为都不会受到惩罚。

然而，如果乔违反规范的行为直接引起了简的怨恨，就会产生一种反作用。简随之可能会有表达这种情绪的欲望（或者可能无法控制冲动）。乔意识到自己是简怨恨的对象，这可能会给他带来心理上的成本。由于怨恨是受到他人的意外行为或故意行为的伤害而产生的一种自然心理反应，不安或恐惧则是对成为他人怨恨目标的自然心理响应，所以反对可识别个体（identifiable individuals）对其他可识别个体施加意外伤害的规范尤其容易因反对意见而得到执行。⑥互惠互利原则隐含的行为规则被理解为社会规范，它们恰恰具有这种性质。

规避规范。将互惠互利原则与第 9 章第 5 节讨论的友善规范进行比较，后者告诉你，当慈善机构的优秀募捐者看着你的眼睛并要求你捐款时，你应该捐款。在第 9 章的案例中，假设超市有两个入口，只有一个入口处有一个募捐者，你和募捐者之间的互动是自愿的。如果你从募捐者身边走过而没有捐款，你可能会成为她反对的对象。你意识到这种反对会导致你陷入尴尬的境地并因此痛苦。但如果你没有从捐款中获得任何收益，你可以不与募捐者进行互动，并以此规避募捐者的反对，即你可以从另一个入口进入超市。相比之下，互惠互利原则不易受到规避规范的影响，因为这一原则只适用于人们想要参与的互动。

5. 一个过分的问题

如果互惠互利原则在心理上是稳定的，那就是说符合互惠互利原则的行为往往会产生心理强化的结果。可以说，许多互惠互利原则的回报与这一原则具有的道德品质是分不开的。当一个人遵守互惠互利原则时，他的最终意图（有意识或无意识的）可能不是参与创造互惠互利的结果，或者其最终意图的价值不如创造互惠互利的价值高。相反，仅仅出于谋求自身利益的原因，一个人也可能会努力维持他作为一名值得信赖的贸易伙伴的声誉。或者，他可能因担心成为他人怨恨的焦点而遵守互惠互利原则，又或者（正如休谟暗示的那样）他可能期待看到别人的不可信被曝光的快乐，因为他知道这不会发生在他身上。

如果一个人采用康德的道德观，那么在这类考虑激励之下的行为就不是真正的道德行为。事实上，康德对经济交易中的诚实的看法正是如此。[7]康德用以下重要例子区分仅仅"遵循道德法则"的行为与"为了"道德法则而采取的行为：

> 商家不应该向没有经验的顾客收取过高的费用，这确实是履行了义务，而且在生意很好的时候，一个聪明的商人也不会这样做，而是对所有人都保持一个固定的一视同仁的价格，以至于一个孩子从他那里买东西也和其他人一样便宜。因此，一个人就得到了诚实的服务。然而，这并不足以让我们相信，商人之所以这样做是出于责任和诚实的原则，而是他的利益要求他这样做。但这里不能假定，除此之外，他还会对顾客有一种直接的爱好，仿佛是出于爱而不让任何人在价格上比别人占便宜。因此，这一行动既不是出于责任，也不是出于直接的爱好，而仅仅是出于自利的意图。（Kant，1785/2002，第13页）

但是，如果我们从契约主义的角度思考，那么询问个人的真实动机就太过分了。假设我建议全体公民都同意坚持互惠互利原则。为了支持这一建议，我可以向人们表明，如果他们都按照这一原则行事，他们都将受益。我还可以向人们表明，如果遵循互惠互利原则成为一种普遍实践，那么所有人都可以预期他人通常都有遵循互惠互利原则的动机。询问这种动机是否来自完全纯粹的道德责任感，有什么益处呢？用康德的例子来说：如果你相信一个商人是诚实的，并且与他交易符合你的利益，那么询问他诚实的真正动机，究竟有何益处呢？

互惠互利原则的优点之一是，它对任何人的要求都与这个人互动对象的动机无关。假设乔和简有机会参与互动，乔可能会或不会向简提供某种商品，如果乔提供了这种商品，简可能会或不会向乔支付特定数量的货币作为回报。每个人都可以自由选择不参与互动，但相比保持不互动的现状，两者都更偏好进行交换。如果他们都选择参与互动，则其互动将具有信任博弈的结构，且乔先行动。假设在这种互动中，第一个参与者选择提供商品和第二个参与者选择支付货币是一种实践。简必定会遵循互惠互利原则，乔对简过去的行为和目前的情绪状态有充分的了解，因此他相信在互动时简会支付货币。乔在参与互动时预期到简将选择支付货币以回应自己提供商品的行动。简之所以参与互动，是因为不参与是弱被占优策略（回想一下，关于是否参与给定互动的决定超出了互惠互利原则的范围）。乔选择提供商品，是符合互惠互利原则的行动。由此，这一原则告诉简要选择支付货币，但这与她短期的自利目标是相悖的。这一应对方案并不取决于乔选择提供商品的原因，特别是，不取决于乔为了遵循互惠互利原则而做出的这一选择。这也并不取决于在其他情况下乔会按照互惠互利原则行事。简可能认为乔的决定只是出于自身利益的考虑。尽管如此，简还是选择参与互动，并了解实践是（送出，返还）这一组合。不管出于什么原因，乔都遵守了这一实践，而简也应该同样遵守。

至少，这是互惠互利原则的要求。这一例子是否引起了针对互惠互利原则的契约主义建议的怀疑？我认为并非如此。假设简已经按照互惠互利原则行事。乔和简的互动让他们彼此都受益。之所以产生这种结果，只是因为乔希望简按照互惠互利原则行事。因此，从整体上思考互动过程，简没有理由后悔自己对互惠互利原则的坚持。简对乔的动机持有的信念可能会使她偏好于避免与乔进行某些其他类型的互动（例如，在信任博弈中，简是先动者，而乔是后动者），但互惠互利原则让简可以根据自己的偏好采取行动。

熟悉社会偏好相关文献的读者可能会惊讶地发现，对意图的相互审查（mutual scrutiny of intentions）在我的分析中没有起到任何作用。正如我在前几章中指出的，社会偏好文献中的一个共同主题是，人们偏好惩罚基于"不诚实"或"不公平"意图行事的人，同时偏好奖励基于"善良"或"公平"意图行事的人（见第9章第4节和第10章第6节）。相反，互惠互利原则从不要求任何人对他人的意图作出判断。在适用互惠互利原则的自愿互动情形下，这一特点应被视为一个优点。

能够与尽可能多的其他人追求互惠互利的目标符合每个人的利益。在一个不同人认同不同道德原则，并且履行承诺的程度也不同的世界里，只愿意与那些和你共享相同原则的人合作是一种糟糕的策略。更糟糕的策略则是调查那些愿意与你合作的人的深层次动机，如果你认为他们的意图有道德上的缺陷，就承担惩罚他们的责任。如果其他人伤害你的能力和你伤害他们的能力一样大，上述做法就尤为不明智。[8]如果你的座右铭是，在任何时候都与当时不问原因就愿意与你合作实现互惠互利目标的人合作，那么你就更有可能获益。

即使一个人的潜在意图是明确的，即使这些意图可以被准确地发现，上述观点也是正确的。然而，在许多情况下，根据某种原则（例如康德的诚实）行事的倾向可以同时具有道德和谨慎两种动机。（如果可能的话）为了区分这两种动机，人们可能需要了解相关的人在不太可能出现的反事实情况下会如何行动。但是，每个人都有一个完整的"真实"意图系统，且在原则上可以通过设置细致的决策问题来发现"真实"意图，这一想法是对内在理性主体模型的另一种表述。事实上，人类行为受多种动机的驱动，这些动机的相对优势取决于特定的情景和注意力。通过分散的相互惩罚来实施规范，对就此达成一致意见的公民来说，寻求对可观察行为予以规制的原则，而非追问隐藏的意图，无疑是一个好建议。

在第 5 章第 6 节中，我提出了与机会分析相一致的责任概念。我认为，一个负责任的行为人没有必要向任何人解释他的决定。他对其他人提出的要求并不取决于其自身偏好。他主张某些机会，并承认其他人也有相应的主张，而后他从这些机会中选择什么，则取决于他自身。互惠互利原则包含一个相关的责任概念。根据互惠互利原则，每个人的行为方式都应使其他人实现互惠互利的机会得以持续。但除此之外，没有人对任何人的偏好、意图或决定负责。个人之间相互关联，不是作为彼此的恩人、监护人或道德法官，而是作为实现共同利益的潜在伙伴。

6. 情感对应

前文指出，由于互惠互利原则不考虑个人潜在意图而获得了稳健性，互惠互利原则包容任何意图，这些意图引导行为在特定的互动中遵循其行动方案。[9]有人可能会说，这是一个接受同行者（fellow-travellers）的原则。尽管如此，一个赞同这一原则的人在自愿互动中选择了一种特殊的意图：在第 10 章第 5 节提出的推理模式的意义上，这种意图就是互惠互利。一个自然的问题是，是否存在某种心理机制来支持这种意图。假设人们希望给自己带来收益的同时其他人也应该获得收益，这是否合理？

在第 10 章中，我提出了不同于自利意图或"善意"意图的互惠互利意图。当经济学家讨论利他主义偏好时，他们通常认为这些偏好的心理基础是同情（sympathy）。针对这一点，经济学家引用亚当·斯密的观点是一种由来已久的做法，例如，引用《道德情操论》的开场白，"无论人们认为某个人多么自私，他的天性中显然存在一些原则，促使他关心别人的命运，并使他人的幸福成为他的幸福的必备条件，尽管除了看到他人幸福自己也觉得快乐之外，他并没有从中得到任何好处"（Smith，1759/1976，第 9 章）。对于一位现代经济学家来说，一个人可以从他人的幸福中获得幸福这一想法可以直接推导出一个利他主义偏好模型。但这不是斯密设想的。将斯密分析的情操理解为互惠互利愿望的心理基础，是一种更好的选择。

在理解斯密的理论时，重要的是认识到这是一个关于情操的理论，即情绪或情感状态，而不是关于偏好或选择的理论。现代经济学很少明确分析情操的作用，在大多数经济模型中，唯一呈现的心理状态是人们的偏好和信念。虽然同情他人显然是一种情感状态，但在经济学中，同情通常表现为对提高他人幸福感的偏好。偏好是一个比较概念，意味着如果乔同情简，则乔愿意放弃他珍视的其他东西以增加简的幸福感。因此，同情表现为对某种自我牺牲的偏好。但这与斯密提出的同情概念并不一致。

斯密所说的同情或同感（fellow-feeling），是心理学家现在认识到的情绪传染（emotional contagion）。情绪传染是指如下过程：一个人清晰地意识到另一个人的某种情感状态，这使得前者的心理状态包含着与后者相似的情感状态。用斯密的话来说：

> 因为处于任何形式的痛苦或不幸，都会使一个人极度悲伤，因此，设想或想象自己处于这样的情况之中，也会在一定程度上产生同我们的想象力大小成比例的类似情绪……当我们看到对准另一个人的腿或手臂的一击将要落下来的时候，会自然地退缩并收回我们自己的腿和手臂；当这一击落到那个人的腿或手臂上时，我们也会在一定程度上感受到它，并且像受难者那样受到伤害。（Smith，1759/1976，第9—10页）

这种机制的存在，特别是关于恐惧、悲伤和厌恶的状态，目前已经得到了很好的证实，其神经关联也开始被理解。[10]考虑到我们现在了解了（但斯密并不了解）大脑的组织方式，情绪传染的普遍存在并不会令人惊讶。在一个由相互联系的密集网络构成的系统中，我们可以预期具有显著共同特征的不同感知将以重叠的方式得到处理，从而产生了某种激活类似情感状态的倾向。

从其进化起源看，情绪传染可能与利他主义无关。斯蒂芬妮·普雷斯顿和弗朗斯·德·瓦尔（Stephanie Preston and Frans de Waal，2002）认为，在群居动物中，个体的成功繁殖往往是通过与种群中其他成员的行为相匹配来实现的。对某些现象的直接感知（捕食者的接近，可能有毒的食物的独特味道）和通过另一个个体感知上述现象而获得的间接感知，通常要求采取相同的行动（逃跑，而不是进食）。我们自然可以预期，直接感知和间接感知将激活神经系统中的类似表征。如果这种感知和行动的结合也与恐惧或厌恶等情绪反应有关，那么我们就有了一种基本的同感机制。

斯密对同感的描述最显著的特征体现在他对"相互同情的快乐"的讨论中。斯密提出，人类从各种形式的同感中获得快乐。假设简经历了一些快乐或痛苦，而乔对此也有同感。乔的同感是一种性质相似但可能要弱得多的想象中的快乐或痛苦。但是，根据斯密的观点，另一种同时给乔和简带来快乐的心理机制发挥了作用，而不管简最初的感觉是快乐还是痛苦。简意识到乔对她的同情，这是简快乐的源泉；乔意识到自己对简的同情，这也使他感到高兴。

从理论角度看，这种机制似乎令人惊讶。把同感模型化为一种情感反映（reflection of feeling），似乎更为自然。这就意味着，如果简最初的感觉是痛苦的，那么乔的同感对他自身而言将是痛苦的，简意识到乔的痛苦的同感也将为简带来痛苦。传统的利他

第 11 章 互惠互利原则 389

主义理性选择模型也隐含着同样的反映，但它是关于偏好而非情感的反映。

事实上，在一篇关于家庭关系和浪漫关系的论文中，道格拉斯·伯恩海姆和奥代德·斯塔克（Douglas Bernheim and Oded Stark, 1988）对利他主义发表了令人沮丧的言论，他们正是用这种模式来论证"人善被人欺"：那些从消费中获得的幸福（或快乐）相对较少的人，如果他们是利他主义者，那么他们会更愿意拥有对自己没有利他主义倾向的伙伴。因此，作者声称，作为潜在的伙伴，好人可能会被其他人拒绝，因为他们过于利他主义了。作者指出："解释很简单。一个利他主义的A型人（比如男性）会因为伙伴的幸福感低而沮丧。由于B型人（例如女性）关心她的伙伴，因此反过来会因为男性不开心而不安。"换句话说，如果你不快乐，别人对你不快乐的同情会成为你不快乐的另一个原因。这可能是标准经济模型的逻辑含义，但它与我们所了解的人类心理是不兼容的。当幼儿不开心时，他们要求得到安慰（事实上，黑猩猩也是如此）。任何具有自我意识的成年人都会认识到，即使我们学会抑制更明显的冲动，但这种在心情沮丧之时寻求安慰的冲动并不会随着年龄增长而消失。[11]

斯密考虑使用一种反映情感的模型，但他立即发现这是一个不切实际的模型：

> 我的朋友们对我的快乐表示同情，这也许会使我更加快乐，但他们对我的悲伤表示同情，如果只是让我更加悲伤，就不会给我带来快乐。不管怎样，同情既能增加快乐，也能减轻痛苦。它通过提供另一种使人满足的源泉来增加快乐，

> 同时通过让当时能体验到的几乎唯一令人愉快的感受潜入内心来减轻悲伤。（Smith，1759/1976，第 14 页）

满足的另一个来源是一致情感（correspondence of sentiments）："他人的情感与我们自己的情感相一致看起来是快乐的一个原因，而二者相悖则似乎是痛苦的一个原因，但是这些不能用情感反映理论来解释。"（Smith，1759/1976，第 14 页）

我认为，在这里，相比伯恩海姆和斯塔克，斯密更好地理解了友谊和家庭生活。[12]友谊的特点之一是朋友们一起参加各种活动。从表面上看，这些通常都是可以单独进行的活动，比如吃饭、看电影或散步（如果一对夫妇有伯恩海姆和斯塔克假定的偏好，那么在庆祝结婚纪念日时，夫妇二人可以在自己最喜欢的餐厅单独用餐，并因了解对方享受单独用餐的乐趣而感到高兴）。那么，如何通过共同做事来创造附加价值呢？我认为斯密的回答是，这种价值来自对同情的强烈意识，这对我来说极具说服力。例如，两个徒步旅行者可能会从一起行走中获得乐趣，如体验相同的挑战、欣赏相同的风景、忍受相同的不适，尽管从表面上看他们之间的互动很少。类似地，友谊和家庭关系也是通过伙伴们在相互关系中找到能够共同参与的活动而培养起来的。事实上，正如斯密的理论表明的那样，共同参与不受欢迎的活动可以培养人际关系。例如，虽然应对家务活、重复性的工作任务、无法预料的问题等活动本身并不令人愉快，但意识到有同感的人共同参与这些活动，则会减轻负担。重要的是，无论情感本身是否令人愉快，这些活动都会产生一致的情感反应。

有人可能会说，伯恩海姆和斯塔克对一对夫妇的心理描绘是两个人沉浸于彼此的感情之中，而斯密的理论则描绘了两个人并肩面对生活的画面。斯密的做法更符合约翰·斯图亚特·穆勒（1869/1988，第32—52页）的理想（第1章第1节），即婚姻是平等的合作伙伴关系（回想一下穆勒的观点，把自我牺牲视为家庭生活的美德，这是剥削妻子和女儿的幌子）。我同意穆勒的观点。

关于团队推理和"我们认为"（we-thinking）等有关概念的讨论往往集中于将偏好、信念、意图、责任和能动性等认知态度归于群体。斯密的分析同样表明情绪可能归于群体，就像群体中的每个成员有时会说"我们（共同）偏好……"或者"我们（共同）打算……"他们可以说"我们（共同）感觉……"如果两个人都感受到一种情感，相互意识到对方的这种感受，并且意识到彼此从这种一致情感中获得的快乐，那么可以说他们共同感受到了一种情感。

从本质上讲，参与互惠互利实践往往会诱发这种"共同感受"。以斯密提到的面包师和其顾客之间的交易为例，本书第9章对此进行了讨论。在晚餐时能享用到面包的预期令顾客感到高兴。面包师则为自己的工作能够获得报酬感到高兴。如果面包师和顾客都能认识到自身的快乐来自双方在一项联合活动中各自发挥的作用，他们将相互意识到一种一致情感，并在相互善意中体验到一种愉快的感觉。面包师分享到顾客享用面包的乐趣，顾客分享到面包师因工作而获得报酬的喜悦。面包师和顾客都没有为对方的利益做出任何牺牲，他们只是在相互获得利益的过程中享受了快乐。面包师和顾客获得这些快乐的关键在于他们认识到，互惠互利并不是（正如斯密在《国富论》中对此的说明）交易双方自利意图的意外结果，相反这正是彼此的意图。[13]

我并不是想说，在现实世界的市场中，买卖双方总是按照互惠互利的意图行事。我相信，真实的情况是许多买方和卖方确实有意实现互惠互利，但显然也有许多人并不这样做。一个市场上的所有交易都是基于互惠互利意图而开展的，这并不是对真实世界的描述，而是体现了市场伦理学的自由主义理想。但是，如果市场是一个充斥着不道德行为的生活领域，那么有哪些领域不是这样呢？

可以比较美德伦理学家对其他生活领域中的理想伦理的分析，如伊丽莎白·安德森（1993）和迈克尔·桑德尔（2009）（参见第9章第1节）。在科学领域，有追求卓越和学术诚信的理想，但我们都知道，许多科学家为了追求职业兴趣或名望而背离这些理想。在体育运动中，有许多运动员未能实现公平竞争的理想。在宗教生活中，有些牧师并不总是能够坚持虔诚和教牧关怀的理想。的确，正如安德森（1993，第147—150页）指出的，有时候这种偏差是由特定的非市场领域的内部规范与市场规范之间的冲突造成的（以一位艺术家为例，她为了使作品更畅销而在艺术价值上做出妥协。考虑顾客的品位是寻求互惠互利机会这个一般原则的一个方面，这是市场运作的内在原则[14]）。但科学、运动、艺术或者宗教中的不道德行为可能具有多种其他动机。物质利益是这类行为的普遍动机，但是你不需要接触市场，就能被个人财富的前景吸引。其他常见的动机，如对名誉、权力、社会认可或性满足的渴望，与市场行为的联系甚至更少。因此，没有明显的理由认为市场比人类生活的其他领域对道德情感的敌意更为强烈。

7. 利益共同体

1784年4月，60岁的伊曼纽尔·康德在经历多年的租住生活之后，正在监督他最近买下的一栋房子的修建工程。[15]这座房子相当宏伟（其中一项工程是建造一个演讲厅），其总成本大约六倍于康德在柯尼斯堡大学担任逻辑和形而上学教授的年薪。康德宽裕的财务状况可能源于他与柯尼斯堡的英国商人约瑟夫·格林（Joseph Green）的友谊。格林和康德每天下午会面讨论哲学，格林对哲学非常感兴趣，康德则将自己的积蓄投资于格林的公司，并从格林公司的成功中获益。如果这两位朋友对市场道德不感兴趣，那将令人惊讶。

在修建工程进行的同时，康德开始撰写其一生中最重要的一本书，即《道德形而上学基础》。这本书的中心思想之一是"实践命令"（practical imperative），康德将它作为理性命令（dictate of reason），"你的行动，要把你自己身上的人性，和其他人身上的人性，在任何时候同样看作目的，永远不能只看作手段"（Kant，1785/2002）。康德似乎是在问自己，他与市场的接触是否符合这一命令。他仅仅是把建筑工人当作达到自己目的的手段吗？1784年4月底，康德开启了一系列关于自然权利的讲座中的第一场。康德在开场时说道：

> 所有的自然，只要在人的权利范围内，都服从于人的意志，除了其他人和理性的人（reasonable beings）。从理性的角度看，自然界中的事物只能被视为达到目的的手段，但只有人自身才能被视为目的……动物和（非理性的事物）本身

没有价值，因为它们没有意识到自己的存在，人是天地万物的目的；不过，一个人也可以被其他理性的人用作手段。然而，人从来不仅仅是一种手段，相反，人同时也是一种目的。例如，如果我将一个泥瓦匠作为盖房子的手段，反过来泥瓦匠也将我当作他获取金钱的手段……世界作为一个目的体系，最终必须包含一个目的，这就是理性的人。如果没有目的，手段也就没有价值，因其不能再服务于任何目的。人就是目的。因此，仅仅将人视为一种手段，是自相矛盾的。如果我和一个雇工签订合同，他也必须是一个目的，就像我一样，而不仅仅是一种手段。（Kant，1784/2003，第2页）

我不赞同康德的理性主义形而上学。（理性的人是宇宙的目的这一观点在我看来是一种人文主义的假设。我更愿意说，智人的智力只是我们这个物种在世界上谋生的一种特殊才能，就像鹰的眼睛和蝙蝠的声呐导航一样。）[16]但康德对他与建筑商关系的分析说明了许多市场道德批评家未能认识的重要观点。正如我在第9章指出的，在关于美德伦理学和内在动机的文献中，市场关系通常被描述为具有工具性价值，因此，市场关系缺乏道德内涵。虽然斯密在对面包师和顾客关系的分析中同样表达了工具性价值的思想，但没有受到道德上的批评。相反，康德分析了市场关系中的道德义务，他认为，在这种关系中，意图既不是自利的，也不是仁慈的。在雇用建筑商的过程中，康德（如果以道德方式行动）既打算将建筑商作为达到目的（建造房屋）的手段，也打算将他作为达到其自身目的（获得金钱）的手段。换句话说，他意图使自己与建筑商之间形成互惠互利的关系。

将同样的分析应用于交易的另一方主体,建筑商(如果以道德方式行动)希望他与康德的关系是互惠互利的。每个建筑商都希望自己能获得金钱方面的好处,也希望康德获得房屋建成的好处。这种对人们出卖劳动力的理解方式,显著不同于研究美德伦理和内在动机的学者通常的理解方式。根据我认为的康德的解释,建筑商的主要动机并不是内在动机。建筑商可能为自己的手艺感到自豪,但他的工作并不仅是为了建房的乐趣或挑战,也不仅是为了追求建造工作的卓越。[17]同样,他也不是出于对其工作的受益人的福利的任何事前关心,然而,比如说,当他无偿为年迈的母亲修缮房屋时,则可能是因为关心他的母亲。但是,尽管建筑商不会免费为康德工作,但他的动机并不完全是外在的。当建筑商与康德达成交易后,他希望自己从中获利,同时也打算让康德从中获利。在第9章第1节中,针对美德伦理学家和实证心理学家在探寻日常谋生方式的道德意义和本真性方面面临的困难,我做了评论。我认为,为了部分地解决这一困难,需要认识到市场交易的各方都打算对彼此有用,并从中获得满足感。

但在市场关系的背景下,"有用"到底意味着什么?假设在18世纪,柯尼斯堡地区存在一个竞争激烈的建筑服务市场。如果康德的建筑工人没有签约为他工作,他们本可以为其他人服务并获得相当的收入。如果康德没有雇用这群建筑工人,他可能会以类似的工资雇用到同样高效的工人。在这些假设下,康德对建筑工人福利的边际贡献很小,建筑工人对康德福利的边际影响也很小。这是否有损于对彼此都有用的雇佣关系的概念?根据互惠互利原则,事实并非如此:重要的是互动的参与者是自愿的,而不是他们预期从中获得多少利益。但这是我阐述的互惠互利原则的一个缺陷吗？如果互惠互利被理解为礼物交换，如乔治·阿克洛夫（George Akerlof，1982）提出的劳动力市场的"情感"模型，那么在完全竞争市场中的交易就可能被视为不涉及互惠互利。回想一下，在阿克洛夫的模型中，公司送给员工的礼物是超过其保留工资的报酬，除非出现非自愿失业（参见第9章第3节），否则在均衡中不可能出现这种馈赠。尽管如此，我还是坚持我的观点。不能总是根据行动的边际后果来定义行动体现的意图。

考虑一个类似例子。假设你正行走在一条城市街道上，附近的一位老人晕倒了，显然是心脏病发作。你赶紧去帮忙。你是第一个到老人身边的人，但另一个想要成为救助者的人会在几分钟后到达。你们中的一个人需要打电话叫救护车，并在救护车到来之前留在现场。你们两个都愿意并有能力做到这一点，但你承担了这项任务。你的行动意图是什么？其边际效果是为第二位救助者节省了几分钟的时间。但你仍然可以恰当地将你的意图描述为救助这位心脏病患者。你也可能会说（如同第二位救助者的说法），你在互助的社会实践中发挥了自己应有的作用。类似地，如果询问康德的一位建筑工人他在做什么，他可以说他在一个建筑项目中发挥了自己的作用，这一建筑整体上对康德是有益的。他还可以说，他花在这个建筑项目上的时间是他每周工作的一部分，从整体上看，这项工作对他有利。从更广泛的角度看，他可以说他在互惠互利的经济中发挥了自己的作用。所有上述说法都是正确的，即使考虑到他如果没有接手这项工作，其他人也会雇用他。同样地，即使康德没有雇用他，他也会以同样的工资为别人工作同样的时间，上述说法也是正确的。

归纳建筑工人的故事，康德似乎声称，在市场关系中追求互惠互利是一种道德义务。但其隐含的洞见也可以通过美德伦理学的概念框架来表达。在这个框架中，美德是根据生活"实践"或生活领域来理解的。指出某种后天获得的性格特征是某个生活领域中的美德，就相当于说拥有这一性格特征的人能够更好地为该领域的目的（telos）做出贡献（参见第9章第1节）。因此，有人可能会说，勇敢是军事生活中的美德，好奇是科学研究生活中的美德。路易吉诺·布鲁尼和我（Luigino Bruni and Robert Sugden, 2013）认为，美德伦理学家应该认识到市场也是生活的一个领域，因此可能有着自己的目的和美德。

如果（正如亚里士多德所说）健康是医学的目的，胜利是军事战略的目的，那么市场的目的是什么？我和布鲁尼建议读者抛开哲学上的复杂性，将上述问题转化为常识性的术语，比如，你如何用最简单、最一般的术语来描述市场的哪些行为是有价值的？或者市场的独特目的或存在理由是什么？又或者如果你要为市场撰写一份使命宣言，其内容应该是什么？我和布鲁尼认为，经济学的自由主义传统可以为这些问题提供答案。约翰·斯图亚特·穆勒的一段话暗含了这个答案，并且本书的书名借鉴了这段话，即市场的目的是互惠互利，即通过自愿交易实现交易所得。作为对这一说法可信度的一个小测试，考虑一下，如果要求经济学家给出一个有关市场行为的简单图表，他可能会给出什么答案。埃奇沃思盒状图肯定是经济学家最常见的选择之一，该图的重点是将市场理解为互惠互利交易的网络。

有人可能会提出反对意见，认为至少在自由主义经济学的一个分支中，市场具有某种目的的观点被视为一种用词上的矛盾。在第1章第4节引用的一段话中，詹姆斯·布坎南（1964，第219页）说，市场不是完成任何事情的手段，"它是个人以多种身份参与的自愿交换过程的制度体现。这就是市场的全部"。但布坎南在这里反对了本然观点，即规范经济学分析的是如下问题：基于中立的基础实现某个代表整体社会福利的单一目标函数的最大化。我认为布坎南想表达的依然是，市场行为的独特之处是促进自愿交易。如果市场的目标是实现互惠互利，那么市场生活的优点必然是那些使人们能够在实现互惠互利中发挥各自作用的特征。在市场关系中意图实现互惠互利，自己对于己有益的人也能有所裨益时感到满足，这无疑是市场的一种优点。[18]

在我重建规范经济学的过程中，我所做的诸多努力都是与康德义务论学家和亚里士多德美德伦理学家为伍。作为本书的结尾部分，我将重新回到开篇的内容，即自由主义传统本身和约翰·斯图亚特·穆勒的观点。康德对他与建筑工人关系的描述是对市场理解的一个缩影，穆勒则将市场描述为一个利益共同体。正如我在第1章解释的，穆勒将市场视为一个互利合作的关系网络。他并没有声称，当人们真正结成这些关系网络时，他们实际上总是承认自身是或者总是希望自身是互惠互利的。他承认，与他同时代的许多人仍然认为经济生活是一场重商主义者争夺经济地位优势的竞争。但他试图说服其读者，无论是从个人角度还是集体角度看，与读者分享他对市场的理解具有一定的价值。本书的写作目的也与之类似。

我是一名经济学家，一直以来专注于分析经济生活中的互惠互利。但我认同穆勒的信念，即互惠互利合作是一个有序社会的基本组织原则。市场不是也不应该是一个非道德、工具性动机的领域，在这一领域里更具社会性或内在价值的实践需要与市场隔绝。市场交易是构成市民社会的合作关系网络的重要组成部分。

注　释

第1章　自由主义传统和行为经济学面临的挑战

①帕累托（Pareto，1909/1971）首次证明了福利经济学第一基本定理的一个版本。布劳格（Blaug，2007）总结了福利经济学基本定理的后续发展。

②在此前的一些论著中，我曾指出这样的选择揭示了"不一致偏好"（incoherent preferences），但这一术语并不能充分表达我想要表达的思想。要想表明一个人具有不一致偏好，首先必须假设他的选择应该揭示一个单一偏好系统的部分偏好。我不想做此假设。

③本节引用了因凡特等人（Infante et al.，2016）的研究成果。

④卡尼曼和特沃斯基（Kahneman and Tversky，2000）编辑的《选择、价值与决策》一书收集了许多行为经济学领域的经典文献。卡尼曼（Kahneman，2011）对行为经济学进行了更多非正式的文献梳理。

⑤部分学者就阿莱悖论已经提出了一些类似的解释，例如阿莱（Allais，1953）以及卢姆斯和萨格登（Loomes and Sugden，1982）。作为理性原则，预期效用理论公理是否令人信服仍存在争议。

⑥例如，豪尔绍尼（Harsanyi，1955）、维克里（Vickrey，1960）、帕塔耐克（Pattanaik，1968）和宾默尔（Binmore，1994，1998）提出了这类理论。

第2章　本然观点

①第2章第1节和第2章第2节引用了萨格登（Sugden，2013）的研究成果。

②这句话回避了一些困难的问题,即新古典福利经济学家究竟如何解释偏好的概念,以及他们如何证明偏好满足标准的合理性。不同的经济学家对这些问题持不同意见。由于本书的重点并非新古典福利经济学,因此不需要探究这些细微问题。豪斯曼(Hausman,2012)回顾了经济学家对这些问题的研究,以及他们对自身研究工作的看法,并试图重构一种针对福利经济学的正当解释。我将在第4章第5节、第5章第5节和第7章第7节中详细介绍这一解释。

③正如罗尔斯(Rawls,1971,第184—185页,第263—264页)一样,一些读者可能会认为,这种中立仁慈旁观者的概念正是斯密在《道德情操论》(Smith,1759/1976)中使用的概念。但是,斯密的中立无偏旁观者是一个代表,他对他人的同情是由真实的人类心理机制决定的,因此融入了这些机制的自然偏见。斯密并未采用本然观点,他提出了一种关于人们实际感受到自然主义的道德情操理论。本书第11章第6节和萨格登(Sugden,2002)对此进行了更多分析。

④布坎南将这一批评归因于维克塞尔(Wicksell,1896/1958)的早期著作。哈耶克(Hayek,1948)表达了一个相关的观点,他认为他的同时代人从一个全知全能的社会规划者的角度来解释一般均衡理论。我认为,社会选择理论家之所以在制定尊重自由的原则时遇到许多悖论,是因为他们使用的理论框架代表了仁慈专制者的道德观点(Sugden,1985)。最早的"帕累托自由主义悖论"是由森(Sen,1970)提出的。

⑤许多政治哲学家将政治视为"一般化的陪审团",这一观点是布坎南作品中反复出现的主题(Buchanan,1986,第65页)。森(Sen,2009,第110—111页)将布坎南(Buchanan,1954,1986)的观点解读为赞同这种政治概念,但我认为这是一种误解。布坎南一贯主张将契约主义的政治概念视为"一般化的市场"(Buchanan,1986,第65页),并反对将政治话语视为"扮演上帝"角色的作家持有的"柏拉图式信仰"(Buchanan,1975,第1—2页)。李斯特和佩蒂特(List and Pettit,2011)为陪审团模型提出了明确的辩

护，并以此作为政治哲学的基础。

第3章 契约主义观点

①本节内容引用了萨格登（Sugden, 2009b）的有关内容。针对我将休谟的分析定性为契约主义观点的评论，请参见德·雅赛（De Jasay, 2010）。

②本节引用了萨格登（Sugden, 2013）的有关内容。

③在撰写本书时，英国外交和联邦事务部网站向前往乌兹别克斯坦的游客提供了以下建议，"接近环岛的车辆的行驶优先权高于已经在环岛上行驶的车辆"（https：//www.gov.uk/foreign-travel-advice/uzbekistan/safety-and-security，访问日期为2017年4月18日）。感谢我的儿子乔·萨格登（Joe Sugden）为我提供了这一有趣的信息。

④布坎南和塔洛克（Buchanan and Tullock, 1962）没有明确使用"不确定性面纱"这一短语。布坎南在后来提到这一观点时使用了这一短语（Brennan and Buchanan, 1985, 第28—31页），以使人们将之与罗尔斯（Rawls, 1971）正义理论中的"无知之幕"进行类比或反类比。

⑤本节引用了萨格登（Sugden, 2013, 2017a）中的有关内容。

⑥威克斯蒂德（Wicksteed, 1910/1933）分别在其文章的第93页、第118页、第122页和第33页讨论了这些影响。大多数行为经济学读者都熟悉前三种影响。损失厌恶是参照依赖型偏好的一种形式，塞勒（Thaler, 1985）对此进行了分析，此后伊索尼（Isoni, 2011）进行了更为正式的分析。萨格登（Sugden, 2009a）讨论了威克斯蒂德经济学的行为要素。

⑦奥伦·巴-吉尔和桑斯坦（Oren Bar-Gill and Sunstein, 2015）讨论了"监管即授权"的概念。然而，巴-吉尔和桑斯坦对这一概念的解释有时超出了契约主义施加的限制（实际上也超出了"授权"的正常含义），因为他们认为将授权"强加"给"不了解自己的理性并非完美的天真的个人"可能是合意的（Bar-Gill and Sunstein, 2015, 第10页）。

⑧我忍不住要说（d）并不像看上去那样不合理。发表在一份权威医学杂志上的一项大规模元分析结果表明，体重指数为"超重"（但不是"肥胖"）

的个体与"正常体重"的个体相比,在给定时期内死亡的可能性低6%(Flegal et al., 2013)。

⑨需要对这种直白的说法进行某些限制,比如针对儿童和精神不健全者(如患有晚期阿尔茨海默病的人)。如果我们打算使用基于自愿契约的规范分析框架,则必须认识到,至少儿童和精神不健全者的某些利益必须在监护人或受托人的照看之下才能得到维护。在这些情况下,可以向监护人提出契约主义建议。如何划清负责任的选择和监护之间的界限,这是规范经济学领域中的一个重要问题,尤其是对于其契约形式而言更为重要,但我不会在本书中探讨这个问题。我认为监护权的范围不包括普通成年人的经济决策,即使这些决策没有达到新古典理论假设的理性标准。

第4章 内在理性主体

①第4章第1节至第3节和第5节至第7节的内容引用了因凡特等人(Infante et al., 2016)的研究成果。

②在本章中,为了避免烦琐的表述,我将把所有三个文献称为"桑斯坦和塞勒"的研究。

③"潜在"(latent)一词借用了卡尼曼(Kahneman, 1996)对普洛特(Plott, 1996)"被发现的偏好假说"的批判。卡尼曼认为,普洛特的方法是将潜在理性归因于其行为违反了新古典理论的那些经济主体。

④本节引用了萨格登(Sugden, 2015a)的研究。

⑤博尔达洛等人实际上是在说:"质量和价格是以美元衡量的,且为消费者所了解。"(Bordalo et. al., 2013,第807页)尽管这是根据字面意思的理解,但我认为我的解释忠实于博尔达洛等人的意图。只是因为质量和价格是以不同的单位衡量的,所以消费者面临一个重要的选择问题。

⑥一些读者可能会想,这一要求可以通过"货币泵"(或"荷兰书")的观点来证明,但这种想法是错误的。不易受货币泵的影响并不意味着选择是由偏好决定的[关于这一说法真实性的一般证明,参见 Cubitt and Sugden (2001)的研究]。作为一个简单的反例,考虑一个以永不进行交换作为启发

式决策的人，无论其初始禀赋如何，也不管其面临着什么选择。这种启发式决策暗示着一种选择模式，这种模式不能通过任何（独立于参照的）偏好关系来获得合理性，但不受货币泵的影响。

⑦这些问题的原始版本和修改版本没有区别，这一含蓄说法值得商榷，但这是萨维奇公理的含义。

第5章 机会

①经济学和哲学中有大量的文献讨论了如何根据机会集合提供的"数量"或"价值"对机会集合进行排序的问题。人们普遍认为，如果有两个集合 O' 和 O，使得 O' 是 O 的严格超集，那么 O' 的排序至少应该和 O 一样高；但关于如何对其他集合进行排序，目前还没有达成共识。在不同的研究中，我提出了如何对集合进行排序的建议（Jones and Sugden, 1982; Sugden, 1998a），但在本书中提出的契约标准没有应用这些建议。

②在神经科学中，"渴望"（欲望）和"喜欢"（愉悦）之间存在着相关的区别。成瘾性药物的影响有时被模型化为直接将"激励的显著性"（被渴望的感觉）与服用药物相关的心理表征联系起来，从而缩短了强化学习的正常过程。通过这种过程，愉悦的体验诱发了不断重复这一行为的欲望（Robinson and Berridge, 1993）。

③父母应该考虑孩子的偏好，我提出这一问题是别有用心的。在第3章第4节中，我解释了"为什么契约主义者不能成为家长主义者"，但在脚注中承认儿童的某些利益必须在监护人或受托人的照看下才能得到维护。家长主义的支持者有时会争辩说，如果人们承认父母作为子女的监护人可以采取恰当行动，那么否认政府可以恰当地充当公民监护人这一类似情况就是教条做法。即使父母也不应该总是采取家长主义作风，但这至少是对上述反对意见的部分回答：有时候契约主义也适用于父母。比较第1章第1节讨论的约翰·斯图亚特·穆勒关于人类应该在家庭中实践的道德规则的观点。

④关于我对休谟决策理论的解读，以及认同其主要特征的理由，参见萨格登（Sugden, 2006a, 2008）。

⑤本节引用了萨格登（Sugden，2006b）的研究。

⑥实际上，我假设简可以自由支配任何超出其要求水平的货币。因此，任何与 Z 兼容的支出计划也与 X 兼容。

⑦因为 X、Y 和 Z 三个符号表示在时期 3 可能面临的选项集合，每个符号都用两对括号来表示（例如，两对括号的数量比时期数量少）。简在时期 1 中面临的问题可以被明确表示为这些集合中的内容，分别用 $\{x_1, x_2, \cdots\}$、$\{y_1, y_2, \cdots\}$ 和 $\{z_1, z_2, \cdots\}$ 替换 X、Y 和 Z。时期 4 中可能出现的每项选择将用三对括号来表示。

⑧作为建模方法的多重自我的思想可以追溯到施特罗茨（Strotz，1955—1956），元排名的思想可以追溯到法兰克福（Frankfurt，1971）和森（Sen，1977）。

⑨有些读者对我之前的研究工作提出了批评，舒伯特（Schubert，2015）就是其中之一，他批评说限制自己未来的机会是不负责任的（"不负责任"一词是从日常意义上使用的）。这并非我的观点。尽管我相信经济学家和哲学家经常夸大人们想要约束自己的程度，但我承认，在某些例外情况下，选择自我约束是一种责任的表现。一个典型的例子是酒吧里的一名司机，他知道喝酒会影响他的安全驾驶和对驾驶的判断力，于是把车钥匙交给朋友，并告诉他如果自己饮酒过量，就不要归还车钥匙。我将在第 7 章第 3 节中详细介绍此类案例。

⑩舒伯特（Schubert，2015）首次注意到这段引文适用于我对责任的分析。《牛津政治语录词典》（第二版，2001，第 115 页）记录了这段引文。

第 6 章　看不见的手

①第 6 章第 2 节至第 6 节的内容源自萨格登（Sugden，2017b）。麦奎林和萨格登（McQuillin and Sugden，2012）首次分析了互动机会标准。

②如果按照这种方式建模，"情景依赖特征"与伯恩海姆和兰热尔（Bernheim and Rangel，2007，2009）提出的"辅助条件"概念以及萨伦特和鲁宾斯坦（Salant and Rubinstein，2008）的"框架"概念有一些相似之处，参见第 4

章第1节。由于情景特征被视为经济的固定属性,因此必须独立于消费者的机会和选择来对它进行定义。

③假设个人行为是被唯一决定的,这简化了我在本章中的分析,但这一假设并非必要。消费者做出的实际选择仅通过下文定义的"联合可行性"概念进入分析中。由于联合可行性是所有消费者的加总选择具有的属性,因此假设消费者的加总行为是可预测的就足够了。

④麦奎林和萨格登(McQuillin and Sugden, 2012)提出了这一标准,并称之为"机会标准"。我在这一名称上添加了"互动式"一词,以区别于第5章提出的个人机会标准。萨格登(Sugden, 2004a)提出了另一种略有不同的(互动)机会标准。麦奎林和萨格登的论文分析了两种标准之间的差异。

⑤我提出了一个交换经济模型(Sugden, 2004a),在该模型中,追求利润的商人与对价格敏感的消费者之间进行互动。该模型没有对个人消费者的行为做出其他实质性假设。该文证明,在由商人参与的每一个纳什均衡中,一价定律和供求定律都成立。

⑥严格地讲,鉴于没有假定消费者是理性的,因此这一结论取决于有关消费者对价格的总体反应的连续性假设。对于这一问题的深入分析,请参见萨格登(Sugden, 2004a)。

⑦一些理论经济学家会想到最后一个问题:我们能确定存在一个价格向量使所有市场都出清吗?竞争均衡存在性的证明(如阿罗和德布鲁在1954年给出的著名证明)通常涉及一些关于个人偏好的新古典主义假设。但是,我提出的模型并不需要这类假设,在情景保持不变的前提下,我提出的模型对均衡存在性的证明只需要假设对每种商品存在超额需求,加总之后的超额需求是价格的连续函数,并且(粗略地说)个人对金钱的欲望永远是非餍足的。相关证明参见萨格登(Sugden, 2017b)。

⑧自然而然的一个问题是,该定理的逆命题是否也成立,也就是说,满足强互动机会标准的每个机会组合是否都是竞争均衡。答案是"不成立"。然

而，在某种意义上，对规模足够大的经济体而言，该定理的逆命题是"几乎正确的"，这里的某种意义大致类似于由埃奇沃思（Edgeworth，1881/1967）首次提出并由德布鲁和斯卡夫（Debreu and Scarf，1963）进行形式化处理的意义，即随着经济规模的增长，交换经济的核逐渐收缩为竞争均衡。更多内容请参见萨格登（Sugden，2017b）。

⑨这些限制条件包含在由霍萨克（Houthakker，1950）首次提出的显示偏好强公理中。

⑩阿罗和德布鲁（Arrow and Debreu，1954，第267页）假设规模报酬非递增。从形式上讲，这一假设的严格程度要低于我在本节中使用的规模报酬不变假设，但二者具有相同的经济意义。阿罗和德布鲁还假设一个生产过程可以获得多种产出。

⑪第6章第8节和第6章第9节中的分析由麦奎林和萨格登（McQuillin and Sugden，2012）首次提出。

⑫在这个模型中，索取权没有"过时"，因为这些是属于阿罗和德布鲁（Arrow and Debreu，1954）提出传统的一般均衡模型中的索取权。也就是说，一项索取权不是在特定时期内消费特定数量的特定商品的权利。粗略地说，该索取权是（当时的）持有者可以选择在任何时期消费特定数量的特定商品的权利，受持有者在每个时期拥有的机会所施加约束条件的限制。

⑬在一个更现实的模型中，交易者将拥有"运营资本"（working capital），套利损失（在运营资本的范围内）可以从运营资本中得到弥补。第7章第1节简要讨论的市场监管的一个功能是，确保套利者有足够的资产来弥补可能的损失。

第7章 规制

①总量控制和排放交易制度旨在提高给定总排放量的经济效率。选择总排放水平是一个独立的问题，这需要对环保和环境污染进行隐性或显性评估。但是，至少从我们这个时代最严重的环境问题，即气候变化问题的背景来看，经济学更有可能在给定排放上限的条件下在实现效率方面发挥

作用，在确定排放上限水平方面则显得无能为力。设定全球总体排放水平，并在国家之间进行分配，这涉及许多方面的问题，包括对自然科学的争议判断、对伦理问题的争议判断，以及国家之间和利益集团之间的讨价还价。

②本节和第7章第4节引用了梅塔和萨格登（Mehta and Sugden，2013）的研究。

③参见谢伯翰、格里芬特和托德（Scheibehenne、Griefeneder and Todd，2010）报告的选择过多实验的元分析结果。

④博蒂和延加（Botti and Iyengar，2006）梳理了本段中总结的证据。

⑤引自佩吉曼·优素福扎德（Pejman Yousefzadeh）于2005年4月19日发表在《TCS日报》网站上的题为"选择及其敌人"的文章，网址为 http://www.tcsdaily.com/artide.aspx?id：041905D，查询时间为2006年1月16日。

⑥由于存在与固定成本和规模经济有关的理论问题，所以这是一种刻意不准确的说法。我将在第7章第5节讨论这些问题。

⑦相关信息引自 StickK 网站，http://www.stickk.com，查询时间为2017年10月4日。有关费用的信息，请参见《承诺合同条款和条件》第6.5.4段。

⑧舒伯特（Schubert，2015）利用这一观点来反对我将机会作为一种规范标准的做法。我在一篇文章中对此进行了回应（Sugden，2015b）。

⑨这部分内容引自迈克尔·鲍（Michael Bow）于2016年3月23日在《独立报》（*The Independent*）上发表的文章，见 http://www.independent.co.uk/news/uk/home-news/-william-hill-betting-firm-complains-panic-button-allowing-gamblers-to-take-break-is-hurting-profits-a6948766.html，查询时间为2018年1月4日。

⑩相关信息摘自 http://www.stickk.com，查询时间为2017年10月4日。

⑪克罗斯利等人（Crossley et al.，2012）对这一证据进行了回顾式梳理。

⑫关于这个主题的经典论文是由希托夫斯基（Scitovsky，1950）以及萨

洛普和斯蒂格利茨（Salop and Stiglitz，1977）撰写的。

⑬公平贸易办公室（Office of Fair Trading，2011）更详细地描述了这些定价策略，它还梳理了有关混淆定价的文献。埃利森和埃利森（Ellison and Ellison，2009）讨论了互联网交易中存在的水滴定价的例子。阿姆斯特朗和周（Armstrong and Zhou，2016）讨论了爆炸式报价。

⑭埃利森（Ellison，2005）以及加贝克斯和莱布森（Gabaix and Laibson，2006）讨论了这些定价策略。

⑮埃利森和埃利森（Ellison and Ellison，2009，第434—435页）分析了一个同类案例，涉及一个销售计算机零件的互联网平台。观察到许多卖家在收银时收取了过高的运费，该平台要求所有卖家提供一种标准化的地面运输选项，并规定了最高收费水平。

⑯戈德尔和萨格登（Gaudeul and Sugden，2012）分析了这种"共同标准"效应。

⑰我在一篇论文中（Sugden，2015c）更详细地介绍了杜普伊的工作。

⑱作为新古典经济学的创始人之一，瓦尔拉斯（Warlras，1874/1954，第443页）将杜普伊对效用的分析斥为"严重错误"。大多数经济思想家都认为这种批评是不公平的，但大体上是正确的。参见埃克隆德和埃贝尔（Ekelund and Hébert，1985）。我在一篇论文中对杜普伊的分析进行了辩护（Sugden，2015c）。

⑲例如，两项重要的元分析表明，不在市场上销售的商品的支付意愿和接受意愿之间的差异远大于在市场上销售的商品（Horowitz and McConnell，2002；Tuncel and Hammitt，2014）。

⑳伊索尼等人（Isoni et al.，2016）提供了关于个人对商品的估价倾向于受不相关价格信息"影响"的实验证据。

㉑我在一篇论文中讨论了此类机制的一些优点和缺点（Sugden，1990）。

第8章 心理稳定性

①与莱亚德（Layard，2005）提出的"幸福政策"（polices for happiness）

相关，萨格登等人（Sugden and Teng, 2016）更详细地讨论了稳定性这一概念。

②本节和下一节内容引自萨格登（Sugden, 2004b）。

③当德沃金考虑如何在现实经济中近似地实现这种理想安排时，他最终提出了一种更实用、更传统的累进所得税制度。在这样一个制度中，转移支付是由个人的实际收入决定的，而不是由他们的收入机会决定的。然而，德沃金仍然依赖于岛民计算机能够进行此类计算的可能性来确定公平税率（Dworkin, 1981，第314—323页）。

④德沃金（Dworkin, 1981，第310页）表示，他的理论与"用于整个生命周期的资源平等"有关。罗默（Roemer, 1998，第43—53页）认为，特定"类型"的个人会因吸烟的不同决定而导致的医疗费用差异负有责任。吸烟与患上严重的吸烟相关疾病之间的时间间隔通常是几十年。

⑤当斯密撰写天文学史时，看不见的手第三次出现，参见麦克菲（Macfie, 1971）。

⑥这正是在一个非常简单的模型中会出现的情况，该模型包括多个相同的土地所有者和一个柯布－道格拉斯粮食生产函数。设 N 为固定的劳动力供给水平，R 为固定的土地总量。假设粮食总产出由 $Q = L^{\alpha} R^{\beta} I^{\gamma}$ 给出，其中 $L \leq N$ 是粮食生产中使用的劳动力数量，I 为土地改良的度量；α、β、γ 是大于零的参数且其和为1。把"奢侈品"简单地看作购买非农业劳动力（比如家庭佣工）。土地所有者的利润最大化行为意味着，在均衡状态下，工资率（以粮食为单位，假设所有工人的工资都相等）由 $w = \partial Q / \partial L$ 给出。如果利润（超过支付给农业工人工资的粮食产量）完全用于购买非农业劳动力，则有 $Q - wL = w(N - L)$，即 $Q = wN$。经过简单的数学计算有 $L/N = \alpha$。因此，I 的变化不会对部门间劳动力分配的变化产生任何影响：即使土地改良的成本为零，土地所有者也不会从中受益。

⑦设 w 为初始劳动力价格，q 为初始交易总量。令 Δq 为土地所有者因土地改良而购买的（按比例很小的）额外劳动力，令 Δw 为因需求上升而出现的

劳动力价格的小幅上涨。如果劳动力供给是固定不变的，这一劳动力价格上涨必须足以降低其他土地所有者对劳动力的需求量，且降低的需求量为 Δq。由此，$q\Delta w$（其他劳动力买方的损失之和，同时也是劳动力卖方的收益之和，二者相等且符号相反）与 $w\Delta q$（土地所有者雇用额外劳动力的支出）之比的绝对值等于劳动力需求弹性的绝对值的倒数。

⑧后一种说法对竞争均衡的交换经济是正确的，这是强市场机会定理（见第6章第6节）具有的一种含义。

⑨德沃金（Dworkin，1981，第310—311页）明确拒绝了这个比喻，否认他提出的是"起跑线理论"，并指出这一理论只适用于垄断博弈的情形。他声称，在其模型中假设的由计算机生成的保险并没有在任意起点上实现资源平等，而是使任何特定时刻的资源分配具有"抱负敏感性"（ambition-sensitive），同时抵消天赋差异的影响。在我看来，如果可以赋予德沃金提出的保险计划一个一致的经济解释，那这一保险计划就是一种确保起点平等的手段。

⑩针对哈耶克为市场辩护的契约主义解读，我对此进行了辩护（Sugden，1993a）。

⑪我在相关研究中更充分地阐述了这一观点（Sugden，1986）。

⑫"仅仅"（merely）在这里具有重大意义。可以说，在德国和英国，建立福利国家的第一步是为了应对阶级间经济和政治权力平衡的变化，这种变化在19世纪末期随着社会主义的兴起和选举权的扩张在欧洲变得愈发明显。

⑬参见 http：//www.forbes.com/athletes/list/#tab：overall，查询时间为2018年1月11日。

⑭参见2016年7月6日《卫报》的相关报道，https：//www.theguardian.com/football/2016/jul/06/lionel－messi－barcelona－prison－21－months－tax－fraud，查询时间为2018年1月4日。

第9章 内在动机、善意和互惠

①后来进行的"独裁者博弈"实验发现，人们并不像这个结果显示的那

样慷慨。当分配者可以自由选择款项的分配方案时，分配给接受者的比例一般在20%左右（Forsythe et al.，1994）。即使慷慨程度如此明显，也可能是一种实验设计的产物，即通过允许分配者给予而不是索取，向受试者发出信号，表明他们可以预期获得给予。巴兹利（Bardsley，2008）提供了这种"实验者需求效应"的实验证据。

②斯密的《道德情操论》（Smith，1759/1976）的主要写作目的之一是展示同感的心理机制如何导致人们关注他人的幸福。然而，在解释经济行为时，斯密通常假设个人的动机是"自爱"。他承认信任在商业中的重要性，但将商人之间的信任行为解释为对声誉的市场价值的反应（Smith，1763/1978，第538—539页）。

③本节和下一节的内容引自布鲁尼和萨格登（Bruni and Sugden，2013）。

④艾伦·卡汉（Alan Kahan，2010，第31页）诙谐地描述了西方知识分子批判资本主义的历史，提出了反资本主义的三个"不要"。第一个是"不要赚钱（只要拥有）"。

⑤在一本著作中，桑德尔（Sandel，2012）提出了一个"市场的道德局限"的观点。正如他承认的（Sandel，2012，第208页，注18），这一观点与安德森（Anderson，1993）的观点类似。

⑥直到最近，经济学家才认真对待这一假设。20世纪70年代，蒂特马斯的研究为经济学家所熟知，但他的挤出理论受到了部分学者的质疑（参见Arrow，1972）。格尼茨和鲁斯蒂奇尼（Gneezy and Rustichini，2000a，2000b）用动机性挤出解释其研究成果，但更倾向于基于不完备合同视角的更传统的经济学解释。

⑦如果存在报复的机会，则惩罚在维持公共品贡献方面的效果就会大打折扣。可参见尼基福拉基斯（Nikiforakis，2008）。

⑧作为一名年轻的经济学家，我最自豪的时刻之一是在1983年收到肯尼斯·阿罗的信，他在信中说，我的观点使他相信，关于公共品自愿投资这一广为接受的理论存在缺陷。

⑨查尼斯等人（Charness and Dufwenberg，2006）提出了一个信任博弈模型，在这个博弈中，B有一个单方面的机会在博弈开始前向A发送消息。如果B受到信任响应的激励，并且如果A知道这一点，就会存在如下类型的均衡：B发送一条承诺返还的消息；当A将B发送的信息理解为B实际上将会选择返还时，A将选择送出；B具有遵从A的期望的愿望导致其选择返还。查尼斯等人报告的实验证据表明，B具有做出"空谈式"（cheap talk）承诺的机会提高了信任和可信性水平。

⑩莱文（Levine，1998）提出了一个类似的假设，用偏好而不是意图来表达。在莱文的理论中，个人可以从他人的物质回报中获得正效用（利他主义）或负效用（恶意）。当某个特定的人表现出普遍的利他特征时，一个受互惠互利动机激励的人就会更加利他地对待前一个人。由于拉宾意义上的友善在莱文的意义上是利他主义的信号，那么这两种理论具有相似的含义。莱文的理论允许信任博弈中存在（送出，返还）均衡，但这一均衡仅作为B无条件（而非互惠互利）的利他主义结果。同样的结论也可以从查尼斯和拉宾（Charness and Rabin，2002）提出的互惠互利理论中得出。而另一个由福尔克和菲施巴赫尔（Falk and Fischbacher，2006）提出的相关理论，则结合了互惠互利、不平等厌恶和信任反应三种元素。在该理论中，如果B的期望物质回报大于A，则A对B友善；如果这种不平等是由A的故意选择造成的，则A对B的友善程度更高。在我提出的信任博弈中，A和B从（送出，返还）中获得相同的回报，因此，送出这一选择并非出于友善的考虑。因此，（送出，返还）不是一种均衡。

⑪杜文贝格等人（Dufwenberg and Kirchsteiger，2004）提出了一种一般化的博弈形式。

⑫杜文贝格等人（Dufwenberg and Kirchsteiger，2004）在将拉宾的理论进行一般化时，提出了不同的观点。根据他们的定义，即使A相信B会以1的概率选择返还，那么A选择送出也是友善的。如果A持有上述信念，拉宾的理论将持有视为帕累托被占优行为［必然导致（0，0）的结果，而送

出则导致必然出现（2，2）的结果］，因此与对送出的善意进行评估是不相关的。相反，杜文贝格等人认为，在可能出现的结果集合中持有并不一定是被占优的，因为（送出，保留）这一结果也是可能出现的，并导致（-1，5）的结果。通过将持有视为 A 的一个可行行为，杜文贝格等人可以声称，选择送出而不是持有是友善的。奇怪的是，如果将（送出，保留）的回报改为（1，-1），送出仍然被视为友善的，即使不论 B 如何选择，A 都会从这个行为中受益。但如果将回报变为（1，1），无论 B 如何行动，双方参与者都会从送出中受益，但此时送出这一选择不再是友善的。在我看来，拉宾提出的友善观念具有更高程度的内在一致性。

⑬安德烈奥尼等人（Andreoni et al.，2017）估计，在他们的实验中，避免给予的行为（giving-avoider）只占潜在给予者的"一小部分"，但在其他实验中发现了类似避免给予的行为。例如，在独裁者博弈实验中，拉齐尔等人（Lazear et al.，2012）估计大约三分之一的受试者是"不情愿的分享者"。如果这些人在独裁者博弈中扮演分配者的角色，将 10 美元在自己与一位匿名的合作参与者之间进行分配，他们不会把 10 美元完全据为己有。然而，如果给他们另外一种选择，他们会接受 10 美元的固定报酬，而不是扮演分配者的角色，即使潜在的共同参与者此时可能根本不会参与这个博弈。

⑭比基耶里引用的最后一句话总结了她对休谟（Hume，1739—1740/1978）对财产规则的感知正当性的解释。我对休谟这一解释的理解见第 3 章第 2 节。

⑮在一篇将信任博弈引入行为经济学的论文中，博格等人（Berg、Dickhaut and McCabe，1995，第 124 页）提出的正是这种互惠互利："如果 B 将 A 送出的决定理解为试图提高双方的收益，那么 B 更有可能采取互惠互利行动。"但社会偏好理论的发展主线使用了善意、公平和奖励等概念，而不是互惠互利概念。

第 10 章　合作意图

①我提出的模型大致上是以此前（Sugden，2015d）的一项分析为基础

的，但不同之处在于，这一模型是以机会而不是个人偏好或兴趣来刻画团队推理的，并使用不同的基准情况来定义互惠互利。

②团队推理与社会本体论文献中使用的其他"我们"（we）的概念密切相关，特别是复数主体（Gilbert，1989）、集体意向（Tuomela and Miller，1988；Searle，1990；Bratman，1993；Bardsley，2007）和群体能动性（group angency）（List and Pettit，2011）。戈尔德和我认为，可以将集体意图描绘为由团队推理支持的意图（Gold and Sugden，2007）。

③例如，参见巴卡拉克等人（Bacharach，1993，2006；Sugden，1995；Casajus，2001；Janssen，2001）的理论分析，以及巴卡拉克等人（Bacharach and Bernasconi，1997；Bardsley et al.，2010）报告的实验证据。

④摘自纽约演出票务公司（New York Show Tickets Inc.）提供的"纽约市小费指南"，网址为 http：//www.nytixxom/NewYorkCity/articles/tipping.html，查询时间为2017年2月17日。在英国，关于给出租车司机付小费的网上指导更多，这反映了英国人对付小费的做法更矛盾的心理。

⑤通常定义的博弈被设定为包含每个参与者从各种可能的策略组合中获得的收益。收益以效用为单位，代表参与者的偏好。为了与我在本书中使用的方法保持一致，我不会具体说明参与者对结果的偏好。

⑥继刘易斯（Lewis，1969）之后，许多学者进一步发展了关于惯例和规范的出现和再现的相关模型，例如，乌尔曼-马加利特等人（Ullman-Margalit，1977；Sugden，1986；Binmore，1994，1998；Skyrms，1996；Young，1998；Bicchieri，2006）。刘易斯是一位哲学家，在他从事研究的时代，博弈论还不是用来分析潜在参与者重复博弈的工具。为了分析惯例，刘易斯受谢林（Schelling，1960）的启发，发展了一种独特的（但至今仍未得到认可的）博弈论形式。关于刘易斯对博弈论的贡献，参见丘比特和萨格登（Cubitt and Sugden，2003）。

⑦如果博弈的定义被一般化为包含机会节点，那么一致性就必须以路径的"分支集合"（branching sets）来定义。直观地讲，路径的一个分支集合唯

一地确定了每个参与者的行为方式，这取决于自然行动的每种可能组合。如果参与者 i 在分支集合 P 中的任意路径上的任意决策节点上都遵循分支集合 P，则参与者 i 就会选择保持在 P 中的部分路径上。

⑧在2015年发表的一篇论文中（Sugden，2015d），我将自己的分析局限于每一种策略都是"规范合理"的博弈，即参与者可以在"不侵犯其他参与者权利"的情况下选择这些策略。但在这里引入道德权利的概念是一个笨拙的策略。

⑨高蒂尔（Gauthier，1986，第200—208页）利用一个相关的想法来定义契约推理的基准情形。高蒂尔的基准情形是这样的：没有人会"通过恶化另一个人的处境的互动来改善自己的处境"；改善和恶化"是通过比较我实际做了什么和在其他条件不变，且我不参与的情况下可能会发生什么来判断的"。但是，正如高蒂尔承认的，人们并不总是清楚该如何解释其他条件不变这一条款。

⑩我在一篇论文中（Sugden，2015d）基于更传统的理论框架分析了互惠互利和搭便车问题，其中博弈的回报是明确的。

⑪公开观察到的事实这一概念在本质上与刘易斯（Lewis，1969）提出的"常识基础"概念是相同的。关于这一点，参见丘比特和萨格登（Cubitt and Sugden，2003）。

⑫有人可能会反对，从字面上看，这种模式会导致毫无意义的遵从行为。例如，假设我是一个阅读小组的成员。阅读小组的活动是按各种各样的非正式规则组织的，这些规则支配着成员们何时何地见面，如何决定讨论哪本书，如此等等。成员们将这些规则理解为一种惯例，只要某个人仍然是阅读小组的成员，那就有义务遵守这种惯例。但在成员的行为中，可能还存在其他没人关心的可预测的规律。假设，在阅读小组的会议上，人们几乎总是穿着休闲装，但如果我穿着西装出现，没有人会感到不便。出于互惠互利的目的，说我应该穿得和其他人一样似乎是错误的。如果要解决这个问题，这一推理模式可能需要改进，以便与如下共识相适应，即人们能够接受对经验上可预

期到的行为的偏离。就我目前的分析而言，没有必要探究这个复杂的问题。

⑬戈尔德和我（Gold and Sugden, 2007）以及我本人（Sugden, 2015d）讨论了与集体追求互惠互利这一推理模式相类似的递归推理模式。这种递归模式也出现在巴兹利（Bardsley, 2007）对集体意图的分析中。

⑭如果人们能够签订有约束力的契约，则可以通过共同执行其理性同意的行为组合来进行合作，这一想法隐含在高蒂尔（Gauthier, 1986, 2013）提出的受约束最大化（constrained maximisation）理论及后来提出的理性合作（rational cooperation）理论中。我在一篇论文中讨论了受约束最大化和团队推理之间的关系（Sugden, 2016）。宾默尔（Binmore, 1994, 1998）提出的社会契约理论以及米斯亚克等人（Misyak and Chater, 2014）提出的虚拟讨价还价理论都体现了相关的想法，但并没有假定假想的讨价还价者能够达成可执行的协议。

⑮在本节中我提出，如果参与路径是基于物质收益定义的子博弈完美纳什均衡中的路径，那么"就与自利博弈是一致的"。然而，就我的分析而言，诉诸理性自利的直觉想法就足够了。我的分析关注互惠互利的意图，而无须考虑个人的偏好。在我分析如何利用社会偏好理论分析这些博弈时，自利只是用于比较。

⑯这种区分体现在双重效应学说中，这一学说起源于托马斯·阿奎纳（Thomas Aquinas, 1265—1274，第 II.II 部分，问题 64，第 7 章）的教学。近期的"电车问题"讨论再次涉及了这一学说（Foot, 1967; Thomson, 1985）。实验证据表明，普通人的道德判断往往与这一学说相符（Gold et al., 2013）。

第11章　互惠互利原则

①我对该心理学领域的了解源于图列尔等人（Turiel et al., 1987; Smetana, 1993; Nucci, 2001; Blair et al., 2005）。

②更多的证据，参见爱德华兹等人（Edwards, 1987; Shweder et al., 1987; Kelly et al., 2007）的研究。我在一篇论文中讨论了这一证据的意义（Sugden, 2010）。

③"视为"这一想法来自赛尔（Searle，1995）对"制度事实"的分析。

④根据他人对"互动后果"而非对其他参与者的行为预期来阐述互惠互利原则，我试图解决第10章第5节中提到但没有解决的问题，即允许出现对自愿行为的"可接受"的偏离。

⑤关于这一假设及其含义的更多内容，参见高蒂尔（Gauthier，1986）、弗兰克（Frank，1988）和温特（Winter，2014）。

⑥更多关于怨恨的概念及其与道德的关系，参见萨格登（Sugden，2004c，第218—223页）。瓜拉（Guala，2012）梳理了在由狩猎采集者、园艺学家和游牧牧民组成的小规模社会中实施规范的证据。他得出的结论是，个人的惩罚行为（或许描述成报复更恰当）通常不是对与个人无关的反社会行为的"第三方惩罚"，这些行为是对有害行为的反应，而这种有害行为是专门针对报复者的。

⑦说句题外话，有趣的是康德似乎认为价格歧视是一种本质上不诚实的交易行为。我认为康德的观点并不正确，参见第7章第5节。

⑧实验表明，许多因反社会行为而被惩罚的人愿意付出高昂代价来"反惩罚"那些对他们施加了惩罚的人。这些报复行为往往会破坏合作行为的稳定性，在这种合作行为中，搭便车者会因合作者施加"利他惩罚"的威胁而受到威慑。欲了解更多内容，参见辛耶布格曼等人（Cinyabuguma et al.，2006；Denant-Boemont et al.，2007；Herrmann et al.，2008；Nikiforakis，2008）的研究。

⑨本节内容源自萨格登（Sugden，2005）。

⑩参见里佐拉蒂等人（Rizzolatti et al.，2001；Chaminade and Decety，2003）的研究。

⑪关于黑猩猩的例子，参见德·瓦尔（de Waal，1996，第53—62页）。

⑫我之所以说"这里"，是因为斯密（Smith，1759/1976，第38—40页）在相当乐观地对家庭生活进行简单分析时，将家庭生活描绘成"互爱和互相尊重的令人愉悦激情"，而不是合作以及合作引起的一致情感。斯密对"正

义"和"善意"、"人性"进行了鲜明（有时带有性别色彩）的区分。正义是经济和政治生活中的重要德行，善意和人性则是家庭和友谊中的德行，关于这一点，参见布鲁尼和萨格登（Bruni and Sugden, 2008）。

⑬关于对买卖双方之间"兄弟般的"善意的理解，参见布鲁尼和萨格登（Bruni and Sugden, 2008）。

⑭布鲁尼和萨格登（Bruni and Sugden, 2013）认为，在市场领域，尊重顾客的口味是一种美德。

⑮关于康德修建房屋这一事件的信息源自库恩等人（Kuehn, 2001；Willaschek, 2017）。在舒伯特的指引下我查找了上述资料，舒伯特认识到康德修建房屋这一事件与我对互惠互利意图的分析之间的关联性。

⑯对我来说，休谟哲学最吸引人的特点之一是他拒绝接受理性赋予人类在宇宙中具有特殊地位的观点。关于这一点，参见萨格登（Sugden, 2008）。

⑰麦金太尔（MacIntyre, 1984，第187页）从远非世俗的角度对市场进行了道德伦理批判，他以砌砖为例，说明这种工作缺乏判断卓越的内部标准，因此无法被视为具有自身目的的"实践"。我不同意这一观点。

⑱关于这一点和其他市场道德的更多内容，参见布鲁尼和萨格登（Bruni and Sugden, 2013）。

资料来源

第1章第3节、第4章第1—3节和第4章第5—7节的部分内容引自杰拉尔多·因凡特、吉扬·勒库特和罗伯特·萨格登合作的文章《偏好净化和内在理性主体：对行为福利经济学传统智慧的批判》[Preference purification and the inner rational agent: a critique of the conventional wisdom of behavioural welfare economics，*Journal of Economic Methodology*，23（2016）：1-25]，根据知识共享许可条款，开放获取标识为：DOI 10.1080/1350178X.2015.1070527。

第2章第1—2节、第3章第3—4节部分内容引自罗伯特·萨格登的论文《行为经济学家和社会规划者：行为福利经济学的建议对象应该是谁?》[The behavioural economist and the social planner: to whom should behavioural welfare economics be addressed?，*Inquiry*，56（2013）：519-538，ⓒ Taylor and Francis]。网址为http://www.tandfonline.com，DOI 10.1080/0020174X.2013.806139。

第3章第2节部分内容引自罗伯特·萨格登的论文《休谟主义者能成为契约主义者吗?》，收录在迈克尔·鲍曼（Michael Baurmann）和贝恩德·拉赫诺（Bernd Lahno）编著的《道德科学的观点：致敬哈特穆特·克林姆特的哲学、经济学和政治学成果》[*Perspectives in Moral Science*: *Contributions from Philosophy*, *Economi-*

cs, and Politics in Honour of Hartmut Kliemt（Frankfurt School Verlag，2009），第11 – 24页，已获得出版商许可］一书中。

第3章第4节部分内容引自罗伯特·萨格登的论文《人们真的想被助推走向健康的生活方式吗？》［Do people really want to be nudged towards healthy lifestyles？，International Review of Economics，64（2017）：113 – 123］。根据知识共享许可条款，开放获取标识为：DOI 10.1007/s12232 – 016 – 0264 – 1。

第4章第4节部分内容引自罗伯特·萨格登的论文《寻找适用于内在理性主体的心理学》［Looking for a psychology for the inner rational agent，Social Theory and Practice 41（2015）：579 – 598］。本文已获哲学文献中心（Philosophy Documentation Center）许可，在线阅读标识：DOI 10.5840/ soctheorpract201541432。

第5章第6节部分内容引自罗伯特·萨格登的论文《重视被忽视的偏好》［Taking unconsidered preferences seriously，Philosophy，Supplement 59（2006）：209 – 232，ⓒ The Royal Institute of Philosophy and the contributors 2006］，经出版商许可转载，在线阅读标识：DOI 10.1017/S1358246106059108。

第6章第2—6节部分内容引自罗伯特·萨格登的论文《用机会刻画竞争均衡》［Characterising competitive equilibrium in terms of opportunity，Social Choice and Welfare 48（2017）：487 – 503］。根据知识共享许可条款，开放获取标识为：DOI 10.1007/s00355 – 016 – 1015 – 7。

第7章第2节和第7章第4节部分内容来自朱迪丝·梅塔和罗伯特·萨格登的论文《理解复杂的选择情景》，收录在朱迪丝·梅塔等人编著的《竞争中的行为经济学和消费者政策》一书中

(*Behavioural Economics in Competition and Consumer Policy*, Norwich：Centre for Competition Policy，2013：41－48），已获得竞争政策中心（Centre for Competition Policy）的许可。

第8章第1—2节部分内容引自罗伯特·萨格登的论文《与不公平共存：市场经济中机会平等的局限性》［Living with unfairness：the limits of equality of opportunity in a market economy, *Social Choice and Welfare* 22（2004）：211－236，ⓒ Springer－Verlag 2004］，已获得Springer授权。

第9章第1—2节部分内容引自路易吉诺·布鲁尼（Luigino Bruni）和罗伯特·萨格登的论文《为经济学重塑德行伦理学》［Reclaiming virtue ethics for economics, *Journal of Economic Perspectives*，27（2013）：141－164页，ⓒ American Economic Association］，获原杂志许可转载。

第11章第6节部分内容引自罗伯特·萨格登的论文《同感》，收录在贝内德托·古伊（Benedetto Gui）和罗伯特·萨格登编著的《经济学与社会互动》一书中（*Economics and Social Interaction*，Cambridge University Press，2005：52－75，ⓒ Cambridge University Press 2005，经出版商许可转载）。

参考文献

每条文献后面的方括号表示使用或引用该文献在英文原书中的页码。星号表示使用了所引用出版物中的材料。

Akerlof, George (1982). Labor contracts as partial gift exchange. *Quarterly Journal of Economics* 97: 543–69. [216, 231, 279]

Allais, Maurice (1953). Le comportement de l'homme rationnel devant le risque: critique des postulats et axiomes de l'ecole Americaine. *Econometrica* 21: 503–46. [9]

Anderson, Elizabeth (1993). *Value in Ethics and Economics*. Cambridge, MA: Harvard University Press. [169, 208, 276]

Andreoni, James, Justin Rao, and Hannah Trachtman (2017). Avoiding the ask: a field experiment on altruism, empathy, and charitable giving. *Journal of Political Economy* 125: 625–53. [223]

Aquinas, Thomas (1265–74). *Summa Theologica*. Available at http://www.documentacatholicaomnia.eu/03d/1225-1274,_Thomas_Aquinas,_Summa_Theologiae_%5B1%5D,_EN.pdf, accessed 11 January 2018. [317]

Ariely, Dan, George Loewenstein, and Drazen Prelec (2003). Coherent arbitrariness: stable demand curves without stable preferences. *Quarterly Journal of Economics* 118: 73–105. [71]

Aristotle (*c.* 350 BC/1980). *The Nicomachean Ethics*. Translated by David Ross. Oxford: Oxford University Press. [208]

Armstrong, Mark and Jidong Zhou (2016). Search deterrence. *Review of Economic Studies* 83: 26–57. [289]

Arneson, Richard (1989). Equality of opportunity for welfare. *Philosophical Studies* 56: 77–93. [89]

Arrow, Kenneth (1972). Gifts and exchanges. *Philosophy and Public Affairs* 1: 343–62. [291]

Arrow, Kenneth (1984). *Collected Papers of Kenneth J. Arrow. Volume 1: Social Choice and Justice*. Oxford: Basil Blackwell. [204]

Arrow, Kenneth and Gérard Debreu (1954). Existence of an equilibrium for a competitive economy. *Econometrica* 22: 265–90. [146, 287]

Atkinson, Anthony, Thomas Piketty, and Emmanuel Saez (2011). Top incomes in the long run of history. *Journal of Economic Literature* 49: 3–71. [200]

Bacharach, Michael (1987). A theory of rational decision in games. *Erkenntnis* 27: 17–55. [122]

Bacharach, Michael (1993). Variable universe games. In Ken Binmore, Alan Kirman, and Piero Tani (eds), *Frontiers of Game Theory*, pp. 255–76. Cambridge, MA: MIT Press. [293]

Bacharach, Michael (1999). Interactive team reasoning: a contribution to the theory of cooperation. *Research in Economics* 53: 117–47. [233, 250]

Bacharach, Michael (2006). *Beyond Individual Choice*. Princeton, NJ: Princeton University Press. [233, 250, 293]

Bacharach, Michael and Michele Bernasconi (1997). The variable frame theory of focal points: an experimental study. *Games and Economic Behavior* 19: 1–45. [293]

Bacharach, Michael, Gerardo Guerra, and Daniel Zizzo (2007). The self-fulfilling property of trust: an experimental study. *Theory and Decision* 63: 349–88. [270]

Bardsley, Nicholas (2007). On collective intentions: collective action in economics and philosophy. *Synthese* 157: 141–59. [293, 295]

Bardsley, Nicholas (2008). Dictator game giving: altruism or artefact? *Experimental Economics* 11: 122–33. [291]

Bardsley, Nicholas, Judith Mehta, Chris Starmer, and Robert Sugden (2010). Explaining focal points: cognitive hierarchy theory *versus* team reasoning. *Economic Journal* 120: 40–79. [293]

Bardsley, Nicholas and Peter Moffatt (2007). The experimetrics of public goods: inferring motivations from contributions. *Theory and Decision* 62: 161–93. [217]

Bar-Gill, Oren and Cass Sunstein (2015). Regulation as delegation. *Journal of Legal Analysis* 7: 1–36. [284]

Battigalli, Pierpaolo and Martin Dufwenberg (2007). Guilt in games. *American Economic Review: Papers and Proceedings* 97: 171–6. [220]

Bebchuk, Lucian and Jesse Fried (2003). Executive compensation as an agency problem. *Journal of Economic Perspectives* 17(3): 71–92. [201]

Becker, Gary (1974). A theory of social interactions. *Journal of Political Economy* 82: 1063–93. [218]

Bem, Daryl (1967). Self-perception: an alternative interpretation of cognitive dissonance phenomena. *Psychological Review* 74: 183–200. [212]

Berg, Joyce, John Dickhaut, and Kevin McCabe (1995). Trust, reciprocity, and social history. *Games and Economic Behavior* 10: 122–42. [10, 214, 293]

Berg, Nathan and Gerd Gigerenzer (2010). As-if behavioral economics: neoclassical economics in disguise? *History of Economic Ideas* 18: 133–66. [66]

Bernheim, Douglas (2016). The good, the bad, and the ugly: a unified approach to behavioural welfare economics. *Journal of Benefit–Cost Analysis*. Available on CJO 2016 doi:10.1017/bca.2016.5. [57]

Bernheim, Douglas and Antonio Rangel (2007). Toward choice-theoretic foundations for behavioral welfare economics. *American Economic Review: Papers and Proceedings* 97: 464–70. [18, 21, 57, 62, 287]

Bernheim, Douglas and Antonio Rangel (2009). Beyond revealed preference: choice-theoretic foundations for behavioral welfare economics. *Quarterly Journal of Economics* 124: 51–104. [18, 21, 57, 62, 287]

Bernheim, Douglas and Oded Stark (1988). Altruism within the family reconsidered: do nice guys finish last? *American Economic Review* 78: 1034–45. [274]

Bershears, John, James Choi, David Laibson, and Brigitte Madrian (2008). How are preferences revealed? *Journal of Public Economics* 92: 1787–94. [60]

Bicchieri, Cristina (2006). *The Grammar of Society: The Nature and Dynamics of Social Norms*. Cambridge: Cambridge University Press. [226, 256, 294]

Binmore, Ken (1994). *Game Theory and the Social Contract, Volume 1: Playing Fair*. Cambridge, MA: MIT Press. [283, 294, 295]

Binmore, Ken (1998). *Game Theory and the Social Contract, Volume 2: Just Playing*. Cambridge, MA: MIT Press. [283, 294, 295]

Blair, James, Derek Mitchell, and Karina Blair (2005). *The Psychopath: Emotion and the Brain*. Oxford: Blackwell. [295]

Blaug, Mark (2007). The fundamental theorems of modern welfare economics, historically contemplated. *History of Political Economy* 39: 185–207. [283]

Bleichrodt, Han, Jose-Luis Pinto-Prades, and Peter Wakker (2001). Making descriptive use of prospect theory to improve the prescriptive use of expected utility. *Management Science* 47: 1498–514. [58, 77]

Bolton, Gary and Axel Ockenfels (2000). ERC: A theory of equity, reciprocity and competition. *American Economic Review* 90: 166–93. [215]

Bordalo, Pedro, Nicola Gennaioli, and Andrei Shleifer (2013). Salience and consumer choice. *Journal of Political Economy* 121: 803–43. [69, 114]

Botti, Simona and Sheena Iyengar (2006). The dark side of choice: when choice impairs social welfare. *Journal of Public Policy and Marketing*, 25: 24–38. [289]

Bown, Nicola, Daniel Read, and Barbara Summers (2003). The lure of choice. *Journal of Behavioral Decision Making* 16: 297–308. [143]

Bratman, Michael (1993). Shared intention. *Ethics* 104: 97–113. [237, 293]

Brennan, Geoffrey (1996). Selection and the currency of reward. In Robert Goodin (ed.), *The Theory of Institutional Design*, pp. 256–75. Cambridge: Cambridge University Press. [212]

Brennan, Geoffrey and James Buchanan (1985). *The Reason of Rules*. Cambridge: Cambridge University Press. [284]

Brennan, Geoffrey and Philip Pettit (2000). The hidden economy of esteem. *Economics and Philosophy* 16: 77–98. [268]

Bruni, Luigino and Robert Sugden (2008). Fraternity: why the market need not be a morally free zone. *Economics and Philosophy* 24: 35–64. [296]

Bruni, Luigino and Robert Sugden (2013). Reclaiming virtue ethics for economics. *Journal of Economic Perspectives* 27: 141–64. [208–11*, 211–13*, 296]

Bryan, James and Mary Ann Test (1967). Models and helping: naturalistic studies in aiding behaviour. *Journal of Personality and Social Psychology* 6: 400–7. [223]

Buchanan, James (1954). Individual choice in voting and the market. *Journal of Political Economy* 62: 334–43. [284]

Buchanan, James (1964). What should economists do? *Southern Economic Journal* 30: 213–22. [14, 280]

Buchanan, James (1968). *The Demand and Supply of Public Goods*. Chicago: Rand McNally. [165]

Buchanan, James (1975). *The Limits of Liberty*. Chicago: University of Chicago Press. [38, 174]

Buchanan, James (1986). *Liberty, Market and State*. Brighton: Wheatsheaf. [21, 29, 283]

Buchanan, James (1987). The constitution of economic policy. *American Economic Review* 77: 243–50. [21]

Buchanan, James and Gordon Tullock (1962). *The Calculus of Consent*. Ann Arbor, MI: University of Michigan Press. [40, 284]

Camerer, Colin, Samuel Issacharoff, George Loewenstein, Ted O'Donaghue, and Matthew Rabin (2003). Regulation for conservatives: behavioral economics and the case for 'asymmetric paternalism'. *University of Pennsylvania Law Review* 151: 1211–54. [18, 56, 166]

Casajus, André (2001). *Focal Points in Framed Games: Breaking the Symmetry*. Berlin: Springer-Verlag. [293]

Chaminade, Thierry and Jean Decety (2003). Neural correlates of feeling sympathy. *Neuropsychologia* 41: 127–38. [296]

Charness, Gary and Martin Dufwenberg (2006). Promises and partnership. *Econometrica* 74: 1579–601. [292]

Charness, Gary and Matthew Rabin (2002). Understanding social preferences with simple tests. *Quarterly Journal of Economics* 117: 817–69. [292]

Cialdini, Robert (1984). *Influence: The Psychology of Persuasion*. New York: Quill Press. [268]

Cinyabuguma, Matthias, Talbot Page, and Louis Putterman (2006). Can second-order punishment deter perverse punishment? *Experimental Economics* 9: 265–79. [296]

Cohen, Gerald (1989). On the currency of egalitarian justice. *Ethics* 99: 906–44. [177]

Core, John, Robert Holthausen, and David Larcker (1999). Corporate governance, chief executive officer compensation, and firm performance. *Journal of Financial Economics* 51: 371–406. [201]

Crossley, Thomas, Carl Emmerson, and Andrew Leicester (2012). *Raising Household Saving*. Report by Institute for Fiscal Studies and British Academy Policy Centre. [289]

Cubitt, Robin and Robert Sugden (2001). On money pumps. *Games and Economic Behavior* 37: 121–60. [285]

Cubitt, Robin and Robert Sugden (2003). Common knowledge, salience and convention: a reconstruction of David Lewis's game theory. *Economics and Philosophy* 19: 175–210. [294]

Debreu, Gerard and Herbert Scarf (1963). A limit theorem on the core of an economy. *International Economic Review* 4: 235–46. [288]

Deci, Edward (1971). Effects of externally mediated rewards on intrinsic motivation. *Journal of Personality and Social Psychology* 18: 105–15. [211]

Deci, Edward and Richard Ryan (1985). *Intrinsic Motivation and Self-determination in Human Behavior*. New York: Plenum. [211]

De Jasay, Anthony (2010). Ordered anarchy and contractarianism. *Philosophy* 85: 399–403. [284]

DellaVigna, Stefano and Ulrike Malmendier (2004). Contract design and self-control. *Quarterly Journal of Economics* 119: 353–402. [152]

DellaVigna, Stefano and Ulrike Malmendier (2006). Paying not to go to the gym. *American Economic Review* 96: 694–719. [152]

Denant-Boemont, Laurent, David Masclet, and Charles Noussair (2007). Punishment, counter-punishment and sanction enforcement in a social dilemma experiment. *Economic Theory* 33: 145–67. [296]

de Waal, Frans (1996). *Good Natured: The Origins of Right and Wrong in Humans and Other Animals*. Cambridge, MA: Harvard University Press. [248–52]

Dufwenberg, Martin and Georg Kirchsteiger (2004). A theory of sequential reciprocity. *Games and Economic Behavior* 47: 268–98. [292]

Dupuit, Jules (1844/1952). On the measurement of the utility of public works. *International Economic Papers* 2 (1952): 83–110. Translated by R. H. Barback. (Page references to reprint in *Cost–Benefit Analysis*, edited by Richard Layard. London: Penguin, 1973.) [160, 199]

Dworkin, Ronald (1981). What is equality? Part 2: Equality of resources. *Philosophy and Public Affairs* 10: 283–345. [175, 193]

Ederer, Florian and Alexander Stremitzer (2016). Promises and expectations. Cowles Foundation Discussion Paper no. 1931. Yale University, New Haven, CT. [221]

Edgeworth, Francis Ysidro (1881/1967). *Mathematical Psychics: An Essay on the Application of Mathematics to the Moral Sciences*. New York: Kelley. [288]

Edwards, Carolyn (1987). Culture and the construction of moral values: a comparative ethnography of moral encounters in two cultural settings. In Jerome Kagan and Sharon Lamb, *The Emergence of Morality in Young Children*, pp.125–51. Chicago: University of Chicago Press. [295]

Ekelund, Robert and Robert Hébert (1985). Consumer surplus: the first hundred years. *History of Political Economy* 17: 419–54. [289]

Ellison, Glenn (2005). A model of add-on pricing. *Quarterly Journal of Economics* 120: 585–637. [289]

Ellison, Glenn and Sara Fisher Ellison (2009). Search, obfuscation, and price elasticities on the Internet. *Econometrica* 77: 427–52. [289]

Falk, Armin, Ernst Fehr, and Urs Fischbacher (2003). On the nature of fair behavior. *Economic Inquiry* 41(1): 20–6. [219]

Falk, Armin and Urs Fischbacher (2006). A theory of reciprocity. *Games and Economic Behavior* 54: 293–315. [231, 292]

Fehr, Ernst and Simon Gächter (2000). Cooperation and punishment in public goods experiments. *American Economic Review* 90: 980–94. [217, 254]

Fehr, Ernst and Klaus Schmidt (1999). A theory of fairness, competition and cooperation. *Quarterly Journal of Economics* 114: 817–68. [215, 231]

Fischbacher, Urs and Simon Gächter (2010). Social preferences, beliefs, and the dynamics of free riding in public goods experiments. *American Economic Review* 100: 541–56. [217]

Flegal, Katherine, Brian Kit, Heather Orpana, and Barry Graubard (2013). Association of all-cause mortality with overweight and obesity using standard body mass index categories: a systematic review and meta-analysis. *Journal of the American Medical Association (JAMA)* 309(1): 71–82. [285]

Folbre, Nancy and Julie Nelson (2000). For love or money—or both? *Journal of Economic Perspectives* 14: 123–40. [213]

Foot, Philippa (1967). The problem of abortion and the doctrine of the double effect. *Oxford Review* 5: 5–15. [295]

Forsythe, Robert, Joel Horowitz, Nathan Savin, and Martin Sefton (1994). Fairness in simple bargaining experiments. *Games and Economic Behavior* 6: 347–69. [291]

Frank, Robert (1988). *Passions within Reason: The Strategic Role of the Emotions*. New York: Norton. [295]

Frank, Robert and Philip Cook (1995). *The Winner-Take-All Society*. New York: Free Press. [201]

Frank, Robert, Thomas Gilovich, and Dennis Regan (1993). The evolution of one-shot cooperation: an experiment. *Ethology and Sociobiology* 14: 247–56. [267]

Frankfurt, Harry (1971). Freedom of the will and the concept of a person. *Journal of Philosophy* 68: 5–20. [286]

Frey, Bruno (1994). How intrinsic motivation is crowded in and out. *Rationality and Society* 6: 334–52. [212]

Frey, Bruno (1997). *Not Just for the Money: An Economic Theory of Personal Motivation*. Cheltenham: Edward Elgar. [212]

Fudenberg, Drew and David Levine (2006). A dual-self model of impulse control. *American Economic Review* 96: 1449–76. [151]

Gabaix, Xavier and David Laibson (2006). Shrouded attributes, consumer myopia, and information suppression in competitive markets. *Quarterly Journal of Economics* 12: 505–40. [289]

Gale, David and Lloyd Shapley (1962). College admissions and the stability of marriage. *American Mathematical Monthly* 69: 9–15. [247]

Gaudeul, Alexia and Robert Sugden (2012). Spurious complexity and common standards in markets for consumer goods. *Economica* 79: 209–25. [289]

Gauthier, David (1986). *Morals by Agreement*. Oxford: Oxford University Press. [39, 89, 260, 294, 295]

Gauthier, David (2013). Twenty-five on. *Ethics* 123: 601–24. [295]

George, Henry (1879). *Progress and Poverty*. New York: Appleton. [199]

Gilbert, Margaret (1989): *On Social Facts*. London: Routledge. [293]

Gneezy, Uri and Aldo Rustichini (2000a). A fine is a price. *Journal of Legal Studies* 29: 1–17. [212, 291]

Gneezy, Uri and Aldo Rustichini (2000b). Pay enough or don't pay at all. *Quarterly Journal of Economics* 115: 791–810. [291]

Gneezy, Uri, Stephan Meier, and Pedro Rey-Biel (2011). When and why incentives (don't) work to modify behavior. *Journal of Economic Perspectives* 25(4): 191–210. [212]

Gold, Natalie, Briony Pulford, and Andrew Colman (2013). Your money or your life: comparing judgments in trolley problems involving economic and emotional harms, injury and death. *Economics and Philosophy* 29: 213–33. [295]

Gold, Natalie and Robert Sugden (2007). Collective intentions and team agency. *Journal of Philosophy* 104: 109–37. [293, 295]

Griffin, James (1986). *Well-being: Its Meaning, Measurement and Moral Importance*. Oxford: Oxford University Press. [89]

Guala, Francesco (2012). Reciprocity: weak or strong? What punishment experiments do (and do not) demonstrate. *Behavioral and Brain Sciences* 35: 1–59. [295]

Güth, Werner, Rolf Schmittberger, and Bernd Schwarze (1982). An experimental analysis of ultimatum bargaining. *Journal of Economic Behavior and Organization* 3: 367–88. [218]

Habermas, Jürgen (1995). Reconciliation through the public use of reason: remarks on John Rawls's political liberalism. *Journal of Philosophy* 92: 109–31. [26]

Haidt, Jonathan, Silvia Koller, and Maria Dias (1993). Affect, culture and morality, or is it wrong to eat your dog? *Journal of Personality and Social Psychology* 65: 613–28. [259]

Harsanyi, John (1955). Cardinal welfare, individualistic ethics and interpersonal comparisons of utility. *Journal of Political Economy* 63: 309–21. [283]

Harsanyi, John (1980). Rule utilitarianism, rights, obligations and the theory of rational behavior. *Theory and Decision* 12: 115–33. [232]

Hausman, Daniel (2012). *Preference, Value, Choice, and Welfare*. New York: Cambridge University Press. [55, 74, 90, 189, 283]

Hausman, Daniel and Brynn Welch (2010). Debate: to nudge or not to nudge. *Journal of Political Philosophy* 18: 123–36. [63]

Hayek, Friedrich von (1948). *Individualism and Economic Order*. Chicago: University of Chicago Press. [179, 284]

Hayek, Friedrich von (1960). *The Constitution of Liberty*. London: Routledge. [196]

Hayek, Friedrich von (1976). *Law, Legislation and Liberty. Volume 2: The Mirage of Social Justice*. Chicago: University of Chicago Press. [195]

Herrmann, Benedikt, Christian Thöni, and Simon Gächter (2008). Antisocial punishment across societies. *Science* 319: 1362–7. [296]

Heyes, Anthony (2005). The economics of vocation, or 'Why is a badly-paid nurse a good nurse?' *Journal of Health Economics* 24: 561–9. [212]

Hobbes, Thomas (1651/1962). *Leviathan*. London: Macmillan. [10, 30, 214, 266]

Hodgson, David (1967). *Consequences of Utilitarianism*. Oxford: Clarendon Press. [232]

Horowitz, John and Kenneth McConnell (2002). A review of WTP/WTA studies. *Journal of Environmental Economics and Management* 44: 426–47. [289]

Houthakker, Hendrik (1950). Revealed preference and the utility function. *Economica* 17: 59–174. [288]

Hume, David (1739–40/1978). *A Treatise of Human Nature*. Oxford: Oxford University Press. [10, 30, 33, 95, 196, 236, 252, 293]

Hume, David (1748/1985). Of the original contract. In *Essays, Moral, Political and Literary*, pp. 465–87. Indianapolis: Liberty Fund. [34]

Hume, David (1777/1975). *Enquiries concerning Human Understanding and concerning the Principles of Morals*. Oxford: Oxford University Press. [266]

Infante, Gerardo, Guilhem Lecouteux, and Robert Sugden (2016). Preference purification and the inner rational agent: a critique of the conventional wisdom of behavioural welfare economics. *Journal of Economic Methodology* 23: 1–25. [7–12*, 53–68*, 72–78*]

Isoni, Andrea (2011). The willingness-to-accept/willingness-to-pay disparity in repeated markets: loss aversion or 'bad-deal' aversion? *Theory and Decision* 71: 409–70. [114, 284]

Isoni, Andrea, Peter Brooks, Graham Loomes, and Robert Sugden (2016). Do markets reveal preferences or shape them? *Journal of Economic Behavior and Organization* 122: 1–16 [289]

Iyengar, Sheena and Mark Lepper (2000). When choice is demotivating: can one desire too much of a good thing? *Journal of Personality and Social Psychology* 79: 995–1006. [144]

Janssen, Maarten (2001). Rationalising focal points. *Theory and Decision* 50: 119–48. [293]

Jevons, William Stanley (1871/1970). *The Theory of Political Economy*. London: Penguin. [5]

Johnson, Eric and David Schkade (1989). Bias in utility assessments: further evidence and explanations. *Management Science* 35: 406–24. [71]

Jones, Peter and Robert Sugden (1982). Evaluating choice. *International Review of Law and Economics* 2: 47–65. [286]

Kahan, Alan (2010). *Mind vs. Money: The War Between Intellectuals and Capitalism*. Piscataway, NJ: Transaction Publishers. [291]

Kahneman, Daniel (1996). Comment [on Plott (1996)]. In Kenneth Arrow, Enrico Colombatto, Mark Perlman, and Christian Schmidt (eds), *The Rational Foundations of Economic Behaviour*, pp. 251–4. Basingstoke: Macmillan and International Economic Association. [67, 285]

Kahneman, Daniel. (2003). A perspective on judgment and choice: mapping bounded rationality. *American Psychologist* 58: 697–720. [67]

Kahneman, Daniel (2011). *Thinking, Fast and Slow*. New York: Farrar, Straus and Giroux. [67, 153, 283]

Kahneman, Daniel, Jack Knetsch, and Richard Thaler (1986). Fairness and the assumptions of economics. *Journal of Business* 59: S285–S300. [12, 205]

Kahneman, Daniel, Jack Knetsch, and Richard Thaler (1990). Experimental tests of the endowment effect and the Coase Theorem. *Journal of Political Economy* 98: 1325–48. [7]

Kahneman, Daniel and Amos Tversky (1979). Prospect theory: an analysis of decision under risk. *Econometrica* 47: 263–91. [9]

Kahneman, Daniel and Amos Tversky (eds) (2000). *Choices, Values, and Frames*, Cambridge: Cambridge University Press and Russell Sage Foundation. [283]

Kant, Immanuel (1784/2003). *Natural Right*. Lecture notes taken by Gottfried Feyeraband, translated by Lars Vinx. http://www.academia.edu/5541693/English_Translation_of_the_Naturrecht_Feyerabend (accessed 16 April 2017). [278]

Kant, Immanuel (1785/2002). *Groundwork for the Metaphysics of Morals*. Translated by Allen Wood. New Haven, CT: Yale University Press. [257, 270]

Kant, Immanuel (1788/2004). *Critique of Practical Reason*. Translated by Thomas Kingsmill. Mineola, NY: Dover. [257]

Karpus, Jurgis and Mantas Radzvillas (2017). Team reasoning and a measure of mutual advantage in games. *Economics and Philosophy* 34: 1–30. [241]

Katz, Eliakim and Femida Handy (1998). The wage differential between non-profit institutions and corporations: getting more by paying less? *Journal of Comparative Economics* 26: 246–61. [212]

Kelly, Daniel, Stephen Stich, Serena Eng, and Daniel Fessler (2007). Harm, affect, and the moral/conventional distinction. *Mind and Language* 22: 117–31. [295]

Kőszegi, Botond and Matthew Rabin (2007). Mistakes in choice-based welfare analysis. *American Economic Review* 97: 477–81. [59]

Kőszegi, Botond and Matthew Rabin (2008). Choices, situations, and happiness. *Journal of Public Economics* 92: 1821–32. [59]

Kuehn, Manfred (2001). *Kant: A Biography*. Cambridge: Cambridge University Press. [296]

Lange, Oskar and Fred Taylor (1938). *On the Economic Theory of Socialism*. Minneapolis: University of Minnesota Press. [179]

Layard, Richard (2005). *Happiness: Lessons from a New Science*. London: Allen Lane. [137, 290]

Lazear, Edward, Ulrike Malmendier, and Roberto Weber (2012). Sorting in experiments with application to social preferences. *American Economic Journal: Applied Economics* 4: 136–63. [293]

Le Grand, Julian and Bill New (2015). *Government Paternalism: Nanny State or Helpful Friend?* Princeton, NJ: Princeton University Press. [46, 61]

Lepper, Mark and David Greene (eds) (1978). *The Hidden Costs of Reward: New Perspectives on the Psychology of Human Motivation*. Hillsdale, NY: Erlbaum. [211]

Levine, David (1998). Modeling altruism and spitefulness in experiments. *Review of Economic Dynamics* 1: 593–622. [231, 292]

Lewis, David (1969). *Convention: A Philosophical Study*. Cambridge, MA: Harvard University Press. [236, 239, 294]

Lindahl, Erik (1919/1958). Just taxation—a positive solution. Translated by Elizabeth Henderson. In Richard Musgrave and Alan Peacock (eds), *Classics in the Theory of Public Finance*, pp. 168–76. Basingstoke: Palgrave Macmillan. [165]

List, Christian and Philip Pettit (2011). *Group Agency: The Possibility, Design, and Status of Corporate Agents*. Oxford: Oxford University Press. [284, 293]

Locke, John (1690/1960). *Two Treatises of Government*. Cambridge: Cambridge University Press. [181]

Loewenstein, George and Peter Ubel (2008). Hedonic adaptation and the role of decision and experience utility in public policy. *Journal of Public Economics* 92: 1795–810. [18]

Loomes, Graham and Robert Sugden (1982). Regret theory: an alternative theory of rational choice under uncertainty. *Economic Journal* 92: 805–24. [283]

McCabe, Kevin, Mary Rigdon, and Vernon Smith (2003). Positive reciprocity and intentions in trust games. *Journal of Economic Behavior and Organization* 52: 267–75. [216]

Macfie, Alec (1971). The invisible hand of Jupiter. *Journal of the History of Ideas* 32: 595–9. [290]

MacIntyre, Alasdair (1984). *After Virtue: A Study in Moral Theory*, second edition. Notre Dame, IN: University of Notre Dame Press. First edition 1981. [296]

McQuillin, Ben and Robert Sugden (2012). How the market responds to dynamically inconsistent preferences. *Social Choice and Welfare* 38: 617–34. [126, 133, 287, 288]

Manzini, Paola and Marco Mariotti (2012). Categorize then choose: boundedly rational choice and welfare. *Journal of the European Economic Association* 10: 939–1213. [58]

Manzini, Paola and Marco Mariotti (2014). Welfare economics and bounded rationality: the case for model-based approaches. *Journal of Economic Methodology* 21: 342–60. [58]

Mehta, Judith and Robert Sugden (2013). Making sense of complex choice situations. In Judith Mehta (ed.), *Behavioural Economics in Competition and Consumer Policy*, pp. 41–8. Norwich: Centre for Competition Policy. [140–7*, 156–9*, 288]

Menger, Carl (1871/1950). *Principles of Economics*. Translated by James Dingwall and Bert Hoselitz. Glencoe, IL: Free Press. [5]

Milanovic, Branko (2013). Global income inequality in numbers: in history and now. *Global Policy* 4(2): 198–208. [200]

Mill, John Stuart (1859/1972). *On Liberty*. London: Dent. [3]

Mill, John Stuart (1861/1972). *Utilitarianism*. London: Dent. [3, 258]

Mill, John Stuart (1869/1988). *The Subjection of Women*. Indianapolis, IN: Hackett. [2, 99, 213, 275]

Mill, John Stuart (1871/1909). *Principles of Political Economy*. London: Longmans. First edition 1848. [1, 4, 175, 190, 198]

Misyak, Jennifer and Nick Chater (2014). Virtual bargaining: a theory of social decision-making. *Philosophical Transactions of the Royal Society B* 369: 20130487. [295]

Munro, Alistair and Robert Sugden (2003). On the theory of reference-dependent preferences. *Journal of Economic Behavior and Organization* 50: 407–28. [114]

Nagel, Thomas (1986). *The View From Nowhere*. Oxford: Oxford University Press. [18, 24]

Nelson, Julie (2005). Interpersonal relations and economics: comments from a feminist perspective. In Benedetto Gui and Robert Sugden (eds), *Economics and Social Interaction: Accounting for Interpersonal Relations*, pp. 250–61. Cambridge: Cambridge University Press. [212]

Nikiforakis, Nikos (2008). Punishment and counter-punishment in public good games: can we really govern ourselves? *Journal of Public Economics* 92: 91–112. [292, 296]

Nozick, Robert (1974). *Anarchy, State, and Utopia*. New York: Basic Books. [192]

Nucci, Larry (2001). *Education in the Moral Domain*. Cambridge: Cambridge University Press. [295]

Nussbaum, Martha (2000). *Women and Human Development: The Capabilities Approach*. Cambridge: Cambridge University Press. [89]

Office of Fair Trading (2011). Consumer behavioural biases in competition: a survey. Report to Office of Fair Trading by London Economics in association with Steffen Huck and Jidong Zhou. [289]

Parducci, Allen (1965). Category judgment: a range-frequency model. *Psychological Review* 72: 407–18. [71]

Pareto, Vilfredo (1909/1971). *Manual of Political Economy*. New York: Kelley. Translated by Ann Schwier and Alfred Page. Milan: Società Editrice Libraria. [283]

Pattanaik, Prasanta (1968). Risk, impersonality and the social welfare function. *Journal of Political Economy* 76: 1152–69. [283]

Pelligra, Vittorio (2005). Under trusting eyes: the responsive nature of trust. In Benedetto Gui and Robert Sugden (eds), *Economics and Social Interaction*, pp. 195–24. Cambridge: Cambridge University Press. [220]

Pettit, Philip (2006). Preference, deliberation and satisfaction. *Philosophy*, Supplement 59 (*Preferences and Well-Being*): 131–53. [90]

Pigou, Arthur (1920). *The Economics of Welfare*. London: Macmillan. [142]

Piketty, Thomas (2014). *Capital in the Twenty-First Century*. Cambridge, MA: Harvard University Press. First published in French 2013. [200]

Piketty, Thomas and Emmanuel Saez (2003). Income inequality in the United States, 1913–1998. *Quarterly Journal of Economics* 118: 1–39. [200]

Plott, Charles (1996). Rational individual behaviour in markets and social choice processes: the discovered preference hypothesis. In Kenneth Arrow, Enrico Colombatto, Mark Perlman, and Christian Schmidt (eds), *The Rational Foundations of Economic Behaviour*, pp. 225–50. Basingstoke: Macmillan and International Economic Association. [285]

Prelec, Drazen and George Loewenstein (1998). The red and the black: mental accounting of savings and debt. *Marketing Science* 17: 4–28. [194]

Preston, Stephanie and Frans de Waal (2002). Empathy: its ultimate and proximate bases. *Behavioral and Brain Sciences* 25: 1–20. [273]

Putnam, Hillary (2004). *Ethics without Ontology*. Cambridge, MA: Harvard University Press. [26]

Rabin, Matthew (1993). Incorporating fairness into game theory and economics. *American Economic Review* 83: 1281–302. [221, 251, 253]

Rabin, Matthew (2013). Incorporating limited rationality into economics. *Journal of Economic Literature* 51: 528–43. [60]

Rawls, John (1971). *A Theory of Justice*. Cambridge, MA: Harvard University Press. [174, 194, 260, 264, 283, 284]

Rawls, John (1985). Justice as fairness: political not metaphysical. *Philosophy and Public Affairs* 14: 223–51. [261]

Rawls, John (1993). *Political Liberalism*. New York: Columbia University Press. [26]

Read, Daniel and Barbara van Leeuwen (1998). Predicting hunger: the effects of appetite and delay on choice. *Organizational Behavior and Human Decision Processes* 76: 189–205. [8]

Regan, Donald (1980). *Utilitarianism and Cooperation*. Oxford: Clarendon Press. [232]

Rizzolatti, Giacomo, Leonardo Fogassi, and Vittorio Gallese (2001). Neurophysiological mechanisms underlying action understanding and imitation. *Nature Reviews: Neuroscience* 2: 661–70. [296]

Robbins, Lionel (1935). *The Nature and Significance of Economic Science*, second edition. London: Macmillan. First edition 1932. [14]

Robinson, Terry and Kent Berridge (1993). The neural basis of drug craving: an incentive-sensitization theory of addiction. *Brain Research Reviews* 18: 247–91. [286]

Roemer, John (1998). *Equality of Opportunity*. Cambridge, MA: Harvard University Press. [177, 190]

Rousseau, Jean-Jacques (1755/1988). Discourse on the origin and foundations of inequality among men. In Alan Ritter and Julia Conaway Bondanella (eds), *Rousseau's Political Writings*, pp. 3–57. New York: Norton. [242]

Ryan, Richard and Edward Deci (2000). Intrinsic and extrinsic motivations: classic definitions and new directions. *Contemporary Educational Psychology* 25: 54–67. [211]

Salant, Yuval and Ariel Rubinstein (2008). (A, f): choice with frames. *Review of Economic Studies* 75: 1287–96. [21, 58, 287]

Salop, Steven and Joseph Stiglitz (1977). Bargains and ripoffs: a model of monopolistically competitive price dispersion. *Review of Economic Studies* 44: 493–510. [289]

Sandel, Michael (2009). *Justice: What's the Right Thing to Do?* London: Penguin. [190, 208, 276]

Sandel, Michael (2012). *What Money Can't Buy: The Moral Limits of Markets*. New York: Farrar, Straus and Giroux. [169, 291]

Savage, Leonard (1954). *The Foundations of Statistics*. New York: Wiley. [9, 70]

Scheibehenne, Benjamin, Rainer Griefeneder, and Peter M. Todd (2010). Can there ever be too many options? A meta-analytic review of choice overload. *Journal of Consumer Research* 37: 409–25. [288]

Schelling, Thomas (1960). *The Strategy of Conflict*. Cambridge, MA: Harvard University Press. [234, 294]

Schelling, Thomas (1980). The intimate contest for self-command. *The Public Interest* 60 (Summer): 94–118. [148]

Schubert, Christian (2015). Opportunity and preference learning. *Economics and Philosophy* 31: 275–95. [286, 287, 289]

Schwartz, Barry (2004). *The Paradox of Choice: Why More is Less*. New York: Harper Collins. [143]

Scitovsky, Tibor (1950). Ignorance as a source of oligopoly power. *American Economic Review* 40(2): 48–53. [289]

Searle, John (1990). Collective intentions and actions. In Philip Cohen, Jerry Morgan, and Martha Pollack (eds), *Intentions in Communication*, pp. 401–15. Cambridge, MA: MIT Press. [293]

Searle, John (1995). *The Construction of Social Reality*. New York: Free Press. [295]

Sen, Amartya (1970). The impossibility of a Paretian liberal. *Journal of Political Economy* 78: 152–7. [284]

Sen, Amartya (1977). Rational fools: a critique of the behavioral foundations of economic theory. *Philosophy and Public Affairs* 6: 317–44. [286]

Sen, Amartya (1999). *Development as Freedom*. Oxford: Oxford University Press. [24, 89]

Sen, Amartya (2009). *The Idea of Justice*. London: Allen Lane. [26]

Shafer-Landau, Russ (2003). *Moral Realism: A Defence*. Oxford: Oxford University Press. [257]

Shweder, Richard, Manamohan Mahapatra, and Joan Miller (1987). Culture and moral development. In Jerome Kagan and Sharon Lamb, *The Emergence of Morality in Young Children*, pp. 1–83. Chicago: University of Chicago Press. [295]

Skyrms, Brian (1996). *Evolution of the Social Contract*. Cambridge: Cambridge University Press. [294]

Slovic, Paul and Sarah Lichtenstein (1968). Relative importance of probabilities and payoffs in risk taking. *Journal of Experimental Psychology* 78: 1–18. [71]

Smetana, Judith (1993). Understanding of social rules. In Mark Bennett (ed.), *The Child as Psychologist: An Introduction to the Development of Social Cognition*, pp. 111–41. Harlow: Prentice-Hall. [295]

Smith, Adam (1759/1976). *The Theory of Moral Sentiments*. Oxford: Oxford University Press. [26, 186, 190, 273, 283, 291, 296]

Smith, Adam (1763/1978). *Lectures on Jurisprudence*. Oxford: Oxford University Press. [266, 291]

Smith, Adam (1776/1976). *The Wealth of Nations*. Oxford: Oxford University Press. [6, 15, 107, 137, 186, 198, 206]

Strotz, Robert (1955–56). Myopia and inconsistency in dynamic utility maximisation. *Review of Economic Studies* 23: 165–80. [286]

Sugden, Robert (1982). On the economics of philanthropy. *Economic Journal* 92: 341–50. [218]

Sugden, Robert (1984). Reciprocity: the supply of public goods through voluntary contributions. *Economic Journal* 94: 772–87. [218]

Sugden, Robert (1985). Liberty, preference and choice. *Economics and Philosophy* 1: 213–29. [284]

Sugden, Robert (1986). *The Economics of Rights, Cooperation and Welfare*. Oxford: Blackwell. [39, 291, 294]

Sugden, Robert (1990). Rules for choosing among public goods: a contractarian approach. *Constitutional Political Economy* 1: 63–82. [289]

Sugden, Robert (1991). Rational choice: a survey of contributions from economics and philosophy. *Economic Journal* 101: 751–85. [233]

Sugden, Robert (1993a). Normative judgements and spontaneous order: the contractarian element in Hayek's thought. *Constitutional Political Economy* 4: 393–424. [291]

Sugden, Robert (1993b). Thinking as a team: toward an explanation of nonselfish behavior. *Social Philosophy and Policy* 10: 69–89. [233]

Sugden, Robert (1995). A theory of focal points. *Economic Journal* 105: 533–50. [293]

Sugden, Robert (1998a). The metric of opportunity. *Economics and Philosophy* 14: 307–37. [286]

Sugden, Robert (1998b). Normative expectations: the simultaneous evolution of institutions and norms. In Avner Ben-Ner and Louis Putterman (eds), *Economics, Values, and Organization*, pp. 73–100. Cambridge: Cambridge University Press. [220]

Sugden, Robert (2002). Beyond sympathy and empathy: Adam Smith's concept of fellow-feeling. *Economics and Philosophy* 18: 63–87. [284]

Sugden, Robert (2004a). The opportunity criterion: consumer sovereignty without the assumption of coherent preferences. *American Economic Review* 94: 1014–33. [287]

Sugden, Robert (2004b). Living with unfairness: the limits of equality of opportunity in a market economy. *Social Choice and Welfare* 22: 211–36. [175–80*, 180–5*]

Sugden, Robert (2004c). *The Economics of Rights, Cooperation and Welfare*, second edition. Basingstoke: Palgrave Macmillan. First edition 1986. [295]

Sugden, Robert (2005). Fellow feeling. In Benedetto Gui and Robert Sugden (eds), *Economics and Social Interaction*, pp. 52–75. Cambridge: Cambridge University Press. [272–7*]

Sugden, Robert (2006a). Hume's non-instrumental and non-propositional decision theory. *Economics and Philosophy* 22: 365–91. [286]

Sugden, Robert (2006b). Taking unconsidered preferences seriously. *Philosophy*, Supplement 59 ('Preferences and Well-Being'): 209–32. [100–6*]

Sugden, Robert (2008). David Hume's *Treatise of Human Nature*. *Topoi* 27: 153–9. [296]

Sugden, Robert (2009a). Can economics be founded on 'indisputable facts of experience'? Lionel Robbins and the pioneers of neoclassical economics. *Economica* 76: 857–72. [284]

Sugden, Robert (2009b). Can a Humean be a contractarian? In Michael Baurmann and Bernd Lahno (eds), *Perspectives in Moral Science: Contributions from Philosophy, Economics, and Politics in Honour of Hartmut Kliemt*, pp. 11–24. Frankfurt: Frankfurt School Verlag. [33–7*]

Sugden, Robert (2010). Is there a distinction between morality and convention? In Michael Baurmann, Geoffrey Brennan, Robert Goodin, and Nicholas Southwood (eds), *Norms and Values: The Role of Social Norms as Instruments of Value Realisation*, pp. 47–65. Baden-Baden: Nomos Verlagsgesellschaft. [256–9*]

Sugden, Robert (2013). The behavioural economist and the social planner: to whom should behavioural welfare economics be addressed? *Inquiry* 56: 519–38. [17–19*, 19–24*, 37–42*, 42–50*]

Sugden, Robert (2015a). Looking for a psychology for the inner rational agent. *Social Theory and Practice* 41: 579–98. [68–72*]

Sugden, Robert (2015b). Opportunity and preference learning: a reply to Christian Schubert. *Economics and Philosophy* 31: 297–303. [289]

Sugden, Robert (2015c). Consumers' surplus when individuals lack integrated preferences: a development of some ideas from Dupuit. *European Journal of History of Economic Thought* 22: 1042–63. [289]

Sugden, Robert (2015d). Team reasoning and intentional cooperation for mutual benefit. *Journal of Social Ontology* 1: 143–66. [241, 293, 294, 295]

Sugden, Robert (2016). On David Gauthier's theories of coordination and cooperation. *Dialogue* 55: 713–37. [295]

Sugden, Robert (2017a). Do people really want to be nudged towards healthy lifestyles? *International Review of Economics* 64: 113–23. [42–50*]

Sugden, Robert (2017b). Characterising competitive equilibrium in terms of opportunity. *Social Choice and Welfare* 48: 487–503. [112–24*]

Sugden, Robert and Joshua Chen-Yuan Teng (2016). Is happiness a matter for governments? A Millian perspective on Layard's 'new science'. In Stefano Bartolino, Ennio Bilancini. Luigino Bruni, and Pier Luigi Porta (eds), *Policies for Happiness*, pp. 36–57. Oxford: Oxford University Press. [290]

Sunstein, Cass (2018). 'Better off, as judged by themselves': a comment on evaluating nudges. *International Review of Economics* 65: 1–8. [46]

Sunstein, Cass and Richard Thaler (2003a). Libertarian paternalism is not an oxymoron. *University of Chicago Law Review* 70: 1159–202. [18, 49, 53, 143, 166]

Sunstein, Cass and Richard Thaler (2003b). Libertarian paternalism. *American Economic Review, Papers and Proceedings* 93(2): 175–9. [18, 53]

Sunstein, Cass and Richard Thaler (2008). See Thaler and Sunstein (2008).

Thaler, Richard (1985). Mental accounting and consumer choice. *Marketing Science* 4: 199–214. [284]

Thaler, Richard (2015). *Misbehaving: How Economics Became Behavioural*. London: Allen Lane. [55]

Thaler, Richard and Cass Sunstein (2008). *Nudge: Improving Decisions About Health, Wealth, and Happiness*. New Haven, CT: Yale University Press. [11, 18, 20, 45, 50, 53, 80, 82, 89, 144, 154, 256]

Thomson, Judith Jarvis (1985). The trolley problem. *Yale Law Journal* 94: 1395–415. [295]

Titmuss, Richard (1970). *The Gift Relationship*. London: Allen and Unwin. [212]

Tuncel, Tuba and James Hammitt (2014). A new meta-analysis on the WTP/WTA disparity. *Journal of Environmental Economics and Management* 68: 175–87. [289]

Tuomela, Raimo and Kaarlo Miller (1988). We-intentions. *Philosophical Studies* 53: 367–89. [293]

Turiel, Elliot, Melanie Killen, and Charles Helwig (1987). Morality: its structure, functions, and vagaries. In Jerome Kagan and Sharon Lamb, *The Emergence of Morality in Young Children*, pp. 155–243. Chicago: University of Chicago Press. [295]

Tversky, Amos and Daniel Kahneman (1991). Loss aversion in riskless choice: a reference-dependent model. *Quarterly Journal of Economics* 106: 1039–61. [114]

Tversky, Amos and Daniel Kahneman (1992). Advances in prospect theory: cumulative representation of uncertainty. *Journal of Risk and Uncertainty* 5: 297–323. [59]

Ullman-Margalit, Edna (1977). *The Emergence of Norms*. Oxford: Clarendon Press. [294]

Vickrey, William (1960). Utility, strategy and social decision rules. *Quarterly Journal of Economics* 74: 507–35. [283]

Walras, Léon (1874/1954). *Elements of Pure Economics*. Translated by William Jaffé. Allen and Unwin: London. [5, 113, 179, 289]

Wason, Peter and Jonathan Evans (1975). Dual processes in reasoning? *Cognition* 3: 141–54. [67]

Weaver, Ray and Shane Frederick (2012). A reference-price theory of the endowment effect. *Journal of Marketing Research* 49: 696–707. [114]

Wicksell, Knut (1896/1958). A new principle of just taxation. Translated by James Buchanan. In Richard Musgrave and Alan Peacock (eds), *Classics in the Theory of Public Finance*, pp. 72–118. London: Macmillan. [165, 284]

Wicksteed, Philip (1910/1933). *The Common Sense of Political Economy*. London: Routledge. [43, 284]

Willaschek, Marcus (2017). Die Vulkane im Monde und das moralische Gesetz in mir. Immanuel Kant mit 60 Jahren. Forthcoming in Festschrift for Birgit Recki, edited by Stefan Waller. [296]

Winter, Eyal (2014). *Feeling Smart: Why Our Emotions Are More Rational than We Think*. New York: PublicAffairs. [295]

Young, Peyton (1998). *Individual Strategy and Social Structure*. Princeton, NJ: Princeton University Press. [294]

比较译丛

《利益共同体》　　　　　《人类网络》

《人的经济学》　　　　　《贸易的冲突》

《长期危机》　　　　　　《全球不平等》

《蹒跚前行》　　　　　　《断裂的阶梯》

《战争中的经济学家》　　《无霸主的世界经济》

《增长的烦恼》　　　　　《贸易的真相》

《事业还是家庭？》　　　《国家、经济与大分流》

《韧性社会》　　　　　　《希特勒的影子帝国》

《人类之旅》　　　　　　《暴力的阴影》

《绿色经济学》　　　　　《美国增长的起落》

《皮凯蒂之后》　　　　　《欧元的思想之争》

《创造性破坏的力量》　　《欧洲何以征服世界》

《人口大逆转》　　　　　《经济学规则》

《不公正的胜利》　　　　《政策制定的艺术》

《历史动力学》　　　　　《不平等，我们能做什么》

《价格的发现》　　　　　《一种经济学，多种药方》

《信念共同体》　　　　　《历史上的企业家精神》

《叙事经济学》　　　　　《人为制造的脆弱性》

《繁荣的真谛》

《债居时代》

《落后之源》

《21世纪资本论》

《债务和魔鬼》

《身份经济学》

《全球贸易和国家利益冲突》

《动物精神》

《思考，快与慢》

《强权与富足》

《探索经济繁荣》

《西方现代社会的经济变迁》

《萧条经济学的回归》

《白人的负担》

《大裂变》

《最底层的10亿人》

《绑在一起》

《下一轮伟大的全球化》

《市场演进的故事》

《在增长的迷雾中求索》

《美国90年代的经济政策》

《掠夺之手》

《从资本家手中拯救资本主义》

《资本主义的增长奇迹》

《现代自由贸易》

《转轨中的福利、选择和一致性》